苏州大学中国史重点学科建设经费资助出版

# 中国红十字运动史料选编

## （第八辑）

池子华　李欣栩　主编

合肥工業大學出版社

**图书在版编目(CIP)数据**

中国红十字运动史料选编(第八辑)/池子华,李欣栩主编. —合肥:合肥工业大学出版社,2017.12

(红十字文化丛书)

ISBN 978-7-5650-3702-3

Ⅰ.①中… Ⅱ.①池…②李… Ⅲ.①红十字会—史料—中国—1936-1940 Ⅳ.①D632.1

中国版本图书馆 CIP 数据核字(2017)第 293558 号

**中国红十字运动史料选编(第八辑)**

池子华 李欣栩 主编

| | |
|---|---|
| **责任编辑** | 章 建 张 燕 |
| **出版发行** | 合肥工业大学出版社 |
| **地　　址** | (230009)合肥市屯溪路 193 号 |
| **网　　址** | www.hfutpress.com.cn |
| **电　　话** | 总 编 室:0551-62903038<br>市场营销部:0551-62903198 |
| **开　　本** | 710 毫米×1000 毫米 1/16 |
| **印　　张** | 35.5 |
| **字　　数** | 612 千字 |
| **版　　次** | 2017 年 12 月第 1 版 |
| **印　　次** | 2017 年 12 月第 1 次印刷 |
| **印　　刷** | 合肥现代印务有限公司 |
| **书　　号** | ISBN 978-7-5650-3702-3 |
| **定　　价** | 86.00 元 |

# 《红十字文化丛书》编辑委员会

# 总　　序

150 年前，高举人道主义旗帜，旨在促进人类持久和平的红十字运动在欧洲兴起并迅速走向世界。100 多年来，红十字会为世界和平与发展做出的巨大贡献有目共睹，因而日益受到世界各国、各地区的欢迎，已发展成为与联合国、奥委会并称的世界三大国际组织之一。究其原因，乃其所奉行的七项基本原则——也是红十字文化的内核——涵盖了世界上各种不同文化的共同点，能为文化和制度不同的国家所接受，故而具有强大的生命力。

100 年前，红十字运动东渐登陆中国。在其中国化的发展过程中，红十字会不断吸取中国传统文化的精髓，茁壮成长，逐步形成了“人道、博爱、奉献”的文化内涵，并成为中华文化的瑰宝之一。

百余年来，红十字运动在波澜壮阔的实践中积累了丰富的经验，也留下了许多教训。经验与教训需要上升为理论，也只有理论才能更好地指导红十字事业持续、健康发展。学界、业界对此都进行了持续的关注。

2005 年 12 月 7 日，苏州大学社会学院与苏州市红十字会携手合作，成立全国首家红十字运动研究中心，旨在通过学界和业界的联合，推动和加强红十字运动的理论研究，探究红十字运动中国化的过程与特色，凝练红十字文化价值，探求红十字运动在构建国家软实力和促进中华民族伟大复兴中的地位与作用。同年 12 月 9 日，中国红十字会总会也提出，“确定一批研究课题，组织专家学者开展对国际红十字运动及中国红十字运动的深入研究”①。由此，学界、业界共同开展了对红十字运动

① 中国红十字会总会：《关于加强和改进宣传工作的意见》，红总字〔2005〕19 号。

的学术研究与理论探讨。

多年来，红十字运动研究中心除通过专业网站（http://www.hszyj.net）发布和交流学界、业界动态外，已出版研究成果数十部；帮助一些地方红十字会建立与高校的合作，搭建平台，共同开展研究；举办了首届红十字运动与慈善文化国际学术研讨会；培养了一批专门研究红十字运动的生力军；积累了大量的学术资料。中心主要研究人员还借助在各地讲学的机会，传播重视红十字运动研究的理念。正是在红十字运动研究中心的引领之下，红十字运动研究在中华大地上呈现出生机勃勃的发展态势，并取得了丰硕的成果，“新红学”[①] 呼之欲出。仅以2011年为例，各地以纪念辛亥革命100周年为契机，纷纷整理、编辑出版了地方红会百年史；有的红会还与高校合作组建相关研究中心；等等[②]。这些方式有力地推动了红十字运动研究向更深更广的方向发展。

当今世界正处于大发展大变革大调整时期，多极化、经济全球化深入发展，科学技术日新月异，各种思想文化交流交融交锋更加频繁，文化在综合国力竞争中的地位和作用更加凸显。2011年10月18日，党的十七届六中全会通过的《中共中央关于深化文化体制改革 推动社会主义文化大发展大繁荣若干重大问题的决定》，提出要推动社会主义文化大发展大繁荣。11月7日，教育部发布了《高等学校哲学社会科学繁荣计划（2011—2020年）》，大力提升高等学校人才培养、科学研究、社会服务、文化传承创新的能力和水平。12月7日，全国人大常委会副委员长、中国红十字会会长华建敏在中国红十字会九届三次理事会上提出，“要深化理论研究，充分挖掘红十字文化内涵，推进红十字文化中国化，广泛传播人道理念，在全社会推动形成良好的道德风尚”[③]。红十字“文化工程”已然成为红十字会总体建设目标之一[④]。进一步加强与

---

① 在2009年4月于苏州大学召开的“红十字运动与慈善文化”国际学术研讨会上，红十字运动研究中心主任、江苏红十字运动研究基地负责人、苏州大学教授池子华指出，经过100多年波澜壮阔的实践发展和学术界呕心沥血的开拓性研究，在人文社科领域构建一门“新红学”——红十字学，条件已经具备，时机已经成熟。见池子华：《创建“红十字学”刍议》，《中国红十字报》2009年4月17日。

② 池子华、郝如一：《2011年红十字理论研究之回顾》，《中国红十字报》2012年1月3日。

③ 《中国红十字会九届三次理事会召开》，《中国红十字报》2011年12月9日。

④ 池子华：《“文化工程”应成为红十字会总体建设目标之一》，《中国红十字报》2009年12月11日。

拓展红十字运动理论研究，尤其是对红十字文化中国化的研究，已成为历史与现实的呼唤。

有鉴于此，红十字运动研究中心继续发挥高等学校与业界合作的优势，汇聚研究队伍，科学选题，出版一套“红十字文化丛书”，弘扬有利于国家富强、民族振兴、人民幸福、社会和谐的思想和精神，凸显红十字文化在中国文化园地中的地位，使红十字文化在神州大地上更加枝繁叶茂，促进中国红十字事业可持续发展，推动红十字文化的国际交流。

“红十字文化丛书”的出版，得到了中国红十字基金会、江苏省红十字会、苏州大学社会学院、上海市嘉定区红十字会、浙江省嘉兴市红十字会、江苏省盐城市盐都区红十字会等单位的鼎力支持，也得到红十字国际委员会东亚代表处及中国红十字会总会的关心和指导，在此谨致衷心感谢。

池子华

2012 年 6 月于苏州大学

# 前　言

《中国红十字运动史料选编》是红十字运动研究中心推出的大型资料汇编，本书是这一系列的第八辑。该书资料收集年限起自1936年，截止到1940年。这一阶段，中日紧张局势愈演愈烈，乃至抗战全面爆发。与之相应，中国红十字会的人道救护活动亦全面展开，在伤兵救护、医疗卫生、组织建设等方面均取得了显著成效。该资料辑借助于上海晚清民国数据库、大成老旧数据库等资源，广泛搜罗与中国红十字运动相关的信息，在故纸堆中爬梳剔抉，辑录中国红十字运动相关史料。本书的辑录工作按以下原则进行：

一、如有与已出版的资料选编，如中国红十字会总会编的《中国红十字会历史资料选编，1904—1949》，红十字运动研究中心编的《〈申报〉上的红十字》《〈大公报〉上的红十字》《〈新闻报〉上的红十字〉》《红十字在上海资料长编》及已出版的《中国红十字运动史料选编》等有重复的，不再收录。

二、辑录资料依据内容分为工作报告、会务讯息、会议记录、公牍选载、人物传记、文苑、杂俎七个专题，每个专题内按时间先后顺序排布，且每条资料后注明资料来源。

三、辑录资料按原文照录，按原意进行分段并按现行规范加上标点符号。对于一些民国时期的常用字、词，按原样照录；对于明显的错字在“[　]”中纠正，多字、少字用“（　）”表明，无法辨认的字用“□”表示。

本书的整理完成是红十字运动研究中心工作人员集体劳动的结晶，李欣栩负责资料搜集、校对、统稿，赵婕、侯如晋、王帅负责资料整理、校对，全书由池子华审稿、定稿。由于编者水平有限，错漏之处在所难免，还请读者批评指正。

# 目　　录

## 工作报告

## 会务讯息

1936 年

**会议记录**

## 公牍选载

## 人物传记



## 文苑

## 杂　组

# 工作报告

## 中国红十字会寿县分会会务报告

十四日接上海总办事处覆函云，迳覆者，来函已悉，队员王丙之因出发救护，误中流弹殒命。家境贫寒，遗孤在抱，情形至堪悯恻。兹将颁发诔词以志痛惜，身后各事既经贵会筹款代为殡殓，自以遗妻弱子之生计为最要。苦于本处正值经费奇绌，勉筹百元附上，即希连同诔词一并转交该家属收领，聊表寸心。此外如可设法，还希贵会尽力为之，是所至盼云云。

二十三日，接旅外乡绅孙多巘来函云，敬启者，我寿自经此次兵燹以后，疮痍满目，里闾为虚，巘等桑梓关怀忧心怛恻，亟应筹集多款汇寄来寿，藉作故乡放振之助。巘等寄居津沪各处，捐助浩繁，实难应付。思维再四，只有勉筹洋二千五百元，兹托绥之舍侄就近转交，至祈察收，并乞赐予接洽以资散放为荷。

二十九日募捐员孙简伯君接旅外同乡李梓林君来函云，简伯仁兄台鉴，日前接奉手示并募捐册一纸均已领讫，桑梓义务本应竭力，无如人地生疏，诸多困难，所有同乡诸公、吾寿救济会亦曾有同样劝募册带到，实以外面劝募甚难，今特将原册奉上祈台核计洋四元铜元壹百千文，该款邮汇不易，弟已另函哲泉家叔，请就近裕元店支取为荷。此次经募，为难弟稍尽绵薄，本知杯水车薪，无济于事，奈力不从心，实觉愧赧，专此敬请台安弟李粹林启。

又接国民革命军第四十一军司令部来函云，寿县红十字会同仁公鉴，七月十四日于惠民军次接到贵会十五周年纪念征文启，捧读回环，成绩昭著，年周十五，施惠无穷，遥望淮南，实深钦仰，敬维仁德仁心，慈航普渡，己饥己溺，胞与为怀，解衣推食十五春，口碑载道，博施济众千万户，感载弥殷，惠同淮水常流，名竝公山不朽，桑梓蒙福，葵藿倾忱。刚以一介武夫，身隶军籍，不克摛藻扬芬，恭纪盛事，期逾五五，不胜歉仄。好善之心不敢后人，谨捐大洋二百元聊结因缘，以俟邮汇无阻，即行如数奉上，或有便人南旋，托其携交以资纪念。区区微忱，先此布达肃颂，仁绥不一，鲍刚谨启。

七月六日接北京总会来函云寿县红十字分会鉴电报免费执照已函请交通部填发到会，寄请查收应用可也。此颂时绥，中国红十字总会文牍科启。

二十四日致寿县公署函云，敬启者，敝会临时医院收容伤病目兵不下数百名，经已医愈出院数起，此次所有医愈伤病目兵计九十七名，查系山东河南等省。路途遥远，除发给船票川资外，相应连同名单函请贵公署查核填给护照一纸，俾便转发，免致沿途盘结，以利遄行。此致寿县知事朱。

八月十三日致上海总办事处函云，敬启者，六月六日发来钧函已于十一日接阅，比即转知孙时两君到会，会仝姚伯寅君转理一切。皖北灾黎现已渐次安辑，惟查敝会此次所办妇孺救济所临时医院及救护掩埋各队为时过久，费用甚巨，会员捐募千元外尚亏四千数百元之谱，已于五月三日函达获蒙覆允，俟结束再作计议。足征俯念艰难一视同人［仁］之至意。但敝会所亏之款，大半由情借而来，既当结束之时，理即清偿以固信用，奈寿地残破，挪借无门，思维再四，可否请贵总办事处将五月份所报孙简伯等三十一人应缴之会金三百八十七元五角即留敝会作为弥补亏欠之用，外再请发给空白正会员章照若干份，藉获会金，以资挹注，是否有当，鹄候钧裁。敝会一切困难情形，已托正会员孙简伯君前来代表祈赐接洽为荷。

二十四日接上海总办事处覆函云，迳复者，连接五月十九、六月二日、十二日、十三日四函并名单，孙简伯君来又交到两函，暨摄影备悉一切尊处。此次筹办救济，需费较多，现值大兵之后，结束困难，自系实情，苟可设法，极应接济。苦于灾区太多，本处应接不暇，而市面萧条，捐款无出，经济方面，自顾尚属不遑，实无余力可以兼顾。已将为难情形面告孙简伯君，所商章照亦因存储无多，各处正在纷纷请领不能多拨。兹将前报正会员三十一名内全数补助十六名，其余十五名已据孙君面交半费洋一百八十七元五角。所有补助正会员孙同方等十六份章照，半费正会员孙方策等十五份章照收据均交孙君带回，即希查收转发，并将补助之款凑齐结束至贵会，中弹殒命之队员王丙之君，前据函报，即经本处撰有诔词一幅，卹金百元，因交通阻塞，尚存本处，连同孙多棉等章照二十份一并点交孙君带回，并希分别检收转交清楚，是所至盼。

大兵之后，继以大疫，本会接办夏疫冬、振至十二月始结束，救济事宜妇孺救济所及临时医院均撤销。于□日致上海总办事处函云，敬启者，敝会本年春季办理兵灾，凡诸救护队、掩埋队、临时医院、妇孺救济所等项，曾将经办状况迭经先后函报并分别摄具影片送达贵办事处各在案。伏查敝会此次对于会务虽勉尽厥职，然用款不无较多，缘前当战事结束之际，约计筹款五千余元即可敷用。不意城开之后，就食难民日益加多，各救济所遽难撤消，继以办理夏疫冬振、施放寒衣各事，用款尤繁，共计支用国币万四千余元，收支两抵，计尚不敷洋四千余元。除将办理情形暨在事出力人员择尤另案函报并刊印征信录宣示外，相应造具四柱清册赍请贵办事处查核施行，并希转报北京总会俯赐备案，实为公便。此致中国红十字会总办事处。（待续）

原载于《中国红十字会月刊》1936 年第 7 期

# 中国红十字会寿县分会会务报告（续）

### 附救护队掩埋队医药队日记

四月四日城闭，两军鏖战，本队率领掩埋队、医药队出发编巡四门城隍下架救伤兵二十四名送入医院。

五日送伤兵四名、病兵二十三名入医院，同日本队折行至南过驿巷棋盘街地点，忽流弹飞至，伤王队员丙之头部，由前脑挨过，穿及薛队员少斋右臂，王队员晕绝倒地，比经施治包扎抬送医院。

六日送伤兵七名入医院，同日住院伤兵陈米修伤重医治无效死，交本队棺殓东城隍下隙地，坟前立标书明“直鲁军第十一军二团二营七连兵士陈米修之墓”。

七日送伤兵五名、病兵十六名入医院，同日本队受伤队员王丙之君在医院身殁，由分会佽助棺殓停柩医院隙地。

八日送伤兵四名、病兵十二人入医院。

九日送伤兵五名、病兵十一名入医院。

十日送伤兵四名、病兵十四名入医院。

十一日送伤兵七名、病兵十八名入医院，于南城战地掩埋阵亡兵士二人。

十二日送伤兵三名、病兵十六名入医院，于东城战地掩埋阵亡兵士三人。

十四日送伤兵三名、病兵九名入医院。

十五日送伤兵四名、病兵七名入医院，于东城战地掩埋阵亡兵士五人。

十六日送伤兵四名、病兵六名入医院。

十七日城开，本队出发南城外，送城外居民受流弹伤者七名入医院，于附城东南土岗上掩埋尸骨十六具。

十八日出发北城外，送伤兵十六人、病兵四十二人、伤民一人入医院，于桥北山脚下掩埋尸骨十八具。

十九日出发南门外九里沟十三里庙一带，掩埋尸骨二十一具。

二十日上午九句钟出发北城外河口（凤台县境），因国民军在该处开火，仅二小时双方均无伤亡，下午返城。

二十一日出发北城外四顶山，掩埋尸骨五具。

二十二日出发南乡姚口集掩埋尸骨二具。

救护队长吴干臣志

## 寿县分会兵灾临时医院纪事录

丙寅冬，南北备战，风云日紧，寿县适为要冲，为救护计，医院一项不得不从事进行。比经红十字分会于丁卯二月四日开紧急会议，议决创立临时医院一所，由樊君则之向本邑基督教长老会固有之春华医院接洽，得其院长美人德克森氏慨然赞助。商定医生三人、护士四人、药剂师一人，纯系义务，并聘樊君则之充临时医院院长。至应需治疗各器械，概由春华医院借用，一应药品因路梗不克赴沪采办，亦由春华医院照发价分让。院址设于城内现瑞菴，计养病室二十五间，诊断室、手术室、挂号室、办公室、药房、医生职员卧室共计十四间，床五十张，被褥各五十件，一切给养及经费由分会筹备之。

简章（略）

职员名单：

院长——樊则之　　副院长——傅伯炎

医长——李伯彰　　副医长——黄献琛

医务主任——陈亚清　　助医兼药剂——易彦方

护士——汪经书、王沂春、陶贯一、许延发

庶务——靳协亭　　监察——陈金门

挂号——张少亭

夫役名单：

黄在金、尹福如、葛金标、季佩藩、尹寿芝、葛传标、刘家新、仇光永、毛占元、徐殿全、邵文德、轩辕功（待续）

原载于《中国红十字会月刊》1936年第8期

# 本会代表出席全美红十字会会议日记

熊崇志

编者按：此次全美红十字会会议在巴京举行，本会呈请内政部将转咨外交部指派驻巴西国大使熊崇志代表本会出席，其期间为自一九三五年九月十五日起至二十五日止，逐日开会情形由熊代表寄来日记。兹特转载如下：

十五日（星期日）

上午九时半各代表到巴西红十字总会报名。同日十时在红十字会门前由市长举行该处街名改名礼，随改名为“红十字广场”。下午三时在市立戏院举行开幕礼，演说者有巴西总统、巴西外交部长及各代表等。

十六日（星期一）

上午九时半在红十字会开第一次大会，选举职员并分派股员。下午三时在红十字会开第二次大会，美洲各国红十字会代表报告该国红十字会自第二次全美大会开会后迄于今兹之一切工作。下午六时巴西外交部长接见红十字会各国代表。

十七日（星期二）

上午九时半各分股在红十字会开讨论会：计第一股讨论各国红十字会之组织问题及其他普通问题；第二股讨论救助问题；第三股讨论卫生、救急及看护问题；第四股讨论儿童红十字会问题。上午十一时国际卫生及红十字会开展览会陈列各国图表物品甚多。下午二时各红十字会代表应巴西旅行部之邀请，乘小火轮往观巴京前水湾各名胜，下午五时巴西总统在总统府办公处接见红十字会各国代表。

十八日（星期三）

上午八时半红十字会各代表参观巴西陆军体育场。上午十时在红十字会开大会讨论红十字会对于灾难应负之责任及救灾之办法。下午二时各代表参观巴京附近各名胜。

十九日（星期四）

上午九时各代表参观各医院及卫生所。上午十一时各分股开会。下午十二时半巴京市长在陆军俱乐部公宴各代表。下午三时在红十字会开大会讨论儿童红十字会事。下午五时看护学校邀请各代表特开茶会。晚九时巴西中央医学会开大会欢迎各代表。

二十日（星期五）

上午九时半在医院开会讨论卫生及救急问题。下午二时各分股在红十字会开会。下午五时法国大使夫妇在法国大使馆招待各代表特开茶会。

二十一日（星期六）

休息。

二十二日（星期日）

上午十时拍影关于黄热病之活动影片。下午二时赛马会招待各代表参观赛马。晚九时各代表赴圣堡罗省城参观。

二十三日（星期一）

是日晚各代表由圣保罗返抵巴京。

二十四日（星期二）

下午二时各分股开会。下午四时开大会讨论看护妇之教练及组织事宜。

二十五日（星期三）

上午九时半在红十字会开大会，通过各分股报告之议决案及各普通议决案，后于十二时举行闭幕礼（议决案未颁发，俟收到再行补呈）。下午二时各小学校学生联合在市立戏院开音乐会欢送各代表。晚八时半巴西红十字会会长在赛马会公宴各代表。

第三次全美红十字会会议所讨论之各问题如下：

一、各国红十字会之组织及发展；各国红十字会根据日内瓦协约应执行之工作。

二、各国红十字会与同宗旨之各团体应与合作之事。

三、红十字会在美洲自第二次全美会议后之发展。

四、在太平时代按美洲各国人民之特别情形适用红十字会之计划。

五、灾难时之救急事宜。

六、协助卫生及社会事宜。

七、看护事宜。

八、儿童红十字会。

（附注）会议时用葡萄牙、西班牙、英、法等国国语，会议期内所分发之各印刷品则系用葡文。

有投票权之全美各国红十字会代表团如下：

阿根廷，代表八名；玻利维亚，代表二名；巴西，代表卅一名；加拿大，代表一名；知［智］利，代表七名；哥伦比亚，代表三名；哥斯大［达］黎加，代表四名；古巴，代表二名；多民尼加，代表一名；厄瓜多尔，代表四名；美利坚，代表六名；瓜地玛拉，代表一名；墨西哥，代表一名；尼加拉瓜，代表一名；巴拿马，代表一名；巴拉圭，代表四名；秘鲁，代表五名；萨尔瓦多，代表一名；乌拉圭，代表九名；委纳瑞拉，代表二名；红十字会联合会，代表十一名；国际红十字会委员会，代表一名。

原载于《中国红十字会月刊》1936 年第 8 期

# 有投票权之全美各国红十字会代表团

有投票权之全美各国红十字会代表团如下：

| 阿根廷 | 代表八名 | 玻利维亚 | 代表二名 |
|---|---|---|---|
| 巴西 | 代表卅一名 | 加拿大 | 代表一名 |
| 知［智］利 | 代表七名 | 哥伦比亚 | 代表三名 |
| 哥斯大［达］黎加 | 代表四名 | 古巴 | 代表二名 |
| 多民尼加 | 代表一名 | 厄瓜多尔 | 代表四名 |
| 美利坚 | 代表六名 | 瓜地玛拉 | 代表一名 |
| 墨西哥 | 代表一名 | 尼加拉瓜 | 代表一名 |
| 巴拿马 | 代表一名 | 巴拉圭 | 代表四名 |
| 秘鲁 | 代表五名 | 萨尔瓦多 | 代表一名 |
| 乌拉圭 | 代表九名 | 委纳瑞拉 | 代表二名 |
| 红十字会联合会 | 代表十一名 | 国际红十字会委员会 | 代表一名 |





原载于《中国红十字会月刊》1936 年第 8 期

# 无投票权之各国红十字会代表团

无投票权之各国红十字会代表团如下：

德国，代表一名；奥国，代表一名；比国，代表一名；中国，代表一名；丹麦，代表一名；埃及，代表一名；西班牙，代表三名；法国，代表一名；希腊，代表二名；日本，代表一名；挪威，代表一名；波兰，代表一名；罗马尼亚，代表一名；瑞士，代表一名；捷克，代表一名。

原载于《中国红十字会月刊》1936 年第 8 期

# 中国红十字会寿县分会会务报告（续）

**附日记**

四月四日收入伤兵二十四名，夜间迭来轻伤兵士十八名，随施［时］治疗。

五日收入伤兵四名、病兵二十二名，城南战剧，经救护队队长吴干臣率全体队员夫役分头出发，救护伤兵多名。回至棋盘街，突来流弹穴王队员丙之头部，连伤薛队员少斋右肩，两队员入院，王队员因伤脑系诊治已无及矣，薛队员旋医愈。

六日直鲁军伤兵陈米修因弹穿膀胱，施救无效殁，即交掩埋队备棺殓埋，并于墓前标示姓名军籍。院中床被不敷，加购棉被百余条并假客寓板床百余张。同日炮声不绝，流弹如雨，居民伤者七人，留院医治者五人，内有一老翁，胸际贯通伤受重，又妇人一名、小孩一名不便住院，每日均特派担架抬院诊治。

七日门诊病症十六人，伤症六人。

八日门诊病症十二人，住院者割症二人。

九日门诊病症十二人，伤症五人，住院者割症二人。

十日门诊病室十四人，伤症七人，住院者割症一人。

十一日门诊病症十八人，伤症四人，住院者割症二人。

十二日门诊病症十六人，伤症三人，住院者割症一人。仝［同］日往［住］院伤兵邱长允因两处受伤血流太多，颈臂及右臂两处贯通割治无效气绝，经其连长自备衣被成殓，交掩埋队葬之。

十三日门诊病症九人，伤者三人。

十四日门诊病症八人，伤者四人。

十五日门诊病症七人，伤者四人。

十六日门诊病症六人，伤者四人。本日有住院兵士方成立病势甚重，热度骤高，鼻孔流血，状极危险，经医生用静脉止血注射，血流渐止。夜间又经注射一次，次日病热渐轻，三日后获愈。

十七日直鲁援军到围解城外，居民受流弹伤者七人。

十八日门诊病者四十二人，伤者七人。是日又来伤民徐怀友，素在河岸码头搬运为业，围城时匿城外民家中，流弹伤左膀，大骨碎裂。及开城来院已历半月之久，经医生治疗后劝其将碎骨截去方可保全性命，因留院。次日割治，匝月即痊。

十九日自本日后，门诊每日约三十余人，住院者约百人，自国民军进城，直鲁军退却时，院中除门诊外，住院者计一百七十四人。

本院自开诊日起至结束日止，计七十余日，挂号者七百三十一号，复诊者四千九百廿四次，陆续治愈出院计八次，每次出院受伤兵民由分会会长孙少亭君各赠新置袦裤一套，最后三次合计直鲁军一百五十三人，国民军一人。本院商准红十字分会各备执照一纸，以免途中盘结。计籍属江苏十七人、山东七十九人、直隶六人、河南三十九人，各给川资一元五角，由红十字分会赁小轮派专员送至蚌埠，分途回籍；安徽十一人，各给川资五角，自行回籍。山西一人，本县洛河镇一人因病伤未痊，转送春华医院调治，此两人药资均优待免费，伙食零用由分会拨给，延至八月间，山西人病愈，发给川资三元、执照一纸，自行回籍，又数日，洛河一人伤愈回营矣。

统计（略）

原载于《中国红十字会月刊》1936年第9期

# 中国红十字会潢川分会医院二十四年度全年工作报告

| 区别 | 内科 | 外科 | 小儿科 | 月总 |
| --- | --- | --- | --- | --- |
| 元月 | 一百二十七人 | 二百二十八人 | 四十四人 | 三百九十五人 |
| 二月 | 一百另五人 | 一百九十二人 | 三十八人 | 三百三十五人 |
| 三月 | 一百四十四人 | 二百另六人 | 五十二人 | 四百另二人 |
| 四月 | 一百六十人 | 二百十一人 | 二十九人 | 四百人 |
| 五月 | 九十二人 | 二百三十三人 | 三十四人 | 三百五十九人 |
| 六月 | 二百二十八人 | 二百三十七人 | 二十九人 | 四百九十四人 |
| 七月 | 二百十五人 | 二百九十五人 | 九十七人 | 六百另七人 |
| 八月 | 三百人 | 三百另五人 | 五十九人 | 六百六十四人 |
| 九月 | 二百另三人 | 二百九十人 | 二十七人 | 五百二十人 |
| 十月 | 五十七人 | 一百三十七人 | 十五人 | 二百另九人 |
| 十一月 | 五十五人 | 一百三十五人 | 十七人 | 二百另七人 |
| 十二月 | 二十一人 | 一百五十三人 | 二十九人 | 二百另三人 |
| 年总 | 二千六百十八人 | 一千七百十人 | 四百六十七人 | 四千七百九十五人 |

附记：

一、医院治疗

潢川为五属之中心，各军换防均由潢川经过，受伤患病多在本会医院疗治，以暨［及］各县难民、地方贫民施药施诊，无不竭力调护以尽天职。本年由元月一日起至十二月三十一日止，共治愈军民四千七百九十五人。

二、种痘

潢川向无牛痘局，每遇天花流行之时，死亡枕藉，诸医束手，实深可悯。本会职责所在，义不容辞，自二十年春，特设立种痘专科以资补救，本年自四月十日起至六月十日止，共计施种一千四百五十七人。

三、防疫

潢川连年兵灾匪患，凶年瘟疫相继而来，本会自二十年设立防疫所，每年夏季自六月十日起至十月十日止，除每天施注防疫针外，每星期日在各街水井、厕所消毒，以防传染。本年六月十日起至十月十日止，共计打防疫针二千五百七十四人，共计水井十一处，厕所共六处。

原载于《中国红十字会月刊》1936年第9期

# 中国红十字会寿县分会会务报告（续）

### 振灾委员团查放被水灾区户口纪事录

一、城南小营礼拜寺、陈家孤堆、王家孤堆、王家沟拐、满家庄、九里沟、庙新庄子、李家圩、大庄子计共大小三百二十五口，施放铜元五百四十七千二百文，折扣洋一百拾四元；芦席四百二十条，折扣洋一百六十八元；馍馍二千八百斤，折扣洋二百元；船价八天每天三元，计共洋二十四元；夫役伙食工洋八天每天三元，计共洋二十四元。总共计洋五百三拾元。

一、城南小树孤堆、柏家孤堆、校场西圩、边家井、姚家桥、林家大孤堆、孙家老圩、美人庄、张家岗、方家坟、周家小郢、周家小圩、周家大圩计共大小四百二十八口，施放铜元五百九十二千四百六十文，折扣洋一百二十三元四角三分；芦席五百五十条，折扣洋二百二十元；馍馍三千二百斤，折扣洋二百二十八元五角七分；船价八天，洋二十四元；夫役八天，洋二十四元。总共计洋六百二十元。

一、城东南花园孤堆、孙家坟摊、郭家孤堆、马家孤堆、蔡家庙、帽子店、周家寨、王家大圩、胡家大庄、郭家小圩、宋家酒坊、张家圩、胡家夹道、谢家孤堆、蒋家孤堆、瓦房圩、东坟场，计共大小三百十口，施放铜元七百三十六千四百六十文，折扣洋一百五十三元四角三分；芦席三百条，折扣洋一百二十元；馍馍二千五百斤，折扣洋一百七十八元五角七分；船价八天，洋二十四元；夫役八天，洋二十四元；总计洋五百元。

一、城东边家岗、五台山圩、张家烟行、柏家台、张家大坟摊、八里塘、沈家大圩、晏家庄、黄家台、顾家老行、九里冈、边家瓦房、兴隆集、崔家圩、西牛尾冈计共大小四百十八口，施放铜元七百六十三千八百八十文，折扣洋一百五十九元一角四分三厘；芦席五百条，折扣洋二百元；馍馍三千四百斤，折扣洋二百四十三元八角五分七厘，船价八天，洋二十四元；夫役八天，洋二十四元，总计洋六百五十元。

一、城北北关集、四顶山脚下大王庙、八公山根七里庙、五里庙计共大小五百三十八口，施放铜元五百三十七千六百文，折扣洋一百十二元；芦席六百五十条，折扣洋二百六十元；馍馍二千八百斤，折扣洋二百元；船价八天，洋二十四元；夫役八天，洋二十四元；总计洋六百二十元。

以上合计洋二千九百廿元正。

查放员名姓列左：李渭川、徐子敬、姚伯寅、孙幼成、薛少斋、樊则之、傅伯炎、孙雲候、易彦方、张少亭。

寿县分会振灾委员团办理六乡十七镇平粜领放表：

| 乡镇名称 | 户数 | 大口数 | 小口数 |
|---|---|---|---|
| 九里沟乡 | 四二八 | 二五八六 | 二二四零 |
| 东紫金乡 | 一三七 | 六九六 | 八二三 |
| 南关乡 | 三四八 | 二一九六 | 二零二四 |
| 东廿店乡 | 二六零 | 一六五三 | 一二八六 |
| 东陡涧乡 | 五一三 | 三五三三 | 三四七六 |
| 西陡涧乡 | 一六二 | 七六五 | 一零三五 |
| 东紫顺镇 | 三六四 | 一一八六 | 一一二三 |
| 东春申镇 | 一一五 | 三五七 | 三二四 |
| 东紫金镇 | 三五七 | 一零九六 | 一一八三 |
| 西春申镇 | 一三一 | 三七一 | 四零九 |
| 西紫顺镇 | 一零三 | 二六八 | 三三七 |
| 西延寿镇 | 一五一 | 四四九 | 四二五 |
| 宣化镇 | 一六三 | 四八一 | 四一九 |
| 留犊镇 | 三四二 | 一一三七 | 九四五 |
| 镇安镇 | 一四五 | 四八五 | 三九五 |
| 仁和镇 | 一八一 | 五四三 | 四九六 |
| 德化镇 | 三八三 | 一二二七 | 九九三 |
| 广积镇 | 二八六 | 八九一 | 八六九 |
| 清淮镇 | 三八一 | 一三五七 | 一二九三 |
| 力田镇 | 一二九 | 三八零 | 三二零 |
| 北紫金镇 | 四五八 | 一四五三 | 一三二七 |
| 中春申镇 | 一九六 | 四九七 | 四二五 |
| 中延寿镇 | 九八 | 二九八 | 二五六 |
| 合计 | 五八三一 | 二四二五五 | 二二四二三 |

附注：

（一）自夏历十二月初四日起至二十七日止共计二十四天。

（二）以上六乡共粜出米四二三五四七石。

（三）前表十七镇共粜出米五九六六四九名。

（四）折卖计亏银四六四二元。

（五）飞升贴合计合银一八五七元。（完）

原载于《中国红十字会月刊》1936年第10期

# 中国红十字会遂宁分会报告

## 民国二十四年七月至十二月止办事成绩

### 临时振济

振济省外水灾棉衣壹百件，布汗衣二件，交重庆寒衣募振会转发。余洋十六元交红十字总会振济水灾难民。本县公安兵与民众发生冲突，负伤十五人，给调养费洋三十五元正。

### 医务股

诊治疾病五七六百余人，施给药票五千六百六十张，帮助第一分诊处药票五百张，秋季送种牛痘三百十余名。

### 救济股

补助医务股医员薪资杂费六十八元三角二仙，又水上救护打捞淹毙死尸十名，给奖五元，赒济难民去洋二元，购买掩埋贫民木匣一百十四具，购买施送掩埋篾包六百十余个。

### 掩埋股

凡县中各界请求抬埋均能承办，事后听其自由捐助。如一般贫民与及路毙并监狱囚犯，概由本股担任掩埋，毫不索取分文，总计掩埋死亡六百二十二名。

### 育婴恤嫠股

总计助养极贫婴孩七十余名，去洋一百二十余元，补助次贫婴孩二十余名，去钱一千另七十余钏，赒恤嫠妇二百八十余名，去钱五千二百余钏。

原载于《中国红十字会月刊》1936年第10期

# 松江分会报告

迩来国势衰弱，外侮日亟，农村经济已频［濒］破产，究其原因，半由天灾，要亦人民自甘堕落，醇醉烟霞，有以促成之。查鸦片之害甚于洪水猛兽，设因循自误，其祸害所及，岂仅一人一家而已哉。伏查蒋委员长洞悉此中利害，颁行四年禁烟二年禁毒政策，令饬苏省各县切实遵行，如期肃请，以挽国家之衰弱，意之深，法至善也。第自各县施行烟禁以来，虽著成效，而一般贫民烟民明知吸烟之毒、戒烟之要，然迫于经济无力，领照者比比皆是。本分会周理事长学文秉承钧会努力于慈善之宏昌，并体蒋委员长禁烟之苦心，商得本分会常务理事瞿同熙、资产委员朱广涵等二人赞同各捐洋六十元，周理事长亦助洋六十元，共同凑集一百八十元，为贫苦烟民代领烟照一百张，虽为数甚微，不克为无力烟民悉数代领。然而仁心所寄于贫苦烟民，不无小补。兹是项领照手续业已次第办竣，爰将经过情形及代领烟照名单报告如左。（略）

原载于《中国红十字会月刊》1936 年第 11 期

# 中国红十字会郾城分会会务报告

二十四年二月起至二十五年二月止

一、医疗病伤。郾城车站居平汉要道，机关林立，往来军人络绎不绝，本分会医院设在车站地方，除治疗病伤军人外每日治疗居民男女内外各科数十人，全年诊治患病贫民六千余人。

一、保赤种痘。本分会每年春季施种牛痘以防天花，二十四年三月起四月底止在城内车站漯湾河寨各设牛痘局一处，购到中央防疫处新鲜痘苗，添聘专科医师逐日点种。综计共种男女儿童二千三百五十一名，均获善感。

一、救灾防疫。二十四年夏秋之间，郾城地方重遭水灾，淹没村庄人口牲畜无数，本分年会员用全力救济，组织临时救护队前赴灾区，一面将被灾男女渡到高原，搭盖席棚棲身；一面筹备食粮陆续运送施放，救饥救寒刻不容缓。另由医产携带药品治疗病伤，以防疫疠流行。惟时值二次征求会员之期，县长即当然委员长以及本分会各职员担任灾区救护工作，所有征求委员会无力召集成立良用歉照。

一、施舍茶水。本分会每届夏令，天气炎热，特在交通要道设立施茶所多处，逐日施送以解行人烦渴，自初夏始秋后截止。

一、筹办冬赈。本分会每届冬令，由各慈善家捐助米粮设立粥厂，自二十四年十二月二十一日起至二十五年二月底止，每日食粥贫民一千五百余人，共用小米四万余觔［斤］，舍施棉衣一千二百身。

一、施棺掩埋。

本分会购备棺木，凡无力葬埋尸骸，由地方来会领棺收敛掩埋义地，共施舍棺木十四具，掩埋义冢五处。

原载于《中国红十字会月刊》1936年第11期

# 中国红十字会固始分会女医院医务报告

二十三年四月起至十二月份止治愈人数一览表

| 科别<br>月别 | 内科 | 外科 | 妇科 | 儿科 | 皮肤科 | 花柳科 | 耳鼻咽喉科 | 眼科 | 合计 |
|---|---|---|---|---|---|---|---|---|---|
| 四月份 | 五一 | 六八 | 三二 | 四零 | 五八 | 一二 | 一八 | 二六 | 三零五 |
| 五月份 | 五二 | 六七 | 三四 | 四三 | 五七 | 一三 | 一九 | 二七 | 三一二 |
| 六月份 | 六一 | 五二 | 三八 | 三五 | 五六 | 一四 | 一五 | 三七 | 三零八 |
| 七月份 | 五二 | 五八 | 四三 | 四一 | 四八 | 一三 | 一九 | 二七 | 三零二 |
| 八月份 | 四八 | 六五 | 四三 | 一四 | 五八 | 一四 | 一九 | 三六 | 二九七 |
| 九月份 | 三八 | 六一 | 五二 | 一九 | 五六 | 一二 | 一七 | 三六 | 二九一 |
| 十月份 | 五一 | 三八 | 三四 | 四一 | 五九 | 一三 | 一六 | 三六 | 二八八 |
| 十一月份 | 四八 | 六七 | 二六 | 四一 | 五九 | 一二 | 二二 | 二六 | 三零一 |
| 十二月份 | 三八 | 四九 | 二九 | 四零 | 五七 | 一四 | 三零 | 二八 | 二八五 |
| 总计 | 四四零 | 五二五 | 三三一 | 三一四 | 五零八 | 一一七 | 一七五 | 二七九 | 二六八九 |
| 附记 | 本院春秋布种牛痘列入儿科栏内合并声明 | | | | | | | | |

二十四年一月份起至十二月份止治愈人数一览表

| 科别 / 月份 | 内科 | 外科 | 种痘 | 儿科 | 皮肤科 | 花柳科 | 耳鼻咽喉科 | 眼科 | 合计 |
|---|---|---|---|---|---|---|---|---|---|
| 一月份 | 三八 | 六一 | 零 | 二九 | 五六 | 一四 | 一九 | 三六 | 二五三 |
| 二月份 | 四八 | 八三 | 四零 | 五八 | 一八 | 二三 | 二三 | 二六 | 三一九 |
| 三月份 | 三九 | 七一 | 二六八 | 二零 | 五二 | 二零 | 二九 | 三零 | 五二九 |
| 四月份 | 五零 | 四零 | 三零六 | 二二 | 二五 | 一九 | 一六 | 三零 | 五零八 |
| 五月份 | 三八 | 五九 | 三零七 | 三零 | 三六 | 一八 | 一九 | 二二 | 五二九 |
| 六月份 | 二九 | 七零 | 二九 | 四四 | 三七 | 二零 | 二二 | 一八 | 二六九 |
| 七月份 | 四二 | 六八 |  | 三六 | 五八 | 一六 | 一八 | 二八 | 二六六 |
| 八月份 | 四八 | 六五 |  | 二八 | 六零 | 二零 | 二四 | 三零 | 二七五 |
| 九月份 | 三九 | 七零 | 二六 | 一六 | 五六 | 一六 | 二二 | 二六 | 二七一 |
| 十月份 | 四零 | 四二 | 三八 | 六零 | 五二 | 一八 | 二六 | 二八 | 三零四 |
| 十一月份 | 三零 | 五零 | 一八 | 四八 | 三八 | 二零 | 二零 | 二四 | 二四八 |
| 十二月份 | 二八 | 四零 |  | 一零 | 四零 | 二二 | 一八 | 二零 | 一七八 |
| 总计 | 四六九 | 七一九 | 一零三二 | 四零一 | 五二八 | 二二六 | 二五六 | 三一八 | 三九四九 |
| 附记 |  |  |  |  |  |  |  |  |  |

原载于《中国红十字会月刊》1936年第12期

# 九江分会十七年纪略

溯自辛亥秋武昌起义，九江继之，本会乘时而起，由江君友白、徐君公度、詹君若棠、童君迪菴、李君良卿、余君讱安、马君晚初、俞君镜芙、辜君竹平、胡君明瑞等发起组织救护队，公推江君友白为会长，出发武汉。设临时事务所于汉口皓街，推设野战病院于京汉铁路之祁家湾。共和告成，全体返浔经营医院，事属草创，煞费心力。癸丑赣浔战役，独当其冲，仓卒间成立救护、掩埋各队，实行天职，分设临时病院四处于本埠，推设野战病院于德安，疗伤瘗死不遗余力。姑塘当战争之城，人民避难扶老携幼，深藏山中，七日不敢越雷池一步，饥饿待毙，惨不忍睹。经本会携带熟食往救出险，完全生还者三百余人。是役也，用款达二万余元，除当局补助半数外，多赖本埠各商号维持。民四江君退职，继任虽不乏人，然太阿倒持反客为主，虽荷吴君荫卿提倡九江总商会及米业公会赞助乐捐五厘出口米捐以资挹注，收入不下三万，大半为医务部浪费而会事不堪问矣。有心人每为叹然，积重难反［返］，无可奈何，且评议会久已停顿，会员又复星散，地方人士啧有烦言。延至乙丑，几惹会外之干涉，于是老会员相约重整旗鼓，开会票选梅君佛航为会长，詹君若棠为副会长，袁君培森为理事长，张君清泉为评议长，余君讱安、陈君静滋、金君籽农、胡君礼庭、马君澄波、陆君配三、马君兰生等为评议员，始稍稍收回主权，而经费困难已达极点，无米之炊难为，巧妇牵罗补屋，殊费商量。正在千钧一发之时，而丙寅战事又起，北伐军兴，饮马长江，战事之剧烈为民国以来所仅见，先是联军集中浔阳，号称十万，伤兵动以千计。丁此军书旁午近在目前，焉敢漠视？然会中一文莫名，几至不能举火，得金君籽农、余君讱安、韩君毓棠、张君清泉、盛君景唐、万君宏泰、曾君嘉麐、王君试蓉、金君浩如、陈君静滋、方君仲盘、邹君秉松等热心互助，四处呼吁，一面劝募会员，一面量力筹垫，用款亦达万元，而办事更形棘手。盖自夏历八月起直至十一月止，计期百天，其间江永失慎，由本会施救出险，给以衣服御寒，赠以川资回籍者三百余人，派员沿江直达华阳，捞获尸身掩埋四百余具，收容南北伤兵诊治痊愈者二千余名。及南军先头部队到浔，本会酌送柴米为临时给养。请求维持秩序时，北军各路留守处兵士共有二千余名，均枪械完备，尚未退清。本会当此出死入生之时，冒险四出宣传劝导弃械来归者，尽量收容，不使挺［铤］而走险，地方赖以安全。同时南昌南北军两度易位，地方糜乱不堪，而南昌红十字分会早已停顿，本会不分畛域，由曾君嘉麟筹垫省券洋二千元，偕同黎君舫琴、范君仲文、于君振寰，不避危险，驰往省垣，会同各公团筹设妇孺收容所，全活数百，而本会亦陆续遣送溃兵八九千人，不使逗留为地方害，又派掩埋队沿南浔路直达永修县境掩埋遗骸二千余具，免其尸气薰蒸，酿成疫疠。凡兹往绩，不无可纪，然皆藉全体赞助之力，始克臻此。迨长江相继底定，适本会已届改选之期，即于丁卯年六月十四日遵章票选金君浩如为正会长，曾君嘉麟、詹君若棠为副会长，张君渍泉为评议长，万君宏泰为副议长、盛君景唐为理事长，余君讱安、金君籽农、陈君静滋、陆君配三、邵君兰溪、张君国祥、胡君信夫、丁君继相、邹君秉松、萧君少白、陈君彩仪、杨君瑞麟、胡君少廷、邱君幼甫等为理事，公推王君试蓉、郑君月岩、吴君荫卿为名誉会长，袁君培森、李君良卿、张君凤岐、王君信孚、马君兰生、邱君佳甫、郭君步青、马君伯驹、俞君惠臣、蔡君品三、余君颐生、张君谋知、李君翰卿、曾君以琼、万君诒孙、许君楷庭、郑君涵秋、雷君勉臣、马君澄波、陶君炳堃、孙君执中、邱君慎甫、胡君金梁、吴君吉甫、张君西鹏、汪君寿廷、辜君竹平、韩君毓棠、余君崐宾、汤君竟鸣、方君禹三、陶君大谟、于君振寰、严君友君、孙君显之、傅君安廷、黄君什珊、胡君礼庭、萧君立三、余君良柏等为评议员，一时舆论均为本会深庆得人，会务更形振作，于是群相策励，力求实在。凡本会应兴应革之事，次第举行，不事敷衍，惟经费奇绌，“五厘米捐”自乙丑年改组迄今无米出口，收入寥寥，仅恃附加铺捐及慈善月捐、常年茶捐，每月收入的款不过四百元，而额支需八百余元，不敷甚巨。本会振刷精神，共相维持，不为金钱所困。当丁卯冬，各处散兵游民麇集本埠，冻馁堪怜，治安尤重，本会临时设立游民安顿所，投所者赠给衣食，川资遣送出境回籍者达二千余人。会舍年久倾颓，病室因漏［陋］就简，亟求建设，一面公同筹募，一面由金君浩如先行垫款二千余元从事修造，鸠工庀材，建设会议厅、割诊室、职员宿舍、特别病房、厨房、浴室，半载而工程告竣，添置器具，栽培花木，整齐洁净，焕然一新。从兹医院门诊日渐增加，大有应接不暇之势，宋院长瑞卿率领医员看护内外诊断，尽力服务，疲精劳神，尚觉供不应求，经本会决议，添聘美国哈佛大学医学博士周君维廉担任应诊，以应需要。虽不敢言驾欧凌美，然金融如此枯窘而能独立设一医院，不藉外人之力，实绝无仅有。但本会以博爱揭橥社会，只求实行职责，何敢忘［妄］自矜伐，惟经费全赖各界热心善士捐助而来，不得不将经过情形表白，以期告无罪于既往，鼓善念于将来，是则本会陈述之意也。(完)

原载于《中国红十字会月刊》1936年第14期

## 莒县分会临时救护队赴第三区土楼庄等处工作报告

五月二十四日上午八时全队由分会出发，十一时抵第三区团林庄，该村被会匪焚烧房屋，火势方炽，本队即加入救火工作，并指挥村民合力扑救，摄影二帧。

本日下午二时，由时团林庄抵贡家庄，闻前方枪声时发，适该村有为会匪刀伤民众二人，本队除派医官于仲元、护士董望之等敷药医治并雇夫抬送医院外，该庄被火焚情形摄影一帧。

本日下午三时半，由贡家庄抵会匪盘踞之土楼子庄，该处全庄焚烧无余，人畜绝迹，厥状极惨，当即摄影一帧。

本日下午六时半抵茅埠镇，晚饭后有附近各村之被火伤民众及患有病者纷纷求医，本队一一给药并代敷患处，民众皆欢欣而去，十时始就寝。

二十五日上午七时，由茅埠镇出发，十时抵大庄坡镇，即赴被军队围剿之卜家庄，至东岭发现男尸二十二具，女尸五具，即由本队赶赴各处购买棺木预备掩埋。十二时又赴该庄会同庄民扑救焚烧房屋，下午二时半雇用民夫二十名购到棺木十五具即行掩埋工作，其余尸具拟明日续埋。下午六时掩埋毕，救火掩埋各摄影一帧。六时半回大庄坡镇休息，晚有被匪刀伤民众三人、焚伤二人求医，当即由医官于仲元医治刀伤者一轻二重，伤重者雇民夫连夜抬送医院，其余皆当时敷药而去，十时始寝。

二十六日上午六时起，继续购到棺木八具，即行继续掩埋工作，其棺木不敷分配者皆用藁葬，以免蹼尸，下午二时出发回城，六时到会。

工作用款清单列左：

（一）棺木二十三具，每具十五元，共三百四十五元。

（二）掩埋雇民夫二十名，每人每天一元两天共四十元。

（三）担架雇民夫八名，每名每天一元两天共十六元。

（四）药费、绷带、棉花等共十二元五角。（完）

原载于《中国红十字会月刊》1936 年第 14 期

# 德清分会二十五年施种牛痘报告表

| 月份 | 日期 | 男性人数 | 女性人数 | 共计人数 | 备考 |
| --- | --- | --- | --- | --- | --- |
| 五月份 | 十日 | 一四 | 一八 | 三二 | |
| | 十一日 | 三 | 九 | 一二 | |

（续表）

| 月份 | 日期 | 男性人数 | 女性人数 | 共计人数 | 备考 |
| --- | --- | --- | --- | --- | --- |
| | 十二日 | 一九 | 一四 | 三三 | |
| | 十三日 | 二七 | 四五 | 七二 | |
| | 十四日 | 六九 | 五三 | 一二二 | |
| | 十五日 | 六六 | 六六 | 一三二 | |
| | 十六日 | 四五 | 五五 | 一零零 | |
| | 十七日 | 二九 | 三五 | 六四 | |
| | 十八日 | 二六 | 一八 | 四四 | |
| | 十九日 | 八 | 一三 | 二一 | |
| | 二十日 | 一四 | 一三 | 二七 | |
| 总计 | 十一日 | 三二零 | 三三九 | 六五九 | |
| 附注 | | | | | |

原载于《中国红十字会月刊》1936 年第 15 期

# 诸城分会施种牛痘统计表

| 名称 | 施种人数 | 名称 | 施称［种］人数 |
| --- | --- | --- | --- |
| 第一医院 | 三四四名 | 第五施诊所 | 六五名 |
| 第一施诊所 | 九二名 | 特设施诊所 | 五四名 |
| 第三施诊所 | 一零八名 | 统计六百六十三名 | |
| 中华民国二十五年六月　日报告 | | | |

原载于《中国红十字会月刊》1936 年第 15 期

# 中国红十字会第二次征求会员成绩报告（摘录）

民国二十四年七月一日至二十五年六月三十日止

**会员种类统计表**

| 征求者 / 会员种类 | 总会 | 分会 | 各地方政府 | 其他 | 共计 |
|---|---|---|---|---|---|
| 名誉会员 | | | | 一 | 一 |
| 特别委员 | 一 | 九 | 三 | 二 | 一五 |
| 正会员 | 五三 | 四四八二 | 四三 | 一二四 | 四七零二 |
| 普通加正会员 | | 一六七 | 一 | 二 | 一七零 |
| 普通会员 | 八四 | 三四五八 | 一二九 | 六八 | 三七三九 |
| 青年加普通会员 | | 三 | | | 三 |
| 青年会员 | 二六六 | 二六零三 | 八六零 | 一四一 | 三八七零 |

**会费及赞助捐统计表**

| 类别 / 征求者 | 会费 | 赞助捐 | 共计 |
|---|---|---|---|
| | 万千百十单角分 | 万千百十单角分 | 万千百十单角分 |
| 总会 | 一一八二零零 | 六四二零零 | 一八二五零零 |
| 分会 | 六七三四八五零 | 九七七五零 | 六八三二六零零 |
| 各地方政府 | 一八一零零零 | 一二六二五零 | 三零七二五零 |
| 其他 | 二四九五五零 | 二二零零 | 二五一七五零 |
| 共计 | 七二八三七零零 | 二九零四零零 | 七五七四 零零 |

原载于《中国红十字会月刊》1936 年第 16 期

## 郏县分会医院治疗病人表

二十五年一月份至六月份止

| 类别 性别 月别 | 门诊 | | 住院 | | 死亡 | |
|---|---|---|---|---|---|---|
| | 男 | 女 | 男 | 女 | 男 | 女 |
| 一月份 | 一四四 | 五九 | 八九 | 一零 | | |
| 二月份 | 一零八 | 六八 | 一五一 | 六零 | 一 | |
| 三月份 | 一五二 | 六三 | 一一六 | 七一 | | 一 |
| 四月份 | 一四七 | 七一 | 一四一 | 八五 | | |
| 五月份 | 一三八 | 六三 | 一三六 | 五九 | 二 | |
| 六月份 | 一四三 | 一一二 | 一四六 | 五九 | | 一 |
| 共计 | 八三二 | 四三六 | 七七九 | 三四四 | 三 | 二 |
| 统计 | 一二六八 | | 一一一三 | | | 五 |
| 备考 | | | | | | |

原载于《中国红十字会月刊》1936年第16期

## 中国红十字会遂宁分会报告

民国廿五年一月至六月止办事成绩

（甲）临时拯济

（一）本会于廿四年旧历年终悯念一般贫苦，特发起募捐，折本金购买振米三百十八石余斗，订期国历一月廿日至廿二日三天在本会地点发领并施给稀饭，三天总计约费洋五千零五十余元。

（二）淮南江振务分会函称该县灾情奇重，现值青黄不接，祈为募捐拯济，本会共募集法币七十五元，交遂宁县政府汇解散放。

（三）本年春季新粮未登，各物增涨，一般贫民日食艰窘，无法度此难关。本会困于财力，只得购买牛皮菜三万余斤，印票四路散给。得票者自向指定菜主领取，每票一张，发菜十斤。

（四）当此国难正殷，成渝各市均有防空组织。遂宁地属偏邑，程度稍逊，本会特印送防毒须知六百册，俾民众随时参考，用以增进知识。

（乙）掩埋股

本股专司掩埋贫民与及路毙溺毙并监狱囚犯均不取费，如富家请求抬埋，均能承办，事毕听其自由捐助。查本年半年共掩埋死尸八百八十余名，总计全年施去木匣四百九十七具，篾包五百七十八个，送埋义冢三百零五处。

（丙）育婴恤嫠股

本股专以助养贫苦婴孩、补助嫠妇生活为原则，订期按月到会领取费一次，共计助养极贫婴孩七十余名，去洋一百三十余元；助养次贫婴孩二十余名，去钱一千零八十钏；补助嫠妇二百八十余名，去钱五千二百五十余钏。

（丁）救济股

本股专任一切救济事业，查本年一月至六月止，共计补助医务股经费六十八元，又水上救护捞得死尸六名给奖励三元；购施济药剂米并施茶去洋一百八十余元；又掩埋贫民购买木匣六十余具，施送篾包五百六十余根。

（戊）医务股

本股聘请医师诊治一般贫民疾病，查一月至六月半载共计诊治六千四百余人，施给药票六千四百零四剂，春季送种牛痘一百余名，又施送熬药罐一千四百余个。

（己）第二次征求会员

查遂邑因兵燹之余并受共患影响，以致市面萧条，农村困苦，征求会员实非易事。所幸各委员各队长勇力推行，地方人士深明本会宗旨，热心赞助，共征得正会员九十三名，普通会员九名，青年会员一百三十三名，总计会费一千余元，已呈缴总会领给徽章、证书在案。

（庚）第一办事处

本会成立之初，组设办事处于顺南街，用以辅助会务进行，推广各乡善举如无息借贷、医务分诊处等项，拯济贫民颇著成效。该处平日设置内外医科诊治内外各症概不取费，总计本年度医治内病五千七百余人，外症三千四百余人。

（辛）永兴乡分诊处

本处经遂宁红十字会第一办事处派员推广成立并兴设无息借贷拯济

贫苦，计现以基本五千三百钏随时放借，毫不取息。本年度医治内病二千四百余人，外症一千二百余人，又本年春荒筹款发振，共计贫民七百零七户，共施给洋一百廿余元。

中国红十字会遂宁分会呈

原载于《中国红十字会月刊》1936年第16期

## 青岛分会附设施诊处医务报告一览表

民国二十四年七月份起至二十五年六月份止

| 科别<br>月别 | 内科 | 外科 | 妇女科 | 小儿科 | 耳鼻眼喉科 | 牛痘科 | 合计 |
|---|---|---|---|---|---|---|---|
| 七月份 | 一九 | 二五 | 一九 | 一七 | 八 |  | 八八 |
| 八月份 | 八三 | 一七六 | 五九 | 三三 | 二九 |  | 三八零 |
| 九月份 | 五一 | 一四四 | 五六 | 四一 | 三零 |  | 三二二 |
| 十月份 | 五六 | 九六 | 四九 | 三二 | 三六 |  | 二六九 |
| 十一月份 | 六八 | 一零四 | 四二 | 二零 | 二九 |  | 二六三 |
| 十二月份 | 六一 | 八一 | 三七 | 二三 | 三零 |  | 二三二 |
| 一月份 | 三九 | 五九 | 二二 | 一三 | 二一 |  | 一五四 |
| 二月份 | 五七 | 九三 | 四七 | 二九 | 四七 |  | 二七三 |
| 三月份 | 八七 | 一二九 | 六八 | 六一 | 八五 | 八零 | 五一零 |
| 四月份 | 一四三 | 二三八 | 一三七 | 一二一 | 一二九 | 一五一 | 九一九 |
| 五月份 | 一四零 | 三二八 | 一四一 | 一二二 | 一七二 | 一四三 | 一零四六 |
| 六月份 | 二四五 | 四一五 | 一九零 | 一八零 | 二零二 |  | 一二三二 |
| 总计 | 一零四九 | 一八八八 | 八六七 | 六九二 | 八一八 | 三七四 | 五六八八 |

原载于《中国红十字会月刊》1936年第16期

# 中国红十字会北平女界分会
# 二十五年七月份社会部报告

（一）本报告书系自二十五年七月一日起至七月三十一日止。

（二）本部办理各案系先经干事详细调查，次将调查所得及所拟补救办法于每个星期三例会提出公决表决后照案施行。

（三）本月办理各案共计新旧案一二二件（新案共二九件，自一六二零号至一六四八号止），内分小本借款、施助衣米、介绍职业、介绍免费就医、介绍免费就学等工作，结果受救济者共有三六五名，何以有三六五名，此则因每案不止一人，此数系就被救济之人口总数而言。

（四）表中所列各项工作均以“家”为单位（详细请阅社会案）

| 类别<br>工作 | 社会案 | |
|---|---|---|
| | 本月新案 | 以往旧案 |
| 调查 | 二九 | |
| 随访 | 九 | |
| 资助现款 | 二 $ 20.40 | 一 $ 50 |
| 资助车费 | 一 $ 2.20 | 一 $ 88 |
| 介绍免费就医 | 一 | 二 |
| 经治疗后已得痊愈者 | | 一 |
| 介绍抱养婴儿 | | 一 |
| 本会代寻棺木者 | 一 | 一 |
| 介绍去市立传染病院学护士者 | | 一 |
| 介绍去香山疗养院学习护士者 | | 一 |
| 介绍去香山慈幼院学手工班者 | 一 | 一 |
| 介绍去香山慈幼院学习保姆者 | 三 | 三 |
| 介绍去社会局救济院者 | 一 | |
| 介绍免费就学 | 五 | 一零 |
| 介绍工作 | 二 | 二 |
| 收入本会托儿场 | | 一 |
| 本月贷款 | 三 $ 30.00 | 七 $ 61.00 |

（续表）

| 工作＼类别 | | 社会案 | |
|---|---|---|---|
| | | 本月新案 | 以往旧案 |
| 本月还款 | | | 五一 $ 54. 345 |
| 小米救济 | | 八（115 斤） | 二八（360 斤） |
| 卫生劝导 | | 八 | 九 |
| 结束 | 被救济后可得生活者 | | 一 |
| | 调查不实者 | 三 | |
| | 不听劝导者 | 一 | |
| 救济家数 | | 二九 | 九三 |
| 救济人数 | | 一一四 | 三五一 |
| 共救济家数 | | 一二二家 | |
| 共救济人数 | | 三六五名 | |

（五）案件来源

| 类别 | 数目 | |
|---|---|---|
| | 本月新案 | 以往旧案 |
| 会长批交 | 五 | 二 |
| 熊夫人批交 | 二 | |
| 熊理事介绍 | | 一 |
| 协和医院社会部介绍 | 二 | 三 |
| 第一卫生事务所社会部介绍 | | 一 |
| 卫生局精神病院社会部介绍 | | 二 |
| 女青年会介绍 | | 四 |
| 北平协和教会社会部介绍 | | 一 |
| 妇婴保健会介绍者 | | 一 |
| 职工介绍处转来 | | 二 |
| 北平香山慈幼院转来者 | 五 | 三 |
| 私人介绍者 | 三 | 二六 |
| 自来求助者 | 一七 | 四七 |
| 总计 | 二九 | 九三 |

（六）本月收得各慈善家捐款及衣物列下：

1、景树人先生捐洋二元，指定作九二零号案主救济费之用（上款已照数发给收据，现存社会案中）。

2、熊瑜女士捐助红点夹袍一件、黑绸衫一件、竹布褂一件、花条绸衫一件、绿绸褂一件、红布褂一件，共计衣物七件。

原载于《中国红十字会月刊》1936年第16期

## 北平女界分会八月份社会部报告

一、本报告书系自二十五年八月一日起至三十一日止。

二、本部办理各案系先经干事详细调查，次将调查所得及所拟补救办法于每周星期三例会提出公决表决后照案施行。

三、本月办理各案共计新旧案一六二件（新案共六四件，自一六四九号至一七一二号止），内分小本借款、施助衣米、介绍职业、介绍免费就医、介绍免费就学等工作，结果受救济者共有四七五名，何以有四七五名，此则因每案不止一人，此数系就被救济之人口总数而言。

四、案中所列各项工作均以“家”为单位（详细请阅社会案）

| 类别<br>工作 | 社会案 | |
|---|---|---|
| | 本月新案 | 以往旧案 |
| 调查 | 六四 | |
| 随访 | 二四 | |
| 资助现款 | 八 $ 32.30 | 四 $ 7.88 |
| 资助车费 | | 一 $ 2.50 |
| 介绍免费就医 | 一 | 二 |
| 经治疗后已得痊愈者 | | 一 |
| 为疗养院办理减费案件 | 八 | |
| 介绍去第一卫生事务所检查身体者 | 一 | |
| 介绍入卓宅主办老人院者 | 一 | |
| 介绍去香山慈幼院学习保姆者 | 一 | |
| 介绍免费就学 | | 一 |

（续表）

| 类别<br>工作 | | 社会案 | |
|---|---|---|---|
| | | 本月新案 | 以往旧案 |
| 介绍工作 | | 一 | 二 |
| 收入本会托儿场 | | 四 | 二 |
| 本月贷款 | | 五 $ 45.00 | 三 $ 26.00 |
| 本月还款 | | | 六一 $ 65.64 |
| 领受衣物者 | | | 一 |
| 小米救济 | | 五（65 斤） | 二六（280 斤） |
| 卫生劝导 | | 二零 | 二 |
| 结束 | 被救济后可得生活者 | | 一 |
| | 调查不实者 | 二 | |
| | 不听劝导者 | | 一 |
| 救济家数 | | 六四 | 九八 |
| 救济人数 | | 一五八 | 三一七 |
| 共救济家数 | | 一六二家 | |
| 共救济人数 | | 四七五名 | |

五、案件来源

| 类别 | 数目 | |
|---|---|---|
| | 本月新案 | 以往旧案 |
| 会长批交 | 六 | 二 |
| 熊夫人批交 | | 一 |
| 王理事介绍 | | 一 |
| 协和医院社会部介绍 | 二 | 五 |
| 第一卫生事务所社会部介绍 | | 一 |
| 卫生局精神院社会部介绍 | | 二 |
| 女青年会介绍 | | 四 |
| 北平协和教会社会介绍 | | 一 |
| 妇婴保健会介绍者 | | 一 |
| 职工介绍处转来 | | 一 |
| 北平香山慈幼院转来 | 五 | 二 |
| 私人介绍者 | 八 | 二五 |
| 自来求助者 | 二二 | 五二 |
| 总计 | 六四 | 九八 |

一、吴憬哲女士捐洋二元指定作一三一四案，主救济费之用。

二、景树仁先生捐洋六元三角指定作九一三，九二零，一六五八，一六六一各案，主救济费之用。

（上款均已照数发给收条存社会案中）

原载于《中国红十字会月刊》1936年第18期

# 北平女界分会九月份社会部报告

一、本报告书系自廿五年九月一日起至三十日止。

二、本部办理各案系先经干事详细调查，次将调查所得及所拟补救办法于每周星期之例会提出公决表决后照案施行。

三、本月办理各案共计新旧案一四八件（新案共五十九件，自一七一三号至一七七一号止），内分小本借款、施助米衣、介绍职业、介绍免费就医、介绍免费就学等工作。结果受救济者共有五七四名，何以有五七四名，此则因每案不止一人，此数系就被救济之人口总数而言。

四、表中所列各项工作均已［以］“家”为单位（详细请阅社会案）。

| 类别 / 工作 | 社会案 | |
|---|---|---|
| | 本月新案 | 以往旧案 |
| 调查 | 五九 | |
| 随访 | 四三 | |
| 资助现款 | $ 2.00 | 五 $ 31.00 |
| 资助抬埋费 | | 一 $ 6.00 |
| 介绍免费就医 | 一 | 三 |
| 经治疗后已得痊愈者 | | 二 |
| 介绍寄养婴儿 | | 一 |
| 介绍去市立传染病院学护士者 | | 一 |
| 介绍去第一卫生事务所检查身体 | | 一 |
| 介绍去育婴堂学习护士者 | 五 | 二 |
| 为香山疗养院办理减费案件 | 二 | |
| 介绍去社会局救济院者 | 一 | |
| 介绍工作 | 一 | |

（续表）

| 工作＼类别 | | 社会案 | |
|---|---|---|---|
| | | 本月新案 | 以往旧案 |
| 收入本会托儿所 | | | 一 |
| 本月贷款 | | 一九＄180.00 | 一四＄124.00 |
| 本月还款 | | | 五六＄61.415 |
| 小米救济 | | 五（50斤） | 二三（241斤） |
| 卫生劝导 | | 七 | 六 |
| 结束 | 被救济后可得生活者 | | 一 |
| | 调查不实者 | 五 | |
| | 不听劝导者 | | 一 |
| 救济家数 | | 五九 | 八九 |
| 救济人数 | | 二三四 | 三四零 |
| 共救济家数 | | 一四八家 | |
| 共救济人数 | | 五七四名 | |

五、案件来源

| 类别 | 数目 | |
|---|---|---|
| | 本月新案 | 以往旧案 |
| 会长批交 | 一 | 四 |
| 熊夫人批交 | | 一 |
| 熊理事批交 | | 一 |
| 协和医院社会部介绍 | 三 | 二 |
| 第一卫生事务所社会部介绍 | 一 | |
| 卫生局精神病院社会部介绍 | | 一 |
| 北平协和教会社会部介绍 | | 一 |
| 妇婴保健会介绍者 | | 一 |
| 职工介绍处转来者 | | 二 |
| 育婴堂介绍者 | 二 | |
| 家庭福利协济会介绍 | 二 | |
| 北平香山慈幼院转来者 | 一 | 二 |
| 本会香山疗养院转来者 | 二 | |
| 私人介绍者 | 一一 | 二五 |
| 自来求助者 | 三六 | 四九 |
| 计 | 五九 | 八九 |

六、本月收得各慈善家捐款列下：

景树人先生捐洋六元指定作九二零号案，主抬埋费之用（上款已照发给收据存社会案中）。

原载于《中国红十字会月刊》1936年第18期

# 中国红十字会阜宁分会放振报告

江苏阜宁分会于本年春间往灌云散放急振，由东坎中国银行汇去国币六千另七元，会同灌云许县长暨吴绅董等实地调查受灾穷黎，经一阅月之久，始得分别发放完毕，所有放振人员往返川资食用等均由自己解囊，并不开支公款。兹将收支清单报告如下。

收项：

| 周子美 | 三千元 | 隐名氏 | 三十元 | 左祥吾 | 四元 |
|---|---|---|---|---|---|
| 田鸿儒 | 一千元 | 戴屏山 | 六元 | 左海门 | 八十元 |
| 左筱丞 | 七百元 | 张润民 | 五十元 | 慕堂堂 | 一百元 |
| 左吴氏 | 一百元 | 贾梦美 | 十四元 | 徐泮香 | 十元 |
| 董左氏 | 一百元 | 姚御之 | 三元七角 | 左玉墻 | 二十元 |
| 左清扬 | 一百元 | 无名氏 | 七十元 | 无名氏 | 二十元 |
| 郭介眉 | 五十元 | 左梦占 | 廿五元 | 幼田氏 | 十元 |
| 佑启堂 | 三百元 | 左赤良 | 廿五元 | 张松庭 | 廿五元 |
| 徐澧亭 | 十元 | 左振五 | 十九元 | 曹煜甫 | 廿五元 |
| 左全升 | 二十元 | 杨介眉 | 十五元 | 刘古洪 | 三元三角 |
| 丁健康 | 五十元 | 左一峰 | 二十元 | 殷泽清 | 二元 |

以上各款由周迪三、左汉起、左海门、丁健康、郭介眉、徐士谦、朱永锬、董永铭、祁方佩等经募，共计国币六千另七元。

付项：

第一区：西三乡灾民一百十八户，振款四百二十五元；西临乡灾民六百三十一户，振款七百六十五元；河西乡灾民五百二十户，振款七百元；正东乡灾民三百三十三户，振款四百五十七元；东新乡灾民五百三十一户，振款五百五十二元；善后乡灾民三百六十六户，振款五百三十元；泊阳乡灾民二百九十九户，振款四百十六元。

第二区：新南乡灾民二百九十二户，振款三百八十五元；新北乡灾民四百六十二户，振款六百八十二元；百庆乡灾民七十七户，振款一百另七元。

第七区：东滩乡灾民四百五十一户，振款四百九十一元；东磊乡灾民三百八十八户，振款四百九十七元。

以上各乡统振国币六千另七元，外施散药品九百二十五元，此系无名氏乐助。

总计灾民四千四百六十八户。

原载于《中国红十字会月刊》1936年第18期

## 中国红十字会临时医院青年会服务部工作简报

廿六年十、十一月份

本会在中国红十字会临时医院设立之服务部，自成立迄今，将届四月，各项工作随时进行，平均每日参加各项活动者，十月份约在三百二十人左右，十一月份约有二百九十余人，因病愈出院者日多，故参与活动者，渐见减少。

服务部每日上午为识字班，千字课已教毕第一、二两册；下午二至三时为英文班，三时至四时半为讲道时间，其他各项游艺及服务，仍系整日开放工作。

服务部前为征募棉衣及捐款，承会员安季如先生代捐棉衣裤一百套，又承唐梅女士、李耀如先生、崔阶平先生、方延济先生、陈夷白女士、郭兴茂先生等代募捐款共八十三元，（已购鞋袜）除已另奉正式收据外，特为志出，以鸣谢忱。

服务部除随时请义务员（少年部会员）、赞助员、布道员（成人会员及女会员）帮忙各项工作外，其他各教会热心人士、临时参与服务者为数亦不少，盛情均极可感。

服务部职员组织：主任舒又谦，副主任张守义，秘书伊笃周、王槐庭，布道侯中舟、王馨山，识字班舒畏三，英文班杨明保，服务员徐禄寿、高重沛。

| | | | | | |
|---|---|---|---|---|---|
| 服务 | 病室访问 | 代写书信 | 院外服务 | 出院事件 | 个人事件 |
| | 一零四次 | 三一三件 | 四二次 | 一七次 | 三九件 |
| 宗教 | 讲道 | 礼拜 | 教唱诗 | 临床布道 | 个人谈道 |
| | 每周三次 | 每周一次 | 每周一次 | 每日一次 | 七八人 |
| 娱乐 | 无线电 | 留声机 | 棋类 | 游戏品 | 病室娱乐 |
| | 平均每日五二人 | 平均每日四四人 | 平均每日六一人 | 平均每日四九人 | 每日一次 |
| 教育 | 识字班 | 英文班 | 阅小说 | 书报 | 杂志 |
| | 每日上课共四一人 | 每日上课共十三人 | 平均每日四五人 | 平均每日五二人 | 平均每日三二人 |
| 捐赠 | 棉衣裤 | 鞋 | 袜 | 名信片 | 圣经 |
| | 一零零套 | 二零零双 | 二四零双 | 五零零张 | 四五零本 |
| 服务员 | 义务员 | 布道员 | 参观者 | 赞助者 | 工作人员 |
| | 二六人 | 三五人 | 二一八人 | 三三人 | 九人 |

原载于《北平青年》1937年第29卷第2期

# 中国红十字会第一医院报告

## 眼科报告

二十三年七月至二十四年六月

本科工作与上半年无异，门诊处虽地位狭小，职员有限，但病人继续增加，每日上午来此就诊者踊跃异常，门诊处为之水泄不通。为此，本年终另设一痧眼临诊处，凡已诊断之痧眼患者，可于午后投该处诊治，庶吾人对于其他眼病患者，得以多加注意，而痧眼患者亦不致等候多时也。

下表特示三年来本科工作之进步：

| 年度 / 人数 / 病人类别 | 二十一年度 | 二十二年度 | 二十三年度 |
|---|---|---|---|
| 门诊病人 | 一零六零零 | 一五五零八 | 一七一七零 |
| 住院病人 | 一三五 | 一六五 | 一八一 |

依此可见本年门诊人数较上年增加百分之十点七，较前年增加百分之六十二。而住院病人亦由一百六十五人增至一百八十一人。倘在本科空隙处再增设备，则日后之进步当可逆睹。至隔离之特殊眼病，因实验室之增设，亦为急不容缓者。

张文山医师在本科服务二年后，于本年初辞职前往东北，在经济委员会监督之下，从事公共卫生工作。邓志强医师已升任助理驻院医师，林和鸣医师之职务仍旧。本年终当本人患病时，南京中央医院江幸曼医师曾来此代理职务，吾人深为感谢。

兹将本科各项手术次数列表于下。（略）

## 耳鼻喉科报告

二十三年七月至二十四年六月

本年度本科工作均与上年无多出入，平均每月门诊处有病人四百，仅二月间病人减至二百二十人，其原因未悉，然与上年同月比较，则亦无逊色。

至病人之确数，则普通挂号方面，初诊者计一千六百三十九人，覆［复］诊者二千一百二十八人；特别挂号方面，初诊者计四百二十二人，复诊者一百八十二人，共计四千三百七十一人，上年度总数却为四千五百九十九人。

手术次数为一百七十七次，较上年之一百九十二次略为减少。总之，本年度本科之纪录较上年度退步，其原因有二：一因社会不景气中病人经济困难，手术次数因受影响；一因自去年以来，沪上耳鼻喉诊所加多，门诊人数因以减少。

本年本科内医师职员均无更动。

兹将各项手术次数列表于下。（略）

## 爱克司光部及生理治疗部报告

二十三年七月至二十四年六月

生理治疗部

本年度本部三等病人及门诊病人较上年增加一倍，同时头等及二等病人亦略有增加。以此，吾人深觉加设电流及电感合组之器械，尤在治疗各种神经病中，甚为适用，且此种器械在检查肌肉及神经系是否有任何变性反应时，亦不能缺少。凡此种种，吾人皆得以其结果证明其步骤之无误。

本届曾有内地医师二人，趁来沪之便，在本部考察数日。

兹将本年度受疗之人数列表于下。（略）

**爱克司光部**

本年度投本部检查及治疗之病人，较上年增加。去年病人仅三千三百五十人，但本年已增至四千二百七十人，其增加率为百分之二十七点五。

本部主任钱慕韩医师从下年起，其时间虽将大半耗之于澄衷医院，然与本部工作上仍发生密切关系。此外邹尚贤医师已往英国利物浦留学，范朵如小姐又赴北平协和医学院研究，故除十八年就任本部之俞甘霓小姐外，已增聘助手二人。兹将本年度各项统计列于下。（略）

原载于《中国红十字会月刊》1937年第19期

# 北平女界分会十月份社会部报告

一、本报告书系自廿五年十月一日起至十月三十一日止。

二、本部办理各案系先经干事详细调查，次将调查所得及所拟补救办法于每周星期三例会提出公决表决后照案施行。

三、本月办理各案共计新旧案一四四件（新案共五四件，自一七七二号至一八二五号止），内分小本贷款、施助衣米、介绍职业、介绍免费就医、介绍免费就学等工作，结果受救济者共有四百五十二名，何以有四五二名，此则因每案不止一人，此数系就被救济之人口总数而言。

四、表中所列各项工作均以“家”为单位（详细请阅社会案）。

| 类别<br>工作 | 社会案 | |
|---|---|---|
| | 本月新案 | 以往旧案 |
| 调查 | 五四 | |
| 随访 | 一八 | 三六 |
| 资助现款 | 一 $ 1.00 | 五 $ 43.00 |
| 资助车费 | | 二 $ 3.00 |
| 资助抬埋费 | 一 $ 5.00 | |
| 介绍免费就医 | 一 | 二 |
| 经治疗后已得痊愈者 | | 一 |
| 由本会代觅住所者 | 二 | 二 |

（续表）

| 类别 工作 | | 社会案 | |
|---|---|---|---|
| | | 本月新案 | 以往旧案 |
| 介绍去第一卫生事务所检查身体者 | | 一 | 二 |
| 介绍去香山慈幼院免费学铁工者 | | 一 | |
| 介绍工作 | | 一 | 四 |
| 收入本会托儿场 | | 二 | |
| 本月贷款 | | 四＄35.00 | 七＄65.00 |
| 本月还款 | | | 六七＄65.29 |
| 小米救济 | | 一一（120斤） | 二七（242斤） |
| 领受衣物者 | | 一（2件） | 二（5件） |
| 卫生劝导 | | 六 | 一二 |
| 结束 | 被救济后可得生活者 | | 三 |
| | 调查不实者 | 五 | |
| | 不听劝导者 | | 一 |
| 救济家数 | | 五四 | 九零 |
| 救济人数 | | 一八九 | 二六三 |
| 共救济家数 | | 一四四家 | |
| 共救济人数 | | 四五二名 | |

五、案件来源

| 类别 | 数目 | |
|---|---|---|
| | 本月新案 | 以往旧案 |
| 会长批交 | 三 | 六 |
| 熊夫人批交 | | 一 |
| 熊理事介绍 | | 一 |
| 协和医院社会部介绍 | 二 | 五 |
| 第一卫生事务所社会部介绍 | | 一 |
| 卫生局精神病院社会部介绍 | | 一 |
| 北平协和教会社会部介绍 | | 一 |
| 卫生局妇婴保健会介绍者 | | 一 |

（续表）

| 类别 | 数目 | |
| --- | --- | --- |
| | 本月新案 | 以往旧案 |
| 北平职工介绍处转来者 | | 二 |
| 北平香山慈幼院转来者 | 二 | 五 |
| 私人介绍者 | 一三 | 二零 |
| 本市公安局各派出所介绍者 | | 一 |
| 自来求助者 | 三四 | 四五 |
| 总计 | 五四 | 九零 |

六、本月收得各慈善家捐款如下：

熊夫人捐洋五元，景树人先生捐洋六元，全绍周先生捐洋三元以上，共洋拾四元，系指定作五四零·六八九·一四二六·一七七九·一八二一号各案主救济费用（上款均已照数发给收据，现存社会案中）。

原载于《中国红十字会月刊》1937年第19期

# 潢川分会参加九县运动大会救护工作一览表

| 科目＼性别＼日期 | 九月三日 | | 四日 | | 五日 | | 总计 |
| --- | --- | --- | --- | --- | --- | --- | --- |
| | 男 | 女 | 男 | 女 | 男 | 女 | |
| 救急 | 一 | | | | 三 | | 四 |
| 内科 | 一五 | 二 | 一零 | 七 | 二零 | 一五 | 六九 |
| 外科 | 一零 | 一 | 一五 | 二 | 一七 | 四 | 四九 |
| 小儿科 | 五 | 三 | 七 | 一零 | 一九 | 九 | 五三 |
| 眼科 | 二 | 三 | 四 | 七 | 一零 | 九 | 三五 |
| 喉科 | 二 | 一 | 一 | 五 | 五 | 三 | 一七 |
| 折伤 | 一 | | | | 一 | | 二 |
| 合计 | 三六 | 一零 | 三七 | 三一 | 七五 | 四零 | 二二九 |

原载于《中国红十字会月刊》1937年第19期

# 飞绥代表庞京周报告绥地救护事宜

本人等由沪出发，先至西安，继赴太原，再赴归绥而返，其经过情形，已见共同发表报告书。本人此去，特别注意者，为救护事宜。晋省阎主席对于救护特别重视，据闻在救护设备方面，已定购材料约二十万元；在人才方面，除原有之军医外，尚有阎主席所办之川至医院及教会医院、山西省医院等，所有之师生酌量调用。太原之中西、五洲、华英、振华等五药房，虽所存卫生材料不多，但亦可有相当之供给。在本人等赴绥时，据傅主席云，军医在目前尚能勉强应付，然一旦战事扩大，而塞外村落甚稀，药品人才既不够应用，而伤兵医院之设置及运输伤兵等问题均将发生绝大困难。在绥远城内，现有伤兵医院一所，已有红格尔图之役受伤之士兵五六十人送往该院，其余因无法收容，由平绥路送往大同各教会医院疗治。在绥之伤兵，仅四肢受伤，另有官长二三人伤势较重，现留于省垣之公医院，该院为比国教士所办，但仅一百余床位，外科主任系震旦大学毕业之王君，因工作已极忙碌，电请北平中央医院聘助手二人前往，不日可到绥。至红十字会绥远分会，正在协助输送、收容等事。百灵庙之战，我军受伤者三百余人，以炸弹弹片伤为多，正输运后方疗治。此后如战事扩大，后方医院只能设于太原，但绥远间关山阻隔，绝少大城市，如云中阳明堡等处均无适当房屋改为医院，故将来仅可令学校暂行停课，改成伤兵医院。另在太原设立较大规模之伤兵医院，另设伤兵委员会负责伤兵运输及给养等问题，此事已经傅主席之采纳。关于施用大手术，拟采特种制度，当南方配齐药物器械，聘请外科医师助手护士，组织若干救护队，分往该地收容伤兵之处施行手术。现在阎主席已令川至医院靳院长在绥远料理一切，将来各方办理救护事宜，可由靳院长接洽。前方医药中最感缺乏者，为丹麦血清、破伤风血清及链锁血清、葡糖注液等。药业方面倘有乐于捐助者，以上述之药品为最好。本人反并时，曾函北平协和医院、平大医学院等，与各方协商详细计划，协助前方办理救护事宜云。

原载于《中国红十字会月刊》1937年第19期

# 中国红十字会第一医院报告（续）

## 病理部报告

二十三年七月至二十四年六月

本年度尸体解剖共计四十九次，其中三十九次系本院者，余系本部其他医院及开业医师送来。兹将一年以来病理解剖列表于下：

| 年龄<br>性别 | 零～一零 | 一一～二零 | 二一～三零 | 三一～四零 | 四一～五零 | 五一～六零 | 六一～七零 | 总计 |
|---|---|---|---|---|---|---|---|---|
| 男 | 七 | 一 | 七 | 六 | 二 | 二 | 二 | 二六 |
| 女 | 一七 | 一 | 二 | 零 | 二 | 零 | 零 | 二三 |
| 总计 | 二四 | 二 | 九 | 六 | 四 | 二 | 二 | 四九 |

罕见之症有二：

（一）生后四日即罹肥硬皮病而死之婴孩。

（二）由中耳炎发生之中耳室鳞状细胞癌。

临床切除物：本年检查临床切除物共计一千二百九十八例，较上年增加一倍，其中一百九十四例系院外送来者，其余皆来自本院各科，兹列表于下。（略）

## 实验诊断部报告

二十三年七月一日至二十四年六月三十日

本部前主任李振翩医师于二十三年六月底离职往京，部务于七月一日起即由王许德兰医师继任，王许德兰医师曾任北平协和医学院细菌免疫科副教授。

本年本部工作划分为三，朱佐治博士管理寄生物实验，应元岳医师管理临诊、化学及生理实验，王许德兰医师管理细菌及血清实验。同时技士增多，工作加紧，而部务亦日进。

临诊细菌实体所负之工作如下：1、致病菌之标本检验；2、本体液菌之预备；3、决定人体液质内凝结素及淀素之有无；4、检验牛乳及水；5、供给各科所用之媒质；6、与各科合作研究特别病案。

血清实验所负之工作如下：1、科尔马改正式乏色曼氏反应试验；2、康氏沈淀试验；3、克来印氏试体；4、胶体金试验；5、齿龈检验；

6、血球分组及直接分配；7、与各料［科］合作研究特别病案。

花柳病诊断上应用之克来印显微镜沈淀试验，已为本部应用，故不愿输血之小孩与偏执病人得受检查。此外本部日常所作之结核扦［杆］菌动物移植之各种特殊培植，亦使诊断得益匪少。兹将二年以来实验数目列表于下以示骤增：

| （甲）细菌检查 | 二十二年度 | 二十三年度 |
| --- | --- | --- |
| 血液培养 | 四零一 | 五八三 |
| 凝结反应试验 | 四三七 | 五七六 |
| 粪培养 | 三九五 | 六九九 |
| 尿培养 | 六三 | 一八九 |
| 痰培养 | 一零 | 二四 |
| 拭物培养 | 一零零六 | 一二零八 |
| 脊髓液培养 | 一一五 | 一五五 |
| 液体培养（腹水及胸膜液等） | 一二七 | 一七八 |
| 黑热病脾脱髓 | 四 | 七 |
| 本体菌苗 | 一二 | 二一 |
| 荷兰猪注射结核菌 | 二八 | 四三 |
| 牛乳检验 | 零 | 二 |
| 水检验 | 零 | 二 |
| 人体液体凝结反应试验 | 二 | 一二 |
| 特殊薄皮检验 | 二九 | 三八 |
| 剖检培养 | 一零六 | 二六五 |
| 总计 | 二七三五 | 四零零二 |
| （乙）血清检查 | | |
| 血之乏色曼反应 | 四七七一 | 五七六三 |
| 其他液体之乏色曼反应 | 一零七 | 一五七 |
| 康氏试验 | 四七六一 | 五七八四 |
| 克来印氏试验 | 零 | 一五 |
| 血液分组及直接分配 | 二三八 | 五二二 |
| 胶体金试验 | 四二 | 一二六 |
| 齿龈检验 | 一八 | 二五 |
| 包虫囊肿全部固定法 | 零 | 二 |
| 包虫囊肿淀物试验 | 零 | 二 |
| 总计 | 九九三七 | 一二三九六 |

其中三项因属罕有，故饶兴趣：一为马耳他热病，正性凝结反应试验之下，证明为一与二千五百六十之比；一为正性薄皮培养试验证明之菊形线病；其他为包虫囊肿，此病百分之十五在血清检查虽属正常，但在手术之下却为正性。

实验诊断部主任王许德兰报告

## 药剂室报告

二十三年七月一日至二十四年六月三十日

本室工作限于配方，本年度门诊处所配方单，计三万七千二百十五张，较前骤增，其中病房配方及重配之方尚不在内，此外又曾供给澄衷肺病疗养院及虹桥疗养院等处药剂，兹以数字表其价值如下：

| | |
|---|---|
| 门诊处现金购药 | 四三，六五九，九四 |
| 江湾澄衷医院 | 三，五七八，四二 |
| 虹桥疗养院 | 五八三，八五 |
| 病房，手术室，化验室 | 二二，八三二，二四 |
| 专卖药及注射剂 | 一四，零九二，九四 |
| 私人账目 | 一，八四九，八七 |
| 总计 | 八六，五九七，二六 |

本室所需各种药料，均逐日向本埠各药房购进，货既新鲜，又免堆聚。其余可耐久之药品则每年向外洋购入二次，至注射剂、药片、药酒、液膏等则由本室自制，省费不少。

本年本院拟办正式药剂学校，曾增设药剂学班，有学生六人，现已得教育部之允准，拟开办一较完备之药剂职业学校，如经济能从速筹措，则可于二十五年秋开办也。

本室现有职员共十一人，计药剂主任一人，药剂师二人，助理药剂师二人，药剂生六人。

二十三年七月至二十四年六月

本年度护士学校与护士部职员稍有更动，护士学校教员兼病室监理员喻益寿女士于二十三年夏间，由本院派至江湾澄衷医院任护士长职，刘伟杰女士于三月间离职他就，北平协和医学院护士学校毕业生卢祺英女士于二十三年九月加入本院，为护士学校教员兼妇产科病室监理员。

## 护士学校

本年度护生八十人，试读期护生十二人，共计九十二人。二十四年春间，护生十一人毕业于本校，得中华护士会文凭。其中有殷雪琴女士，由本校保荐至南京卫生署公共卫生人员训练班，研究公共卫生护病学；金胶女士供护士职于上海市立医院，嵇海兰女士回河南故乡，其余八人从事于本院护理工作。

**护士部**

护士职员共四十有七人，护生共八十人，护士职员工作分配如下：护士长一人，副护士长一人，病室监理护士长四人，病室护士长九人，门诊处护士长一人，手术室护士长一人，爱克司光科护士二人，蒙药士一人，公共卫生护士二人，助理护士二十五人。

本部为应本院住院及内诊病人之需要，聘请或介绍特别护士，已于二月间添设特别护士登记部，惟中华护士会会员方可登记。请用时用轮流办法，凡已登记者，于每一年内须在本院服务三星期，给予规定之酬劳。此三星期之服务，在护士方面可得机会温习医院护病技术与学得医学及护病等方面之新知识；同时在医院方面，在护士休假或病人骤增时，得人襄助焉。

本年度较民国二十二至二十三年度增加十一人。（待续）

原载于《中国红十字会月刊》1937年第20期

# 中国红十字会松江分会工作报告

周学文

二十五年份

一、本年一月在废历岁底，本会因念生计憔悴之穷黎，朝饔甫毕而忧夕飧，秋风未来而泣无褐，乃劝募白米四十石及棉衣棉裤一百套，择其贫且老者分发之。

二、本年二月间，政府对于烟民有自新登记之举，但一般劳苦烟民一日所得尚不足一饱，奚有余力领照吸烟。本会念及在此烟禁森严之下，私吸必罹重刑，乃施送烟照一百张藉减无力领照而罹刑要，亦为政府推行禁政之一助。

三、本会昔年办理浙灾难民收容所，结束之后，亏负尚巨，乃于五月集会千元并由总会拨助五百元以资料理。

四、枫泾新增会员八十人，本会以枫泾地在江浙交界，颇为重要，于是呈请总会设立枫泾办事处直隶本会。

五、浙灾难民收容所结束已久，征信录因限于经费尚未付印，但长此延搁，何以征信，故于七月间即招商承印，至十一月印就分发各界。

六、松江城厢内外乞丐甚多，地方官绅为整饬市容维持治安计，委办乞丐收容所于谷水道院。

七、时届夏令，疫疠必盛，本会为预防计，施打防疫针并施送时疫药水以便患疫者救急之需。

八、本会应时务之需要，依照总会办理救护训练班，招收智勇兼全之会员受训，并呈请当地主管官署委派军事教官施以军事训练，聘请医师灌输医药智识，以为应付非常时期之预备。

九、本会办公处所借用超果寺之一览楼，惟年久失修，倾圮殆尽，去年虽由本会略加修葺，顾限于经费，内部之门窗犹未仝备，道路犹未铺砌，电灯犹未装全，至今岁始一一粗备。

十、本会原有组织已不合于新章，爰于十二月间改推理监事，业已呈报总会。

十一、本会各界发起之飞机祝寿及慰劳绥军等，本会同人亦无役不预。

上述各项为本年一年之中工作大略要，亦历历在人耳目者也，惟本会一年中之不幸事件厥为张效良、张玉如、俞采臣三先生之先后物故。张君效良为本会之名誉会长，平时对于本会资助尤多，张君玉如、俞君采臣为本会秘书，历来帮助会务，颇极卒劳，乃竟先后凋谢，良深痛悼。本会追念贤劳，曾为文以哭奠之。兹值二十六年开始之时，本会仍当努力迈进，为人群谋福利，尚望地方长官、热心人士予以襄助，是因不仅本会之幸也。（完）

原载于《中国红十字会月刊》1937 年第 20 期

# 中国红十字会第三医院报告

谨按本院设于十六铺，韧始于民国一年，当时救护伤兵，名为第五伤兵医院。民四肇和舰一役，继续办理救护事宜，颇著成绩。迨战事敉平，鉴于南市一带因迭遭兵燹，居民贫病交迫，应有救济之设备，乃成立南市医院兼施药剂，为服务社会之先声，尽本会博爱恤兵之宗旨。嗣于民十三齐卢之役、十六年夏超之役以及棲霞山一二八诸役，兼理救护伤兵，日以继夜，医务异常繁冗，全活甚众，口碑载道。最近始改名为中国红十字会第三医院。

上海五方杂处，人口达三百五十万以上，即如南市而言，贫病者日益众多。本院之仔肩愈重，规模虽小，平民之获益良多。院址原系租界民房，已二十年，嗣缘房屋折［拆］造，一时难觅相当之屋，为时又迫，遂租用今址。以限于地位，不得不将诊室、药室、割症室及病房等略事缩小。然究非持久之计，乃由吕主任等草拟建屋条陈，以期一劳永逸，旋蒙总会核议照准，购得城南陆家浜路放生局址基地一亩八分。至建筑费，因经济未充，一时尚未进行也。

本院位于南市之冲，东达浦东，西迄徐汇、龙华，南至高昌庙等处，北市暨一二特区杨树浦等病者亦不惮途远而来，只缘海上医院林立，虽设备完全者比比皆是，欲合乎平民化原则者较少，惟本院事事务求实际，以期普利群众，故每日就诊者踵相接，并特辟病床数张以供市政府、军警及孤儿院、残疾院、养老所等免费或半费住院之用。但以限于经济及地位，致有供不应求之慨，辄引以为憾。际此时会，惟有将经济方面竭力樽节，藉以维持。昔有欧西某慈善家莅沪参观本市各医院，至本院时则谓："上海医院不乏规模宏大之处，固属可钦可佩，若言切合普通人民需要者，独红十字会第三医院为最可嘉许"。各处华侨来院参观者，亦莫不谓组织虽简，以成绩斐然，深表同情，足征历来之苦心孤诣，惨淡经营矣。

本院所有医师护士职员每日交班轮值，各有专司，遇有重大事务，则全班齐集办公，一心一德，协力合作，数年如一日。统计每年门诊病人达三万数千人，平均每日百十人，每年住院亦三四百人。近以限于屋宇狭仄，祇［只］能择要而收，故仅百数十人矣。惟门诊仍然拥挤，尚有日进无己［已］之势。每年经费约近二万元，除可收入少数外，大半由于总会拨给。但自去年迄今，总会经济不裕，对于本院每月祇［只］拨八百五十元，收入遽缩。假若支出仍旧，虽有巧妇，不能为无米之炊。于是全院会议自动减薪，一方面将用度非常撙节，所以如此竭力维持者，为不忍舍弃此服务平民社会之工作。盖目睹环境，皆贫苦民众，无日不如潮而至，天赋我责，焉能棄［弃］置？因此宁愿牺牲各个利益为大众谋幸福也。

本院收入银款均依总会会计规程办理每月造报外，仍于后列详表，现存器具造有专册呈报。总会在案门诊住院人数除每月呈报外，仍另列表格备查。

本院办事按月有事务、医务二会议，遇有应行增损问题，则随时分

别呈请总会督［察］核，以期秉承振作。兹值汇集一年工作报告之期，爰将院内医务事务详细列表报告焉。（待续）

原载于《中国红十字会月刊》1937年第21期

# 新会分会经过事略报告

本分会会址在民国十二年间经五邑官产处布告标卖，当时邑中绅士奔走呼号，力请官厅保留，蒙廖前省长批准，指拨为新会红十字会会址。至十三年间，复将石戏台特给为留医所，而街市鱼摊及庙前各铺业空地等，一并拨给为本分会会产，将收入租项为常费。历数年来，其间因种种障碍未能征足会员，尚在筹备时期未告成立。迨民十八年冬，始由吴君强华、黎君碧轩等依照总会定章征集基本会员三十名，先行汇缴会员入会款项呈缴总会，准予正式成立，并发给印旗、图记、会员证书佩章等物，及咨行地方长官出示保护各在案。嗣经邀集全体会员照章选举职员，分科办事，均当义务。惟时会款无着，而预算月中铺租收入约五十元之谱，又被东门堡警卫后备队羁收殆尽，致使会中不名一钱。而无米之炊，难为巧妇矣，同人等进退维谷，不得已乃仍向各会员垫借若干，尽力维持。一面函请菱角步国民西医社，将家私药物器械移送过会，先行赠医施药，徐图善务发展；一面向东门堡警卫后备队交涉，讨还会产，缠讼数月。几经波折，幸总会咨函广东省政府饬民政厅转令新会县政府饬警卫队搬迁，并蒙海陆空军总司令蒋、军政部长何布告“不得何项军队羁住”等情，始得收回。惟每月租项不过五十元左右，亦属杯水车薪，不敷尚巨，旋于九月间，又值折［拆］筑马路，本分会所有铺户被折［拆］三分之二，即未折［拆］者又纷纷扣除按柜。斯时经济状况，尤为拮据，幸得吴君强华以及各会员垫借；后则分发缘簿向各界善士筹捐款项，至年底时汇收各缘簿捐款，藉资挹注。至二十年元月间，召集各会员会议，筹缴筑路经（费），决定将已折之铺户地段，均须招人承批，由各客自行建筑，每间先收按柜若干，将为缴筑路费之用。同时修理会内地方，从新间格，振刷精神，推广会务，每日赠医两小时。又将石戏台改为留医院，添招看护。对于本会坟场，尚付阙如。民国二十二年秋间，会长吴强华、文牍陈锡禧、公余之暇，游览赭崐岭地方，察观此地可合本会坟场之用，函请新会县政府县长黄，转呈广东省政府财政厅将该赭螂岭地方拨归本会永远坟场之用，后据新会县政府函复照准，并登报绘图缴价补行登记，永远拨归本会管业作为义地坟场。至施赠结果，计民国十九年间，全年赠医人数五千八百五十二名，出外救伤者五十四宗，出外接生四十四宗；民国二十年，全年赠医者七千七百四十七名，赠理接生一百零七宗，出外救伤者一百四十四宗，在会留医者三十六名；民二十一年，全年赠医者九千五百七十二名，出外救伤者二百零四宗，赠理接生九十九宗，在会留医者四十三名；民二十二年，全年赠医者一万一千二百四十三名，出外救伤者二百二十五宗，赠理接生一百零一宗，在会留医者四十四名。以上民国十九年、二十年、二十一年、二十二年等，每年经已刊出征信录分送，毋庸多赘外，至民国二十三年，全年赠医者五千二百七十八名，出外救伤者一百四十三宗，赠理接生一百十宗，在会留医者十七名；民国二十四年，全年赠医者三千八百七十一名，出外救伤者八十二宗，出外接生者八十六宗，在会留医者十四名；民国十九年，赠种洋痘七百十二名；民二十年，赠种洋痘者六百二十一名；民二十一年，赠种洋痘者一千零六十名；民二十二年，赠种洋痘者九百三十五名；民二十三年，赠种洋痘者八百七十八名；民二十四年，赠种洋痘者九百五十二名。统计两届办理赠医者四万三千五百六十二名，出外接生者五百四十七宗，出外救伤者八百五十二宗，在会留医者一百五十四宗，赠种洋痘者五千一百五十八名，合计数目五万零二百七十三宗。此本会办理经过之大概情形也，尤望邑属善人君子，此后多所指导，竭力帮助，是实同人之幸，亦邑属贫民之幸也。（完）

原载于《中国红十字会月刊》1937 年第 21 期

## 中国红十字会莆田分会平民医院成绩报告

中华民国二十五年一月至十二月

| 项别 | 人数 |
|---|---|
| 特殊传染病 | 八六三 |
| 中毒病 | 七 |
| 消化系统病 | 三一二 |

（续表）

| 项别 | 人数 |
| --- | --- |
| 呼吸系统病 | 一零八 |
| 循环系统病 | 一二 |
| 神经系统病 | 九 |
| 运动系统病 | 一零二 |
| 成血器官病 | 二零三 |
| 营养缺乏病 | 二一 |
| 新陈代谢病 | 五四 |
| 无管腺病 | 九八 |
| 肾病 | 一三 |
| 眼病 | 四五 |
| 耳病 | 二七 |
| 皮肤病 | 二零三 |
| 花柳病 | 四六 |
| 外物伤 | 六四 |
| 种牛痘 | 三八四三 |
| 种鼠疫 | 七三三 |
| 种伤寒霍乱混合疫苗 | 四四九 |
| 合计 | 七二一二 |

备考

一、天花疫苗系本院施种；

二、鼠疫苗及伤寒霍乱混合疫苗系莆田县政府拨发，由本院施种；

三、特殊传染病经用显微镜检验以疟疾为最多。

原载于《中国红十字会月刊》1937 年第 22 期

# 江门分会办理民族轮沉没救灾报告

本分会于本年一月二十日上午七时三十分聆悉来往广州江门之民族渡在顺德县属甘竹滩触礁沉没，溺毙搭客数百名。惨耗传来，殊深骇悼。当即通饬全体职员准备出发救灾，旋于是日上午十时派出救护队长华培英率同救护队员及协同各职员，并雇备仵工驾轮拖带船艇二艘，于同日下午一时抵达肇事地点，见该民族渡沉没于甘竹左滩天后庙前附近海面，仅露出灯标及船尾稍许。斯时已由右滩爱仁善堂捞获女尸六具，该堂以遇难死者多属新会江门人士，遂将尸体六具交由本分会运回江门招领完毕。至二十二日，徇各遭难尸亲之邀求，请领导前往肇事地点认尸领葬，先后来会报名前往者共九十四人。本分会即于二十三日正午十二时雇轮拖船二艘，并购备棺木数十具招待各尸亲随同前往认尸，并供给各尸亲伙食。由本分会职员领导登陆至尸场，俾尸亲指领，至下午四时抵达该地。迨后则有四邑明善医院及广州城西方便医院等各团体继续到达，由各团体推广州城西方便医院为总领队，经两日，捞尸工作只捞获尸体六十余具。至二十三日，用趸船将该民族渡扛起，拖往距离数海里之邓□沙坦边，然后用机将船上积水抽去，继续检获男女尸骸二百六十八具，遂即分别编号影相。至各尸身遗物，由在场各团体监视点明，逐号登记，交由城西方便医院保管。船上行李遗物则由各团体公推江门商会保管招领。计至廿四日止，经各尸亲认领者共有女尸二十具，男尸十九具，俱报请本分会殓运回江。至其余尸亲有以尸体失踪者，莫不悲泣号呼，本分会职员只得分别劝慰。是以工作已告完竣，且以尸体浸水数日，诚恐霉腐，乃于是日下午七时收队，连同各尸亲及经尸亲认明报请殓运之尸体运载回江，停于江门斧头山。翌日（廿五日）由各尸亲认领运回安葬。兹将死难姓名列表于后：

民族轮死难者由本分会殓运江门招领列号如左（略）

原载于《中国红十字会月刊》1937年第22期

## 中华民国红十字会吴县分会、吴县救护委员会救护事业报告

一月来经过概况如左（九月十四日止）：

本会组织成立适值沪战开始，星火赶办，受任于艰危之会，创办于仓卒之时，费短事繁，智尽能索，救护事业经纬万端，非常时期应付既觉繁多，办事尤贵敏捷。本会草创伊始，筚路蓝缕，颇费经营，营缮补苴，规模粗具，机构容有未周，职责未敢稍懈，敬［谨］将一月以来所

办各项救护事业摘陈梗要藉候公鉴。

一、本会筹设之伤兵医院共计六处，惟第五医院尚在规划组织之中，即就五处医院所陆续收容受伤官兵约三千人以上。现除转送后方军医院外，留院治疗截至今日尚有一千二百人左右。

二、本会原有担架队一百二十人常川驻苏服务，嗣奉俞部长令添设四中队，每队一百五十人，第二中队已于前日开往南翔，其余三队亦编制完竣待命出发，共计人数连官长在（内）八百左右。

三、本会组成掩埋队二队，均选深于掩埋经验者任之。每队四十二人，一队现在罗店工作。

四、本会派输往沪运回难民已经七次，共计约在六千人以外。复有由各方遣送及自动来苏之难民约九万余人，除陆续造册编号遣送出境者外，现留苏者有三千人左右。

五、难民避难所合城乡计之共一百八十余处，已开始收容者约五十处左右。

六、救护队驻在车站办事处，现有队员二十五人，有受伤官兵到站时随时救护。

七、急救队驻在城外办事处，聘队长一人，分队长八人，医官八人，护士十二人，专司受伤官兵到苏时分派各医院收容，如系重伤先行抢救。

八、城外办事处设阊门马路普益社，设主任一人，助理一人，职员四人，管理受伤官兵。到处时供给食物、调拨车辆及协助救护工作、护送赴院等事。

九、车站办事处设火车站，设主任一人，职员二十二人，救护队员十八人，护士六人，分司照料受伤官兵及分派车辆护送等事。

十、药材管理处设宫巷乐群社，聘专员五人管理药材分配，各项治疗应用物品均由专家办理以专责任。

十一、难民收容所联合办事处共有职员十六人，难民收容所城厢设置多处，办事难期统一，为设联合办事处，以资联络而期划一。

十二、难民候车处亦设车站，附近四摆渡，现在办事员八人并有壮丁随时会同照料，难民到站人数既多而到车时刻复无一定，若任其拥挤喧哗，不特妨害秩序且失体恤难民之意，因设难民候车处藉资休息，并随时按点人数编号造册。

十三、本会就吴县医师公会所开会员全体名额，加聘为本会医官，分派各医院治疗受伤官兵，并由急救队遴派医官阮夑等四人督同担架队遄赴前方工作。现在南翔尚有医官二人。

十四、吴县中医共有二百余人，于治疗受伤本非所长，然激于共赴国难之大义，由中医公会造册编号分区派任函请加入本会一体工作。本会鉴于近来时届秋凉，疾病易于丛生，多数难民辗转流离，风霜饱受尤不能免，既无医官治疗，现经本会分聘中医派驻各区避难所担任诊治难民所患内外各症。

十五、本会经费收支截至九月十四日止共六万八千七百七十元零（内由银钱业息借及各级机关暨后援会借拨应用），支出共计五万五千三百七十三元零（内有应支而未付者计药材、棺木等费一万七千一百元），该项所欠之款急待支付。收支已不相抵，来日方长，难平为继，全面抗战正在开始，救护事业不容间断，蜂腰须续，不得不吁请党政当局及地方父老共筹有效办法。大敌临前，后方任重，救国救民实利赖之。

附收支各款清单列左：

一　收向银钱业息借国币五万元

一　收向仓储委员会借国币三千元

一　收向救济院借国币二千元

一　收县政府拨国币三千元

一　收振务委员会拨国币三千元

一　收第三战区兵站总监第九分监部拨国币一千元

一　收后援会拨国币三千元

一　收电汽公司捐国币二千元

一　收华盛厂捐国币五百元

一　收周仰山捐国币五百元

一　收报国灵岩寺捐（由后援会拨）国币六百六十三元八角

一　收顾厚夫捐国币一百另六元九角四分

以上共收六万八千七百七十元零七角四分

一　支第一医院（本会自办）国币四千二百十一元一角

一　支第二医院（县立）国币二千五百元

一　支第三医院（博习）国币二千三百元

一　支第四医院（福音）国币二千元

一　支第六医院（本会自办）国币一千元

一　支集成华美太和正威四药房药材国币五千元

一　支华美太和集成三药房药材国币一千五百元

一　支光民医院国币五十元

一　支苏民医院国币六十元

一　支药材管理处国币五十元

一　支医务组（杨济之医师）经购麻醉药材国币七百八十六元四角

一　支太和药房防毒口罩药水国币三百元

一　支医务组（庶务员刘智岑）经领国币八百零六元二角

一　支运输担架队出发伙食等费国币六千七百九十元

一　支救济组国币八千三百六十三元八角

一　支急救队及城外办事处国币二千三百五十元

一　支赴沪救护费国币八百六十五元四角一分

一　支掩埋队、出发、给养、棺木、物品费国币二千七百十六元六角

一　支购置物品及杂支费（筹设医院二处及购置全部服装暨各项物品等）国币一万二千五百五十四元三角一分

一　支其他各项国币一千一百七十元

（内）造地下室工费一千一百元，本会八百元第一医院先支三百元，

修理汽车五十元，刘故连长通知家属车费二十元

以上共支出国币五万五千三百七十三元八角二分

应支未付各款尚多，就目前最急者如药材费一万三千五百元，棺木费三千六百元（其他小数不计）。（完）

原载于《中国红十字会月刊》1937 年第 28 期

# 总会设首都办事处之概况

本总会于八月三十一日奉卫生署总字第九四九一号训令内阅：“案奉行政院本年八月二十日第一一五零五三号训令开：奉国民政府二十六年八月十三日第六一七号训令开：‘案奉中央执行委员会二十六年八月十日孝字第一零零一八号公函开：“查全国性质之民众团体，其总会地点尚有散处各地者，对于指导监督颇多不便，兹经本会常务委员会第八十九次会议决议，凡属全国性质之民众团体，其总会必须设在首都在案。除饬知中央民众训练部外，相应录案函达。即希查照，转饬该管机关知照”等因。到府应即照办。除函复外，合行令仰该院分别转行知照。此令。等因。奉此，除分令外，合行令仰知照并转饬所属一体知

照。此令！’等因。奉此，合行令仰该会遵照办理具报。此令！”等因。即于九月廿七日召开第九次常务理监事联席会议，决议在京设立首都办事处，并拟具首都办事处组织规程草案提会讨论，经通过如下：

## 中华民国红十字会总会首都办事处组织规程

### 第一章　总则

第一条　中华民国红十字会总会首都办事处（以下简称本办事处）依据管理条例施行细则第四条之规定设立之。

第二条　本办事处设立于中华民国首都。

第三条　本办事处直接隶属于总会理监事会。

### 第二章　组织

第四条　本办事处置主任一人，主持一切事务，由理监事会议推选之。

第五条　本办事处设总务股、医务股，各置股长一人，承主任之命，综理各股一切事宜。

第六条　总务股置股员若干人，分任会计、庶务、文书、编译、宣传各项事宜。

第七条　医务股置股员若干人，分任运输、院务、药械各项事宜。

第八条　本办事处经费由总会供给之。

第九条　本办事处如遇重要事项，主任不能处决时，须提请理监事会核议之。

第十条　本办事处应于每届月终，将工作报告理监事会查核。

### 第三章　附则

第十一条　本办事处及各股办事细则另订之。

第十二条　本规程由理监事联席会议议决并呈报卫生署核准施行，修正时亦同。

首都办事处于十月四日成立，并经本总会第十一次常务理监事会决议，特派本总会秘书长庞京周为该办事处主任，择定南京中央大学图书馆为处址开始工作，呈报卫生署备案并请分别咨行内政、外交、军政、海军四部查照。并为扩大救治伤兵及应事实需要起见，特在南京中央大学内设立大规模之五千床位，首都伤兵医院经第十三次常务理监事联席会议决议公请卫生署刘署长为名誉院长，派庞主任京周兼任该院院长。所遗总会秘书长庞主任势难兼顾，公推常务理事林康侯兼任。至十月十八日，首都医院为谋香港来之大批医师、护士服务便利及专收粤籍伤兵起见，特在和平门外南京孤儿院旧址设立首都医院和平分院，可设床位三百，聘请南京市卫生事务所四牌楼分所主任李文铭为院长，所有医师、护士即由香港派来之中山救护队全体四十三人担任，即日开始收容伤兵。该办事处为应救护事业上之需要，经于十月十二日在南京下关车站设立伤兵接应所一处，并为节省经费及求人事上之调遣便利，特请南京卫生事务所所长王祖祥、课长杨树信为该所正副主任，担任接待由前方运来受伤将士换药及输送各后方医院等工作。附录该接应所十月份工作报告如下：

查自全面抗战展开以来，前线受伤将士叠经转送后方送院医治。每日来京者为数甚多，总会以来京轻重伤兵到达下关车站之后应有医护照料，爰有本所之组设。即于本年十月十二日在车站开始工作，并与已在车站各机关如首都各界后援会受伤将士招待处及军政部第六伤兵管理事务所、首都新运会非常时期服务团、妇女慰劳会南京分会共同合作。本所专为到站伤兵换药、分别伤情轻重派车转送医治各事宜。查前方受伤将士到达下关车站并无固定时期，反以晚间及深夜为习见。本所同人均能克苦耐劳，昼夜任职，即平时工作往往达十二小时以上。关于工作情形，兹分述如次：

一、人员　本所工作人员除正副主任外，并由卫生事务所调用专任医师一人，护士二人，事务员一人，卫生稽查二人，勤务二人，又聘用护士二人，如遇伤兵到站过多换药人员不敷时，再抽调各卫生分所传染病医院、轻伤医院等护士协助工作，最多一次曾调用护士二十人。

二、换药　来京伤兵因运输关系不能按时换药，到站后凡不能立即转送之轻伤士兵均予换药。兹查本月十三日迄月底止，计到站伤兵为一二七六七名，其间轻伤官兵经本所施行换药敷料者计有六六二零名。

三、运输　总会拨给大救护车三辆，本所专为运送重伤将士之用，凡重伤将士到站后，不分昼夜，即转送首都医院及和平门分院、中央医院、鼓楼医院等处收容疗治。自开始工作以来，计输运送院官兵为一一二七人。

四、掩埋　查每次到站伤兵既经上述手续分别处置后，对于工作进行尚称顺利，惟间有受伤过重官兵到站，不及转送医治即行死亡者日所常有，本所为设法救济起见，特商由当地慈善机关备棺收敛。凡死亡士兵一名，由所发给抬埋费一元五角，本月份计在站死亡士兵为十八名。

上述为首都办事处自十月四日成立至十月三十一日止之概况并添设首都伤兵医院及和平分院下关接应所之情形，俟有续报当再登载。

原载于《中国红十字会月刊》1937 年第 29 期

# 中国红十字会总会芜湖救护队九、十月份工作报告

一、洗症　每晨七时至九时左右有二医师偕同七护士，每日下午二时至四时有四护士往第九陆军医院洗症。

二、病人转移　由本队队长每星期一、三、五日择重伤病人轮流送往弋矶山医院医治，待快愈时再送回陆军医院。在弋矶山医院时亦由本队队长负责治疗大半，行手术者居多数，现尚有三数人住弋矶山，将来一齐出院后当另列住院人数及日数呈上。

三、事务方面　本队最近新开割症室一所，经地方人士之襄助，已大致就绪，现因故中止，邓、王二医师亦返京。

四、建设　闻京方重伤医院有移芜湖之说，此事若成功，则芜湖不必继续组织救护队；若遣移不成，则救护队实有存在之必要。总会幸注及之，在重伤医院未移芜前，本队队员仍当继续往第九陆军医院工作。

附手术分类及伤类统计表列后。（略）

队长阴毓璋

原载于《中国红十字会月刊》1937 年第 29 期

# 中国红十字会吴县总分会工作报告

（一）救护工作。自八月十四日起截至十月三十一日止，其经本会急救队（由医务人员组织之）会同城外办事处分送本会各伤兵医院及伤兵临时转送所者先后总计一万二千三百十八人，经各医院收容数为六千一百九十二人（其中治愈出院及归队者共四百七十人，转送军医署所办各医院者四千零十八人，死亡者二百九十人，留院治疗者一千四百十四人）。经伤兵临时转送所收容数为六千一百二十六人（其中转送军医署所办各医院者六千一百十九人，留所者七人）。又经急救队换药后派员护送军医署所办各医院者二千七百七十五人，连同上项总数共计一万五千零九十三人。又自八月二十三日起截至十月三十一日止，经本会救护队（由各界青年热心服务人员及童子军等组织之）会同车站办事处转送

军医署所办各医院者计三万七千七百零七人，未及转送而死亡者九十一人。此外由本会急救队派员分赴前方黄渡、南翔、太仓、昆山等处临时救护诊治受伤官兵约一万三千三百人，又城外办事处门诊治疗者约三千七百九十人。以上为本会收容及转送，并派队出发治疗受伤官兵之经过情形也。

（一）救济工作。自沪上战事爆发以后，本会即遣派专轮叠赴战区救回难民共计七次，人数约在六千以外。后有由各方遣送及自动来苏之难民，先后总计共十一万六千八百五十四人。从八月十四日起至十月三十一日止共七十余日，平均计算每日约一千五百人。惟当沪战发生之初，难民来苏势如潮涌，每日恒至四五千人左右，近已逐渐减少。节经车站办事处商准，车站陆续拨车分别运送，但开车无一定时刻，难民到站候车往往经过一二十小时之久。本会逐日派人至站分送面包、强饼等临时食粮，并在车站附近建砌水灶以供饮料。又择定四摆渡空地建搭可容二千人以上之大凉棚二座作为难民候车处，俾资休息难民之乘车回籍者，并由候车处先行造册编号以免凌乱无序。截至十月三十一日，计遣送回籍者达十一万一千一百九十九人，其无家可归者尚有五千六百五十五人，不得不留苏收容供以给养所需粮食，先由本会救济组委托粮食行业公会赴锡采购籼米三百石，继由本会两次函请吴县县政府拨济仓穀六千石。除已领三千六百石外，尚有二千四百石未曾领取。其有疾病者均由吴县中医公会医员义务治疗。至被炸伤或患疫者则送本会第二医院及急救队诊治。加以瞬届冬令，气候渐冷，各难民无衣无褐，情状尤为可悯，本会救济组组长曹崧［嵩］乔君不忍坐视，独力捐助法币五千元，指定为购置难民棉衣棉被费用，业已派员调查难民确数购置发给。以上为本会救济难民之经过情形也。

（一）经济状况。（甲）收入部份。本会开办之初，由委员会名义委托吴县县商会转向银钱业息借五万元，县政府拨给指定购买药品费三千元，救济院拨借二千元，仓储委员会拨借三千元，抗敌后援会拨付二万三千元。又拨电汽公司捐助二千元，华盛厂捐助五百元，报国灵岩寺捐助六百六十三元，八角兵站总监部拨给一千元，吴县红十字分会转拨振务委员会暨各善士捐款七千六百六十五元五角五分，又零星捐款三十三元，总计收入共九万二千八百六十二元三角五分，此本会截至九月底止经费收入之大概情形也。自十月份起，参酌过去两月情形，经共同会议编制预算虽力谋撙节，但每月至少需费五万元，已由县政府会同地方人士向仓储委员会商拨三万元（内一万元系抗敌后援会拨付），并蒙顾司令长官允拨一万元。此外所短万元尚在无从筹措。（乙）支出部份。查本会八九两月全部经费总共支出八万五千九百四十元零八角二分，尚有应支未付之款，如药材棺木等费约需一万七八千元之谱，以前项余款及红十字会会员入会费悉数相抵仍感不敷。至详细支付数目现正分催各部份赶造清册汇编决算。自十月份起，本会经费已按照编制预算数目分别支配，惟现在全面抗战逐渐展开，伤兵难民收容日众，原定之数能否适应环境不致溢出预算，殊未敢臆断也。

本会收支情形既如上述，不独十月份经费所短万元无法筹措，即以前借款如何偿还亦无切实办法，此后月支经费更无的款可资维持。奉令前因，理合将工作经过情形及经费收支概况具文呈报仰祈鉴核。谨呈中华民国红十字会总会。

吴县分会会长钱鼐，副会长范广宪、潘利穀

原载于《中国红十字会月刊》1937年第29期

# 本会专员视察分会记

于屏　张军光

十一月二十五日视察安庆分会，二十六日检阅救护队及伤兵医院，二十七日出席安庆各界联合欢迎会及红卍字会欢宴会。查安庆分会正式成立于本年八月间，一切组织均依照会章办理，会址设于大墨子巷从仁局，现由负有声望之潘受祉为会长，常务理事傅尔康负责处理一切事务，二人均年逾花甲，但热心任事，成绩诚有可观。战事发生后，即组织救护委员会，成立救护队五队，并与天主堂合组一特务队，人数共百余人，分驻于省垣各重要区域。空袭之后，全体出动，精神至为兴奋，社会多表同情，又与天主堂合办一伤兵医院，收容二百余人，成效亦颇足道。唯以经费支绌，药料缺乏，引为憾事耳。

十二月五日视察南昌分会，会址位于风种庙，为自置之产，西式房屋尚属宽敞。设有西医诊疗所，日常应诊为数甚多。战事爆发后，改设临时伤兵医院，收容百数十人，除伙食由军部发放外，一切衣被应用药料皆由分会自筹，处置有方，伤兵颇能相安无事。现任代理会长为南昌殷商周子实，任事热心，艰危独荷，乐于为善，南昌分会之工作完全为其一手支持。六日，召集理监事会议，商讨今后一切兴革事宜，但以出席人数过少，不克详尽磋商，惟对目前工作之进行树立不少鹄的也。

十二月十日由南昌出发，下午到长沙，即赴大东茅巷询问红十字分会会所，竟无有知者。旋往仁术医院访问，始知长沙分会即设于该院内，因从未将分会门牌悬出，故人皆仅知有仁术医院而不知有长沙分会，其平时对外亦以医院为主体，而将红会埋没无闻。查仁术医院本为红会附设之医院，今反将红会附属于医院，似此反宾为主，匪［非］特使外界人士莫名真相，即热心红会事业者亦无所适从。该分会会长曹典球实际由仁术医院院长李启槃负责，理监事会等于虚设，无论平时、战时均无实施工作。该地市民对本会特别关切，咸欲参加服务，无如分会组织太不健全，主持者窃取红会名义作医院营业上之标榜，更不知战时负有重大之使命，此后亟宜改进，加紧工作。

十二月十三日，由长沙抵岳州，该地分会会所借与军队，会务停顿。负责人极愿重新组织恢复工作，但以经济困难，进行不易，除晤该分会理事萧方銈谈话外，目前实无工作可言。

十二月十四日由岳州到武昌，该分会设于斗级营宏道善堂内，会务由江久成主持，因感人力财力之缺乏，极少实际工作。该分会曾召集武昌工商善团谈话鼓励共同参加为红会推进救护事业。

十二月十九日由武昌赴武穴视察广济分会，该分会设于武穴后坝正街，会址狭隘且附设门诊部以惠平民，日常会务现由会长吴见田负责处理。翌日召集理监事会商讨积极推动广济全县工作，拟设办事处于县城，扩大征求会员并邀请各界参加救护组织，对过境伤兵实行包扎接待。近因经费薄弱，须俟陆续募集实行也。

原载于《中国红十字会月刊》1938 年第 32 期

## 本会专员视察分会记

张军光

二十七年一月十三日由汉口出发，于十五日到达郑州郑县分会，由商会主席张波岑任会长、姚明甫任副会长、会务由干事魏树才负责办理。自卢沟桥事变发生后，成立一掩埋队并设伤兵招待所，如有前线伤兵过境，派人至车站换药包扎，供给茶水，并在会所内收容战区儿童数十人。翌日召开理监事会，报告经费难筹、工作困难等情，经先赴专员公署暨县政府请协助分会，结果甚佳。

十八晚离郑州赴西安，于十九晨到达，即视西京市分会会址占地二十余亩，由杨鹤庆任会长，杨晴岚任常务理事。自战事发生，即将原有医院改组伤兵医院，三阅月来前后收容伤兵一百六十八名，训练救护人员六十四名，均在本院服务。并附设难民医疗室，每日门诊约有百余人，现奉当地政府之命指定负责西京市第一区救护事业。翌日列席理监事会议，述明总会对分会在战时应尽量发挥救护工作并此次视察之意义。

一月二十二日下午抵洛阳，该分会设于集市街，由于文钊任会长，何学纯任副会长，每日必到会办公，地方各界甚为推重。自沪战发生，即组救护队并开办救护训练班，前后两期毕业者二百余人，正式加入救护队为队员。每遇日机轰炸，该队必先到场救护受伤军民，并因鉴于伤兵过境甚多，在洛阳东车站南新安街设立伤兵招待所，专司供应茶水、代为包扎治疗，日必数起，并日夜派人驻守，服务前后七十天，统计包扎治疗伤兵七千六百另六名，贫民诊疗所计门诊四百九十六名，救护工作颇为努力，博得洛阳各界一致推戴。现并计划将原有平民医院及隙地若干拟造楼房十余幢以备收容难民，刻正筹划经费中。廿三日列席理监事会议报告工作近况，申述缺乏药品等情，按该分会救护队长于益斋屡次冒险救护并日夜在车站服务，无论风雪载途终不休息，全洛均为推爱。

二十四日由洛返郑，二十五日搭车赴郾城。该分会由杨靖宇任会长，王赞臣任副会长（王系商会主席），常务理事李颂岑。会所自建，附设医院一所，平时诊治贫民，战时收治难民，上年曾开办救护训练班二期，学员毕业者五十四人，即成立救护队，为过境伤兵换药包扎，共约四千余人。今将组织担架一队，专为运送重伤士兵，自本年一月二十一日起，设立施粥厂一所，每日有难民三千余人往食，并设有难民收容所收容难民六千余人，经费全由该分会会员乐捐，从未向外筹募，故地方人士对该分会印像［象］极佳。

二十六日离郾城赴信阳，于二十七日午刻到达。查信阳分会会务已久停顿，自去年七月改选陈味琴当选为会长，路恩霖为副会长，开始积极工作，向县政府领到公产地一块，由陈会长筹集款项自造会所，并在会内附设中医施诊所，专为贫病服务。自战事发生，即创办救护训练班，计毕业学员八十余名，嗣即成立救护急救队八十人，为过境伤兵包扎换药，担架队一队计担架二十副，专为运输伤兵。自去年十月至十二月二十六日止先后出发二十三次，救护伤兵一千五百余人，并设难民过境招待所，由路副会长专司负责，前后招待难民万余人，并发给遣资三千余人。现总会出发之第五医疗队已到该地，由陈会长尽量协助，并将私屋借住，拟与合作办一重伤医院，刻正在进行中。

原载于《中国红十字会月刊》1938 年第 32 期

# 中华民国红十字会总会救护委员会第一次报告

## 序言

自上海与内地交通阻隔，本会救护工作为继续完成任务，即暂移重心于汉口，但京沪一带原有附属医院，因多数系由当地医疗机关临时扩充组成，除大部份人员及一部份器械药品几经艰险，设法转至后方安置外，均忍痛放弃。是时本会工作之先决问题厥为重新筹设医院，抑另定计划，使救护工作发生更大效能。几经研讨，咸以南北战线延长数千里，战地重心随时更易，本会交通工具又颇感缺乏，维持医院组织已感不易，且各地伤兵医院为数已多，在事实上本会并无另行筹设医院之必要，故至善计划莫如与各治疗伤兵机关合作，遣派本会技术人员分至各该机关专理救护医疗工作，以收互助之效。当经决定组织各种医疗队，配制切合实用之器械药料，分路前往各站区专任技术工作，以补原有治疗伤兵机关之不足。而材料与运输事宜亦经另行组织，使在可能范围内供应与运输均感便利。二月以来，赖总会之指导与同人之努力，成效虽未著而规模已粗具，谨撮述经过以为将来之参考，如何进而教之，则幸甚矣。

一、组织大纲

本会救护工作实施原则，系于二十六年十二月六日开会决定，并同时聘定林可胜为本会救护委员会总干事，负责总理医疗救护事宜。而以彭达谋、张祖芬、陈璞、胡会林、柳安昌、杨崇玮、马家骥等担任干事，分办各主管事项，协助进行，组织系统及人员分配列表如下。

原载于《中国红十字会月刊》1938 年第 33 期

# 救护委员会组织系统表

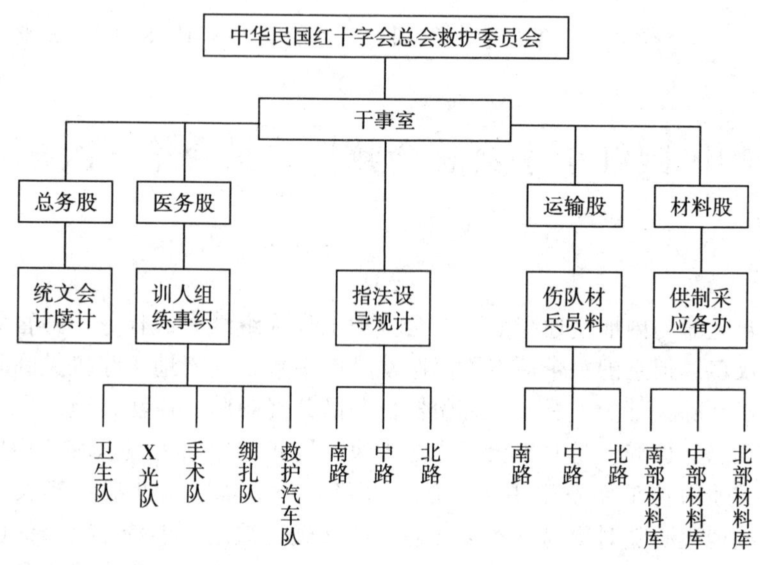


原载于《中国红十字会月刊》1938年第33期

# 救护委员会人员总数及分配表

| 股别＼性别＼职别 | | 主任 | 医师及练习医师 | 药师及药剂生 | 医护员 | 医护助理员 | 技术及事务员 | 总计 |
|---|---|---|---|---|---|---|---|---|
| 干事室 | 男 | 1 | 10 | | | | | 11 |
| | 女 | | | | | | | |
| 总务股 | 男 | 1 | | | | | 8 | 9 |
| | 女 | | | | | | | |
| 医务股 | 男 | 1 | 93 | 12 | 77 | 116 | 181 | 480 |
| | 女 | | 6 | | 141 | 72 | 3 | 222 |

（续表）

| 股别 | 性别 | 主任 | 医师及练习医师 | 药师及药剂生 | 医护员 | 医护助理员 | 技术及事务员 | 总计 |
|---|---|---|---|---|---|---|---|---|
| 材料股 | 男 | 1 | | 7 | | | 12 | 20 |
| | 女 | | | 1 | | | 1 | 2 |
| 运输股 | 男 | 1 | | | | | 72 | 73 |
| | 女 | | | | | | | |
| 总计 | | 5 | 109 | 20 | 218 | 188 | 277 | 817 |

原载于《中国红十字会月刊》1938年第33期

# 本会专员视察分会记

张军光

三月十九日下午六时到达桂林，翌日即赴依仁路桂林分会，现任会长陈智伟，副会长马维骐、李唯心，因该分会改选成立不久，故无工作可言。按该分会成立于民国七年，对于方地甚有信仰，自民国十三年后，因遭迭次政变之故，筹款困难，会务因之停滞，直至去年战事发生，由老会员陈智伟等数十人发起征求新会员，并征得八十余人，合旧会员共计一百八十余人，于去岁开改选会，选出现任理监事从事策划救护工作。因被经济所限，进行甚为迟缓。廿二日出席全体理监事联系［席］会议时，将总会自去年上海战事发生后救护工作概况报告，并将救护工作纲要四点详述。

二月廿四日离桂林，于当日下午五时到达柳州。现任柳江分会长李春晖、副会长余元璋，常务理事莫汝功、张子贞，日常事务由莫、张二君办理。该分会经常费除收费乐捐外，每年举行义桂剧一次，补助经常费之不足。自抗战发生后，该分会曾训练护士八十余人，并利用柳州天然岩洞加以修理，布置十余个防空洞，约可容万余人。在会所内附设有施诊处，每月施诊有千余号，春、秋两季施种牛痘，由常务理事张子贞（医师）施诊。现正筹备一临时医院设于西门外，以防受空袭时受伤之民众设备指示事项。柳江分会对于救护工作甚为努力，惟救护队尚未成立，希望在最短期间召集已受过训练之护士组织成立救护队，并盼继续开办救护训练班培养救护人材，不使有需时无人之感也。

二月廿七日离柳州赴南宁，当日到达，即赴邕宁分会。该分会自建会所，规模甚伟，附设有留产医院，现任会长李炽荣，副会长田钟祥、卢宝臣。该分会自去年接到总会颁发之救护大纲后，即组织救护训练班，现已毕业有两班，共计二百八十余人组成救护队，计分五队，每四十人为一队，并组织掩埋队一队，计五十人（系特约夫役临时雇用）。在会所内附设有中西医施诊处，去年统计西医施诊处计施诊九二三四人，中医施诊处计施诊五四二四人，并赠药散一九七六七剂。留产医院去年在院生产者计三七六人，略收药资，赤贫者全免。该分会日常经费除收会费、药捐外，每年开游艺会筹款。自抗战发生后，该分会对于战时各种设备甚周，因之需用经费甚多，来源方面，因各会员经营之事业受战事影响，有捉襟见肘之虞。光于出席理监事全体会议时，各理监事请光转恳总会予以补助，最好能以药品补助，因需用甚急也。

三月十一日到达昆明，现任昆明市分会长为庾成尧，副会长刘锦堂，卢鸣章常务理事何章甫。该分会成立于民国十一年夏，每逢地方水旱兵灾，甚为努力，深得地方信誉。会所占地甚广，惟向常务理事何章甫租赁，租金低廉，并附设有医院专治平民，设有施诊处，每日约有百余人来院诊治。自去年战事发生后，因该分会地处边省，对于战事救护工作无积极布置，惟平时施诊施棺甚为努力。最近得有政府补助旧滇币七万元（折合国币七千元），作扩充医院之经费，以备空袭时民众受伤之设备。于十三日先出席理监事联席会议，由常务理事何章甫主席报告最近会务后，嗣即先将总会自去年战事发生后之救护工作状况及此次派先来边省各分会之殷望并述明救护工作纲要四点。

指示事项□昆明市分会对于红会在平时应尽之责职甚为努力，惟因处于边省，对于战时救护工作之设备欠周，应即创办救护训练班培养救护人员，组织救护队，以备空袭时出发救护之用，使合红会在战时应有之准备。

视察员张军光四月三十日

原载于《中国红十字会月刊》1938年第34期

# 中华民国红十字会总会救护委员会：医务总队组织系统表

| 总队长 | | 林可胜 | | | | | | | |
|---|---|---|---|---|---|---|---|---|---|
| 股别 | 队别 | 北区<br>大队长　齐清心 | | | 中区<br>大队长　董秉奇 | | | 南区<br>大队长　尹奕声 | |
| | | 第一中<br>队长<br>桑沛恩 | 第二中<br>队长<br>张先林 | 第三中<br>队长<br>墨树屏 | 第四中<br>队长<br>纪长庚 | 第五中<br>队长<br>董秉苛兼 | 第六中<br>队长<br>汤蠡舟 | 第七中<br>队长<br>董秉苛兼 | 第八中<br>队长<br>朱润琛 |
| 运输股 | 运输队 | 6 | 6 | (7) | 4 | 1-2 | 3 | 5 | 5 |
| 医务股 | 救护队 | (1) | (2) | (3) | (4) | (5) | (6) | (7) | (8) |
| | 医疗队 | 10<br>23<br>29<br>33<br>35 | 3<br>11<br>(20) | 1<br>5<br>16<br>28 | 2<br>4<br>6<br>31 | 26<br>(34)<br>36 | 13<br>14<br>15 | 38<br>40 | 43<br>44 |
| | 医护队 | 47<br>25 | 8<br>9<br>12<br>18 | 19<br>22 | 32 | 21<br>24 | 17<br>27 | 39<br>41 | 45<br>46 |
| | 医防队 | (51) | 49 | (50) | 48 | 47 | (52) | (42) | (53) |
| 材料股 | 材料库 | (7) | 2 | 4 | (8) | 1 | 3 | (9) | 6 |
| 总干事林可胜<br>二十七年四月十六日 | | | | | | | | | |





原载于《中国红十字会月刊》1938 年第 34 期

# 中国红十字会武昌市分会工作日记

## 民国二十七年二月至四月份

查本会为谋适应非常时期之需要起见，经于本年元月呈报改选，因受人力与财力之限制，仅暂组设救护、医疗、担架及掩埋等四队，分工合作，办理救护事宜。所有各该队队长人选，悉由本会理监事分别义务兼任暨各队队士。除担架、掩埋两队出力人员于每次出发工作时给以最低贴费外，其余皆由省会各界热心慈善人士自愿义务充当。其中医疗队组织原分中医、西医两组，各组医士除担任空袭救护外，平时则按日轮班分往武昌各难民收容所应诊疾病，倍著勤劳，深堪钦佩。兹将本会近三个月来办理救护工作情况分志如次：

二月十一日　是日下午二时日机侵入武昌领空，计在南湖飞机场附近投弹甚多，当地民房多被震塌，炸伤民众亦多。本会医疗队西医组，于解除警报后，带同药物器械及担架、掩埋两队员役，雇乘专用汽车，赶往南湖急施诊救被伤民众二十余人。

二月二十日　是日午后七时半，本会应军政部第九伤兵医院由电话通知，即予协助诊治伤兵等由，经即分调本会医疗、担架两队员役，携带应用药物器具及马灯，赶往点鱼套车站，目击由前线运回后方大批伤兵转粤汉车赴湘调治，当由各医师分代诸伤兵换药包扎，再由担架队一一扛抬上车。共计由本会医抬之士兵为二百十五人，其时湖北民众救国后援会及武昌商会等团体，各派代表分在车站购备稀饭茶点，热烈招待伤军，倍显军民团结精诚之一般。

二月二十三日　本会医疗队于是日午前分组出发武昌各难民收容所，共诊受病难民六十余名，并分予指导，改良卫生设施及防疫常识。同日下午五时半点鱼套车站又运到伤兵一批，本会比应第九伤军医院之请，分派医疗担架两队赶往车站救护，由停泊点鱼套轮船上分将伤兵扛抬下船送上火车，再由医师一一代为换药包扎，计共转运伤兵三百六十名，至晚九时许始毕事返会。

二月二十四日　是日有过境伤兵一批，本会医疗、担架两队，全体员扶于午后六时赶赴点鱼套车站，将受伤士兵由轮船转运上车分代换药包扎，计共扛抬与施诊伤兵三百余名。

二月二十五日　东线受伤士兵，是日续有一批专轮运鄂，停泊点鱼套江干，本会得讯后，即于午后五时，分调医疗担架两队全体员役会同出发点鱼套车站，将受伤诸将士，一一转运上车，并予洗治创伤换药包扎，共计诊抬伤兵四百余名。

二月二十七日　本会医疗队于是日上午九时，分组前往武昌各难民收容所，共诊治难民四十余名，至午后返会。又接湖北民众救国后援会电告北战场伤兵三百六十名，乘平汉路车过鄂转湘，嘱即协助救护云云。比于午后七时半仍请医疗、担架两队，各带应用药物整队出发点鱼套车站，其时武昌各民众团体到场救护者甚形踊跃。计是日由本会担架队扛抬之伤兵共二百名，及由本会医疗队诊治者共一百五十名，至九时余始公毕回会。

三月六日　军政部军医署第十九伤兵医院，因受设备限制，将院内伤兵六百五十四人转运湖南调治，当由该院通知湖北民众救国后援会，转嘱本会协助救护等因。是日下午六时，本会医疗、担架两队整队出发，担架队由该医院至点鱼套车站，分班往来转运，计共扛抬伤兵一百七十一名。医疗队人员则分在车站守候，于伤兵运到站台后即代换药包扎，共诊治一百三十余人，至十时许始告竣事相率回会。

三月九日　是日前线续有整批伤兵过境，本会医疗及担架两队全体员役雇乘汽车出发徐家棚车站帮同救护。其时武汉各民众团体携带食品药物到站慰问者，络绎于途，对于医抬伤兵工作，因事少人多不旋踵，即行办理毕事回会。

三月十日　本日北战场大批受伤将士由平汉路运抵汉口，本会于是日午后二时三十分，应湖北民众救国后援会电知调派医疗、担架两队，出发汉口刘家庙，运往第十九伤兵医院，先由各医师分代诸将士药包扎，再由担架队一一抬上轮渡，转乘粤汉路车赴湘调养。综计由本会医队诊治之伤兵凡三十人，由担架队转运者凡二白人，军政部电影股并在场摄取救护工作影片云。

三月十二日　本会医疗队于是日午前十一时，分组出发武昌各难民收容所，应诊难民疾病并视察各该所食堂寝室厕所设备，随时督同夫役扫除污物及计划加建浴室，以资改良卫生。计是日应诊难民凡三十余人。

三月十五日　是日本会鉴于现值春令，防疫至关重要，除在斗级营本会内附设免费种痘处，规定本日起，每日上午九时至十二时实施免费种痘，一面由医疗队按日轮流派员分赴各难民收容所普遍施种。计结至四月底止，共应种四百四十余人。

三月十八日　是日本会医疗队西医组携带医疗器械各项药物，暨中医组随带时令药品，分途出发武昌各难民收容所，检查各难民体格并应诊疾病，共计施诊难民三十余人，又驻扎武昌斗级营前同庆酒楼内之四川壮丁队，于是日上午开拔。遗下病兵杨瑞生一名，经本会发觉后，当由电话通知省会警察第五分局，派警士一名会同本会担架队长周福田，督同担架夫二名，将该病兵扛往仁济医院诊治。至同日晚十一时三十五分，该病兵在仁济医院病故，复由本会于翌日午前十一时购备棺木，派交段黄雨队长率同掩埋队夫二名，至仁济医院将死者装殓后，扛往小龟山麓掩埋云。

三月二十七日　是日大批日机侵入武昌，上市分在徐家棚车站附近投弹数十余枚，焚毁该地新村民房四十余栋，路局材料库亦被殃及。警报解除后，本会救护、医疗、担架及掩埋等四队，分别雇用汽车出发徐家棚，实施紧急救护。计由本会掩埋队在彼瓦砾堆中觅获尸身十二具，一面急电本会照拨棺木当与汉口市红十字分会张队长汉卿眼同装殓。时因天色已晚，交通不便，暂将上项尸棺点交当地保正负责看管。

三月二十八日　早晨六时，本会掩埋队全体员役随带棺木八具，雇乘划船，迳往徐家棚检验昨日未葬尸棺，复据该处塘边乡村地方（即老徐家棚）街邻报告，继续在灾区内掘获无名尸身八具。又经掩埋队傅队长眼同分予装殓，连同昨日未葬尸棺，由本会掩埋队扛抬运往老徐家棚旷地掩埋。同日在该地发现由黄冈率同二子回武昌余家头省亲之中年妇人，一行共三人，其两子一约两岁，一约四龄，行抵徐家棚均被日机炸伤，当由本会担架队分予抬往仁济医院诊治，不料同日下午三点二十五分，该母子三人因伤重身死，复由本会掩埋队派夫六名，带同棺木三具，前往仁济医院装殓，运赴小龟山麓掩埋云。

四月三日　是日午后本会接军政部第九伤兵医院电告，由徐州运来受伤将士九百人过鄂转湘。其中重伤计二百四十三人，轻伤六百数十余人，请即协同救护云云。本会据报后，即于当晚七时，调派医疗担架两队全体员役，赶往点鱼套车站，一面扛抬伤兵，一面分予换药包扎。其时武汉各民众团体亦均派代表到站招待茶点，并个别慰问，一时空气至形壮烈，本会各队员役至深夜十一时余始毕事回会。

四月五日　本会于是日上午十一时，接准军政部第九伤兵医院杨主任由电话通知，告以第十九伤兵收容所，由平汉路运来伤兵，过鄂运湘。内计重伤二十四人，轻伤三百六十七人，嘱予协助救护等由。本会当即赶调医疗、担架两队员役前往点鱼套分代伤兵换药，转运上车，至傍晚时分始公毕返会。

四月十二日　今日本会接据湖北民众救国后援会，由电话告以平汉路运来重伤将士六百余人，即日转往咸宁医院调治，请即协助救护云云。本会比于午后六时，责成医疗队遴派手术精干医师多人，暨担架队携带全部担架用具，赶往点鱼套车站，帮同一一转运上车，各该队于深夜公毕回会。

四月二十二日　本日汉口第十九伤兵收容所，因受设备限制，不敷容纳，即日转运轻重伤将士共八百余人，取道粤汉路，送往咸宁医院治疗。本会于是日午前接准汉口第九伤兵医院及湖北民众救国后援会分别由电话告知上项情形后，比即转知医疗、担架两队赶往点鱼套车站，由担架队一一送上火车，至晚十时始回会休憩云。

四月二十五日　是日接湖北民众救国后援会由电话告知，汉口第九伤兵收容所因受设备限制，转移重伤士兵二百六十三人，至武昌黄土坡第五十二重伤医院诊治，嘱予协助等因。经即调派本会担架队于是日深夜一时许出发，帮同抬扛至三时余始公毕返会。

四月二十六日　本会于是日午后四时许，接准武昌第九伤兵收容所电话告知，第十九伤兵收容所由平汉路运来伤病士兵共八百人，转送湖南诊治，嘱予协助等因。当经调派本会担架队全体员役携带担架用具，前往点鱼套车站，会同该第九收容所担架夫抬运伤兵上车，至晚九时许始行回会。

四月二十七日　是日上午八时，本会应军政部第五十二后方医院电嘱调派担架队前往该院，由工程营至平湖门码头抬运伤病士兵二百余人送上轮船，至午前十时余始暂返会休息。同日午后二时半，又应湖北民众救国后援会之请，续派本会救护队出发武昌点鱼套车站，帮同转运往湖南之伤兵共四百余人并代换药包扎，至晚十一时许始公毕回会。

四月二十八日　本日午后大队日机袭击武汉，本会于警报解除后，急调救护医疗担架各队分途出发，当在武昌武胜门外三层楼地方，发现被炸片击伤之平民数人，分代诊治。旋悉汉阳投弹甚多，灾情甚重，本会救护队全体人员暨医师十人，由段海卿队长率领乘武昌市政处差轮渡往汉阳，比在洗马口医疗被炸倒房屋压伤之小孩一名，及于东岳庙地方包扎被炸伤民人三名，又在段家巷医治被炸片伤害腿部之民人二名，在乔湾施诊被倒屋压伤之中年妇女二名，在康旺街救护老妇三人，在高公桥会同湖北民众救国后援会救护队治疗伤民十二人，暨本会担架队队长一人，队员六人，夫役二十二人，亦于是日会同汉口红十字分会张队长，分在汉阳各被炸区内担任扛抬工作，至下午七时许始各结队返会。

同日傍晚时分，本会又应汉口第十九伤兵收容所之请，派段队长率同全队担架夫出发点鱼套车站，帮同转运赴湘轻重伤士兵共六百六十人，至晚十一时余公毕回会。

原载于《中国红十字会月刊》1938 年第 35 期

# 中国红十字会南京分会掩埋第一队报告

中华民国二十七年四月份工作表

| 日期 | 1日 | 2日 | 3日 | 4日 | 5日 | 6日 | 7日 | 8日 | 9日 | 10日 | 11日 | 12日 | 13日 | 14日 | 15日 | 16日 | 17日 | 18日 | 19日 | 20日 | 21日 | 22日 | 23日 | 24日 | 25日 | 26日 | 27日 | 28日 | 29日 | 30日 | 总计 |
|---|---|---|---|---|---|---|---|---|---|---|---|---|---|---|---|---|---|---|---|---|---|---|---|---|---|---|---|---|---|---|---|
| 发现地点 | 朝月楼一带 | 城墙根一带 | 姜家园一带荒草内 | 宝塔桥和记厂沿江岸一带 | | | | | | 挹江门内加土 | 高楼门 | 大山菜园 | 天保路后一带 | 天雨停工 | 江岸芦洲内 | 东炮台 | 智德里 | 祖师巷一带 | 天雨停工 | 鼓楼附近 | 铁路桥下 | 江边一带 江边一带 江边一带 | | | | | 煤炭港 | 东炮台轮渡 | 龙江桥 | 兴中门内沿山 | |
| 掩埋人数 | 10 | 21 | 18 | 83 | | | | | | 102 | 4 | 5 | 5 | | 84 | 20 | 11 | 4 | | 2 | 14 | 54 | | | | | 15 | 9 | 3 | 20 | 484 |
| 备注 | 现今工作不多，故只有本队工作，而所掩埋以浮尸为多数，第二队现从事清洁工作。 | | | | | | | | | | | | | | | | | | | | | | | | | | | | | | |

原载于《中国红十字会月刊》1938 年第 35 期

# 中国红十字会新会县分会经过事略

新会县红十字分会会址，在民国十二年间，经五邑官产处布告投变，当时邑中绅士奔走呼号，力请官厅保留，蒙廖前省长批准，指拨为新会红十字会会址。至十三年间，复将石戏台特给为留医所，而街市鱼摊及庙前各铺业空地等，一并拨给为本分会会产，将收入租项为常费，历数年来，其间因种种障碍，未能征足会员，尚在筹备时期，未告成立。迨民十八年冬，始由吴君强华、黎君碧轩等，依照总会定章征集基本会员三十名，先行汇缴会员入会款项呈缴总会，准予正式成立，并发给印旗、图记、会员证书、佩章等物，及咨行地方长官，出示保护各在案。嗣经邀集全体会员照章选举职员，分科办事，均当义务。惟时会款无着，而预算月中铺租，收给五十元之谱，又被东门堡警卫后备队羁收殆尽，至使会中不名一钱，而无米之炊，难为巧妇矣。同人等进退维谷，不得已仍向各委员垫借若干，尽力维持。一面函请菱角步国民西医社，将家私、药品、器械移送过会，先行赠医施药，徐图善务发展；一面向东门堡警卫后备队交涉，讨还会产，缠讼数月，几经波折，幸总会咨函广东省政府饬民政厅转令新会县政府饬警卫队搬迁，并蒙海陆空军总司令蒋、军政部长何布告不得何项军队羁住等情，始得收回。惟每月租项不过五十元左右，亦属杯水车薪，不敷尚巨。旋于九月间，又值拆筑马路，本分会所有铺户被拆三分之二，即未拆者，又纷纷扣除按柜。斯时经济状况，尤为拮据，幸得吴君强华以及各会员垫借，后则分发缘部，向各界善士筹捐款项，至年底时汇收各缘部捐款，藉资挹注。至二十年九月间，召集各会员会议，筹缴筑路费，决定将已拆之铺户地段，均须招人承批，由各客自行建筑。每间先收按柜若干，将为缴筑路费之用，同时修理会内地方，从新间格，振刷精神，推广会务，每日赠医二小时。又将石戏台改为留医院，添招看护，对于本会坟场，尚付厥如。民国二十二年秋间，会长吴强华，文牍陈锡禧，公余之暇，游览豬嶼地方，适观此地可合本会坟场之用，函请新会县政府县长黄，转呈广东省政府财政厅将该豬嶼岭地方拨归本会永远坟场之用。后据新会县政府函复照准，并登报绘图缴价补行登记永远拨归本会管业，作为义地坟场。至施赠结果，计民国十九年间，全年赠送人数五千八百五十二名，出外救伤者五十四宗，出外接生四十四宗；民二十年，全年赠衣施药者七千七百四十七名，赠理接生一百另七宗，出外救伤者一百四十四宗，在会留医者三十六名；民二十一年，全年赠衣施药者九千五百七十二名，出外救伤者二百另四名，赠理接生九十九宗，在会留医者四十三名；民二十二年，全年赠衣施药者一万一千二百四十三名，出外救伤者二百二十五宗，赠理接生一百另一宗，在会留医者四十四名；民二十三年，全年赠衣施药者五千二百七十八名，出外救伤者一百四十三宗，赠理接生一百一十宗，在会留医者一十七名；民廿四年，全年赠衣施药者三千八百七十一宗，出外救伤者八十二宗，出外接生八十六宗，在会留医者一十四名。民十九年，赠种洋痘者七百一十二名；民二十年，赠种洋痘者六百二十一名；民二十一年，赠种洋痘者一千另六十名；民二十二年，赠种洋痘者九百三十五名；民廿三年，赠种洋痘者八百七十八名；民二十四年，赠种洋痘者九百五十二名。以上前经递年刊出征信录分送，毋容多赘外，至民国二十五年，全年赠医者四千一百另四名，赠理接生者九十九宗，出外救伤者一百六十三宗，赠种洋痘者九百另二名，在会留医者三十一名。民国廿六年，全年赠衣施药者二千五百三十七名，赠理接生者八十四宗，出外救伤者二百四十三名，赠种洋痘者九百六十八名，在会留医者一百二十八名。统计办理赠衣施药者五万另二百另三名，出外救伤者一千三百五十八名，赠理接生七百三十名，赠种洋痘者七千另三十八名，在会留医者三百一十三名，合计数目五万九千五百三十二宗。此本会办理经过之大概情形也，尤望邑属善人君子，此后多所指导，竭力帮助，是实同人之幸，亦邑属贫民之幸也。

原载于《中国红十字会月刊》1938 年第 35 期

## 中国红十字会南京分会工作报告

本分会于二十六年十二月间南京事变时，即在城内外从事救济难民工作，截至二十七年五月底止，业已六阅月。在此六阅月内，以少数经费（从未向外捐募分文）历无数艰险，幸赖本分会员工八十余人之精神团结，对于京市方面之难民救济工作，遂能稍尽绵薄。兹为备查起见，爰将在此六阅月内本分会所举办之救济工作事项，如粥厂、掩埋、施材、施医、送药、义务小学及义渡等六项，略述概况，用向邦人报告，务请时赐嘉言，俾后此六阅月之救济难民工作，得以有所遵循耳。

1. 粥厂

本分会粥厂系设立于金陵女子大学内，每日施粥两次，上午自八时起至十时止，下午自三时起至五时止。此厂之设系专供给居住该校内之妇孺、难民吃食，每日领粥人数最多时曾至八千余人。在此六阅月内领粥人数共计八十六万四千另二十口，米煤用费约二万元，员工开支及一切设备共计二千一百元，现仍在办理中。

2. 掩埋

本分会掩埋队自二十六年十二月间起，即在下关沿江及和平门外附近一带，从事掩埋工作。综计在此六阅月内，共掩埋军民尸体二万二千三百七十一具，此项尸体多数系掘土掩埋，用棺木者祇［只］有数百具，现仍在下关沿江岸一带捞取上游飘来浮尸，随时加以掩埋。此项掩埋夫役，系由本分会所收容难民充任，仅供食宿，不付工金，故本分会在此六阅月内，仅付出伙食杂支费数百元而已。

3. 施材

本分会在南京未事变前，即向本分会之会员中从事募集施材运动，并限定每一会员请求捐助一具。募集结果，共得九百六十十具，在此六阅月内陆续施出，现尚存五十具。此项施材系预先由募集而来，故本分会未曾费去分文。

4. 施医送药

南京下关一带为受兵灾最惨之地，故难民染病者实无力就医。本分会爰在下关设立施诊送药所一处，内分内科及外科二项，内科系用中医中药，外科则用西医西药。每日就诊者，内科以肠胃病居多数，外科则十九为皮肤病，此全系因难民环境不良，不知注重卫生所致。唯南京在事变之后，药物原料非常缺乏，当此夏令疫疠将盛行之际，有医无药殊为可忧之事焉。

5. 义务小学

南京自事变发生后，小学教育骤行停顿，致令一般儿童就学无方，坐令荒废宝贵光阴，殊为可惜，而尤以下关为甚。本分会为补救起见，爰先举办下关义务小学一所，因祇［只］有教室一间，最多能纳收学生五十名。现因要求入学已另有百名，刻正寻觅新校舍，以备扩充学额至一百五十名，俾一般失学儿童能重聆弦歌，不致如目前之终日奔驰街衢中也。

6. 义渡

南京下关浦口闻在平时原有义渡，自事变后，此项义渡船只早不知飘流何所，致一般难民渡江往返非常困难。本分会有鉴于此，爰开始办理义渡，唯在此秩序未全恢复时期，江面尚不能自由通航，便利难民之义渡实宜多设焉。

原载于《中国红十字会月刊》1938 年第 36 期

# 林主席致万国红十字会大会颂词

编者案：此次第十六次万国红十字会大会在英国伦敦开会，各国红十字会除派代表出席外，各国政府亦多派代表出席，对于此次会议均甚重视。我国值此战事期间，需求更殷，本会推定常务理事林康侯为代表并派戴葆鎏为秘书前往出席，国民政府派王兆熙、钱瑞升、刘锴为代表。谨将林主席致大会颂词恭录原文如左：

President Linsen message follows：

No Country has more Cause than China for grateful thank and anxious expectation Sixteenth International Red Cross Conference met London I need not reiterate China's need to which floods have now added after ravage of war bombing of open towns villages and mass flights from invaded areas. These are things the International Red Cross knows better than anybody else. China endures supreme Catastrophe just a year ago she seems to be so far along in her own economic reconstruction that she would be able take Care her own emergencies. International Red Cross is laying up a large fund of practical gratitude in China on which you will be able draw in our happier days that are sure to come. In the name of the national government and of all Chinese civilians I send you greeting and our gratitude may yours deliberations help bring conditions every where back to standards of elementary hamunity.

**颂词译文：**

贵会兹在伦敦举行大会，世界各国感谢与期望之殷，无处敝国之右者。溯自敝国境内发生惨酷的战争以还，未设防城市与乡村之被敌机轰炸者，所在有之，敌骑所到之处，居民逃避一空。此种情事，深为贵会所知，且较任何人为真切，即敝国负担，亦较平昔为尤巨，更无待于赘言。敝国在一年之前，正埋头于经济复兴工作，即遇有灾害，亦能以自力救济，时至此日，情形已有不同，幸赖贵会筹集巨款加以救济，敝国人民同深感激，自当于事定之后，徐图报称，兹特驰电申谢，预祝成功，所望贵会讨论结果，世界各国咸能重视人道主义各项基本原则斯可矣云。

原载于《中国红十字会月刊》1938 年第 37 期

# 招远红十字分会成立始末及工作报告

廿七年五月报告

## 缘起

招远红十字分会兆端于民国元年，尔时城乡绅商提倡创立，一般民众尚未认识，故未能实现。民国十八年，吾招不幸，屡遭兵燹，城南各村房屋粮食焚烧几尽，牲畜财物劫掠一空，尸横遍野，饿殍盈途，社会秩序几至不保。幸蒙黄县红十字分会捐助巨款千元，派遣会员温梅生来招联合同志设立驻招办事处，一面振济，一面募捐，并设立临时医院及组织振灾会，分工合作，相辅救济，数万灾民得藉复甦，秩序渐至安宁。事工未半，获得各界人士口碑载道，盛举遐迩，佥谓本会服务之精神勇敢无敌，救济之工作贯彻始终。法团绅商、学农工兵，莫不认红十字会为社会之救星，为人类之慈母。故各界人士竭力赞襄，踊跃加入，一时正会员人数竟至五十之多，入会基金增至千数百元。吾招红十字分会乃应运而生，自然有成立分会之可能，于是请求黄县分会转请上海总会承认招远成立分会。旋蒙总会批准，于十九年四月三日成立中国红十字会招远分会，黄县分会驻招办事处同时撤销。是赖民初先哲提倡于前，本会同志努力于后，恻隐之心，人皆有之，有志竟成，古训不爽，此招远分会成立之缘起也。

## 招远红十字分会之工作

招远红十字分会创始于十八年，已有十年之历史，本振灾恤兵之宗旨，竭尽绵薄，继续努力。战事救护伤兵，掩埋尸体，振济灾民，平时则提倡公共卫生，防疫工作。惜限于人才及困于经济，未能发扬光大，成绩寥寥，甚以为憾。兹就已往之工作，大略报告于下：

甲——平时工作

（一）联络各界感情，征求会员；（二）宣传公共卫生；（三）每年施种牛痘，约千余名，夏令购备救急药水，委托各医院、各药房代为托送，以防瘟疫之传染。二十六年曾派员国防线上医疗工兵，颇得军民信仰；（四）近年屡有不良份子假冒红十字会名义入境募款，本会一经查悉，立即依法驱逐出境；（五）会员如有被人借端诬陷，妨害身家并及红十字会全体名誉者，竭力保护申理之。

乙——战事工作

（一）临时医院。在民国十八、十九两年，兵匪交战，秩序紊乱，伤病特多，聘请王宜之先生担任临时医院医师，治疗病伤约千余名。民国二十一年，韩复榘与刘珍年交战，刘军北来，过境骚扰，韩军南来，两方冲突，人心惊惶。本会设立临时医院三处：第一医院医士王宜之，第二医院医士吕秀三，第三医院医士刘佩卿，收治伤兵。保寿医院彭德发先生代理护士，兼备饭食，月余出院。民二十六年，国际战争开始，国防军驻招布防，请托刘佩卿医士代办临时医院，治疗伤病兵三百余名。以上各临时医院，所费药资及本会特备药料，共费款千余元。现在临时医院亦有开办之需要。因困于经济，正在计划中，不久即可实现。

（二）救护队。本会救护队共组两队，在必要时可临时增加，每队分队长一人、副队长一人、医务长一人、庶务一人、队员六人，人数有时可以增减。十八年六月，出发到北马；十二月刘军剿灭无极道，在招城施行救护；复出发到南岭村、黑山等村。二十一年韩刘交战，人心惊惶，迁徙流离，出发北乡担任医药。廿七年四月，游击作战，出发黄山馆，此救护工作大概也。

（三）掩埋队。在军队作战期间，普通民众皆逃避一空，谁肯涉及危险地带。故阵亡尸体任其臭烂，甚至传染瘟疠，遗害无穷。本县在十八年，刘军来招，与无极道交战，尸体横巷，殷血满地，无人过问。本会掩埋队一一收殓，抬送义地葬埋，甚至良民误中流弹，倒毙门外，其亲属惶极，不敢殡殓，本会掩埋队代为埋葬。在平时饿殍病死，无亲属认领者，亦曾掩埋数次。

（四）赈灾。在十八年，本县屡遭兵匪蹂躏，灾区广泛，嗷嗷待哺，本会首先施赈千元，继则纠合同志组织赈灾会，四出劝募，并由红万字会协助巨款。前后发放赈款共约五万余元，灾区同胞因得复生。

（五）妇孺收容所。本会设立妇孺收容所四处，其地点，第一在东关，第二在张家庄子，第三在瓦裏，第四在丁家庄子。每所设正副所长、监察、看护、救护队主任及队长、医务长、庶务。在十八年及二十一年之兵荒，俱尽保护之责，来所得保安全及援救脱险者，为数甚夥。

（六）保赠会员。在以上各种工作之人才，不只限于会员，多蒙各界同志赞助，照章分别奖励，有推赠普通委［会］员者，有由普通会员进级赠为正会员者，亦有原为正会员进级为特别会员者，共得奖者三十余名。以上各种事工，所获之光荣，非少数职员所能胜任，皆我二百名会员之努力，及各界慈善君子之赞助，与地方当局之保护，同心同德，万善同归之所致也。

**本分会将来之计划**

（甲）分设办事处。本会办事之能力范围，现在只限于招远城或近城十数里内，倘在距城穷远之处发生事故，每感鞭长莫及之困难。凡属我会会员，俱当尽宣传红十字会之宗旨及招募会员之义务。更盼各界人士，赞助本会博爱恤兵之义举，踊跃输将，加入本会，以便设立办事处。在南乡下甸镇、道头镇、西乡朱桥镇、新城镇或其他临近大路村镇，遇有兵燹或军队过往，均有设立办事处之必要，每处至少有正会员十余人，方可组织办事处，以承本分会之命，救济病伤，其工作效能，与本分会同。

（乙）训练战地救护人才。本会之救护队员对于战区救护工作，虽有勇敢精神，足资任事，然对于战区卫生知识尚感缺乏，如防空、防毒等学，是对内战救护而有余，对国际战救护而不足。拟招致青年男女若干人，聘请相当师资，分科训练，兼习战地救护学，如正骨、止血、消毒、绷带、裹扎等学，俾具有科学化知识，自然临时有方，救人救己应付裕如，工作成绩不落人后，应付内战而有余，参加国际而无愧，此本会预计之希望也。

以上各种计划，盼我全体会员努力迈进，促其实现。因吾会之使命重大，不只限于从前之小小成绩也。际此战事方酣，战区变更，不可预测，胶东安危尚在两可，吾会之任务日益加重，若不急起筹备，一旦战事临头，必至应付棘手，而从前之声誉恐难继续存在，可不警惕也哉。

原载于《中国红十字会月刊》1938 年第 37 期



# 中国红十字会总会首都办事处所设首都医院概况

本会为便利救护淞沪津浦一带受伤将士起见，于廿六年十月一日特在南京设立首都办事处于中央大学内，并利用该校大礼堂、图书馆、科学馆、体育馆、各学院及宿舍等筹备能容五千床位之大规模伤兵医院，定名为首都医院。院长除由本会庞京周秘书长兼任外，另聘陈崇寿医师为副院长，于廿六年十月六日开始收容受伤将士。该院医务方面组织设有初诊室、手术室、传染病室、爱克司光室、骨科病室、重伤兵室及轻伤等病室，并于下关车站设立伤兵接应所，凡各路运抵南京之受伤将士，先由该所包扎后分别轻重伤势，而将重伤者送至院中先经初诊室予以登记，调换衣服，注射破伤风抗毒素及各种初步诊治后，分别伤势之种类及部位如头部、胸腹部、四肢部等，分送各病室继续治疗。各病室中其有发生传染病者则转送传染病室，业经治疗行将痊愈者则送轻伤病室，已经治愈者则由院方通知伤兵管理处前来率领出院。至于手术室之设备，则同时可供行使十余人手术之用，每日平均大小手术在二三十次左右，骨科则大多数为复杂骨折且其创口十之八九多已化脓，传染病则破伤风、痢疾、伤寒等症亦时有发现。

至于事务方面之组织，计设有统计股、会计股、庶务股、材料股及伤兵管理处、伤兵教育处等，嗣因欲缩短受伤者由接应所载送入院之时间而减少途中颠播［簸］之痛苦，又于和平门车站附近南京孤儿院原址内设立首都医院和平门分院以资收容，总计两院开办未及一月已收有二千八百余人，而医师亦达九十余人，护士一百八十余人，工役、担架夫等四百余人，工作至为紧张。迨至十一月中旬，南京形势转变，势不得不将留院之受伤将士分别妥送后方各医院以策安全，于是该院乃于十一月十六日而告结束矣。

编者按：此项报告虽为上年之工作，但其规模宏大，救治人数众多，实为本会救护史上重要之一页，故特表而出之，幸勿以明日黄花视之。

原载于《中国红十字会月刊》1938 年第 37 期

# 中国红十字会总会上海以外其他各地救护事业概略

| 名称 | 办理日期 | 工作地点 | 附注 |
|---|---|---|---|
| 首都医院 | 廿六年十月六日至十一月十六日 | 南京中央大学内 | 设有病床五千张，伤兵入院后先经初诊室予以初步诊治，然后分别轻重伤及受伤部位，分送各病室 |
| 首都医院和平门分院 | 十月十八日至十二月十三日 | 南京和平门车站附近 | 设有病床三百张 |

（续表）

| 名称 | 办理日期 | 工作地点 | 附注 |
| --- | --- | --- | --- |
| 驻杭重伤医院 | 九月 | 杭州 | 设有病床五百张 |
| 驻松重伤医院 | 九月 | 松江 | 设有病床五百张 |
| 驻昆重伤医院 | 九月 | 昆山 | 设有病床五百张 |
| 首都遗族女校重伤医院 | 九月二十日至九月三十日 | 南京城东郊外 | 设有病床三百张，因外埠各院急需医护人员，当将该院结束。所有人员分别调任各院工作，该院由中央医院接办 |
| 留京第一手术队 | 十一月十七日至十二月十二日 | 南京中央大学 | 南京失陷后该队人员相率抵南昌，嗣改为医疗队 |
| 留京第二手术队 | 同上 | 同上 | 同上 |
| 中央大学医学院及中央医院合组之第一救护队 | 八月一日至十月十九日 | 顺德、石家庄、定县、新乐、正定、保定、任邱、新乡、李河等处 | |
| 国立上海医学院第一救护队 | 九月十五日至十月十五日 | （甲）无锡周新镇等处；（乙）无锡惠山等处 | （甲）属于后方医院性质；（乙）属于手术组性质，结束后该队人员在首都医院工作 |
| 齐鲁大学校救护队 | 九月廿三日由京出发，十月十五日结束 | 津浦线北段一带，并设总队部于济南，专司分配医护人员前往德州、兖州、泰安等处 | |
| 芜湖救护队 | 十月一日至十月卅一日 | 在芜湖担任驻芜第九陆军医院处理重伤病人 | |
| 中大齐大联合救护队 | 十月二十日至十二月十五日 | 安庆 | |

（续表）

| 名称 | 办理日期 | 工作地点 | 附注 |
|---|---|---|---|
| 西北救护队 | 十一月一日至十二月十四日 | 西安 | 十二月十五日起改编为本会第十医疗队 |
| 鸡公山救护队 | 十一月二十五日至十二月五日 | 鸡公山 | 赴鸡公山拟设医院，未几即改编为本会医疗队 |
| 武汉第一救护队 | 十一月廿九日至十二月十二日 | 武昌第三十六后方医院 | 结束后即改编为本会医疗队 |
| 武汉第二救护队 | 同上 | 汉口第五陆军医院 | 同上 |
| 武汉第三救护队 | 同上 | 武昌第五十二后方医院 | 同上 |
| 武汉第四救护队 | 同上 | 在汉口轮埠一带接应伤兵换药 | 同上 |
| 派驻军政部第三医院医护人员 | 十月十五日 | 兖州军医第三重伤医院 | 由本会拨派医护人员六人前往协助工作 |
| 下关伤兵接应所 | 十月十二日至南京失陷止 |  | 伤兵由火车运至南京，先由接应所予以帮扎换药，然后分别轻重伤兵分送驻京各伤兵医院 |

编者案：上表系依据上年工作而列，至本年内一切救护事宜，当陆续另表详细报告。

原载于《中国红十字会月刊》1938 年第 37 期

# 广州红十字分会半年来会务概况报告

（一）内部之整理　宗象等于本年二月一日接任，首即着手于内部之整理。订定组织大纲、办事细则，俾各有遵循，以期增进办事效率。关于财政方面，采用新式簿记，实行会计制度。聘请广州市银行公会主席陈玉潜先生为义务司库，全会收支款项概须经过银行保管，务求慎重。同时为表示财政公开以昭大信起见，聘请会计师林文敷为常年会计师，按月审查收支帐［账］目。本年一月至八月出入各帐［账］，已分别审核中。至于接管移交各帐［账］，亦送林会计师专案审查。关于药物器材方面，亦设置人员专责管理，分类列册记录，虽极微末之品物，均经过核准领用报销各项手续。关于会所方面，本会原在河南同福中路附属医院内办公，惟以地处偏僻，当此非常时期，各方接洽务求便利，曾先后借用文德路仲元学校及长堤孙逸仙医学院附设办事处。惟以会务日趋发展，须有宽大会所，方足敷用，乃租赁长堤二百十四号三层洋楼全座为本会会所，该处地处适中，交通便利，颇足资发展也。

（二）救护队之改编　本会救护队原将全市划分九个救护区，共有队员八百余人。人数既多，程度参差不一，药物器材亦感缺乏。干事部为谋充实救护力量，特编制调查表格，分发各区队，饬将实情填报。随即分区检阅，将所得结果参酌各方意见，拟定整理计划，呈奉会长核准办理。计现在除本会大队部外，另设市东、市北、市西、河南、芳华五个救护区，每区酌量由会拨助经费，将原有队员分别改编，发给药物器材，并在各区装设电话，构成通讯网。另组织特务队七分队（内两分队系收容归国报效侨胞训练后充任），常川分驻于本会及河南、市东、市西、市北，无论水陆发生灾情，立即出动救护。同时为增进救护效率起见，特以朱副会长兼任大队长，将各队认真训练，现本会救护实力，较前充实多矣。

（三）附属医院之改善　本会附属医院开办有年，在平时负责当地医疗工作，固极重要，在战时所负使命更为重大！本会为适应环境及时势所需求，乃锐意整顿，扩张院务。由本会左副会长兼任院长，朱李两副会长兼任副院长，从新聘任余国华、黄德光、李锡芬等医师，主理医务。另请富有经验之护士十余人，担任看护工作，院内设备日臻完善。由是来院就医病人激增，二月至七月间留医者由九人增至五十五人，门诊赠医者由一百廿五人增至八百三十七人。惟以地方所限，尚未能尽量收容，现正计划增建病室，以资应付。此外该院负责为难民收容所诊治患病难民，一切费用完全豁免。市内各地若有急病发生，以电话通知该院，即派车载返救治。市民对该院已有相当认识，此后发展院务当更易为力也。

（四）救护车之增加　本会救护工作已为社会人士所洞悉，惟以救护频仍，需用救护汽车及药物器材甚夥。幸各地侨胞对本会事业能热诚赞助，纷纷捐赠经费及药物器材，救护车辆得资应用。去月承香港华侨日报发起为本会举行劝募救护车运动，时仅一月，即募得十一辆，另现金三千五百余元，以之购置电船为水上救护之用。各界侨团因爱护乡邦及赞助本会，于劝募结束后仍踊跃捐赠，复有五辆之多。本会平添此项工具得以便利工作，将来救护事业发展当无限量也。

（五）会产整理与保管　本会现为彻底整理本会会产起见，特组织清查财产委员会，推举卫百揆、冯澂、陆如磋、黄能彰，及宗象等为清查委员，从事清查，以凭整理。此项清查工作业已告一段落，刻正进行将所有会产契据从［重］新向政府登记，以明业权。同时为慎重保管会产计，特设置不动产保管委员会，聘请李应林、陈玉潜、韦飏初、朱广陶、卫百揆等先生为委员。各会产一俟整理完毕，即将不动产交由保管委员负责保管，以重公产。

原载于《中国红十字会月刊》1938 年第 39 期

# 中国红十字会武昌市分会报告

二十七年五月至八月

五月三日上午七时，本会接第九收容所电话传知有第六十军由平汉线转来负伤官佐士兵约六百余人到达武昌点鱼套，请予派队出发协助等情。当即通知所属救护医疗担架等队立往该处工作，至十一时完毕返会。又同日下午二时续接该所电达嘱本会医疗队出发协助，医疗队约四百余伤兵之赴湘，专车当即赶往绷扎换药，历数小时之久，始行回会。

五月五日下午一时，第一次接第九收容所电达，请派医疗队出发协助该所医疗，留院轻重伤军共五百余人。又下午四时第二次接该所来电，续请医疗队出发协助医疗，由汉口江岸转武昌点鱼套，登车伤军三百余人，闻讯立往，或予换药，或予包扎，全体队长队员尽力工作，颇得一般伤军称赞，俟任务告竣始行言旋。

五月六日上午七时，本会医疗队应湖北伤军管理处电约，立即出发到该处，有伤军四百余人，帮同包扎换药完毕归会，旋于十一时又由该队携带药品分往各难民收容所诊治患病难民，治愈者甚众，下午六时回会。

五月八日下午六时，本会接湖北省后援会电称，现由伤军计三百二十人过鄂，转车赴湘，当命医疗、担架两队联合出发前往点鱼套分途工作，直至深夜任务终结率队归来。因努力过度，颇觉疲惫。

五月九日下午三时，第九收容所来电谓有新到重伤官兵共三百余人，请本会派医疗、担架、救护各队出发救护，当即全体出发，携带药品器械按照所到人数一一换药包扎抬运上车后始行回会。

五月十一日下午九时，接湖北省后援会来电云，请派医疗队前往协助医疗新到负伤官兵，共计六百余人，当由本会集合该队携带药品乘坐汽车前往实施医疗任务，迨下午一时始行回会。

五月十二日上午九时，接第九收容所杨主任来电，当由本会派医疗队全体出发至点鱼套车站与伤军二百余人换药包扎完毕乃归。

五月二十四日下午一时，接第九收容所电约当派医疗担架两队携带全副药品到达点鱼套，替百余伤军抬运换药包扎诸务，俟完毕后相率而返。

六月三日下午三时，第九收容所来电请派担架队出发至点鱼套抬运伤军，由船登陆上车赴湘，当即如约照办。该队颇得伤军赞扬而归。

六月七日下午三时，接第九收容所电谓今日有轻重伤军、官佐、士兵共约七百余人到达点鱼套，请速派医疗队前往协助云。该队奉命全体乘汽车而往，因伤军人数过多，工作时间较长，直至深夜方回。

六月十日上午八时，本会接第九收容所来电，有新到伤军约八百名之多，请派医疗队前往协助换药包扎并嘱担架队偕去云云。该两队闻命火速出动至点鱼套参加应尽任务，于下午一时完毕回会。

六月十三日上午六时，由第九收容所电传有伤军五百余人到达点鱼套，请派医疗、担架两队前往协助。两队立照指定地点参加工作，历时颇久竭尽力量始回休息。

六月十五日上午六时，接第九收容所来电报告，已有伤军运来约四百余人，亟待医疗、担架等队前往协助云云。本会当即传知该两队队长统率队员药品驰往救护。俟任务完毕，已届正午，方始归来。乃下午二时又接第九收容所来电续有伤军到达，人数约在五百左右，仍请指派医疗担架两队全体出动，当即集合乘车而往，俟各项任务完毕，已钟鸣五时矣。

六月十六日下午一时，接第九收容所电谓连日伤军到达甚众，今日正午又有伤军三百余人运至武昌，请派队前往协助工作。当集合医疗、担架两队火速出动，妥为换药包扎抬运，俟完毕后始整队而归。

六月十九日下午三时，接第九收容所来电，已有伤军约三百余人由汉口转运武昌点鱼套，亟待医疗抬运。本会以该两队职责所在，不辞卒劳，又命火速出动，努力服务，工作完毕已钟鸣七下方回会休息。

六月二十日上午九时，接第九收容所来电，请派医疗、担架两队出动至点鱼套协助工作。该两队虽连日工作过度，仍表现充分精神，奋勇赶往实施救护。共医疗及抬运伤军约四百余人，历半日之久方完毕而返。

六月三十日下午六时，接第九收容所电谓又有伤军三百余人到达点鱼套，请速派队驰救云云。仍由本会立命医疗担架两队联合出发，尽力工作，完毕已至深夜十一时方回。

七月二日上午九时，接第九收容所电云谓有伤军官佐士兵共约九百余人到达点鱼套，立命医疗、担架两队迅速出动，当即集合乘车驰往。因伤军人数过多，顺序换药包扎抬运并予温言安慰，迨下午三时完毕回会。

七月四日下午一时，第九收容所来电报告有伤军计一百余人由汉运武转车赴湘，当命医疗队出发施救，因人数较少，仅二小时即完毕而归。

七月五日上午八时又下午三时，均接第九收容所先后电话传达，首批有伤军四百余人、次批有伤军二百余人，由汉运至武昌过境登车赴湘两次，均命医疗、担架两队立时出动，工作圆满即行归来。

七月九日下午一时，有伤军百余人由汉运至武昌点鱼套，由第九收容所电话通报，立命医疗队携带药品器械出动诊治，三时回会报告工作经过，颇受伤军称赞。

七月十二日上午十二时，日机空袭武昌狂炸，受灾较惨者计三道街省立医院附近一带及胭脂山、双柏庙、杨纸马巷、大小东门、熊廷弼路各处。本会因灾区甚广，特命全体分途出动实施医疗抬运掩埋等工作。惟医疗队以急救贵在迅速，斟酌情形，转送同仁、仁济两医院收容协助医疗。斯役除毁坏房屋甚多，计死者数十人，伤者约百余人，至全队人员工作至暮方始言旋。

七月十九日下午一时，大批日机侵入武昌天空，猛烈轰炸被灾区城山前黄土坡石灰堰东厂口、山后巡道岭、城外宾阳门车站、长春观街及小东门外等有七八处之多。本会闻警将救护、医疗、担架、掩埋各队总集合，分途出发驰救，各队努力服务并与其他救护团体人员联系合作，卒将被灾各区达到普遍援助。除房屋被毁外，死者数十人，伤者达二百余人之多，燃灯后纷纷回会休息。

七月三十一日上午八时第九收容所电达本会，谓有伤军约二百余人运到点鱼套，请派医疗队前往协助，该队立即奔救，工作完毕归会时钟鸣十一响。

八月十一日下午一时，武昌又发生日机空袭，被难地点有左右旗营房、大东门火车站、长春观正街、小东门余家街，及城内鼓架坡、昙华林、文华中学内等区域，除房屋被炸毁外，伤者数十余人，死者一二十人，均由本会医疗、担架、掩埋各队分途出发至上述各处，协同其他救护人员合作施救，历半日之久乃告完毕。

八月十二日上午十一时，日机多架又来轰炸，武昌平阅路三佛阁中和里、大朝街南北段商家巷、王府口甲乙栈文昌门、中正桥吴家巷等处遭受前数次同样不幸，死者十余人，伤者二百余人。本会医疗、担架、掩埋各队及全体同人仍抱定奋勇精神挺进各被灾区域尽力援救，结果尚佳，至六句钟事毕回会。

八月十五日下午十时，接第九收容所电告，谓有伤军数十余人到达点鱼套，亟待救护，当由本会医疗、担架两队携带药品前往协助，俟任务完毕方归来休息。

八月十六日上午十时，日机又狂炸武昌萃丰巷、火巷、平阅路玻璃厂、沿马路堤街、保安门正街、大朝街中段毡呢厂、营防口豹头堤一带，房屋震塌较前为多，受伤者约数十余名，死者数十人。本会闻警不辞劳瘁，鼓作余勇努力迈进救护，俟任务告竣始整队而归。

原载于《中国红十字会月刊》1938 年第 39 期

## 交通课

本课原称运输股，成立于八一三之后，主其事者，首为骆亦文君，八月十九日以后，由胡会林君接管，十月十四日后，复归金芝轩君主持。

本课工作在国军未西移前，主要在救护及转运伤兵；国军西移后，即从事运输医院用品，遣送伤兵及难民。在十一月间更有一项特殊工作，即将沪地伤兵分送内地。是项工作颇形困难，因上海陷于四面包围之后，交通梗阻，后路交通既未疏通，送去之伤兵遂难安置。本课为解除此种困难，在先前宁波船只停驶时，派员于十一月廿七日由台入浙，分两路进行，一路由台至宁波，一路由台经百官、萧山而至杭州，并分拨人员驻金华、衢州，从事于后路之疏通。此项工作颇属有效，在十二月间，沪地伤兵得以逐渐遣送内地，至一月份则大抵为结束工作。

本课此后工作，已移交中国红十字会总会交通股办理。

兹将六越月来之工作大要，分别纪录于下：

### 八月十九日至九月十五日

一、车辆方面

1. 车辆共计八十七辆，计开：

租来现已不用者，计二十五辆；租来现在修理者，计四辆；租来仍用者，计十二辆；借来已退还不用者，计一辆；借来现在修理者，计三辆；借来仍用者，计七辆；借来全部损坏者，计一辆；煤业公会在外工作者，计十四辆；煤业公会预备补充者，计六辆；本会自购旧车，计三辆；孔太太捐新车，计四辆；红十字会购办新车，计二辆；红十字会购办旧车，计四辆；张嘉甫先生送来，计一辆。

2. 修理费共计国币一千三百五十九元八角五分（全部损坏之车尚未赔偿）

3. 消耗汽油（八月廿四日以前归医务组）：八月廿四日至卅一日计六百零七介仑，九月一日至十五日计四千六百十六介仑，共计五千二百二十三介仑。

4. 消耗机油共计四十三又四分之三介仑（九月九日以前未详）。

二、工作方面

1. 出勤次数共计六百十五次

2. 救护伤兵共计五千三百六十五人

3. 救护伤民共计廿六人

### 九月十六至三十日止

一、车辆方面

1. 车辆共计九十八辆，计开：

租来时换用之车，计二十二辆；自备车：红十字会新购新旧各车，计六辆；捐借来旧车，计六辆；前报告所载（连捐借者在内），计十六辆；派在无锡者，计一辆；派在昆山第一医院用，计一辆；派红十字会市分会用，计一辆；派赴南京，计三辆；改装吊车，计一辆；在修理中，计五辆；不宜于远道者，计五辆；工作救护者，计八辆；留为本埠转运用者，计三辆；煤业在外工作连预备车，计二十辆。

2. 修理费（修理及配件）共计贰千四百十七元九角七分

3. 租车费共计四千零四十元

4. 工资共计五百零一元

5. 伙食共计九十四元六角

6. 消耗汽油共计四千九百六十四介仑

7. 消耗机油共计九十一介仑半

二、工作方面

1. 出勤次数共计四百六十五次

2. 救护伤兵（在外转运者不计）共计五千六百十七人

3. 转运伤兵（至外埠）共计三千三百九十七人

**十月一日至十五日**

一、车辆方面

1. 车辆共计八十二辆，计开：

a. 自备车共计三十一辆：红十字会新购福特，计二辆；大都会花园捐助奥配尔，计一辆；前期报告加新来，计廿八辆。

b. 固定在外各医院分会者共九辆：派赴松江，计一辆；派赴苏州，计二辆；前期报告中派出，计六辆；暂不能用者，计七辆；撞坏在修理中，计二辆；应修理未修者，计二辆；已归还者，计三辆。

c. 特务车共二辆：装吊车拖车服务者，计一辆；改装带担架派外交大楼用者，计一辆。

d. 暂固定在外第一第二两队，计四辆。

e. 每日派赴救护用，计四辆。

f. 每日送松江老龙华用，计五辆。

g. 煤业队在外工作连预备车，计二十辆。

（租用车共八辆，而每日至多用六辆，最少用四辆，每日救护出发之连十五日内，平均每日十辆，内中自备约十分之六）

2. 修理费（修理及配件）共计贰千四百六十七元四角七分

3. 租车费共计三千六百九十元

4. 工资共计四百五拾六元五角

5. 伙食共计一百三十六元七角五分

6. 消耗汽油共计五千七百三十二介仑

7. 消耗机油共计六十五又四分之三介仑

以上连煤业用油在内，每日平均一百廿五介仑。

本期中时有因车胎损破或漏气而被伤兵等强迫驶行，致全胎及钢圈损坏，因之须加配新胎及钢圈，需费在一百元之上。

二、工作方面

1. 出勤次数共计三百四十五次

2. 救护伤兵共计六千八百八十九人

3. 转运伤兵（至松江老龙华等）共计四千三百十人

**十月十六日至卅一日**

一、车辆方面

1. 车辆共计卅二辆，计开：

a. 在上海共十五辆：吊车，计一辆；有担架车，计三辆；运货用，计一辆；救护转运用，计六辆；在修理中，计四辆。在外埠共十七辆：南京，计八辆；苏州，计三辆；松江，计一辆；太仓，计一辆；市分会，计一辆。

b. 损失者：在真茹，计一辆；在昆山被焚，计一辆；在昆山被军部借去未还，计一辆。

2. 修理费（修理及配件）共计二千三百十一元七角一分

3. 租车费共计二千二百四十元

4. 工资共计六百零五元零二分

5. 伙食共计一百三十五元九角

6. 消耗汽油共计五千三百十二介仑

7. 消耗机油共计一百廿四介仑半

二、工作方面

1. 出勤次数共计三百十八次

2. 救护伤兵共计三千九百廿九人

3. 转运伤兵（出境）共计七千二百八十六人

**十一月一日至三十日**

一、车辆方面

1. 车辆共计三十二辆（煤业队车十二辆不在内），计开：

在本埠者，计十二辆；

由胡会林先生带去者，计十一辆；

太仓退京归野战队者，计一辆；

损毁者，计五辆（一辆送油去）；

军部拖去未回者，计一辆；租来者，计二辆。

2. 修理费共计三百二十三元零五分

3. 消耗汽油共计三千五百五十介仑

4. 消耗机油共计七十九介仑

二、工作方面

1. 出勤次数共计二百九十八次

2. 救护伤兵共计二千一百二十五人

3. 转运伤兵共计五千八百九十九人

## 十二月一日至卅一日

一、车辆方面

1. 车辆共计三十辆，计开：

在本埠者，计五辆，号码49，73，75，81，100；

由胡会林先生派去者，计十一辆，号码76，77，78，79，84，85，86，87，92，96，42；

在野战救护队者，计一辆，号码90；

售出者，计四辆，号码80，89，91，93；

抵还赔偿者，计三辆，号码74，82，83；

因公损坏者，计六辆，号码88，94，95，97，98，99。

2. 修理费共计一百七十六元五角

3. 消耗汽油共计六百六十二介仑

4. 消耗机油共计十八又四分之三介仑

二、工作方面

1 出勤次数共计九十三次

2. 转运伤兵共计三百七十八人

## 一月一日至十日

一、车辆方面

1. 车辆共计十七辆，计开：

在本埠者，计五辆，号码为49，73，75，81，100；

在外埠者，计十二辆，号码为42，76，77，78，79，84，85，86，87，90，92，96。

2. 修理费共计一百四十二元七角一分

3. 消耗汽油共计一百七十五介仑

4. 消耗机油共计八介仑半

二、工作方面

1. 出勤次数共计二十三次

2. 转运货物租车损坏赔偿者共计三辆：

17085 租车，因第六、八辆急救队于十一月八日往虹桥及北桥去救护时，忽被军用车撞坏，该车未能拖回，后以第八二号车赔偿。

16536 租车于十月廿六日，在真南路载伤兵回沪，因黑夜不能开灯，误坠入小河内，未能拖出，后以第八三号车赔偿。

54 租车，于九月廿九日，在马陵镇南翔之间，与廿六军军用车相撞，致被撞损，以 74 号车赔偿。

（余略）

原载于《中国红十字会月刊》1938 年第 41 期

# 洛阳县分会工作报告

（一）南关难民收容所自成立以来，每日派医师前往治疗者不下六七十名。

（二）车站难民招待处并附设本会治疗所，治疗人民均系豫东豫北逃洛难民，每日约二三十名。

（三）慰劳负伤官兵委员会因信阳方面转来伤兵过洛西上，车载伤兵五六百名、七八百名不等，由本会派救护队二十名常川驻站，不分昼夜，实施绷扎治疗工作。

（四）本会医院门诊向来不取分文，故平日治疗者不下七八十名，近复加以被炸，人民之求治者络绎不绝，并染有时疫及喉症者病人益形拥挤。

（五）洛阳监狱被炸囚犯亦由本会派队前往施疗，每日经治者约有二十多名。

（六）枪［抢］修洛河堤工人因受日光之熏蒸，暴食暴饮致发疾病或时疫者，亦由本会医师、队员按日前往治疗，每日约计二三十名。

（七）洛阳游民教养所每日持条来院医治者亦无日无之。

（八）洛阳警察局召集防空会议，决议河洛中学附近由红十字会广济医院担任救护治疗。

（九）洛阳疫疠丛生如火燎原，男女老幼来会注射防疫针及施送各种救急药品者供不给求，昼夜不绝。

（十）本会曾派救护队两次出发孟县，战地救护队长兼医务主任于益斋亲率队员二十六名在缑村设所治疗，自七月十五日起至八月二十三日止，经治人数约计三千六百余名。

（十一）本会派卫生队员十名在城厢各户实行井水消毒，计有一千二百四十三口。同时本会又派队员八名赴各区注射防疫针，计第一区注射三千二百八十四名，第二区注射七千二百四十一名，第三区注射六千九百零七名，第四区注射六千一百十二名，又在长途汽车站来往旅客注射七百三十八名，东车站来往旅客注射二千一百八十四名，在本会医院注射七百三十九名，又在孟津注射一百六十　名，本会驻孟县治疗所亦注射有一百八十七名，统计注射二万七千五百五十三名。

（十二）东车站难民招待处及南关难民收容所每日由本会专派夫役前往供给茶水，业已四月有余。

原载于《中国红十字会月刊》1938年第42期

# 救护急救队支出给养津贴等总数一览表

自九月份至十一月底止

| 队名 | 支出给养津贴总数（单位　元） |
|---|---|
| 第一救护队 | 一七〇〇．〇〇 |
| 第二救护队 | 二七七八．七八 |
| 第三救护队 | 一二六九．九八 |
| 第四救护队 | 二二九二．五二 |
| 又伤兵运输费 | 一四〇〇．七三 |
| 第五救护队 | 三五五五．〇〇 |
| 第六救护队 | 二六二九．五六 |
| 第九救护队 | 三二三一．二九 |
| 第十救护队 | 二〇〇〇．〇〇 |
| 第一急救队 | 三八九．一〇 |
| 第二急救队 | 二九〇．〇〇 |
| 第三急救队 | 八〇．〇〇 |
| 第四急救队 | 三二七．四六 |

总计救护队支出计二万零八百五十七元八角六分，
急救队支出计一千零八十六元五角六分
备注：自八一三至十月底止陈队长经手支出数为九百元
各队救回伤兵总数一览表

| 队名 | 救护伤兵总数 |
| --- | --- |
| 第一救护队 | 二〇一一 |
| 第二救护队 | 五五五一 |
| 第三救护队 | 一七四六 |
| 第四救护队 | 二八五 |
| 第五救护队 | 四〇三〇 |
| 第六救护队 | 五三三 |
| 第七救护队 | 九九 |
| 第八救护队 | 二二八四 |
| 第九救护队 | 六七九 |
| 第十救护队 | 六〇六 |
| 煤业特组队 | 一四〇〇〇 |
| 第一急救队 | 五九三 |
| 第二急救队 | 一〇〇九 |
| 第三急救队 | 一四二五 |
| 第四急救队 | 一八五七 |
| 第五急救队 | 二九九 |
| 第六急救队 | 一四九九 |
| 第七急救队 | 一一〇六 |
| 第八急救队 | 一七八八 |
| 第九急救队 | 一四三二 |
| 第十急救队 | 二三九 |
| 第十一急救队 | 四一一 |
| 第十二急救队 | —— |

总计救护队救护伤兵三一七八八名，急救队救护伤兵一一六五八名
备注：另有成绩报告

原载于《中国红十字会月刊》1939 年第 43 期

# 中华民国红十字会总会救护事业旬报表

廿七年十二月二十一日

（一）收支账目

查本会临时办事处以及救护委员会均为战时特设之机关，环境特殊，颇难适用总会前订之一般的会计规程，爰奉令拟就战时会计规程草案呈请核准施行。该草案所规定本会一切付款，为严密组织、防杜流弊起见，仍以签付银行支票为原则。至于收入款项，则规定应一律于翌日解存银行。无奈本会现驻祁阳，而有存款往来之中国交通等银行则在零陵等地，如果每日办理收解，不仅太费时间，且车辆奔驰，油胎消耗亦属不赀，故不得不将每日收入款项积至相当时期再往银行存储。本课目前对于会计事项在不背立法范围之内，并须随时顾全环境，办理极难，尽善毋庸讳言也。

本会经费预算原系按月规定者，每月实际支出数目理应与每月核定预算对照比较，藉知增减之数目及原因，俾资改进。惟以各队、各材料库、各运输站遍及数省，人员调动、请领经费种种报告往往不能于当月到达，颇多迟延，至次月或再次月送到，乃经核定后从事补领补发。事固寻常，但会计手续相当繁复，而与逐月预算比较增减之收支表显有出入。本会本旬内支出后列救护事业经费，亦有补发前月之数目在内，于编制逐月收支报告表时，自当分清月份分别列入，应先加以释明。

（二）审核情形

近日各队报销迟到依然如故，想交通阻隔情形一时尚无法疏通所致。本课前分函催询，后有数队复到有云。本会尚未收到之某月份报销，因迟接本会迁移通知仍寄长沙，执有邮局回单为凭。不过长沙曾经大火，该项报销是否无恙，只有向邮局辗转查询之一法，不宁惟是，本会于某一个月经费未领清，以前难以结算，因即使提先结算，而该月份之实际支出与预算数目比较即不能谓正确。如果各队报销未到齐，审核补正手续未备，以前即某一月或某一期之决算难以着手，否则其决算亦不能谓为正确。此种困难固为一般较大组织、分枝机关较多之团体所同感。本课惟有竭力设法将已送到之报销账目早日审核结束，未送到者分别追查，使迟延之期限尽量缩短耳。

人事调动

| 月/日 | 姓名 | 任务调动 | 附注 |
|---|---|---|---|
| 12/11 | 李信真 | 四十队医护升充七四队副队长 | |
| 12/11 | 马安权 | 三八队医师派代六九队队长 | |
| 12/11 | 聂超 | 七三队组长派代七三队队附 | |
| 12/13 | 詹日升 | 三四队队长调充七三队队长 | |
| 12/14 | 戴天恫 | 五一队医师兼充五四队第二分队指导 | 指导该分队技术事宜 |
| 12/14 | 初毓棣 | 五一队医师兼充五六队第二分队指导 | 指导该分队技术事宜 |
| 12/16 | 康骏声 | 辞四十队队长职 | 照准 |
| 12/17 | 文士械 | 三三队医师兼充七五队队长 | |
| 12/17 | 潘瑞 | 二四队医护员调升七五队队附 | |
| 12/18 | 屠开元 | 三队队长派赴桂林卫训班教授外科 | 为期十日仍行归队 |
| 12/20 | 范士良 | 六队医护升充六七队队长 | |
| 12/20 | 吕福临 | 六七队队长调充六七队副队长 | |

各队动态

| 月/日 | 队别 | 现驻地点 | 开赴地点 | 工作处所 | 备注 |
|---|---|---|---|---|---|
| 12/12 | 七五 | 桂林 | 祁阳 | | 今日到祁 |

（续表）

| 月/日 | 队别 | 现驻地点 | 开赴地点 | 工作处所 | 备注 |
|---|---|---|---|---|---|
| 12/12 | 七六 | 桂林 | 祁阳 | | 今日到祁将派赴零陵 |
| 12/14 | 三二 | 祁阳 | 邵阳 | 五十一后方医院 | |
| 12/15 | 六七 | 兴安 | 祁阳 | | 今日到祁将开赴江西 |
| 12/17 | 三六 | 泸溪 | 祁阳 | | 今日到祁 |
| 12/17 | 六 | 衡阳 | 祁阳 | | 今日到祁将派赴榴江 |
| 12/19 | 六五 | 祁阳 | 湘潭 | 九十六兵站医院 | |
| 附注 | （一）查原驻桂林之第四十队及原驻泸溪之第七十队本旬均经改编<br>（二）又现驻巴东之第十九队本旬已加入巴东第十五后方医院工作 | | | | |

**汽车船舶动态**

| 项目 | 月/日 | 号数 | 原驻地点 | 开赴地点 | 原因 | 备注 |
|---|---|---|---|---|---|---|
| 汽车 | 12/11 | 67 | 宝庆 | 祁阳 | 第五汽车队调用 | |
| 同上 | 11 | 54　56 | 祁阳 | 桂林 | 运第三十八医疗队 | |
| 同上 | 11 | 59 | 同上 | 马平 | 尹大队长公务用 | |
| 同上 | 11 | 61 | 同上 | 吉安 | 汤大队长公务用 | |
| 同上 | 12 | 45 | 曲江 | 祁阳 | 运机油 | 八日往运 |
| 同上 | 13 | 93 | 桃源 | 同上 | 彭副总干事公务用 | |

（续表）

| 项目 | 月 日 | 号数 | 原驻地点 | 开赴地点 | 原因 | 备注 |
|---|---|---|---|---|---|---|
| 同上 | 13 | 204 211 212 214 | 吉安 | 同上 | 装载汽车另［零］件 | 214原系沪总会交通股所有，兹已拨归运输股应用 |
| 同上 | 13 | 68 | 祁阳 | 衡阳 | 运汽油 | |
| 同上 | 13 | 43 | 同上 | 零陵 | 运第四队X光及发电机 | |
| 同上 | 13 | 45 85 | 同上 | 衡阳 | 往运机油 | |
| 同上 | 14 | 05 | 桂林 | 祁阳 | 徐视察公务用 | |
| 同上 | 14 | 06 | 衡阳 | 同上 | 马干事公务用 | |
| 同上 | 14 | 45 85 | 同上 | 同上 | 运机油 | 十三日往运 |
| 同上 | 14 | 67 | 祁阳 | 宝庆 | 送廿三医疗队 | |
| 同上 | 14 | 58 | 同上 | 桂林 | 运救委会总务股文件 | |
| 同上 | 14 | 93 | 同上 | 桃源 | 运汽油 | |
| 同上 | 14 | 43 | 零陵 | 祁阳 | 昨运X光前去公毕返祁 | |
| 同上 | 15 | 71 | 长沙 | 祁阳 | 载第七十一医疗队 | |
| 同上 | 16 | 58 | 桂林 | 同上 | 归第十一汽车队 | 十四日运救委会总务股文件前去，今日回祁 |
| 同上 | 17 | 06 | 祁阳 | 衡阳 | 救委会衡阳办事处公务用 | |
| 同上 | 12 17 | 31 32 33 34 79 93 | 桃源 | 沅陵 | 第一汽车队移驻 | |
| 同上 | 17 | 73 | 宝庆 | 宝庆 | 经由衡阳载第六医疗队及行李 | |

（续表）

| 项目 | 月/日 | 号数 | 原驻地点 | 开赴地点 | 原因 | 备注 |
|---|---|---|---|---|---|---|
| 同上 | 17 | 21 | 襄阳 | 同上 | 十日派杨济时医师前往诊治卢致德病，本日回祁。 | |
| 同上 | 18 | 75 | 长沙 | 同上 | 载第三十六医疗队 | |
| 同上 | 18 | 54 | 桂林 | 同上 | 运旧汽车胎七只 | 水箱漏须修理 |
| 同上 | 19 | 06 | 衡阳 | 同上 | 秦医生公务用 | |
| 同上 | 19 | 05 | 祁阳 | 桂林 | 第三医疗队屠队长公务用 | |
| 汽车 | 19 | 69 | 祁阳 | 全州 | 往修五一号车 | |
| 同上 | 19 | 73 75 | 同上 | 衡阳 | 归第五汽车队 | |
| 同上 | 19 | 44 | 同上 | 零陵 | 会计课公务用 | 当日回祁 |
| 同上 | 20 | 77 | 全州 | 祁阳 | 经由零陵装药品三大箱 | |
| 同上 | 20 | 51 | 桂林 | 同上 | 左前钢板断来祁修理 | |
| 同上 | 20 | 69 | 全州 | 同上 | 昨往修五一号车者本日回祁 | 克拉子松须调整 |
| 同上 | 20 | 60 | 襄阳 | 沅陵 | 十日往视卢致德病，任务完毕开往沅陵。 | |
| 同上 | 20 | 02 | 龙州 | 祁阳 | 林总干事七日前往，公毕回祁 | |
| 同上 | 20 | 06 | 祁阳 | 衡阳 | 阮中队长公务车 | |
| 同上 | 20 | 71 | 同上 | 潇北坪 | 运制服及棉花 | 当日回祁 |
| 船舶 | 11 | 13 | 衡阳 | 祁阳 | 装运材料 | |

**本旬重行调整汽车队负责人员及所辖车辆驻在地表**

| 汽车队 | 负责人 | 所辖车辆 | 驻在地 | 备注 |
|---|---|---|---|---|
| 第一队 | 丁振歧 | | 郑家驿 | 车辆待派 |
| 第二队 | 王富兰 | 28 29 30 | 祁阳 | |
| 第三队 | 宋镜瀛 | 31 32 33 34 93 | 泸溪 | |
| 第四队 | 李智汉 | 47 48 49 50 57 58 | 桂林 | |
| 第五队 | 张世恩 | 51 52 53 54 55 56 | 桂林 | |
| 第六队 | 董福林 | 63 64 65 66 86 | 西安 | |
| 第七队 | 马廷声 | 67 68 71 72 73 75 207 208 | 衡阳 长沙 宝庆 | |
| 第八队 | 郭毓荣 | 81 82 83 88 89 | 马平 | |
| 第九队 | 刘鞠如 | | 祁阳 | 车辆待派 |
| 第十队 | 朱沅浦 | | 祁阳 | 车辆待派 |
| 第十一队 | 何道藩 | | 黄沙河 | 车辆待派 |
| 第十二队 | 吴祖德 | 45 46 76 78 85 96 | 祁阳 | |
| 第十三队 | 刘壞 | 21 43 44 59 60 69 77 79 | 祁阳 | |
| 第十四队 | 张式垓 | | 祁阳 | 车辆待派 |
| 说明 | 截至本旬止，所有汽车共为七十辆，除小车02、03、05、06、07、08、10、61、62等九部向不编队，又卡车42、211、212、214等四辆及苏门答腊占碑华侨新捐到之13号一部计五部在待编中，外又第二队原应辖五辆，除表列三部外尚有新编26、27（即沪旧号202、203）两车，向驻吉安查为乐副主任带去案经专呈有案，故表内仅列五十四部。 | | | |

**本旬运输工具最后分布地点统计表**

| 驻在地 | 汽车号数 | 总数 | 船舶号数 | 总数 | 骡马 | 备注 |
|---|---|---|---|---|---|---|
| 重庆 | 08 | 壹 | | | | |
| 西安 | 63 64 65 66 86 | 五 | | | 二十 | |
| 吉安 | 61 26 27 201 | 四 | | | | |

（续表）

| 驻在地 | 汽车号数 | 总数 | 船舶号数 | 总数 | 骡马 | 备注 |
|---|---|---|---|---|---|---|
| 宜昌 | | | 1 2 永和 元利 | 四 | | 永和元利系两小火轮并未编号 |
| 桂林 | 05 56 81 89 | 四 | | | | |
| 马平 | 59 83 | 二 | | | | |
| 贵阳 | 82 | 一 | | | | |
| 独山 | 88 | 一 | | | | |
| 衡阳 | 06 86 73 75 | 四 | 27 | 一 | | |
| 沅陵 | 31 32 33 34 60 79 93 | 七 | | | | |
| 宝庆 | 67 207 208 | 三 | | | | |
| 零陵 | | | 3 4 6 11 12 13 14 33 | 八 | | |
| 祁阳 | 02 03 10 13 21 62 43 44 45 46 76 96 55 71 58 29 30 69 77 78 07 42 51 52 53 54 47 48 49 50 57 72 85 204 209 211 212 214 | 三八 | 5 7 8 9 10 16 19 20 21 23 24 25 26 28 29 30 31 32 34 35 41 42 43 | 二三 | | 本站汽车有十八辆在修理中 |
| 合计 | | 七零 | | 三六 | 二十 | |
| 说明 | （一）17 18 22 三民船因船身较笨不宜上驶，业于十二月六日解雇矣。<br>（二）骡马队计有骡二十头，并无编号。 | | | | | |

原载于《中国红十字会月刊》1939 年第 44 期

# 中华民国红十字会总会总办事处工作简报

二十八年四月一日至五月廿二日止

## 甲　会务概况

一、总办事处四月一日成立，内分秘书处、干事部二组，前驻香港办事处归并干事部，迁九龙柯士甸道一百一十一号办公。

二、暂行刊用“中华民国红十字会总会办事处图记”呈报内政部卫生署备案。

三、穆监事藕初因公务繁剧辞视察各地救护工作任务。

四、编制自战事以来收支总报告。

五、巴黎万国红十字会联盟会开执行委员会，本会推聘徐传保先生代表出席。

六、加聘徐展文、周今觉为邮票研究专门委员。

七、徐理事采丞于四月十三日护送本会关防来港。

八、订定本会组织系统表（另附表）及行文程序。

九、筹备发行画报向海外宣传。

十、设立重庆分办事处，聘唐承宗为主任。

十一、昆明改称分办事处，派高仁偶暂兼主任。

十二、林常务理事康侯、朱常务理事恒璧五日上午到港，林常务理事即日到会处理会务。

十三、朱常务理事恒璧、庞秘书长京周六日晨乘机飞河内，将经同登入桂分赴各地视察救护工作。

十四、请政府发行邮票事，专门委员徐展文、陆京士到港与叶主席委员誉虎交换意见。

十五、本会总办事处图记前请内政部卫生署备案，已奉渝总字第二二三五号指令准予备案。

十六、总预算审查通过。

十七、救护总队部夏季制服预算三万九千四百元（内各员薪金中扣除一千八百元），实计三万七千六百元，已交购料委员会审查并已电饬在内地就近办理。

十八、本会重庆分办事处呈报筹设成立，已于五月四日开始办公。

十九、渝市迭遭轰炸，伤亡惨重，迭据分办事处主任唐承宗电报，当经本会急电贵阳救护总队部连派人员、车辆、药物兼程赶往救急。据电已由林总干事可胜分派前往工作，再由本会电请朱常务理事恒璧前往督率指导，庞秘书长前往主持，并令救护总队部嗣后派救护、医疗各一队救护车五辆驻渝协同分办事处为该地及其附近工作之准备。

二十、朱常务理事恒璧、庞秘书长京周电告十三日已由海防抵滇，十六日到筑，十九日可赴渝。

廿一、林常务理事康侯十三日返沪。

廿二、杜副会长特为本会经募沙市纱厂，捐款国币一万元。

廿三、香港中国妇女会捐赠本会救护车一辆，于本月十五日举行赠车典礼。王会长、杜副会长、王常务理事晓籁、刘理事月如均在参加，由王会长代表接受。

## 乙　案件摘要

一、呈内政部卫生署关于前内政部暂准备案之本会理监事组织规程及办事规则延长施行时效。

二、呈内政部卫生署，催请迅将本会前送之总会章程草案转呈核准。

三、函财政部请将本会经收转解之款一概划归振委会项下以符慈善捐名称。

四、汇编本会总预算，包括上海、香港、昆明、重庆、贵阳本会各机构全部预算，以资统一总会预算数字，业经第七次常会通过。

五、前期救护委员会收支决算书准展期至本年六月底呈报。

六、本会前经议决请政府准予印行红十字会邮票一案，因交通部已令邮局发行救济难民邮票，业经商定由交部统筹办理。除正式去函接洽外，并派庞秘书长赴渝面谒孔院长、张部长，请示共策进行。

七、临时救护委员会救护总队部总干事林可胜具呈，建议该队部机构名称、主持人名义等一案经决定（1）定名为“中华民国红十字会总会救护总队”，英文名称“Chinese Red Crossmedical Relief corps”，并预发“中华民国红十字会总会救护总队部图记”及中英文合刊、橡皮章各一枚；（2）令该总干事暂兼救护总队长，在临时救护委员会监督指导之下主持救护总队部事宜。英文名称为“Director general of medical Relief commission”，兼总队长为“Field Director of Medical Relief Corps of National Red Cross Society of China”。已令饬知照救护总队部呈请添造房屋设备、拟具预算请核准一案，姑准在续拨预备费一万五千元内开支。

九、广西省政府请拨助治疗器具材料一案，据救护总队部呈报酌拨一批候车待运，已函达桂省府查照，并告知本会医疗队等分布贵省服务地点。

十、拨助第九战区奎宁二十五万颗一案已由干事部办理，交广东省政府驻港办事处制据领转。

十一、财政部电告，嗣后本会需用外汇仍先呈由财政部核准后，通知中国银行在本会所收捐款外币数额内，按照当日以市价折付国币数目收回国币核给外汇，直至本会并无外币存额时再照法价售给外汇。

十二、振济难民邮票图样已由本会选定一种函送交通部甄采。

十三、函促上海市新医药业联合会所组之沪联甲队即日就道前往昆明候救护总队部编制出发重庆工作，并告以如因路费开支影响原拟经费，则本会将来自可接续维持。

十四、振济委员会请拨助奎宁，已电贵阳救护总队部就近拨助二十五万颗交该会难民战主任运渝。

十五、薛伯陵司令电请各界捐赠裹伤包，本会复函先行捐赠十万个，赶制后即行运湘。

十六、重庆办事处请拨救伤包一案，已电令救护总队部速拨一万个。

十七、世界红卍字会中华东南联合总办事处转请施赈皖省灾区一案，已转函振济委员会请予统筹办理。

十八、奉卫生署令知奉令以后中央驻越机关不得迳向滇越路局索车等因，已分令昆明分办事处暨驻海防专员遵照办理。

十九、急需 Cholera Vassine 防疫苗已电美国医学援华会办妥四百万枝交运。

二十、荷属华侨捐款自将汇款迳寄中国银行后，须待该行月底汇报始发收据，不免迁延时日，致劳捐款人之盼望，殊深遗憾。业经函请中行收到汇款，随即通知本会制发收据以期迅捷而慰侨望。

廿一、红卍字会香港办事处暨广东省保安第七团团本部均请本会拨助药品，已分别就本会现存所有酌拨一批。

原载于《中国红十字会月刊》1939 年第 48 期

# 中国红十字会工作报告

自战端肇始，本会对前后方救护工作事宜至为努力，关于过去工作概况，业经秘书处制成报告书，提呈理监事大会，兹择要发表如次。

**临事［时］办事处过去工作概要之报告**

一、南京办事处——二十六年十月一日由庞秘书长率领职员五人由沪赴京成立南京办事处。

（甲）分设南京医院：应当时环境需要，设立南京医院一所，旋又在和平门增设和平分院一所，及下关伤兵接应所一处，前后收容治疗负伤官兵三千人。

（乙）京湘公路运输处之成立：当时在京各机关已奉令准备后移，故将由沪驶来之汽车及燃料交由胡会林君，并为便于联络起见，经会同卫生署所有车辆及燃料合组而成负责管理京湘线运输事宜。

（丙）结束：因战事影响，同年十一月十七日奉令各机构结束，除将一部份人员遣散外，所余正式医务人员二百余人，当由伊定格医师及冯子明秘书分批率领撤至汉口，各项医药材料则派定专员负责押运到汉。

二、驻汉办事处——廿六年十一月十七日离开南京，同月廿一日到汉口，即将前首都办事处机构呈准，改称为驻汉办事处。

（甲）前首都医院医护人员之改编——将由南京退汉之医护人员二百余人暂编为武汉救护队，计六队，派驻就地伤兵医院辅助工作。

（乙）联合材料库之成立——即以由京运到汉之全部药械材料，并会同卫生署所有药品材料等合组而成，由陈璞主任管理之。

（丙）救护委员会之成立——为集中及实施救护工作起见，救护委员会因此奉命成立，管辖医务方面一切事项，其各项事务因初创人员不多，统由调度，各职员协同办理。

（丁）武汉救护队之改编——因各处退集武汉之医务人员甚多，遂扩大范围，将武汉救护队及各地教会医院医务人员分别改编为医疗队、医护队，分派各地军医院兵站医院后方医院工作。

（戊）从略。

（己）总会在各地所设重伤医院之结束与改编——总会在各地所设

立之重伤医院，如驻松江、昆山、苏州、杭州各院，及中央救护事业总管理处所设立之中央、西北、齐鲁、驻无锡各救护队等，均陆续来汉办理结束及改编入救护委员会医疗队工作，约计当时先后成立各队已有三十余队之谱。（另详救委会报告）

（庚）上海救护队队员之遣散——因战时变迁，辗转退至武汉，情形困难，乃奉林常务理事命分别给资遣散。

（辛）接收中央救护事业总管理处——因本会已有救护委员会成立，专办后方一切救护事宜，该处事实上已无存在之必要，故奉命结束，并将未了各事及余款四万余元一并移交本处接收办理。（另详会计报告）

（壬）经收捐款——计苏联红新月会三十余万元，大公报经募十余万元，沪海关、江汉关、潮海关等三万余元，以及另［零］星各界捐款总计约五十万元左右。

（癸）暑期药品分送——收到各界捐助大批暑药经分发各军团及在汉各难民收容所等十滴水五万余瓶，万金油八卦丹各数千包。

（子）医药用品补助——战区各分会及其他机关先后向本处请领救护医药用品约五十余处，均分别需要多寡酌拨之。

（丑）慰劳品之转发——香港理事室交下慰劳品一批，经分配后即转发各地本会各队工作人员。

（寅）出席武汉各界征募前方医药委员会，及全国征募寒衣运动委员会会议——先后应各该委员会之邀，请即派员出席与议，并担任一部份征募工作。

（卯）结束——因战事影响，奉令后移，于廿七年十月一日撤至长沙广雅中学内办公（救护委员会因求便利指挥救护工作起见，先于五月间迁往）。

三、临时办事处——廿七年十月一日奉命由汉口迁至长沙，即以前驻汉办事处，原机构呈准更称为临时办事处，旋于十一月十二日会同救护委员会干部迁至祁阳椒山坪办公。

（甲）编造救护事业工作旬报——迁祁未久，即奉命编造救护事业工作旬报，经遵于十二月上旬起按旬造报正副会长、各常务理监事及秘书长备核。

（乙）分设昆明机构——为适应事实上需要起见，奉命前往昆明等组织机构，业由冯子明秘书偕同办事员范乃桢在滇着手筹备，各项措施尚待理事会核示遵行。

## 香港理事室兼办事处之工作报告

（甲）捐募物品件数及转运工作：

（一）收到物品数——香港办事处自奉命成立起，至廿七年十二月底止，计收到物品件数按月列于后：廿六年十月份收入二三六件，十一月份收入一零九九件，十二月份收入五三九件；廿七年一月份收入一二八四件，二月份收入四九二件，三月份收入九四五件，四月份收入七五三件，五月份收入一一七八件，六月份收入一零一二件，七月份收入二九四件，八月份收入四二四件，九月份收入一二二件，十月份收入二零零一件，十一月份收入二四一件，十二月份收入一四六四件，合共收入物品一二零八四件，又救护车合共七六辆。

（二）转运情形——查港处自廿六年十月份开办至廿七年十二月止，合共收入各界捐赠救护品计共一万二千零八十四件，另救护车七十六辆，运出件数约一万一千余件，路线由轮运上海转南京，南京陷落后则从九龙铁路直达汉口，或由轮船运至广州，以货车从公路运往韶关而达汉口，或由轮运至广西梧州转柳州，或用救护车专运，由九龙公路直达汉口。后至粤汉相继失陷，运输路线亦随而改变，其手续比之前则繁难多矣。至于运输费由开办至廿七年夏间，承妇女慰劳会代由九龙铁路直接运至汉口者，承西南运输公司准予免费由省港轮船公司运往广州者，亦承该公司准予免费，因而自本处开办以后十月间，所省运费不下三万余元。现在运输虽属如常，但瞬息变迁诚难预测，或将来改由别路转运，亦未可料也。查海关免税手续初时由卫生署刘署长向财政部关务署要求委伍长耀以卫生署技正名义，代表驻港签署海关免税手续，已蒙总税务司准予通饬九龙关照办在案，并由卫生署给予免税护照，因而所有运出救护品经九龙关者概行免税合并陈明。

（乙）参加或协助其他团体等救护救济工作：

（一）捐款救济鼓浪屿难民区——厦门告陷，难民多麕集鼓浪屿，该埠因有难民区之设置，本会当委托万国红会代表高朗前往察勘，并议决购备药品卫生器具送往应用，计国币一万九千六百四十五元五角正。

（二）救济新界锦田难民——粤变后，本会捐助港币一千元，作为该区救济难民之用，并由本会港办事处特派干员车辆前往办理运送招待事宜。

（三）加入本港难民紧急救济会——广州沦陷后，本港各界为适应事变起见，曾有难民紧急救济会之组织，本会亦即加入予以协助并拨付款项物品。

（四）照料入界华兵——粤变后，我国入港之兵士，本会除予以招待外，并酌量赠送用具。

（五）拟设英华交界伤兵医院——粤战起后，即经派员与港当局接洽，拟在华英交界地带设立伤兵医院，一面并即日着手筹备，旋以粤局急转直下，事实已不需要，遂未果办。

（六）救济难童——除难民区经予捐款救济外，对于难童并特予分别资助及赠送物品多件。

（七）拨捐东华医院国币五千元——按本港东华医院实一办理慈善事业之机构，本会时有难民请求救济者转送该院，因特拨款如上数，俾委托其代办本港一切零星救济事业。

（八）派医护队前往协助十九路军——特就留港之缅甸救护队人员加以选组后，派赴十九路军协助医疗等工作，并赠与药品，以资应用。

（九）赠送张向华、顾墨三等军药品——本会药品除经运至内地交由救护委员会入库外，有时亦就港赠给各方，俾助医疗。

（十）智利地震之慰助——智利国地震惨重，本会除发电慰问外，并特捐助国币五千元。

（丙）宣传工作及国外对本会协助概况：

（一）本会鉴于对外宣传工作之重要，特请刘理事月如主持办理，业由香港办事处伍总干事奉命刊行英文宣传小册一种，第一批计一千册，并随时采择方法对各国内外各界宣传，以资普遍。最近又编辑一年鑑［鉴］，中西文并用，内容极为充实，前拟出一摄影画册，同时本会亦拍有救护工作小型影片，将来拟放大，俾可在国内外各埠戏院开映，以利宣传。

（二）查美国援华委员会之许堆医师对本会最具热心，近已特约该委员会为本会驻美全权代表，以便为本会推动捐务。最近美国方面拟捐车一百六十辆，即该委员会代表之力也。

（三）至侨胞方面，初时对本会极踊跃输将，旋以受荷政府之限制，顿形色减，当即委托吴云灿医师携片及一切证据前往爪哇，加以解释。一面并经派伍总干事就港交涉，结果荷当局已允将侨胞捐款经由我国在荷糖商黄宗孝转交本会。惟奉颜署长来函内开，荷政府仅允侨胞每月汇捐本会荷盾七万五千，则受其限制矣。

（四）及查近来侨胞对本会工作及需要渐多明瞭，故亦有捐米捐物前来，而声明为款项，华侨之有此声明，则深赖于宣传之效耳。

（丁）经收捐款及经转等情形：

（一）所有香港经收捐款，截至廿七年底止，计国币一·零一三·三九八·八零元，港币一·三零八·四零九·八六元（另详经济报告），其所经转者则有财政部、蒋夫人、中国战时儿童保育会、本会广州分会、上海慈联会等处。

（二）经收物品详已见上，大致欧美捐来者品居多数，侨胞之所捐者则以款项为多，而最近荷属方面侨胞捐款因受当地政府限制，改捐物品，如亚沙汉华侨筹赈会捐来一千包等，皆为受限制后变通办法。

（戊）与国外暨侨胞善团交际事项等：

（一）德国红十字会经于上年派医师三人来华协助我国救护工作，并承赠送药品三百箱，当即由庞秘书长陪同该医师至徐州、郑州、西安等地视察，三月十一日到港时，本会并加以招待。

（二）印度对我抗战表示同情，特派医师五人来华参加救护工作。抵港后当由本会会同中华医药会分会加以招待，同时并由本会救护委员会派员来港伴入内地编队工作。

（三）日内瓦万国红十字会委员会前曾派华大佐来华视察，并即派高朗医师为驻华代表，俾可就近将本会工作报告日内瓦，其费用则由本会负担。旋以该医师对于其所应付任务未能使本会满意，经决定函日内瓦自三月份起停止驻派在案。

（四）本会为巴黎万国红会联盟会会员之一，其所应纳会费美金一千元，经决议照缴，业由该会附同收据来函道谢在案。

（五）缅甸侨胞捐助本会药款颇多，并承派救护队来华，先在广州各地工作，现除一部份派往协助十九路军外，其余已入内地，由本会救护委员会编用。爪哇方面三侨胞前经组织救护队回国服务，送入内地，交由本会救护委员会编用，兹暂返埠休息，闻将续派云。

（六）自战以来，内地公路日辟，汽车司机人员顿有供不应求之感，苏门答腊华侨司机已自动归国服务者计二十人，均经转派内地驾驶救护车辆。

原载于《中国红十字会月刊》1939 年第 49 期

# 中华民国红十字会总会总办事处工作简报

（廿八年五月廿三日至六月十九日止）

## 甲　会务概况

一　王会长于五月二十六日因公离港赴英。

二　朱常务理事恒璧、庞秘书长京周电报五月廿六日抵达重庆渝分办事处，积极筹组，略具轮廓，已能酌量参加工作，正竭力推进。到渝之日，适遭空袭，在警报未解除前，本会第十五队即赶赴灾区工作，尚称得力，嗣赴成渝公路勘察地点，设计建造茅舍为安置医疗受伤者之用，拟于廿九日转筑入湘，预计六月十日返港。

三　第十二次常会议决推定王常务理事晓籁为购料委员会委员，并指定为该委员主席。刘理事月如、林总干事可胜、伍总干事长耀、毛专员和源为委员。

四　关于本会经收物品收据之统一调整，业经第十二次常会议决，由总办事处照前港办事处所印收据印制一种，嗣后收到物品仍由伍总干事经收后先制该项收据并拷背一份送秘书处，由秘书处制给正式收据，连同该收据呈阅后，备同谢函寄捐助人，同时由干事部拷背一份送林总干事。以后材料库收到该项物品，即照单开箱点验办法，由伍总干事与林总干事商议妥善办法呈核。

五　重庆分办事处为适应环境，拟组织流动治疗队，拟具计划、经费预算呈请核准。经十二次常会议决原则通过。医生、看护、药品、材料、车辆等商同林总干事向救护总队部调用，由该分办事处主任监督指挥以收指臂之效，经费可照工作需要呈请增加。

六　本会前经聘任徐可澄为驻海防专员，兹应事实需要，拟设立驻海防专员临时办事处，业经常会原则通过。其组织条例、办事细则推王常务理事晓籁审查后通过施行。

七　朱常务理事恒璧、庞秘书长京周视察救护工作公毕，于六月十五日返港，即日到会视事。

八　朱常务理事恒璧于六月十八日返沪。

九　救护总队部总干事林可胜呈报战事形势及各救护队移动情形，兼朱常务理事恒璧、庞秘书长京周到筑时讨论会务之纪录。

十　卫生署来电知照关于英国、那［挪］威西国合办之中国救济委员会供给外科医生一事，现英委员会已资送三医师（Dr. Kisch，Dr. Beckerand，Dr. Jensen）出发乘轮来港，又那［挪］威方面议派医师五十名来华，薪金有着即可起程。嗣准刘理事瑞恒函告以准本港卫生司司徒永觉夫人函称英国伦敦、那［挪］威中国救济委员会筹款供给外科医生四名，并携有医用仪器价值五百金磅费用，无须本会供给。现Dr. Norbert Klein已由英来华，本月廿六日前或可到港，而Dr. Kisch等三医生七月初或可抵埠云。本会已准备招待并请司徒永觉夫人参加。

十一　内政部卫生署令发本会暨各附属医院廿七年度查账报告书正本。

十二　内政部卫生署训令为检发立信会计师事务所，查核本会暨附属机关廿六年度第三期账目报告书正本。

### 乙　案件摘要

一　新会县分会因县城失陷，经费无着，工作停顿，呈请在阳江县城设立办事处并请拨助经费案，已饬令详报经过，拟具今后工作计划暨经费预算呈核再行饬遵。

二　昆明分办事处呈以准昆明县空袭紧急联合办事处请求，本会补助空袭救伤用品请核示案已由救护委员会训令救护总队部转饬材料库照附送清单予以照拨，并饬运输股连运入滇交昆明分办事处转拨。

三　某军函请拨助大量奎宁丸及其他卫生药品材料案，拟拨助奎宁丸五十万颗，其他卫生药品材料酌拨。

原载于《中国红十字会月刊》1939年第49期

## 中华民国红十字会总会总办事处工作简报

（自六月廿日起至七月三十一日止）

### 甲　会务概况

一、王会长因公赴英，已于六月廿六日返港，翌日到会视事。

二、颁发本会驻海防专员临时办事处组织条例，并在该处预算未核定前先拨港币二千元折合越币以备支用，实报实销。

三、驻重庆分办事处呈报办理渝市防空壕洞清洁事宜经过。

四、驻昆明分办事处呈报办理检查昆市防空壕洞清洁情形。

五、准重庆分办事处试办组织流动治疗队两队，归唐主任承宗指挥，人员、车辆向救护总队部调用，队员食宿等费令拟具必要之预算候核，在未核准前准予实报实销。

六、上海市新医药业联合会捐助本会沪联甲队医疗队一队，一行十四人已过港入滇，俟救护总队部接编后遣往重庆，加入重庆分办事处组织之流动治疗队。

七、Foreign anxiling to the National Red Cross Society of China 经本会议决定名为“中华民国红十字会外侨协会”，简称为“外侨协会”，由本会颁发许可状并委派代表参加该会。

八、林总干事可胜呈报前方情形无更动，附呈医务股工作，统计各队部移动情形，并请向外募捐各项药物。

九、救护事业会计课呈送驻外会计审计人员工作大纲及组织系统表草案准予备案。

十、核准救护事业会计课呈送，修正本会内地职员请求代付香港、上海各家属生活费暂行办法。

十一、三宝垅广肇会馆捐款国币三千二百六十五元，转送振济委员会，指定振济广东难民。

十二、聘请凌宪扬、张纳川、顾丽江先生为本会购料委员会顾问。

十三、巴黎红十字会联盟会本会代表徐传保先生即将返国，代表一席已由本会函请郭秉文先生担任，俟复函同意后再函联盟会查照。

十四、六日下午，本会以茶会招待伦敦振华会派送来华服务本会之三医师，并邀本港有关各方人员参加。

十五、驻重庆分办事处暨驻昆明分办事处请支预备金以应临时急时需急，经第十七次常会议决，准拨重庆分办事处国币三千元，昆明分办事处国币一千五百元，实报实销。

十六、前拟颁发各部队得力人员奖章现已制就，即拟定颁给奖章条例交救护总队部发交各大队部遵照办理再行呈报。

十七、驻昆明分办事处高主任仁偶电告沪联甲队已于五日抵昆，十日赴筑。

十八、拟定中华民国红十字会总会外侨协会许可状文字。

十九、颁发本会救护总队部兼总队长林可胜衔章。

廿、拨助昆明市县空袭紧急联合办事处药品案，据救护总队部暨昆明分办事处呈报已拨发。

廿一、救护总队部呈送社会服务工作暂行计划请予备案，已令准试办。

廿二、上海市新医药业联合会组织捐助本会之沪联乙队医疗队来电请示行止，已复电可赴昆明待编，再候指派地点服务。

廿三、庞秘书长撰就本会两年来之工作事业报告并附收支、财产、器物等表，除已在香港星岛日报发表外，已另行付印，印就当再分送。

廿四、救护总队部先后呈报六月中下旬及七月上旬各队组工作概况并送呈今后推进各队工作计划、各中队分配计划表暨防疫计划等件，已请刘副会长、王常务理事先行审查。又报沪联甲队已抵筑，现着该队人员留筑训练二、三星期，俾明瞭战时医务工作方针及总队部组织情形再行派往重庆工作。

廿五、会同振济委员会办理救济过港难民回籍事，准振济委员会林秘书啸谷函复，已陈明许代委员长，杜、王常务委员，准拨国币二千元（本会亦拨二千元），并经拟定救济办法派员会同办理，兹已开始办理。

廿六、本会现行各机构职称中西文对照表已大部制就，业经第十九次常会核定，其余随时补充提请审核。

廿七、拟订本处会计股办事简则草案，业经本会第十九次常会核定施行。

廿八、驻重庆分办事处以应事实需要，拟在渝市近郊先行设立五十床位之时疫医院一所，电请准办前来，业经第二十次常会议决准予设立，迅将计划预算等详报候核。

廿九、林总干事电呈日机十五日空袭柳州，第四十三队队员古少真不幸罹难，队员吴淑容、万月欢、苏洁芳三人重伤，当即去电令饬妥为办理，古队员善后并慰问受伤各队员。据复古队员善后已妥为办理，三队员伤势已脱离险境，易地慎为医治中。

卅、驻昆明分办事处呈送办理昆明市防空壕总检查纪录表。

卅一、上海市新医药业联合会组织之沪联乙队医疗队前经来电请示行止，当复以可先赴昆明待贵阳救护总队部接编后再行指定服务地点去后，兹准该会朱主席仰高来函，全队人数已遵照规定补充，嘱在港代领护照即可成行。

卅二、内政部卫生署训令以奉令转对于官吏兼职兼薪办法切实执行，并随时检查予以纠正。

卅三、内政部卫生署令发立信会计师事务所，查核本会暨各附属医院二十八年度第一期账目报告书，已转寄上海总会。

卅四、新亚制药公司为本会征募暑药十万单位，据告已得上海新药业公会等复电，可以募集，但须酌贴包装及运费，且有数种药尚要求酌价血本。

卅五、购料委员会请明令本会内地各处属购料亦应按照购委会章则办理，业经第十九次常会议决，内地各处购料应由林委员可胜代表购委会负责办理，但须随时将购办经过及物品价目等通知购委会，以便汇核。

卅六、本处自本年四月一日成立起至七月三十一日止，统计收支共八百六十三件，发文七百四十七件。

## 乙　案件摘要

一、重庆市分会救护委员会请求补助该分会医院迁移建筑费案，令饬重庆分办事处唐主任调查具报再核。

二、西京分会请拨助药品、款项及汽车案，再拨分会标准药品一组，其他饬令拟具工作计划后再核。

三、昆明分办事处转呈昆明市分会呈请拨助车辆、显微镜等一案，除已拨一车外，准续拨二辆，会同昆明分办事处支配应用显微镜等，俟该分会医院整个办法决定后核拨。

四、广东省政府来电以据本会广州分会总干事张宗象呈请仿效本总会函聘理监事并请示各点转请本会核明见复案，经第十六次常会议决以省政府函聘本会分会理监事章程无此规定，惟为推动该分会战时服务事功起见，由本会函聘之所请指示各点分别核议并复广东省政府。

五、救护总队部林总干事可胜电请准发服务人员蚊帐各一顶以避恶疟案，准给发服务人员蚊帐各一顶，即着林总干事办理，依每人约十元之数，按各员需要酌发给。所费候实报本会，列入设备项下核销。

六、救护总队部呈请关于总队部服务人员因公死亡殓葬运柩费用请明文规定统一支付标准数目案，经临时救护委员会第五次会议议决，既给恤金，不得再支殓葬运柩费用。

七、由内政卫生署令，饬将二十七年七月一日至本年六月底止经收海外侨胞捐款，无论已解未解，依限列表送财政部汇编第二期征信录案，已函上海总会暨分令救护事业会计课昆渝两分办事处分别函呈以便汇报。

八、振济委员会函请拨助广东省第一区行政专员方鼎华药物案已致赠。

九、委员长桂林行营白主任健生兼李司令长德鄰、黄主席旭初先后函请拨助药品以济贵省军民一案，经配就奎宁丸五十万颗、其他药物一批致送白主任，令备奎宁丸二十万颗致送广西绥靖公署，已函知香港广西银行张经理兆棠派员来会领取转运。

十、宋子文先生函请拨助第九战区薛司令长官伯陵奎宁丸，经议决拨赠一百万颗分批致送。

十一、林总干事可胜电呈以准军委会后勤部卫生处卢处长电嘱补助六零六十万支，以治豫鄂陕等省各伤兵医院兼前方部队之患回归热症者，请设法购置与征募案，经议决准由本会购办 Neosarvas 三万支，余向各界征募。

十二、纽约全体华侨救国筹饷总会拟献呈救护车百辆一案，经本会去电嘉勉并详示购车献呈办法，促其早日实现。兹准该会函复，已将车款美金八万元汇寄财部代购。本会以需要车辆补充甚切，已函财部兼孔院长即请于该百辆车中拨予本会五十辆为救护工作之用。

十三、军委会华北战地督导民众服务团雷鸣远团长请求协助中条山军民治疗工作一案，已由临时救护委员训令救护总队部于第一大队部第一大队长万福恩、副大队长墨树屏正分驻西安沁县，可就近接洽办理外，斟酌办理，多予助力。

十四、滇省市当局为云鸣远神父征募药品案，已据昆明分办事处高主任代电呈报需要药品，经第十九次常会议决准拨九一四三千支奎宁丸二万五千粒，并酌配绷带材料、痢疾药品等件。

十五、刘峙司令、贺国光市长、黄伯度秘书长来电，以渝市迭经轰炸，本会渝分办事处车辆不敷支配，请加拨赴渝以宏救济一案，当经本会第十九次常会议决，加拨五辆，电饬救护总队部速派开渝。并准振济委员会电请将此项加拨车辆随时与渝市防空联合办事处接洽支配以为救济之用，已电唐主任遵照办理。

十六、重庆市分会救护委员会请补助医院迁移建筑费一案，已据重庆分办事处唐主任呈报调查情形。兹经第二十次常会议决，惟拨助国币二千元发交唐主任转发具领。

十七、拨助第九战区薛司令长官伯陵奎宁丸一百万颗已交其驻港办事处领取转运。

十八、拨助委员长桂林行营白主任健生奎宁丸五十万颗及其他药品一批暨拨助广西绥靖公署奎宁丸二十万颗，均已由香港广西银行张兆棠经理领取转运。

十九、救护总队部呈报上海市商会社会童子军团派驻本部服务童子军徐正祥同志在桂林患病逝世、援照团员苍成全在贵阳因公殒命成案从优抚卹已予照准。

原载于《中国红十字会月刊》1939年第50期

# 中华民国红十字会总会驻重庆分办事处工作概况

（二十八年六月二十一日至七月三十一日）

一、空袭急救工作

六月二十一日以后，重庆防空力量增强，无论积极的或消极的防护工作，都经过当局的一番调整，事权统一，不但对了防空有了改善，就是对于疏散市区居民，建筑郊外新村，也都有了相当的进步。在市政方面看起来，已经将整个的重庆扩大，化为若干小重庆，在防空的观点上，因此减少被轰炸的损失，避免无谓的牺牲。七月五日、六日、二十四日、三十一日日机四次夜袭，投弹的结果，我们物质的损害是异常轻微，平民的死伤更寥寥无几。虽然本处对于空袭急救工作仍一如往昔，每次警报发出后，即命第八汽车队长何明九将留渝救护车五辆驶往市郊各要道候命出动，并令第十五医疗队及临时救护队两队队员携带急救包及担架随车出发，遇日机投弹后，立驰出事地点，从事救护及运送工作。计七月五日救护轻伤五人，重伤六人，送市民医院治疗。是晚队员冒险工作，有三人被弹片擦伤，幸均无恙。七月二十四日救护轻伤四人，重伤十一人，送第一、第三重伤医院治疗。

二、发给第一批暑药

战时的重庆，今年天气似乎特别炎热，七月初寒暑表上室内已达华氏九十八度，一般人民需要暑药异常迫切，总会第一批运到痧药水八千瓶，万金油五百盒，头痛粉二千四百包，八卦丹一千包，未及一月即已全数发完，而陆续来会索取者，尚户限为穿。查发给第一批暑药时，前来请领者除赈济委员会等机关团体外，尚有卫生署防疫大队部、卫生署驻渝办事处、市民医院、空袭救济联合办事处、医务委员会防疫股，亦均向本会索取，足见市上暑药价昂且乏原料纯洁之货品。故本处对于第一批暑药之发给，诚感杯水车薪，尤以未能顾及公共场所，普及一般平民，不无遗憾。曾拟具发给暑药办法呈请总会迅发大批暑药运渝，以便转发各公共场所及一般平民之用。

本处前奉朱常务理事、庞秘书长面谕，嘱在近郊勘地搭建茅屋布置重伤医院一节，曾勘定沿成渝公路距重庆约五公里之李子坝地方，向业主商妥租地一百方作为院址，嗣因租价年索一千二百元，且须先交押金四千元超出预算，经本处派员向市政府调查该地段最近标准租价，亦嫌过昂，乃转托当地各界向业主婉商酌减，一再商量，业主始允各减半数。正接洽间，复闻化龙桥复旦中学亦有空地，以本会钱常务监事系该校校长，故本处为节省地租计，曾函请钱新老转商该校，借用地皮，此事因函电往返需时，故迄今尚未定局。

四、筹设时疫医院

重庆自入夏以来，时疫流行，尤以霍乱痢疾最多，疟疾肠热病次之，死亡日有所闻，盖因五六两月多次轰炸之后，掩埋工作未能周密，难民过境众多，食水消毒不良有以致之。查重庆防疫医院现仅卫生署防疫大队部及重庆市卫生局各设一所，病床各五十张，何能应付目前猖獗之疫势。本处遵照卫生当局之意旨并以沪联甲队医师、护士即将到渝，在重伤医院未修建前，先办时疫性质医院一所，设病床五十张，院址决在郊外物色房屋，业已登报征求，待沪联甲到达即可成立。

五、清洁公共防空洞

本处受重庆空袭紧急救济联合办事处之委托，并遵照朱常务理事、庞秘书长之面谕，办理重庆市及南岸江北所有公共防空洞、避难壕及隧道之清洁与消毒，经于六月二十日开始工作，组织清洁队六队，担任清洁与消毒之公共防空壕洞达一百一十处。清洁队队员由重庆当局派人担任，伙食由本处津贴，每一清洁队设有指导员一人，由本处就近在重庆招考卫生工作人员六人，请卫生署王祖祥医师主持考试，录取宗宣、胡汉新、陈为然、刘宏大、易可、蒋晓云六人于七月一日到处工作，并经本处编为临时救护队。令派上海市社会童子军何明九兼队长，系每日上午担任各清洁队指导员，从事防空洞清洁与消毒外，午后则有时参加空袭急救工作。计自六月二十日起迄七月二十日止清洁每个防空洞各十次，平均每两个晴天清洁一次，总计清洁一千零三十一次，每次清洁时，注意排水，扫除秽物。每一防空洞每次约用石灰五斤，每月用臭药水一磅。除了公共防空洞以外，凡各机关各团体专用之防空洞，来函要求本处派队清洁者，本队亦派队前往扫除消毒，如振委会等各机关防空洞，均经本处派队前往工作。七月初重庆当局邀请各机关团体各派代表组织防空洞检查委员会，有苏联顾问二人参加，本处亦应邀派员会同检查，历时十余日工作始告完毕。检查结束，对于渝市公私防空洞工程卫生方面应设法改善各点，均已书面向当局建议。

六、流动治疗工作

七月初，重庆南岸海棠溪、龙门浩、弹子石等地难民收容所虽已分别结束，或疏散他县，但郊外各乡村，因疏散结果，人烟稠密，值此夏令，乡村饮水不良，环境不洁，蚊蝇肆虐，病者日多，本处前拟组织流动治疗队两队巡回派往四乡流动为人民治疗，颇为需要。曾呈准总会以沪联甲队医师、护士担任此项工作，现因组织时疫医院，沪联甲队将专任医院工作，似不能再行兼顾流动治疗。而贵阳救护总队部又不能增派医疗队来渝，不得已乃请求救护总队部将驻重庆之第十五医疗队加以调整充实，使名符其实。

原载于《中国红十字会月刊》1939年第50期

# 中华民国红十字会总会驻昆明办事处工作简报

高仁偶

（二十八年五、六、七月份）

开始办公：奉令派兼驻昆明分办事处主任经遵于四月二十八日由港抵昆明与冯秘书子明办理交代手续后即于五月一日开始办公。

奉令补助梧州分会经费等，奉令按月拨发梧州分会留医院补助费国币二百元等一案，遵经自五月份起由本处逐月照发并由本处函请贵阳救护总队部就近拨去“分会用标准包”一组。

防空宣传：省市当局为普及防空常识起见，于五月十三日发起“防空扩大宣传周”晓喻民众防空知识。本处被推为主席团之一，是日并率同分会救护队前往参加，第二、三日则分队出发市街担任宣传工作。

迁址办公：前暂借洗马河肴美巷昆明市分会为临时办事处，驻昆明分处办公处旋因驻昆明分办事处成立，事业扩充，房屋不敷应用，乃改赁文明街幸福巷六号，经呈准有案。

奉准照就空袭联办处常委：昆明市县当局鉴于重庆炸后惨况，积极推进空袭救济事宜，乃设立“昆明市县空袭紧急救济联合办事处”以为负责全市救济事业之总枢构，由防空司令官禄国藩任主任委员，市长裴存藩任副主任委员，本处主任被聘为常务委员，经呈准总会照就在案，每周常会一次，遵经按期逐次出席。

补助大理分会药品：大理县分会请求本处补助卫生药品案，经核拨“分会用标准包”一组并代设法向海关交涉免纳转口税后，交由该分会代表杨炳达君领去。

拨借昆明分会救护车：准昆明市分会请拨救护车二辆及显微镜一架案，由本处照案转呈核示去后，旋奉指令暂将拨交本处之第一六三号救护车先行拨给该分会应用；至显微镜一节，俟该分会医院整个计划实现时再核各［给］等因。经已照令转知该分会查照。

招待分会全体理监事：六月三日特邀请昆明市分会正副会长暨全体理监事举行谈话会并备茶点以资联欢，席间报告战后总会工作情形及讨论如何推进分会会务诸问题甚详。

商领护照优待办法：查昆明现已成为交通孔道，向外交部特派员办事处请领过境护照者日众，以是每多积压，久延时日，行旅苦之。本处有鉴及此，因亲访外交部驻云南特派员王占祺，商请此后对于本会工作人员如有紧急要公请领过境护照之时，应予以特别优待，随请随发，并承王特派员准为专案办理矣。

招待沪联甲队：奉令接候“沪联甲队”一案，该队抵海防时，本处即电询驻防徐可澄专员该队来昆行期，旋准电告江日离防，乃于七月五日下午五时由本处会同分会代表前往车站接候该队全体队员，由余正起队长率领，适时而到，即由本处领往分会下榻，并在车站摄有照相以留纪念。八日晚并由本处会同云南全省卫生实验处、昆明市医师公会卫生试验所、省立昆华医院、市立医院暨昆明市分会，假座分会客厅设宴欢迎。十日晨由救护总队部派来之第四十七号专车载送前往贵阳，本处同人皆往欢送。

检查防空壕：本处为鉴于黄霉夏季，市区各公共防空壕内积水积污有碍卫生，经提请空袭联办处设法整理，决议由本处负责办理。经先后召开谈话会三次，当于六月廿四、廿五两日会同当地各机关团体代表与分会救护队一百八十人分区检查，成绩尚能，表现颇得社会人士之好评。检查结果虽暂告清洁，惟是时过境迁，覆辙难免，经由本处制成总纪录表及同济大学战时服务团报告书送交空袭联办处核议以备常川检查，维持清洁原状。

空袭联办处转请药品：准昆明市县空袭紧急救济联合办事处来函请本会补助空袭救伤药品一案，经即照案转呈总会核发去后，旋奉指令照拨，兹该药一部份业由贵阳救护总队部便车运到。

协助昆明市分会工作：（一）招募第三救护大队学员——本会昆明市分会为应空袭需要起见并奉省当局令办救护队三大队，惟迄今仅办竣二大队，本处因督促该分会副会长兼救护队主任卢鸣章从速招募学员，筹组第三大队并将学员资格提高，兹经招募足额，于七月一日开学。（二）调整附属医院——查分会医院办理有年，维［唯］囿于环境积重难返，本处鉴于昆明市医院之缺乏，殊有亟谋改善之必要，当经商同分会当局先从调整人事着手，决议改聘沈种苓医师为院长（日本帝大毕业前昆明市医师公会主席），许端庆医师为副院长（国立同济大学毕业，云南医刊社编辑部部长）。（三）筹迁院址——又查分会目前之医院院址环境不甚相宜，非彻底迁地不足以收实效。兹经勘定本市华山东路前大法医院院址为该院新院址，并已商妥售价签订合同，一俟手续办清，装修完毕，当即可迁入新院。（四）筹设床位——空袭联办处指定该分会医院为空袭重伤第一医院，本处并协同该分会当局照案筹妥床位一百张以备应用。

赠送雷团长药品并请拨助医疗人员：军事委员会华北站［战］地督导民众服务团雷鸣远团长由晋南中条山辗转来滇，各界纷请演讲。据称前方医疗及药品缺乏情形颇为急迫，本省龙主席为发起征募医药运动，本处即将急救包一批尽数交由市政府转赠雷团长携赴前方应用。雷团长并商请本处酌派医疗队数队前往中条山协助救伤工作，当即呈请总会并分别代电救护总队部林总队长及驻西安第一大队部万大队长就近洽办。兹准第一大队部江代大队长代电“已与雷神父面洽，俟双方调查报部再办”等语，当即转函该团昆明办事处查照矣。

出席指导分会理监事联席会议：七月二十八日本会昆明市分会召开理监事全体联席会议商讨医院调整后每月经费预算及今后应如何推进各项事宜，经被邀出席指导。

考核分会：本处为求明瞭各分会最近工作形情起见，特制成分会工作概况表分送各该分会，填报到处以凭考核汇报总会。计发出者为滇黔粤桂四省所有分会。

招待福纳夫人：菲列滨红十字会副主任纳福夫人（Mrs. Frances E. Hobbs）亲来我国各地视察救济伤兵难民情形兼各地红十字会工作状况，于七月二十七日抵滇即来本处访问，当为招待一切并伴往昆明市分会及附属医院参观，又为介绍至各机关观光。三十日并邀同卫生署金副署长、本会汤理事、兼省立昆华医院缪院长伴赴温泉及西山等处游览。三十一日晨夫人首途返菲，经赴车站欢送摄影留念。

原载于《中国红十字会月刊》1939 年第 50 期

# 国际红十字会残废伤兵医院

据潘绍棠先生报告，这个医院曾经帮助了残废的伤兵，使那些无手无足者得走路。同时又教他们识字，解除文盲。又使他们认识上帝，因此有八十多人受洗进教。这所伤兵医院的经费是从国际红十字会所出的，受惠的伤兵有四百多名，潘先生是其中的一位服务者，他特为到我的公事房把这一点好消息报给我听，我因为赞成这种义举，所以特别的介绍给读者们。

据说这所医院，不久就要结束，但是各处四肢残缺的受伤者一定还很多，我们可以起而仿行。

原载于《明灯道声非常时期合刊》1939 年 6 月

# 广州河南红十字医院工作报告（民国廿八年一月至六月）：附表格

（民国廿八年一月至六月）

务义院长柯道

民国廿八年首六月本院主要工作为广州平民间医务救济，施行区域以河南城市及乡村为主。

以下为逐月统计，读者可于数字中得悉本院过去工作概况。

| | 一月 | 二月 | 三月 | 四月 | 五月 | 六月 | 总数 |
|---|---|---|---|---|---|---|---|
| 免费门诊 | 3，149 | 2，648 | 3，268 | 2，620 | 3，247 | 4，001 | 9，233 |
| 入院病人 | 75 | 62 | 59 | 83 | 106 | 100 | 493 |
| 妇婴病例 | 28 | 18 | 10 | 11 | 18 | 1 | 95 |
| 住院病人治疗日数 | 1，243 | 904 | 1，088 | 1，285 | 1，484 | 1，395 | 7，389 |

门诊部及住院病人所患病症之病因范围至广，儿童与妇女占总数五分之三，传染病中疟疾流行最甚（共有 1379 病例，其中 230 人为恶性疟，其余为间日疟）。

正、四两月本院开始为当地居民种痘及接种，以预防天花及霍乱与伤寒症。预料伤寒死亡率必较霍乱为高（盖已由事实证明），故在本院与德国教会难民收容所及船户间曾大规模的施行免费混合接种。

本院设备原极简单，但承 Deutsche Aerzte Verunigung 将其大部份实验器械借予本院后，多数重要检查，如血液检查、细菌检查及血清检查等，即不难施行矣。

三月间 Li Shek Fann 医师离院赴内地，四月底 W. E. O. Daust 医师因须赴沪，辞退本院义务职。两医师曾于最艰难时期并冒生命危险为病者造福，本院对其过去服务殊为感激。李医师与 Daust 医师离职后，院务即由黄德光医师、余国华医师及本人共同负责。

近以院务日繁，护士人数即感不足，因广州一地曾受训练之护士颇为缺乏，本院于三月起招收练习护士若干名并授以实际及理论训练（训练课程系根据中华护士会所订标准）。

住院病人众多，职员人数复有增加，故房屋即不敷支配。幸乘 Oriental Missionary Society 将邻屋两间借予本院暂充练习护士十二名之宿所，又承无名氏捐赠巨款专为建造新屋之用，该项新屋九月间完成后，住宿问题即可解决矣。

本院得从事颇广泛之工作，多赖中国红十字会广州支会捐助款项，三月中旬红十字会之捐款用罄后，又蒙各机关及个人予本院以经济上之援助及合作。广州扶轮社、广州海关中西职员、广州国际红十字会、英国救济中国基金委员会、广州难民委员会、德商洋行及各国人士或捐现款或助药品，本院收受之下深为感激。五月底复由德国柏林红十字会收得大批药品计值国币 1500 元。

本院甚望日后仍能获得充分经济援助，使医院工作不但得继续不辍且可加以扩充。据个人推测，医院工作将来必更为需要。

原载于《中华医学杂志（上海）》1939 年第 25 卷第 12 期

# 中华民国红十字会总会总办事处工作简报

自八月一日至廿八日止

### 甲　会务概况

一、八月一日第廿一次常会议决每年十月一日至十日为“红十字周”，征求会员，推进会务，本年即行筹备。

二、核准驻重庆分办事处办理清洁渝市防空壕洞每月经常费国币一千三百元。

三、核准驻重庆分办事处组织时疫医院开办费预算国币四千元，每月经常费预算国币二千元。

四、本会出席巴黎万国红十字会联盟会执行委员会代表徐传保先生即将返国，已由本会征得郭秉文先生同意继任本会代表，聘函已发并函谢徐传保先生，同时函知万国联盟会查照。

五、颁发驻海防临时办事处图记暨图章各一颗。

六、颁赠缅甸华侨救灾特别委员会杨常务委员名题等十二人、财务员李道高一人二等奖章各一枚，秘书曹鼎□三等奖章一枚。

七、驻昆明分办事处高主任仁偶呈报招待菲列滨红十字会副主任福纳夫人经过情形。

八、临时救护委员会训令救护总队部林总干事可胜变卖破旧公物，应先呈候核准并应登报标卖。

九、救护总队部呈报七月份中旬各队各股工作概况。

十、救护总队部呈送今后工作计划及预算书请予核定案，经临时救护委员会第六次会议议决（1）关于各职员加薪部份，总会所订工作人员暂行统一薪级表不得擅请改动，惟内地生活程度日高，自是实情应于原薪以外得视其资格、经验分别给予津贴，津贴数目不得超过各级原薪。计一至六级最高额为二百元，六至十一级最高额为一百元，十一至十五级最高额为五十元，再凡救护总队部职员，其职称未经列入统一薪级表者，得随时呈请本会核准，比照资格、经验，相同职务之薪给予之；（2）关于扩充部队部份，推请王委员晓籁、刘委员鸿生、刘委员月如、庞秘书长京周先行审查，提交下次会议讨论。

十一、林总干事可胜函呈拟办骨科医院事，推刘理事月如、庞秘书长京周、伍总干事长耀先与外侨协会何明华会督等接洽，详细审查再付讨论。

十二、林兼总队长可胜电告沪联甲队受训完毕，遵于本月十五日派往重庆参加工作。

十三、驻重庆分办事处呈送该处第二期工作概况。

十四、驻重庆分办事处先后呈送二、三、四号空袭救护报告表各一纸。

十五、驻重庆分办事处转呈大竹分会补报入会会员及志愿书等件，已转送上海总会核办。

十六、驻昆明分办事处呈送该处工作简报。

十七、训令驻昆明重庆分办事处分别调查滇湘黔粤桂川陕晋等处分会目前工作情形，与负责人员具报。

十八、秘书长庞京周呈请辞职，经第廿四次常会议决，辞职照准，派郭兰馨暂代秘书长职务并通知各理监事物色继任人选。

十九、请美国医药援华会为本会驻美代表并改聘许堆先生为顾问。

二十、林总干事拟办骨科医院一案，业经刘委员月如、庞秘书长京周、伍总干事长耀审查，认为（一）照林总干事之计划试办小规模骨科医院，原则上似尚可行。理由：（甲）款项已有外侨协会担任；（乙）如将来该会不再继续助款，由本会另行设法。（二）办理该院之地点与人员应令林总干事作进一步之报告。（三）应请外侨协会直接与总处接洽，已提交第八次临时救护委员会会议议决，照审查意见通过。

廿一、驻海防临时办事处徐专员可澄呈报关于车货到埠堆放问题及运输负责事项暨指派会计人员等三点请予核定案，经第二十四次常会议决（一）关于堆寄车货吨数，计算栈租实报。（二）准由总会派员常驻同登查核办理出境货物运输事宜。（三）海防临时办事处会计人员由徐专员荐用一人。

廿二、驻昆明分办事处呈送五六七月份经常费收支报告应予备案。

廿三、救护总队部林兼总队长可胜呈报衔章启用日期已予备案。

廿四、救护总队部呈报七月下旬工作概况。

廿五、聘任黄秉璋、陈乙明会计师为本会总办事处常年会计顾问，并已开始委托审查帐［账］目。

## 乙　案件摘要

一、香港中国妇女会与吧城中华妇女会合资捐赠本会救护车一辆，于本月十四日下午三时在皇后像前举行献车典礼，业由本会接收再行去函道谢。

二、拨赠军委会后勤部卫生处卢处长九一四第一批七千支，已航寄重庆分办事处转运西安本会救护总队第一大队部转交。

三、拨赠第三十一军韦云淞军长奎宁丸廿五万颗。

四、拨发绍兴分会药品一批计四箱，已运送上海总会提收转拨。

五、驻重庆分办事处呈，据本会乐山分会呈报，会长王畏岩病故，会务由副会长代理。俟秋季大会时全体改选等情，准予备案。至所请褒扬一节，已函转上海总会查核办理。

六、广州分会附属医院（即广州河南红十字医院）报告廿八年一月至六月工作情形。

七、驻昆明分办事处呈为函准昆明市分会医院改组及新聘院长、医师等，具文转呈备案一案，准予备案。

八、广州分会呈报设立香港办事处，派总干事张宗象兼任该办事处主任，已准予备案。

原载于《中国红十字会月刊》1939年第51期

# 中华民国红十字会总会总办事处（工作）简报

自九月十二日至廿五日

### 甲　会务概况

一、闻常务理事兰亭、林常务理事康侯，关常务理事絅之、朱常务理事恒璧、黄常务监事涵之、袁常务监事履登来函，关于秘书长继任人选，认为可在理事中推举一人兼任，当经提付第二十七次常会讨论，对于在理事中推选一人兼任秘书长深表赞同。惟既经兼任，应照支薪水并秉承会长、常务理监事负责主持日常会务以专责成，即将此意函复闻常务理事等查照并请推举适当人选。

二、第二十一次常会议决，定每年十月一日为“红十字周”，征求会员，推进会务，当经秘书处筹备电请上海总会抄示分会详细地址，一面分令重庆、昆明分办事处调查各分会目前状况以便全面策动。总会复文于本月十五日送到渝滇分办事处呈报，又以各分会战后地址有变动，尚难完全具报，而香港又正有英国红十字会分会筹组，在此情势之下，办理上殊多困难。爰经议定，通令各分会本年暂可斟酌各该地情形分别举办，嗣后每年举行一度，另颁详细办法。

三、本会对外宣传尚须推进，第二十七次常务议决添设一宣传处，派秘书一人主持之，人选由会长物色决定。

四、王会长、杜副会长、刘副会长、钱常务理监事先后因公赴渝，会务由王常务理事主持，照常进行。

五、本会事务日繁，亟须调用人员办理，奉常会议决，电令蒋主任秘书君毅即日来总办事处。

六、刘副会长、钱常务监事、颜署长来电以乐山、泸县、万县等处先后被炸惨重，当地分会令人不满，请即派医疗队两队入川从事巡回急救医疗工作，当即电知救护总队部林总干事即速遵照办理。

七、函聘潘序伦会计师审查本会各分办事处暨救护总队部账目。

八、救护总队部呈报八月下旬各股各队工作概况。

九、救护事业会计课呈送八月下旬救护事业经费收支旬报表。

## 乙　案件摘要

一、上海市新医药业联合会组织之沪联乙队离港后，已据海防临时办事处徐专员可澄函告该队已顺搭运筑车辆迳往贵阳救护总队部报到，并依捐输团体意旨，由本会令知救护总队部将该队先行派往重庆，俟该地无需要时再行他调。同时函知上海市新医药业联合会并道谢忱。

二、救护事业会计课呈送驻外会计审计人员工作大纲请予备案一案，指令准予备案。所请专拨公务车一辆并予照准，令知救护总队部转拨。

三、驻重庆分办事处呈请拨发显微镜及 X 光镜机以备时疫医院暨重伤医院之用，当以外界所捐上项镜机均已运赴贵阳并无存港，已令知救护总队部照拨。

四、略。

五、内政部卫生署令知为各级行政机关嗣后征募司机时应查明来历，如无相当证明文件前往应征者须予拒绝，如原机关发觉未得所属同意而至他处者须互相引渡，已转令救护总队部知照。

六、奉内政部卫生署快邮代电为奉令关于“服从最高领袖”及“最高领袖”之名词标语与口号无论何时何地应即取销，已转饬所属一体遵照。

七、英国红十字会香港分会正在筹备，本会派伍总干事长耀代表参与以资联络。

八、驻重庆分办事处转呈乐山县分会呈请褒扬该分会故会长王畏岩一案，准上海总会函复，如有功绩题赠匾额并无褒扬前例，已令知重庆分办事处先行查明该故会长有无功绩再核。

原载于《中国红十字会月刊》1939 年第 52 期

# 中华民国红十字会总会总办事处工作简报

二十八年九月廿六日至二十二日止

## 甲　会务概况

一、黄常务监事涵之函请拨发桂省主治难民疟疾药“奎宁丸”，当即由本会拨赠奎宁五丨万粒，由香港运海防转桂交黄常务监事指定施赈机关桂林红万字会张竹君。

二、毛专员和源函请辞购料委员会委员。

三、本会委托上海立信会计师事务所审核渝昆筑附属机关账目，准该事务所函复，已分函各该地会计师迳向各指定机关接洽进行办理。

四、本会聘郭秉文先生代表出席万国红十字会联盟会执行委员会正式代表，已准万国红十字会联盟会函复知照。

五、从略。

六、振济委员会函谢本会拨赠福建同乡会奎宁丸五千颗，惠州若瑟医院奎宁五千颗，上项奎宁已通知备同印据到会具领。

七、云南安宁县水灾严重，已由本会昆明分办事处高主任会同昆明市分会选派救护人员携带药品、粮食驰往协同救济。

八、重庆分办事处办公地址迁移重庆大樑子公园路十号。

九、广州市分会请拨旅美华侨统一义捐救国会捐款一万元，令饬填具领据照拨。

十、梧州分会留医院按月补助费二百元仍予照拨，由昆明分办事处转给。

十一、重庆分办事处所需药品人丹十六大包、霍乱药水九箱、九一四三箱，十月三日运海防转筑运渝。

十二、王会长、杜副会长、刘副会长、钱常务监事新之、刘理事月如先后公毕回港，钱常务监事曾至贵阳本会救护总队部视察。

十三、蒋委员长夫人为本会筹备出版画刊所作序文已由刘理事月如转送本会。

十四、十月十日在渝理监事举行临时会议，关于奉令健全分会组织及推动救护工作照拟具办法呈请军事委员会，令饬四川省政府转饬各地方政府协助并由临时救护委员会令救护总队部办理。

十五、从略。

十六、本会香港办事处收支报告（包括前香港理事办公室）已经黄秉璋、陈乙明会计师审查完竣，报告书已送会。

十七、本会拨赠浙江省政府奎宁丸三十万粒，于十九日运沪总会转交运浙，黄主席季宽来电道谢。

十八、中山县疟疾厉行，吴名誉副会长函请杜副会长拨助奎宁丸已照拨二厘奎宁五十万颗。

十九、本会购料委员会毛委员和源辞职，挽聘为驻沪委员。

二十、本会救护总队部运输股重庆第二十一油站装油船失慎被焚，汽油一千五百八十介仑（共装三百六十叮），机油七十八介仑（共装一大筒又五小叮），已将船主解送渝警局究办。

廿一、中央振济委员会请本会续拨奎宁二十万粒分发各灾区，已电救护总队部转饬材料库照拨运渝。

廿二、本会海防办事处徐可澄专员电请拨发运输费及经费，已先汇运输费港币二千元，经费待报销呈核后再拨。

廿三、刘副会长转送总会交通股廿七年份报告书四册。

廿四、香港国际医药筹赈会售旗筹募基金，本会承购五十枚，计港币一百元。

廿五、拨赠博罗圣心医院奎宁二千颗已由该院具领。

## 乙　案件摘要

一、救护总队部运输股主任胡会林电告救护车十一辆及一切材料已到邕宁。

二、吧［巴］达维亚华侨捐助祖国慈善事业委员会来函，请将雪兰我华侨筹赈会捐赠金鸡纳丸五十万颗拨交香港妇女慰劳会，已函香港妇女慰劳会备据来领。

三、广西邕宁县分会真代电以日机烂炸，腥膻遍地，请迅筹乐助，当由本会令救护总队部转饬就近部队酌拨药品予以协助，并由本会特拨救济费一千元转饬具领。

四、奉卫生署令奉行政院通令，本会所辖车辆应缴养路费，当即电复请转呈内政部咨交通部并转呈行政院准予免收本会救护车养路费。

五、电黄名誉副会长季宽浙省疟疾厉行，本会存有奎宁，如需请复示奉赠。

六、万国红十字会函告迁移日内瓦与国际委员会协力合作经过情形，并将根据会章执行一切当行事务。

七、西南运输公司请发菲岛中华妇女救济会及广东同乡会捐助蒋夫人药品免税护照，已转请奉发函送该公司办理。

八、电救护总队部救护车六辆、药品一百二十件，已交求生轮运海防转运。

九、沪联乙队经费函上海市新药业联合会与沪总会接洽，迳汇贵阳救护总队部代领，护照费请汇香港总办事处归垫。

十、从略。

十一、从略。

十二、云南省政府请拨助药品由，令昆明分办事处向救护总队部接洽，已将药品四箱乂四包、奎宁四十万颗运滇交昆华医院秦院长，由该院长奉龙主席谕与本会昆明办事处保管应用，互商支配，现药品四箱拨第十一集团军四包，拨滇军新十一师奎宁留待支配。

十三、请沪总会转饬会计股代付十月份内地职员生活费。

十四、檀香山中国领事馆代檀香山救济中国难民宣传团汇寄美金二千六百九十元五角一分，照原侨团指定委托中央信托局购料处代购救伤车一二辆转送本会，余款捐助本会购置医药。上项捐款准财政部来函已照收，并经通知中央信托局查照办理，如有余款再行拨交本会。

十五、内政部卫生署训令奉令，嗣后中央与地方各机关，无论何种事业进行建设，力戒登报宣传。

十六、海防办事处徐专员可澄报告海防法政府通告，十月廿五日以后过境德货予以封存，不得出口，本会所购德捷货提早运赴内地。

十七、准西南运输处海防分处函以越南地方现有特种关系，凡我政府机关卡车在境内行驶时，切不可油漆机关名义。

十八、香港建生砖厂捐赠本会特制百灵膏一万盒，计装四箱，已制据函谢。

十九、财政部来函请拨迁泗水龙目华侨救济祖国难民会捐款港币乙万元。

原载于《中国红十字会月刊》1939 年第 53 期

## 中华民国红十字会总会总办事处工作简报

（自廿八年十月廿三日至十一月六日）

### 甲　会务概况

一、本会所办重庆时疫医院自十一月一日起改称为中华民国红十字会总会重庆医院。

二、第三十次常会决议聘任姜廷荣为驻沪主任秘书，改聘蒋君毅为秘书，派总办事处办事。

三、调整本会会计股案，业经第二十九次常会决议：（一）本会会计股统移总办事处，令主任杨赞唐驻港办理；（二）该股人员除必需酌留在沪外，全部移港；（三）本会账目至廿七年十二月三十一日止，请会计师从速审查，已分别函知。

四、卫生署令知本会秘书长庞京周辞职照准，职务派主任秘书郭兰馨代理，准予备案。

五、关于秘书长继任人选，在沪理监事第五次常务理事会议推举林常务理事康侯、朱常务理事恒璧名誉职兼任，来函征询意见是否另有相当人选一案，业经第三十次常会决议，对于推举人选绝端赞同，惟须依照第廿七次常会决议原则支薪办事，不兼他务，以专责成。

六、本会前与中央振济委员会各拨国币二千元共四千元办理遣送零夥难民，业已用罄，已开具清单分别呈报在案。兹准振委会再拨国币二千元，本会亦续拨二千元继续办理。

七、本会海防临时办事处已呈请卫生署转奉内政部指令准予设置。

八、南宁时遭空袭，该地分会救护繁剧，已令本会救护总队部饬在桂队部派队前往协助并拨助药品以宏救济，据呈复，业已遵办。

九、第二十九次常会决议以重庆分办事处主任唐承宗暨救护总队部总队长林可胜及两处所属工作人员勤劳服务，殊堪嘉许，应予嘉奖，已由秘书处遵办。

十、救护总队部呈送十月上中旬工作报告。

十一、海防临时办事处徐专员可澄会同救护总队部运输股主任胡会林拟定海防转运办法呈请鉴核前来，业经审查修止，令发救护总队部暨海防临时办事处遵照办理。

十二、救护总队部呈报沪联乙队在筑受训，竣事编补为第三十四队，已于十月十八日出发赴渝工作，除指令准予备案外，已函知上海市新医药业联合会查照。

十三、奉第二十九次常会议决，准预汇救护总队部经费一个月以资周转，并自十一月份起暂准每月增加预算二万元。

十四、驻重庆分办事处呈请变更筹建重伤医院计划，拟租屋并购置青年会时疫医院房屋五幢为医院及驻渝附属机关应用案，经第二十九次常会议决照所拟计划通过。

十五、驻昆明分办事处请自十一月份起增加预算案，经第三十次常会议决准照原预算数额增加百分之二十，另编预算呈核。

### 乙 案件摘要

一、奉军事委员会训令以据新运总会总干事黄仁霖签呈改善地方卫生机关及意见两项一案令仰遵照办理一案，并奉卫生署令同前因，当经决定办法四项：（一）由重庆分办事处会同救护总队部遴派高级医务人员一名，克日赴川省沿江沿公路各县视察分会工作实际状况，并规划推动工作方案。（二）出发时携带标准药品，视事实需要就近酌发分会或当地卫生机关备作救急之用。（三）视察县份如地势重要，确有成立分会之必要者，则于分会成立时，凡一切应行举办救护事业之开办费，得由重庆分办事处酌量情形核呈总会准予补助，余从略。（四）由本会救护总队部速派医疗队一队常川驻渝担任各县巡回急救医疗工作以补各县人力之不足，上项办法已分别呈复令知并请军事委员会令饬四川省政府转饬各地方政府协助。

二、本会前准渝市空袭紧要救济联合会办事处拨借车辆以为协助一案，据救护总队部暨驻重庆分办事处分别呈报，已拨借卡车五辆送交该处接收，并准许委员长世英、刘司令峙贺、市长国光等来电道谢。

三、广东省卫生处函为东江前线各地药品缺乏请劝募协助一案，函复准拨助奎宁丸一万颗，请派员来会领取。

四、中央振济委员会函谢拨发惠阳县及惠州各医院各善团所派前线慰问受伤官兵代表奎宁丸五千颗，已转知派员携据来领。

五、本会前请军政部分拨纽约全体华侨救国筹饷总会献车一案，已准何部长电知允拨三十辆为本会救护之用，已先行去电道谢。

六、全国慰劳将士委员会总会函请将棉兰华侨筹赈会寄来金鸡纳丸四百八十万粒可否移交分发一案，当以上项药丸收到后即已运送内地分拨本会救护总队部暨卫生署等处，已无存留，俟继续捐到再酌量分赠。

七、据重庆分办事处呈报有梁国祥伪以红会车往来渝筑装运商品图利，奉军政部军医署电知取缔报请重庆卫戍司令部将人车扣留正在侦讯中等情，当经电令救护总队部林总干事可胜彻查据实具报外，复电请卫戍司令部彻究，如果属实应请严办。

八、广州市分会呈送最近工作概况报告到会，已予备案。

九、驻海防临时办事处专员徐可澄请示越南本会过境物品免税事宜已令知，前由本会派员于去年十月与越南政府接洽准予免税。

十、前据海防临时办事处呈送西南运输处海防分处函，关于越南地方现有特种关系，凡我政府机关卡车在境内行驶时切勿油漆机关名义一节，当以本会为国际间法定团体，非政府机关可比。卡车过越有免税特权，非漆明标志反滋妨碍，不须依照西南运输海防分处函办理，已令徐专员知照。

原载于《中国红十字会月刊》1939年第54期

# 中国红十字会重庆分会救护委员会一年来工作概要

二十七年十一月

一、缘起及组织

本会由热心公益人士为适应战时需要而发起。二十六年十一月十五日假公园路青年会地点组织成立后，即募集款物，派员驰赴汉口，与红十字会总会接洽，筹组医院，购买药品，征求医务人员；一面与本市各医院订立合同，以备临时医治受伤军民；并编组救护队、担架队，租定陕西街万寿宫青年会旧址设置救护医院及平民诊疗所，逐渐扩充事工。本会成立时，即由发起人中推举十五人组织“执行委员会”，并选特约委员若干人，以便随时集会，商讨进行方针；更就执委人员中互选主任委员、副主任委员、总务、会计、医务、救济、劝募各组组长；同时延请有关人员分别任职，以促事务之进行。

二、工作概况

（一）战时救护医院　该院有病床一百架，被、褥、桌、凳、电、水、浴器俱全，以备本市万一遭受空袭后收容受伤军民之用。

（二）平民诊疗所　该所于二十七年三月间开办，平均每日就诊者约一百人。

（三）救护队及担架队　救护队一分队，担架队一队，共六十余人，曾在防空演习时实际救治受伤者二人，送入宽仁医院。又临江门大火后，亦曾往救数人，分送宽仁、市民两医院。

（四）临时诊所　在临江门大火场医治受伤及病人，每周三次，历时三月，治愈一千零十二人，并长期派遣医生、护士往江北救济院第二所医治难民，每周二次。

（五）协助防疫　内政部卫生署、本市市政府、新生活运动促进会等联合医药界发起防疫，学校防疫工作由本会担任，除已派遣医生、护士驰赴本市中级以上学校为五千六百四十人各连注防疫针三针外，各级小学现正开始注射霍乱针，其苗浆由内政部卫生署供给，其他器具物品及杂货概由本会开支。

（六）送种牛痘　开办以来，曾布种一万五千人。

（七）假地收容战区儿童　本会医院系准备本市遭受空袭后收容受伤军民，故自五月份起，暂将房屋一部份假与战区儿童保育会收容病童，最多时有二百人。并义务襄助治疗之责。

（八）开办救护训练班　本会医院成立，即联络本市热心医师，组织短期救护训练班，培养人员，现已有一班毕业。

（九）扩大医院　本会医院，以收容难民产妇及准备救济工作为务。为谋发展起见（除已资送各医院五人外，并经收容难民产妇二人），已蒙卫生署委派王耀医师为义务院长，并添聘于子欣医生为副院长及王天余任医生，整理一切以备非常。

（十）编组医疗救护队　本会以川军出发前线，乏缺本省之医务人员，语言隔阂，深感不便，故与第三十集团军约定，编组医疗救护队随军服务，先后出发四队共有八十人，统由罗代表成昭率领。冒险工作，颇得各方同情赞助。（如总会拨助该队应用药品及卡车五部，并委罗代表为十一中队副中队长，又增两队交其指挥。）

（十一）建筑平民住宅　本市临江门大火后，除已派遣医务人员前往施治外，鉴于该地房屋有改良建筑之必要，因陈请前中央振务委员会本市基督教协进会准予分拨的款，并划拨与该处接壤之红十字会地皮建筑平民住宅，贱价租与当地被灾平民居住，并协同办理合作食堂、教育、卫生、管理诸端。因领取建筑证及运输困难关系，现始鸠工建筑。

三、拟办工作

（一）筹备隔离医院　此种工作，颇为重要，以各处来渝难民均由战区长途跋涉而来，难免无病菌之传染，抵埠时宜加以检查，并注射防疫针，有患传染病者，应送入隔离医院治疗，惟须有相当之经费始克举办。

（二）增设红十字医院　重庆红十字分会原有规模完备之医院一所，现借与省府办理戒烟，值兹抗战期间，拟请省府发还，办理普通医院，以宏救济。

原载于《中国红十字会上海国际委员会救济月刊》1939 年第 1 卷第 8 期

# 中华民国红十字会总会三年来总报告

编者按：本会于中华民国二十九年一月十四、十五两天在九龙假座德胜街十四号召开第一届理监事会第二十三次联席会议，其报告事项由本会各个机关分别造报到会。兹将各项报告刊录如后。

原载于《中国红十字会月刊》1940 年第 57 期

# 中华民国红十字会总会总办事处工作简报

（廿九年一月九日至二十二日）

### 甲　会务概况

一、第一届全体理监事会第二十三次联席会议既决定于一月十四、十五日在九龙举行。本总处秘书处奉命筹备以后即着手进行关于整理议案、编印报告以及其他事项。指定一部份人员于八日起每晚自七时半至十时半加添工作三小时，于会期前一切均能布置就绪。

二、大会期前王会长由马尼剌赶回九龙主持一切，钱常务监事新之、许理事静仁先后自渝乘机飞回，朱常务理事恒璧则由昆明来会，林常务理事康侯偕王理事振川亦由沪到港，杜、刘两副会长则均因事在渝，未及赶回，分别委请代表与会。

三、大会于十四日起假座九龙德成街十四号旅港苏沪浙商人协会会场举行，至十五日傍晚开幕，到理监事暨代表等二十三人，总会有三年来之工作报告，颇为详尽，本总处暨渝昆两分办事处亦均有工作报告陈会。救护总队部第四期报告亦于会前送到，并由林总干事可胜列席陈述总队部目前状况，甚详，大会深为嘉许，决议案件共十五起，关于本会秘书长继任人选与本会廿九年度会务计划以及推进分会、增加救护总队部经费等均经详细审核讨论。

四、一月二十日开第三十四次常务理监事会议讨论大会交办案件等项，杜副会长于十八晚自渝飞港出席常会，即席报告在渝与孔部长面洽会务情形。关于荷属侨捐事，孔部长允转知华中国际委员会照拨（按去年九月、十月、十一月三个月之款共荷币二十二万五千盾，由华中国际委员会函催中国银行拨付后，已于一月九日解来，折合国币一百五十五万二千五百五十九元一角九分，另外补拨廿七年十一月至廿八年一月三个月之款尚未准送来）。再请求财政部每月拨给港币十万元以为购置救济药材医物等用一案，孔部长意如系购药则内地已设有协和药厂，倘属其他用途须详细说明当即决定再行函呈财政部请予核给。至本月廿二日又准财政部电知，对于此案已电本部驻港专员及中行查复，俟复到即为核办云。

五、因公出差旅费规则业经修正提请第三十四次常会核准即经颁发各分办事处遵照本会实际支款情形造送预算函送财政部案，经第三十四次常会议决即编造每月国币六十万元之预算，其中请核给外汇港币十万元详加说明函送财政部，现正详细编制中。

七、第三十四次常会决议推定王常务理事晓籁、林常务理事康侯视察本会各处属及救护工作实况，行期犹待王、林两常务理事自行决定。

八、郭代秘书长兰馨曾拟定本会廿九年会务计划大纲草案呈常务理监事会送请全体理监事大会审查，认为周妥，切要议决交常务理监事会斟酌办理。兹奉常会议决，令秘书处拟具实施程序呈核办理。

九、全体理监事会议关于本会非常时期健全全国分会推进工作计划决议交总办事处分别缓急随时进行。兹奉常会议决，交秘书处拟具实施方案呈核办理。此外对于宣传之进行、红十字周之举办等，分别相机进行办理。

十、关于本总会应否迁移重庆问题，此次全体理监事大会决议交由正副会长、常务理监事斟酌情形办理。

十一、总会于此次全体理监事会议中提案有云，嗣后关于分会案件应仍由本总会办理以资统一。如有呈请总办事处核办之必要者，亦应分呈总会查核以免隔阂。关于救护总队部嗣后应将工作情形及所属各队部调动人员进退各项随时分呈本总会及总办事处以便查核两案，并经大会议决交常务理监事会核办，已奉常会决定，嗣后由总办事处函知总会以免隔阂，自应遵照办理。

十二、救护总队部新预算已奉此次全体理监事大会议决核定每月国币三十万元，其中以一零六法价折合港币七万元拨发，自廿九年一月份起实行。

## 乙　案件摘要

一、驻昆明分办事处呈请拨款一万五千元与上海、中正两医学院联合设立郊外医院一案，业经第二十三次全体理监事会议议决“原则通过，准拨给国币一万五千元以为建筑中华民国红十字会昆明医院之用，其常年经费由上海、中正两医学院担任，惟遇空袭时则由昆明分办事处津贴医药用品。至于详细合作办法，着该分办事处呈会核办”，已令饬昆明分办事处遵照办理。

二、上海市商会童子军团请求酌增津贴并函知童军理事会加拨经费一案，经一月九日会务谈话会讨论后已函知山海童子军理事会童理事行白可否将按月分领之五百元移拨并发，一俟复到再行核议。

三、蒋夫人来函以战时儿童保育会需款甚殷请予拨助一案，业经一月十三日常务理监事会临时会议议决，先拨助国币五万元并已复函汇寄。

四、驻重庆分办事处呈送北碚分会筹备处征得会员九十九名志愿书请颁发章照，经转函总会核办去后准函复，对于该分办事处填发之正式收据及会费之入账等诸问题，嘱为查明见复以便核办，正由本总处拟定调整办法再行函复。

五、驻重庆分办事处呈报租赁徐家花园及青年会房屋，附呈契约抄本请予核查。经查核尚无不合，准予备案。

六、驻重庆分办事处呈为重庆医院病人增加，经费势将超出预算，先行呈报等情，经令知拟具追加预算呈候核办。

七、关于梁国祥伪以红会车运货一案，前经将经过情形呈报卫生署请予核示去后，奉指令关于卫署驻港专员曾否允许梁国祥在汽车上用红十字标记，已令饬声复，兹续奉训令略开，据该专员呈复，曾给运输公司函件准许此次装运，本署救护材料之卡车三辆漆用白底红十字符号以资便利迅速，惟曾切实声明此项符号车辆只限于装运本署救护用品，如载用其他物品则不得使用此项符号等。此次第三十四次常会曾予讨论，决议呈请依法解决。

八、驻昆明分办事处呈请增设滇省分会绘具图说请鉴核令遵，当以推进分会事属要图，令饬迅予推动，拟具实施办法呈核。

九、驻重庆分办事处唐主任呈报出发视察川省各县分会经过并建议三项查核尚属切要，已令准由该处遴派干员两人驻在成都随时视察附近各县分会事宜并照料运输。关于训练分会工作人员一事，着拟具计划呈核施行。

十、梁山分会呈请补发新图记，已由总会核准颁发到处，业经令发重庆分办事处转颁具领并将启用日期呈报备查。

十一、总会填发安仁分会正会员十名之章照已寄送到处，业经发交昆明分办事处转发，具领，应收半数会费并准总会函知，俟于汇寄经费时 并汇沪。

十二、驻重庆分办事处呈报泸县分会办理救护及医院均有成绩拟请嘉奖分会长郭文舫及院长杨鉴等情，奉准发给奖状以资激励。又该分办事处各职员尚能重亲之手，勠力会务，据唐主任呈请奖励前来准予传令嘉奖并着开具得力人员名单再予核议。

十三、卫生署训令，以重庆分办事处请转商关务署对于本会救护材料准予免验放行一案，令饬统筹办理，当经令饬渝分办事处暨救护总队部拟具免税标记办法及有何意见一并详陈以便统筹核复而利救护。

十四、卫生署训令，嗣后各机关彼此借调人员，非经征得其服务机关同意，不得任用，奉经令饬各处属一体遵照。

十五、卫生署训令，奉院令饬送该会工作报告及收支决算仰迅编呈核等因，业将本总会与总处暨各分处之工作报告连同收支总报告等呈送卫生署鉴核分别存转。

十六、关于纽约侨胞献车百辆案，本月廿二日已准军政部函复，准照本会所造车身图样托由本会全权代为装置并运至贵阳军医署驻黔办事处接收，需费凭单支付归垫，先将需费概数见复等由，正在核办函复中。

十七、救护总队部呈为在前方无路区工作各队材料输送困难，亟须设立输送队以利工作，拟定组织规程及预算草案请予核准案，经第十二次临时救护委员会会议议决，俟函送财政部之总预算核定后再议，目前先在该总队部新预算内统筹办理。

原载于《中国红十字会月刊》1940 年第 57 期

# 中华民国红十字会总会三年来总报告（续）

编者案：本会于中华民国二十九年一月十四、十五两天在九龙假座德胜街十四号召开第一届理监事会第二十三次联席会议，其报告事项由本会各个机关分别造报到会。兹将各项报告刊录如后。

原载于《中国红十字会月刊》1940 年第 58 期

# 会务讯息

## 1936年

### 追悼一二八本会救护队烈士

四周纪念

因救护失踪，生死不明者：鲍正武烈士、罗云祥烈士、毛征祥烈士、应文达烈士

因救护被害者：陈祖德烈士、陆春华烈士、潘家吉烈士

因救护受伤，重伤不治者：郁鸿章烈士、刘祁瑞烈士、王敦甫烈士

原载于《中国红十字会月刊》1936年第7期

### 分会近讯：汉口分会参加黎大总统国葬典礼

故名誉会长前大总统黎公于上年十一月二十四日国葬于汉口垣东郭卓刀泉南土宫山阳。本会汉口分会特派救护队及产校全体师生参加，并以观礼人众预防万一起见，准备医救。是日，外宾既多，军民执拂者尤众，幸秩序井然。迨事毕，始振队返会云。

原载于《中国红十字会月刊》1936年第7期

## 分会近讯：浙江省成立德清分会

浙江德清县由王文卿等于上年组织筹备处以来，积极进行，乃于十二月间始得手续完备，正式成立，当由总会发去印旗、图记、承认书、保护布告并徽章、证书等件，俟召集会议选定职员后再行呈报总会备案。现在会所暂假城内劳公祠办公云。

原载于《中国红十字会月刊》1936 年第 7 期

## 分会近讯：任邱分会医院发明婴孩友专药

本会任邱分会在北瀚镇设有救济医院，院长为边砥菴。该院医务主任廷文氏自发明婴孩友专药，问世以来，有口皆碑，主治小儿百病，其效如神，且毫无药味，乐于吞服，药价成本颇贵。为欲普济赤子起见，每盒仅收二角，每打二元，遇有婴孩肚痛、腹泻、积食不化、呕吐、痢疾、大小便秘、大便下血、咳嗽、痰喘、伤风感冒、身热夜啼、出牙各疾等症，均可购服。盖其药有退寒热、止腹泻、除蛔虫、和脾胃、消积食、利二便、解郁气、止脑怒之功效也。

原载于《中国红十字会月刊》1936 年第 7 期

## 分会近讯：渑池分会恢复业务

河南渑池分会，自民十人被匪焚后，器具损坏，会员星散，并率多被匪架掳者。现在由该会史韶南、茹仁贵、上官林宗、王子元等，驻会所于渑池城内曹夫子庙，拟即置备药品，开院诊治军民云。

原载于《中国红十字会月刊》1936 年第 7 期

## 分会近讯：江西成立应县分会

应县分会由王晋甫、力依仁、王伟等发起，自呈请总会核准后，于上年十一月八日，由总会发去图记一颗、印旗一面、承认书一张、保护布告等，当即正式成立，并择日召开全体大会，照章选举职员，限期分报应县县政府、县党部，派员监选，以符法令。

原载于《中国红十字会月刊》1936 年第 7 期

## 分会近讯：淮安泾口镇将成立分会

淮东十二区代表赵紫珊、李味甘、胡意一、吴锡恩、朱占元、张极一、赵孟嘉、张登鳌、宋嘏齐、朱会核准，当由总会知照，依据手续顺序办理，刻已诸事就绪，不日即可成立，定名为淮安径口镇分会云。

原载于《中国红十字会月刊》1936 年第 8 期

## 分会近讯：察哈尔省成立龙关分会

本会第二次征求会员，龙关县并无分会，故由县政府担任组织委员会，公推县长王道正为委员长。进行征求以来，成绩颇佳，同时请求成立分会。经总会于去年冬核准成立暂假县政府为办公处所，俟成立大会选举各职员后再行议定会址云。

原载于《中国红十字会月刊》1936 年第 9 期

## 分会近讯：天台县新成立分会

浙江天台县政府自于上年组织本会第二次征求会员委员会后，着手进行，不遗余力，现以募集各级会员甚多，照章请求总会成立分会。兹经总会核与定章相符，照准成立。于本月中旬发去图记、印旗、承认书等，嘱即召开成立大会，依法选举。在会址未决定前，仍假县政府为办公处所云。

原载于《中国红十字会月刊》1936 年第 9 期

## 总会近讯：本会理事新任国民政府要职

本会理事许世英由国民政府任命为驻日大使，已于上月下旬觐见林主席后，于本月间首途赴日矣。本会理事朱子桥任命为国民政府振灾委员会委员长，本会常务理事王一亭任命为中央救灾准备金保管委员会委员长，均于本月间赴京就职云。

原载于《中国红十字会月刊》1936 年第 10 期

## 总会近讯：组织各部各委员会

依照本会理监事会组织规程，有设各项专门委员会及青年、妇女两部之规定。现由第十四次理监事联席会议议决，先设救护委员会及青年部，其各项章则交由常务理监事审核。闻尚有卫生医药委员会刻正提议，拟即同时成立云。

原载于《中国红十字会月刊》1936 年第 10 期

## 总会近讯：徽章不分男女式样

本会各级会员（正会员以上）佩用之徽章式样原有男女之别，现在改用一式，将佩带除去换装挂练，以资一律而便佩用，经常务理事核准并报请理监事联席会议备查。

原载于《中国红十字会月刊》1936 年第 10 期

## 总会近讯：取消预领空白章照

关于各分会或因经费竭蹶，或因兴办事业，往往请求总会发给空白章照，以资补助。现经第十四次理监事联席会议议决，嗣后各分会倘因特殊情形请求补助者，亦须由分会详叙原委，查明核准后，另行筹款补助，至发给空白章照从此取销矣。

原载于《中国红十字会月刊》1936 年第 10 期

## 分会近讯：大木［水］泊镇分会更名为文登分会

山东大水泊镇分会选呈总会，请予更名为文登分会，业由总会核准，颁发文登分会图记一颗，并由分会将原有大水泊镇图记缴呈总会核销矣。

原载于《中国红十字会月刊》1936 年第 10 期

## 分会近讯：赣州分会改组情形





江西赣州分会业经遵章改组，于二十四年终召集全体会员开正式选举大会，当选刘甲第为正会长，彭延寿、李德远为副会长，商兆裕、刘征祥、蒋鼎元为常务理事，李壬、严先材、魏运络、刘卓嵩为理事，刘贞煌、张逸凡、洪泽为常务监事，张德馨、曾尔康为监事，即经呈报总会备案，业已分别通知，定期宣誓就职云。

原载于《中国红十字会月刊》1936 年第 10 期

## 分会近讯：江门分会新选会长

广东江门分会第三届会长陈恒业已经期满，该分会特于二月一日召集会员大会，选举第四届正副会长，以符会章，票选结果：李定伟君得票最多，当选为正会长；李扬春君得次多数，当选为副会长，业经呈报总会备案，通知分别就职矣。

原载于《中国红十字会月刊》1936 年第 10 期

## 分会近讯：赠送弘化书籍四种

郭介梅先生所著《杯渡斋文集》一书，分孝友、政治、弘法、德行为四卷，内容关于儒佛联络之真诠、中西哲理之研究、修斋治平之道，无不言之详备。索者附邮二十二分，直函江苏盐城北街崔源顺布号，收转郭君即可寄上矣。另有《务本丛谭省余存稿》、《增福》、《征信录》三书，亦前人所编，内容丰富，精印洋装，索者附邮三十三分，当一并寄赠结缘，非卖品也。介绍索阅者阜宁城区红十字副会长丁健康。

原载于《中国红十字会月刊》1936 年第 10 期

# 摘录上海各报所载关于红会之新闻：红会医院增设心肾科

海格路红十字会医院，医务日事扩充，除原有各科外，去秋增设牙科，今春又增设心肾病科，已定于三月二日星期一起实行开诊。嗣后并每逢星期一、四两日下午一时至三时，在耳鼻喉科应诊云云。（民国二十五年三月二日《申报》）

原载于《中国红十字会月刊》1936年第10期

# 摘录上海各报所载关于红会之新闻：佛教徒新组织世界红“佛”字会，集中全世界僧尼，实行救护等工作

中国佛教僧尼近年尚无确实统计，约数当有四五十万之多，因限于旧习，颇缺乏社团组织。近数年虽有中国佛教会组织，但因整顿教规，尚未就轨，故对于社会事业、民间服务，无暇顾及。近有宏明和尚鉴于以上情形，及世界战机迫于眉睫，佛教徒本“我佛慈悲救世”之旨，对于人群亦应有所表示，爰发起组织“世界红‘佛’字会”，与红十字会、红卍字会相等，集中僧尼力量，训练医药救护工作。平时虔诵经咒，祈祷和平，一旦战事发生，即全体分赴前方，不分敌我，担任救护、掩埋及援救战区被难灾民等工作。发起以来，宏明和尚奔走京沪，颇得社会人士之同情，计：中央当轴赞成签署者，有中委柏文蔚、克兴额、戴季陶、彭养光、姚雨平、于右任、程潜、周伯敏等；社会名流方面，有王一亭、朱子桥、赵恒惕、汤芗铭、闻兰亭、张啸林、屈文六、黄菡之、钟康侯、姚明辉、朱石僧等；僧众方面，有圆瑛太虚德浩弘伞大悲莹照端生等；加入发起者，有心慈常惺妙性又林万松等数十人。县宏明于日前来沪参加各慈善团体公饯许静仁先生，并与中国佛教会接洽一切，定明后日，尚须赴京一行，面谒林主席、蒋院长，陈述一切，即行返沪召集会议，筹备组织云。（民国二十五年三月二日《申报》）

原载于《中国红十字会月刊》1936年第10期

# 总会近讯：香港东华医院又捐助面粉

香港东华医院曾于上年捐助本会大批面粉，适值各省水灾严重，当经分别运往灾区发讫。兹又捐来面粉八百包，即由总会请振务委员会转财政部核发免税护照，刻已如数提到，议决将该项面粉拨给正阳关分会二百包、六安县政府二百包、河南省振务会四百包，均为散放春振之需。除函谢东华医院外，并分别函电通知具领机关即备印收，以便起运。现已函请苏、浙、皖区统税局分别填发免税运照矣。

原载于《中国红十字会月刊》1936 年第 11 期

# 分会近讯：河南新成立郑州分会

河南郑州灾童教养院李子中君前曾请求总会组织郑州分会，旋经总会核准，先设筹备处，嗣由筹备主任李子中等积极进行以来，各项手续均已完备，即呈报总会，并请核准正式成立。当由总会审查合格函复照准，发去图记、印旗、承认书、军政部保护布告、会员徽章、证书及各项印刷品等，并嘱该分会克日召集全体会员大会，照章选举各职员，分报郑州县政府、县党部立案备案，并报总会查核云。

原载于《中国红十字会月刊》1936 年第 11 期

# 分会近讯：江苏金山县成立氽来庙分会

金山第二区区长钱翼公于上年十一月间呈请金山县政府转请本会，准予组织氽来庙分会。当由总会函复准先设立筹备处去后，即由该区发起人召集筹备会议，公推金计六为筹备主任。筹备三阅月，刻已手续完备，经总会审核合格，准予成立，至会所暂假区公所办公云。

原载于《中国红十字会月刊》1936 年第 11 期

# 摘录上海各报所载关于红会之新闻：政院今日讨论红十字会管理条例

南京，行政院三十一日院务会议，将讨论《中国红十字会管理条例》，三十日专电。（民国二十五年三月三十一日《申报》）

原载于《中国红十字会月刊》1936 年第 11 期

# 摘录上海各报所载关于红会之新闻：红十字会国际委员拒绝报告作战方式

哈瓦斯日内瓦十日电：国联会行政院十三国委员会，昨曾要求红十字会国际委员会，将该会驻在阿国代表对于意阿两交战国现行作战方式所提出之报告书，抄审该委员会，以供参考。红十字会国际委员会当即加以拒绝，并于今晨公布复函云：红十字会虽曾应允意阿两国政府之请，派员前往阿国调查双方作战方式，但该会对于意阿争端，既须严守中立，又须绝对审慎，自未便将调查结果，抄送国联会十三国委员会云。（民国二十五年四月十一日《时事新报》）

原载于《中国红十字会月刊》1936 年第 11 期

# 总会近讯：总会将成立各项专门委员会

依据本会第一次全国会员代表大会议决案，对于储备救护材料、造就救护人才两项为本会主要工作，由筹设之必要。依照理监事会组织规程第十章第四十四条之规定，本会得依事实之需要，设立各种专门委员会。现经总会正副会长暨理监事数度讨论，应先成立经济、救护、设计三委员会，以利会务之进行。为发展业务之先导，刻正积极筹划，不久当可成立云。

原载于《中国红十字会月刊》1936 年第 12 期

# 总会近讯：本会慰问美国水灾

此次美国水灾非常严重，本会曾去电慰问，现得美国红十字会会长复电：略谓本国遭逢水灾，荷蒙慰问，足征关怀垂注，无任感谢云。

原载于《中国红十字会月刊》1936年第12期

# 总会近讯：日本赤十字社征求本会花木

日本东京赤十字社因大阪分会医院建设万国花园，种植世界各国特产花木，以资病人怡情悦性，减轻病苦，为特征求各国予以协助。前经该会专函本会，谓现有赠送该院各种花木，已有三十余国，拟就一一标注各本国国旗，以昭隆重而符万国花园之名称等语。前来本会，即为购得名贵国花及特产数种，寄赠该院云。

原载于《中国红十字会月刊》1936年第12期

# 分会近讯：遂宁分会劝募掩埋经费

中国红十字会遂宁分会对于掩埋事宜，颇为重视。现因经费竭蹶，拟就募捐文，着手在本县范围内努力劝募，以冀早日成立。兹将《募捐启》，照录如下：

盖闻周文德、盛临池无主之骸，王荐情深募地拾，既抛之骨，虽曰乌鸢攫肉，死本无知，倘竟狐狸载头，颡宜有泚。又况尸填巨港，每痛哭于天，阴梦入春闺，更凄凉于夜半。是则其中有物，阴房则恒，讶大青，莫云身外，何求回野，亦动惊磷乱，心之伤矣，是可忍者。敝处哀其孑孑，痛其粼粼，念切魂归，心怜骨露，非必人骛。伯有擐甲胄，以宵行，实则旋瘗，阳明具备锸而亲往。则见有频年作客，终岁离乡，逐什一之生涯，作平生之事畜。无奈风餐雪虐，惯膺二竖之灾，地阔天长，遽饮穷途之憾。遂乃形销异城，梦继家山，了何归没，而犹视此，其可怜一也。亦有辞家千里求官，三年书十，上而冀博一官，腰屦拆而恋，兹五斗无禁，破窗风雨，桑家之铁砚，究存厄岁，龙蛇叶令之，玉棺何处逐。乃书空赤雁，吊集青蝇，新雨不来，病奴亦去，此其可悯二也。更有前驱负弩短后，裁衣幕幽，并健儿之风，应山河子弟之募，无奈两军未恝，方交河曲之绥。三鼓不登，空说宜阳之墓，遂乃大黄徒射、小伯先僵、公孙洞胸，由基死艺，此其可悯三也。至于蓬门嫠妇、陋巷孤丁、压金线以年年挽柴车而逐逐，无奈寒生四壁，贫家无可典之裘，雨暗一灯残宵，闻枕股之哭，遂乃心枯，恤纬业，罢赁舂万虑皆空，一棺莫盖，此其可悯四也。凡兹奇惨举，可深悲，生也何辜，死实莫告，安得天闻，哭诉家家雨，忝窆之钱，何由人尽义交处处助，纯仁之梦，无如龚生，竟天谁亡，空怀死友，求义侠，则人非李勉，觅长者，而世乏许规，饿鸱笑而风生，心伤巨壑，游鳞饱而浪阔。慨念浊流缞服，今番郭代公子门已闭，桐棺身后，刘长史之耳偏，声问骨肉，则海角天涯，委骷髅于黄沙白草，是将焉讬［托］情，何以堪。敝处广集同人协商办法。本洛阳津长之心慕暗室植之之义，量储薄□，广置义阡，既一视同仁，岂三年而化碧，所望将军、佛子、刺史、长公灭四海数滴之波，种九幽无量之福。虽不必亭中绣被，因风表王炖之名，亦或者屋角青衣乘月拜麇家之赐，纵云达观，随寓混蝼蚁、鱼鳖之亲疏，庶免云幂，天沉致鬼神魂魄之聚结。此启。

原载于《中国红十字会月刊》1936 年第 12 期

## 分会近讯：河北省芦台分会已正式成立

上年冬间，河北宁河县芦台镇华北医社社长王玉玺等，因鉴于该地素乏慈善救济机关，每遇灾祲必致束手待毙，故特呈请县政府出给保证书，转请总会准予成立。芦台分会旋由总会令先筹设筹备处，当由该地发起人召集会议，公推蓝田玉为筹备主任，于上年十二月二十一日报会成立。筹备三阅月，得将各项手续办妥，始于本年四月间，经由总会核准，成立正式分会，会址在河北芦台北街。俟分会召集会员大会选举各职员后，再当披露。

原载于《中国红十字会月刊》1936 年第 12 期

# 分会近讯：福建省新成立连城分会

本会会员吴敏齐、邓雨苍、俞炎林等，应时势之需要，筹设分会。经三月期间之积极进行，始于本年四月二十九日，由总会核准，正式成立，发给任认书、图记、印旗、会员证章、保护布告及各项印刷品。并令克日召集会员大会，依法选举各职员，报会查核，并分别呈请连城县政府立案，县党部备案。该分会现正筹开大会，以利进行，会址在连城县东门城内大街第二十三号门牌。

原载于《中国红十字会月刊》1936年第12期

# 志愿服务调查表

| 志愿服务调查表 | |
|---|---|
| （一）姓名 | |
| （二）性别 | |
| （三）年龄 | |
| （四）籍贯 | |
| （五）曾在何处或何校毕业 | |
| （六）现任何职 | |
| （七）擅长何科 | |
| （八）愿担任何种工作 | |
| （九）能否往外埠服务 | |
| （十）如只能在本埠注明专任或兼职 | |
| （十一）能否尽义务若要报酬每月若干 | |
| （十二）现在住址 | |
| （十三）永久通讯处 | |
| 填报者（签名盖章）<br>年　月　日 | |

| 志愿服务调查表 | |
| --- | --- |
| （一）姓名 | |
| （二）性别 | |
| （三）年龄 | |
| （四）籍贯 | |
| （五）曾在何处或何校毕业 | |
| （六）现任何职 | |
| （七）擅长何科 | |
| （八）愿担任何种工作 | |
| （九）能否往外埠服务 | |
| （十）如只能在本埠注明专任或兼职 | |
| （十一）能否尽义务若要报酬每月若干 | |
| （十二）现在住址 | |
| （十三）永久通讯处 | |
| 填报者（签名盖章）<br>年　月　日 | |

附注：上列二表同式填就请迳寄。

原载于《中国红十字会月刊》1936 年第 13 期

# 分会近讯：广安分会之卫生运动

广安分会于成立时，即设立贫民治疗所于医院内，以院址僻处城西，未能普遍经理，经理监事会第二次联席会议之决议，遂于城内三皇宫另设治疗所，专供贫病诊断，以资救济。本年五月十五日为全国大扫除日，广安县政府主办卫生运动大会，该分会由院务会议议决，由全体职员、医师、护士、学生一体出动参加，全组救护、宣传二队，努力工作，并印发各种宣言、标语及传染病常识表等。兹将该项原件详载如下。

## 广安分会参加本县卫生运动大会宣言

饥则思食，寒则思衣，劳则思息，静则思动，这是可以知人类，是能自卫其生的。并且当思食、思衣、思息、思动的时候，不待教而自知自能。是又可以说，卫生是天赋人类的一种智能。现在物质文明不断的进步，卫生方法也不断的革新，却更可以知道，人类为适合其自然变化的生活状态，而有扩展其天赋智能之必要。本县卫生运动大会有见及此，以为县中人口是很多的，居户是很繁的，卫生的方法是不可研究的，所以政府和人民联合起来，做扩大的卫生工作。

世界进化，科学昌明，天赋智能，有扩展的必要，卫生方法有革新的可能。既如以上所言，那末病菌应如何驱除？疫疠应如何减免？衣食住行应如何始能适合人类生活，益增人类寿命？今日以后县中的卫生设备应如何改革？今日以后县中的卫生设备应如何计划？都是要拿科学的眼光来研究的。甚愿参与卫生运动的县人，各就其平日所得的卫生方法，建议于政府，并且与本会商榷和赞助，务要达到施行的目的。那末将来县中的卫生行政，蒸蒸日上，都是今日卫生运动大会的功啊。

但是公共卫生是关于县人全体的，除人民与政府合作外，县人相互之间也要能够合作才好。譬如甲君很注重清洁，乙君乃涕吐便溺不以其所；甲户很注重清洁，乙户乃粪污垃圾堆积在家。这种臭城之气，足以滋生病菌，并且在空气中传播甚远，岂不是一人一户之微，可以影响到公共卫生么。自此次卫生运动大会成立后，希望全县人民互相宣传，互相劝勉以竟全功。

本会鉴于根本救国的方法不外乎此，是以此次改组以后，特加整顿，聘请专门医士，讨论具体办法，预备卫生用品，训练卫生人材，实行卫生计划，推广卫生学识。凡若此类，皆为本会任务，譬如曲突徙薪，绸缪宜早，迨患生而为焦颈烂额的上客，那就迟了。惟兹事体大，决非一手一足之力，一朝一夕之功所能蒇事，故不得不望于县中热心人士，同时奋起，共谋进行，俾本会得以追随卫生运动大会之后，贡其一知半解，从事赞襄，务使国家气象日进文明，民族精神日加强健而后已，区区之意，尚幸鉴旃。

### 卫生与民众之关系

卫生与国家之盛衰，有莫大之关系。盖国家盛衰，以人民之强弱为衡，而人民能否强健，则以卫生为准。如能注重卫生，则一国国民类能健壮有为，社会中生产力当然增加，国家之经济自然富裕而国家势以盛。反是必多孱弱无为之民，则精神物质亦必萎靡不振，生产力自必低灭。人民不能运动其思想劳力，以谋同胞之幸福，而社会及国家反而增加救病济贫之支出，经济力上之损失，宁能数计。

我国今日民穷财尽，诚由于列强经济之侵略，而经济侵略，何以施之于我，而我何竟无术以自强。探本穷源，亦因未能注重卫生所致。故虽有广大之土地，适宜之气候，富美之蕴藏，众多之人口宛如病者卧床，虽见珍馐满前，不知其美，即知其美矣，亦苦无力烹调而享受之。外人窥我暇隙，相将而来，强弱之势已分，得失之数何卜。故居今日而图救国，不可不注重卫生与一切重要建设同时并进。

近世欧美富强各国以及亚洲之倭奴，对于卫生信念，因获有若干之效果，已具进展之决心，政府人民戮力同心。卫生原则之应用亦愈推而愈广，以视我国现状盖不可以道里计。

卫生可依其范围之广狭，分为个人卫生与公共卫生两大别。个人卫生，在养成个人合于生理的正当习惯，以获一己之天然健康与发育；公共卫生，在用有组织的政府机关遏止一切病源，以护全体人民之健康，且增进其寿命及能率。

卫生之目的，及其关系之重要，与夫作用之大别，前已述其大概，而于百废未举，万端待理。今日之中国，其确否为建设事业中先要急务，是诚极有研究价值之一问题，顾可毅然决然以应之曰创办卫生事业，卫生运动实为我国重要建设中安内攘外之急务中之急务也。

（附）卫生六字劝告：

现在已交夏令，天气逐渐炎热，沟渠停潴污秽，最易发生孑孓，转瞬化作蚊虫，便为疟疾媒孽，又有青苍虫蚋，吾人不可接触，亦是传染媒介，与蚊如出一辙，更有寄生虫类，附著蔬肉密切，连食带下肠胃，在内营巢作穴，大则杀人致命，小之吸膏饮血，务要十分煮透，就是为此一节，老鼠看似寻常，传疫闯祸最烈，家家设法严捕，务使病源早灭，食物既以腐败，大家切勿余啜，中有微生细菌，肉眼看他不得，名日种类繁多，非是一言可说，设法及早预防，永使根株断绝。

## 广安分会医院治疗所成立宣言

年来赤匪披猖，盗贼遍野，杀人越货之事屡见叠出，日进无已，庐舍为邱墟，人命如草芥。嗟我黎庶，丁此劫会，转徙流离，已不堪其苦况矣！乃复天灾流行，几遍全国，瘟疫时起，日益加厉，人类生命，更无保障，兴言及此，曷［何］胜悯叹！且瘟疫之来，动延数十百县，传染既易，扑灭尤难，其在殷实之家，尚可先事预防，设法避免。贫苦者，则谋衣食之不暇，尚何能预防时疫乎哉？既经传染，又无医药余力，亦惟有坐以待毙而已！本会有鉴于此，自成立时，即于医院内设治疗所，专为一般贫苦民众，送诊施药，以期同登寿域，各尽天年。但该地偏处城西，僻在一隅，求诊者不知地址，无法访诣，甚非所以谋普及也！昨经本会院务会议议决，除本院治疗所仍前按时门诊送诊外，并于城内另设治疗所一处，定期送诊施药，亦备门诊时间，绝无偏枯之弊。兹已觅定三皇宫棉花市为治疗地点，定于卫生运动大会，五月十五日，正式成立。内分门诊、送诊二部。所有详细办法分别条列于后：希各贫富患病同胞，惠然肯来，勿自贻误为幸！

兹将本所诊断时间及手续附列于后：

（一）诊断时间

一、门诊：每日午前八钟起至十二钟止。

二、送诊：每日午前十钟起至十二钟止。

（二）诊断手续

一、门诊：凡求诊者，须先到本所挂号处挂处［号］，缴纳门诊费三千文，掣取门诊券，外症依次诊治，内诊断后持处方笺到本院司药处取药（但针药、麻醉药应另取费）。

二、送诊：凡赤贫求诊概不取费，但亦须挂号处挂处［号］领取送诊签，依次诊治，取药手续同门诊。

附注：本所因地点狭窄、设备不全，遇有重症须施大手术时，仍希转到本会医院施行之。

## 参加卫生运动大会标语

（广安红十字分会制）

（一）本会依照《日来弗万国红十字会公约》办理左列事项：

甲、战时辅助陆海空军救护前方伤亡及后方卫生勤务；

乙、平时分任国内外灾荒振济及其他施疗事宜。

（二）本会得募款设立医院，造就救护人才及储备卫生材料。

（三）人类欲求健康，必先讲求卫生的方法。

（四）卫生是袪除妨害健康之事，就是保护人类的健康，使各箇［个］器官自然发育，以达到强壮为目的。

（五）纳礼义廉耻于衣食住行中，我国立可富强。

（六）健全之精神恒寓于健康之身体。

（七）健康是人生之最大幸福。

（八）注重卫生须先从事清洁。

（九）箇［个］人清洁，箇［个］人健康，一家清洁，一家健康。

（十）欲求实现公众卫生，须先从箇［个］人卫生着手。

（十一）举行卫生运动之目的，是在唤起民众，以期消灭病源。

（十二）欲洗东亚病夫之讥，非厉行卫生运动不可。

## 参加卫生运动大会标语

（广安分会医院治疗所制）

（一）中国人性命不值钱，以贫苦民众为尤甚，所以我们要提倡劳工卫生。

（二）欲图身体健康，必先消灭传播病菌之一切媒介物，总使病菌无由侵袭人体。

（三）扑灭传染、霍乱、痢疾、伤寒等症的苍蝇和传染鼠疫的老鼠，并传染疟疾的疟蚊。

（四）废除娼妓，可免花柳病的传染，禁绝雅「鸦」片能使人增进健康。

（五）水与蚊虫为传播病菌之媒介物。

（六）勿饮不洁不沸之水，勿食不洁不熟之物。

（七）勿随地便溺，勿到处吐痰，勿乱倾垃圾。

（八）疏通沟渠，清洁道路，为公众卫生之要着。

（九）病人用过的器具应该消毒，患传染病的人不要接近。

（十）送诊施药是医院的天职，贫苦患病民众盍兴乎来。

## 参加卫生运动大会标语

（广安分会医院制）

（一）卫生者保持健康，增进健康，反乎健康使其恢复健康之谓也。

（二）破除迷信，打倒非科学医药，为卫生上之最大关键。

（三）纠正社会人士对于卫生与医药之心理错误。

（四）疫疠疾病与一切痛苦，均应设法解除，始能同登寿域。

（五）用科学方法改良国产药物，用免利权外溢。

（六）用科学方法建设国医心理。

（七）取缔医士药房用重人道。

（八）培植女医人才，减少难产。

（九）不注重卫生之人，无异自杀其身。

（十）衣食器具常曝于日光中，以期消灭菌源。

（十一）食物须有定量定时，过食或急食足以激发肠胃病。

（十二）居室宜多开窗户，使空气流通，时常洒扫，免尘埃远播。

原载于《中国红十字会月刊》1936 年第 13 期

# 分会近讯：建阳分会新设办事处

江苏建阳分会之南距二十五华里蒋营镇横家庄滨临湖荡，地瘠民贫，在此僻壤穷乡，对于卫生医药素感缺乏。兹有该地会员徐崇瑞、吴作之、杨天元等七十余人，鉴于频年水旱不调，饥馑荐至，疫疠丛生，拟即捐资购地，建筑会所，设立施医局、施药室，以济贫黎，请求建阳分会转呈总会核准。总会以既据呈明特殊情形，已于［予］函复照准矣。

原载于《中国红十字会月刊》1936 年第 14 期

# 分会近讯：刘思敬君自愿担任赞助月捐

本会第二五二九号特别会员刘思敬君，现住福建建瓯水吉镇，于上月三日函致总会，愿自本年一月份起缴纳赞助捐每月五角，已将该项捐款三元寄到，此后仍须继续按月照缴足征。刘君热心会务，尚望同会会员群起效之，则本会前途光明，实有赖焉。

原载于《中国红十字会月刊》1936 年第 14 期

# 分会近讯：九江分会办理防疫

九江红十字分会设立医院已二十五年，于兹日求改进，活人无算，平时除施诊给药外，临时遇有天灾人祸，莫不组队出发救护，每届春季布种牛痘，夏令则注射防疫针。现在天气炎热，该院为谋民众安全而防疫疠起见，已于上月开始免费注射，故到院施者颇形踊跃云。

原载于《中国红十字会月刊》1936 年第 14 期

# 摘录上海各报所载关于红会之新闻：华洋义赈总会鄂分会代放红会急赈报告

去夏江河水灾，情形惨重，本埠中国红十字会总会曾拨国币四万元，面粉八千袋，衣帽鞋袜一万一千八百余件，治疫水二十木箱，委托本埠江南路五零五号中国华洋义赈救灾总会，代放湘、鄂、苏、鲁四省急赈。经该义赈总会指派湘鄂分会扬子顾问委员会及季履义君分别散放，刻各地赈务，渐次结束。除湘省报告业纪前报及苏鲁两省散放情形另行发表外，兹节录鄂分会报告如次：去夏长江泛滥，湖北火情惨重，分会奉总会指派，代放上海中国红十字会讬［托］放之湖北急赈，计赈款一万元，面粉二千袋，赈衣二十一包。照数收到后，商由湖北省水灾救灾总会，指定在京山、潜江两县受灾最重区域散放，并经拟具放赈办法，及与该两县中西人士洽商组织放振团体等情，业经先后开单陈报在卷，兹已散放竣事。计面粉二千袋，在该两县各放一千袋，赈款一万元，计放京山县四千七百二十一元，潜江县四千七百五十元，另加两县放赈费用六百九十三元四角三分，合共一万零一百六十四元四角三分。至振衣一项，以汉阳、汉川两县，沿襄河一带地方，被水较重，经转讬［托］武汉各教会代为义务散放，其散发地点、代放机关及发出件数，另列详表送核。所有代放红会急赈情形，除振票、清册等件，拟俟整理完竣，再行送查外，特将散放京、潜两县赈款与面粉账目单据。该两县县政府并驻该两县天主堂西教士证明文件及散放振衣清单，备函请察核。(民国二十五年六月二十七日《申报》)

原载于《中国红十字会月刊》1936 年第 14 期

# 摘录上海各报所载关于红会之新闻：立法院修正红十字会管理条例

中央社三十日南京电：立法院三十日晨，开第六十五次会议，到委员何遂等五十四人，主席孙科，秘书长梁寒操病假，由秘书陈海澄代，当将民国二十五年度国家普通岁入岁出总预算案，照财政、经济、法制、外交、军事五委员会审查报告通过，旋审议修正中华民国红十字会管理条例案，经决议照法制、军事两委员会审查报告通过该案。凡十八条修正要点为规定总会设首都，并将其主管官署，由内政部改为卫生署。（民国二十五年七月一日《新闻报》）

原载于《中国红十字会月刊》1936 年第 14 期

## 摘录上海各报所载关于红会之新闻：华洋义赈会代放红会鲁西急赈报告

本埠河南路五零五号中国华洋义赈救灾总会前受中国红十字会总会委托，代放湘、鄂、鲁、苏四省急赈，所有湘、鄂、苏等代放情形业已分纪前报。兹录鲁西散放季委员履义君报告云：履义忝奉总会指派，代放红会鲁西急赈，计赈款一万元，面粉二千袋，药品五箱，大小衣帽鞋袜二十一捆。为欲预知灾区实况期间，余未散放前派遣十二人，分往汶上、嘉祥一带百余村落视察，以便量情酌夺。嗣据报告，知灾区被水漫渍，土质疏松，运输振品殊感困难，乃余［于］城区设立之放赈处，分书面粉振票二千张，衣服振票三千张，分给灾民，令其持票前来掉换。时灾民患病者多，医药救济殊感需要，因将赈款一万元移作施医给药之用，计交济宁医院九千七百元，兖州医院三百元。数月之间，求治者约有四千五百人，迄今尚有住院者九十余人，此散放鲁西急赈之情形也。（民国二十五年七月八日《民报》）

原载于《中国红十字会月刊》1936 年第 14 期

## 分会近讯：新野分会改选职员

新野分会第五届各职员任期已满，乃于六月十五日召集全体会员大会，依法选举结果：万杰岑、李华辅、高树德当选为该分会正副会长，张崇武、季金亭、鲁鸿海为常务理事，陈子和、周植卿、杨兆年为常务监事，赵之摸为理事，高虎臣、杨子纯为监事，除呈报总会备案外，分呈县党部、县政府备案。刻总会已函复，准予备案矣。

原载于《中国红十字会月刊》1936 年第 15 期

## 分会近讯：南和县设分会筹备处

河北南和县有王荫庭、李昇斋、王德同等，拟在该地组织分会，由南和县商会立具保证书，函请总会核准。现经总会函复，准予先行成立筹备处，俟各项应行手续办理完竣后，再行核办。

原载于《中国红十字会月刊》1936 年第 15 期

## 分会近讯：灌县分会添设中医院

四川灌县分会所设医院分中西医院，治疗内外症，其西医常年设施分住院及门诊，均不取费，中医于夏秋之间举办，送诊送药。现因松理茂汶懋抚绥崇等县之难民，流落灌境，染疫甚众，困苦堪怜，乃于前日开会筹商，决议恢复中医院，于七月一日开诊。每逢单日为诊病日期，求治者络绎不绝，所需甚巨，拟在本县内设法筹款，以资挹注。现已呈请县政府核准矣。

原载于《中国红十字会月刊》1936 年第 15 期

## 分会近讯：广安分会常务监事蒋君逝世

广安分会常务监事蒋府璧君于六月八日因病出缺，遗缺由该分会第二次监事会议选举魏云龙君递补，于六月十六日就职，并通知后补监事酆巨文君依次递补为监事会监事。

原载于《中国红十字会月刊》1936 年第 15 期

# 总会近讯：本会常务理事林康侯赴暹考察载誉归来

中华民国赴暹考察团由本会常务理事林康侯为副团长，业已考察完毕，由新加坡乘法邮船阿拉米期号绕道西贡返国，于七月二十七日晨抵沪。各公团均推派代表赴码头热烈欢迎，并于二十九晚由本会及全国商联会、市商会、纳税华人会、地方协会、银行公会、航空协会、第一特区市民联合会、国际贸易协会等二十九公团在香港路银行公会俱乐部公讌考察团。本会代表由常务理事闻兰亭暨秘书长曹云祥出席，各公团代表约有七十余人，酒至半酣，由本会常务理事王晓籁（市商会会长）致欢迎词，并由凌林二团长相继致词，详述考察经过情形。至九时许，始尽欢而散。

原载于《中国红十字会月刊》1936 年第 15 期

# 总会近讯：总会续发急救药水

总会每届夏令赠送治疫急救药水，本年自六月间补助各机关、各团体大宗药品后，又有各地纷纷来函索取。本会因事属救济，不忍坐视，勉再酌予赠送，如善连留婴堂、普济聚善总会、吴兴分会、宁波分会、佘来庙分会各一百盒，上海县党部、法商水电公司、滁县监狱暑［署］、皖省从仁局、颍上县监狱署、上海第一区公所、兴隆集青年协会、颛桥乡村改进会、河南高等法院、石港分会、洛阳分会、荻港分会、松江分会、宝丰振务分会各五十盒，江苏第一监狱署、九江分会各六十盒，吴淞分会、蚌埠分会、上海县公安局各四十匣、清平分会、普安善堂、新野分会、俞塘合作社、镇江同善医院、吴兴民众教育馆、睢县委员会、六合县政府、合江分会、宁德县监狱署、宜都县监狱署、绩溪县监狱署、浙江第二监狱、商邱分会、叶县分会、沛县夏令委员会、繁昌城区防疫会、江浦县党部、中国灯油公司各三十匣，启东县看守所、靖江施医药局、格诚善堂各二十匣，其余乡村团体各赠一二十匣不等。现在所备药水均经赠完，因经费支拙［绌］，今年不再赠送云。

原载于《中国红十字会月刊》1936 年第 15 期

# 摘录各报所载关于红会之新闻：九江红十字会免费注射防疫针

中国红十字会九江分会，以本年入夏以来，天气燥热，将来疫症流行，自在意中，特自前日起，在该会免费注射防疫针，无论何届人等，均可前往注射，诚本市民众之福音也。（民国二十五年六月三十日《九江日报》）

原载于《中国红十字会月刊》1936 年第 15 期

# 摘录各报所载关于红会之新闻：九江红十字会注射防疫针并免费赠药

本埠红十字会九江分会，每当夏令免费注射防疫针，并敬送各种暑期药品。现当夏令，除免费注射防疫针外，并敬送各种暑药，以保民众之安全云。（民国二十五年七月十日《九江日报》）

原载于《中国红十字会月刊》1936 年第 15 期

# 分会近讯：泌阳分会改选职员

河南泌阳分会以各职员任期已满，于八月一日召集第四届全体会员大会，选举结果：李定甫当选为会长，曹尊贤、姚长明当选为副会长，曹润亭、蔡兰芳、刘冠勋、孙继遂、孙泽宣、禹震一为常务理事，王尊山、张鸣山为常务监事，业经呈报总会备案矣。

原载于《中国红十字会月刊》1936 年第 16 期

# 分会近讯：郯城筹备组织分会

山东郯城县有宋开珩、刘庆恩、徐敏魁、赵继贤、周从印、宋开元、徐仲清、王希成等八人发起组织郯城分会，有该地天主堂总堂出具保证书，呈请总会核准。现已准予先设筹备处，俟手续完备后，再行核办云。

原载于《中国红十字会月刊》1936年第16期

# 分会近讯：南宁分会组织临时救护机关

广西南宁分会为准备战时救护起见，特组临时机关多处，以资救济，特在城西中尧村梁氏宗祠设立分办事处，以备执行职务，并在蔡氏宗祠组织临时医院救护队四队，又在上、中、下三村遍设难民收容所八处，并在上国街福建书院设妇孺救济所一处。迭经函电总会，呈请转呈军事委员会，令饬前方军事长官妥予维护，总会业已照办，并函请李总司令德邻妥为保护矣。

原载于《中国红十字会月刊》1936年第16期

# 分会近讯：饶平成立分会筹备处

广东饶平钱东乡吴善初、林声素、黄顺合、余光宝、吴秩泰等联名立具志愿书，呈请总会组织饶平分会。由该县第七区钱东乡乡长吴世温出具保证书，当由总会准予先设筹备处，其筹备期间照章以三个月为限，逾期应即撤销云。

原载于《中国红十字会月刊》1936年第16期

## 分会近讯：滦县分会新旧会长交替

河北滦县分会会长常允治因事务繁冗不克，到会视事，业经提出辞职。该分会以会务未便久悬，特于八月七日依法改选，结果：田兴年当选为会长。除分函滦县县政府外，并呈请总会备案云。

原载于《中国红十字会月刊》1936 年第 16 期

## 分会近讯：益林分会添设办事处及医院

江苏益林分会会员王咸昆、徐遵仁、陈德森等鉴于硕集镇人姻［烟］稠密，对于医药卫生极感缺乏，请求在该处设立办（事）处并医院，其经费概由发起人负担。该分会以事属慈善，热心可嘉，业已准许在该镇大悲院内设立硕集镇办事处及仁爱医院，当由益林分会呈报总会备案矣。

原载于《中国红十字会月刊》1936 年第 16 期

## 分会近讯：阜宁分会组编救护队

江苏阜宁分会以原有救护队编制不合军政部、海军部所规定，刻已议决改编，推选陈郎轩为队长，赵纬经、王子祥为副队长，并队员三十余人分别担任各工作。现由正副队长加紧训练，以期培植救护人才云。

原载于《中国红十字会月刊》1936 年第 16 期

## 分会近讯：隆昌分会改选职员

四川隆昌分会依据《分会通则》于八月一日召开会员大会，选举理监事，旋于同月十二日复选正副会长暨常务理监各职，开票结果：王毓珪当选为正会长，吕如端、徐荣楫为副会长，晏龢铃、郭士询、吴光著为常务理事，余国钧、刘业铭、邓云铸、张家霖为理事，罗斯才、刘业成、伍官源为常务监事，赵增莹、周荣湘为监事，业已呈报总会备案矣。

原载于《中国红十字会月刊》1936 年第 16 期

## 分会近讯：开平成立分会筹备处

广东开平县赤坎市公民方本慈等十人发起组织中国红十字会开平分会，出具申请书，并由开平县政府发给证明书，呈请总会核准，当经总会准予先设筹备处，俟各项手续办理完竣，再行核办。现在赤坎西堤前路仁济医社为办公处云。

原载于《中国红十字会月刊》1936 年第 16 期

## 分会近讯：普宁分会副会长交替

广东普宁分会副会长张柏茂因事出洋，函请辞职，当经提交第六次理监事会议决张副会长兼顾，辞职照准，遗缺公推常务理事官步初递补。所遗常务理事缺，公推理事陈腾龙递补，至理事遗缺，由候补理事陈章法递补云。

原载于《中国红十字会月刊》1936 年第 16 期

## 分会近讯：石港分会训练救护

江苏石港分会为欲筹设救护队起见，集合正会员五十名组织救护训练班，聘由军、医二界专家担任教授，以六星期为限，其地址在掘港区马家庄，经费由各会员分担。曾于上月开会讨论由区党部罗委员出席指导，一致认可通过，呈请总会核准。现总会已函复照准矣。

原载于《中国红十字会月刊》1936 年第 16 期

## 分会近讯：宜昌分会改选

湖北宜昌分会于八月二日依法改选理监事，由县政府派员监选，县党部派员指导，选举结果：计选出理事七人，监事五人。旋于八月九日召开第一次理监事联席会议，推选吴梦醒为会长，任子卿、李春澄为副会长，陈耀峰、刘耀亭、胡式如为常务理事，吕逸涛为理事，王自东、谢北平、杨尧卿为常务监事，崔清林、吴嘉言为监事，已于八月二十四日就职视事云。

原载于《中国红十字会月刊》1936 年第 16 期

## 分会近讯：诸城分会成立救护训练班

山东诸城分会自上年十一月间筹备救护训练以来，现已办理就绪，乃于上月召开理监事会议决招募学兵四十一名为一班，以三个月为期，除该会专科人员担任训练外，并聘各界富有专科经验者分担，并推定胡中民主持一切，惠伯爽为教务，程公博为训育，臧殿九担任事务，于八月二十三日行开学礼，二十四日开始训练。业已呈报总会，并转请山东政府备案矣。

原载于《中国红十字会月刊》1936 年第 16 期

# 摘录各报关于红会之新闻：瘾君子之福音，红十字会制有药方限期戒绝不受痛苦

九江红十字分会自创设以来，每年治愈病人不可数计。近该会因主持得人，对于会务尤极力设法推进，如在暑期内敬送各种救急药品及免费注射防疫针，各情曾志本报。最近该会因中央厉行禁烟，复制有特效药方，使染有烟癖者不受痛苦，而能限期戒绝，诚黑籍同志之福音也。（民国二十五年八月七日《九江日报》）

原载于《中国红十字会月刊》1936 年第 16 期

# 摘录各报关于红会之新闻：梧州军事中之救护

梧州前已成立战时救护队，至战时后方医院，则十七日始成立，假梧州女子中学为院址，任梧州医院院长易敦吾为战时后方医院院长，战时医院成立，即开始转［办］公。至红十字会主办之战时难民收容所，亦经在对河富民坊憩园义庄盖大棚厂，开始收容难民，因物资高仰［昂］，谋生乏术，且战祸将至，难民不如几几矣。至军事方面之布置，日前梧州军事当局为便利行军起见，特搭架浮桥五度，因日前潦水冲击，不无损坏，当局特饬守桥军队督同工兵，赶速将浮桥修理，扎柴加练，备极忙碌云。（民国二十五年八月二十四日《新闻报》）

原载于《中国红十字会月刊》1936 年第 16 期

# 总会近讯：救护训练班定期开课

总会救护委员会训练组所组织之救护训练班原定训练战事外科学、实用护病学、实验诊断学、简易药剂学、毒气学、担架学六科，现在决定先行开办实用护病学及毒气学两科。自经登报招生以来，报名受训者异常拥挤，早已足额，旋由委员会审查合格，定于十月十二日开始训

练。每星期一至五上午十时至十二时训练实用护病学，由童庆民女士担任；星期一及星期二两天下午八时至九时训练毒气学，由郑兰华博士担任云。

原载于《中国红十字会月刊》1936 年第 17 期

## 摘录各报所载关于红会之新闻：朱少卿等发起组织红十字会同学会

九江红十字分会医院毕业老同学朱少卿、江涛、蒋德新等，为促进历来同学之情感并研究医学起见，特拟发起组织一同学会，刻正在着手筹备中云。（民国二十五年八月二十六日《九江日报》）

原载于《中国红十字会月刊》1936 年第 17 期

## 摘录各报所载关于红会之新闻：红十字会办理救护训练先开办外科学等三科，各地分会亦继起开办

本埠新闸路八五六号中国红十字会总会自成立救护委员会后，迭次开会，讨论进行程序，于前日召开训练、人事、供应三组委员会第二次联席会议，决议先行开办训练战时外科学、毒气学、实地护病学三科。每班招满三十人，即开始训练，并有本市各学校、各团体函请训练者极多，该会已聘有护士学基本教员，常川驻会，担任赴外训练。若外埠欲开办训练班者，可函请总会发给规定课本及讲义等，以资参阅，俾将来实施时可收全国统一之效。至训练班应用之药囊、药品、防毒面具、担架等，已由各委员分别担任募集，以备练习之需。闻该会各地分会，闻风兴起，开办训练者，已有数十余处，预科［计］在下年间，必能通行全国云。（民国二十五年九月二十二日《时事新报》）

原载于《中国红十字会月刊》1936 年第 17 期

# 摘录各报所载关于红会之新闻：红会代表口述毕港屠杀惨状

路透圣若德居士六日电：国际红十字会代表裘诺德博士已于今日由毕尔巴沃乘英军舰抵此，并向人口述该处屠杀之惨状。据称该城之政府军，已将持以作质者一百五十余人悉数枪决，以报复叛军之空袭云。（民国二十五年十月七日《大晚夜报》）

原载于《中国红十字会月刊》1936 年第 17 期

# 总会近讯：救护委员会添聘职员

救护委员会为增加工作效率起见，添聘庞京周医师为副总干事，并请郑兰华博士、童庆民及管祖圭二女士担任训练毒气学及护病学两科，并添顾希欧君为办事员，加聘吕守白、杜和生二君为委员，均于十月间相继就职矣。

原载于《中国红十字会月刊》1936 年第 18 期

# 总会近讯：第一届训练班学员踊跃

此次救护委员会议决，对于训练班先行开办实用护病学及毒气学二种，学员早经招募足额，已于十月十二日正式上课。此第一届学员业已毕业，由救护委员会发给证书。闻将定期表演，以资实地练习。兹将两科学员姓名探录如下：

**第一届实用护病学训练班学员姓名**

| | | | | | |
|---|---|---|---|---|---|
| 张莲妮 | 经皎然 | 陈德光 | 周健行 | 白静一 | 唐莲祥 |
| 顾伊士 | 张树德 | 李学君 | 范学礼 | 盛在华 | 贝清心 |
| 孙　蕙 | 张淑苹 | 关楚芝 | 吴在铭 | 赵子云 | 沈云龙 |
| 卢耀华 | 凌贞雪 | 胡干芝 | 方育秀 | 胡展飞 | 吴菱镜 |

黄锡康　王芳斋　郑孝杰　戴志良　郑乐水　䢵　性
戴　天　徐鼎仁　黄永绥　武淑芳　贾悟真　毛云卿
李学君　赵培真　徐利民

（以上考试毕业名次容续布）

**第一届毒气学训练班学员姓名**

张莲妮　戚冠六　经皎然　哈尔康　张吉人　陈宝书
高伯华　沈稼中　王芳斋　戴笃昆　毛云卿　潘慕侠
徐震生　董永生　陈养余　钱嘉诚　赵培欣　刘少蔷
胡士高　徐伟郊　宋桂蕊　黎康生　周祖楣　王长风
沈惟一　陈培元　顾伊士　林　立　何道英　冯道新
黄声霆　戴文志　白静一　汪志远　沈绳祖　郑孝杰
于志功　陈德光　薛行素　唐连祥　胡展飞　叶　浩
戴耀祥　䢵　性　明　旸　钱锡勋　单松如　张君调
叶　董　张民杰　张　胤　盛蕴华　沈云龙　赵子云
孙伟毅　阮育秀　张国威　何　耀　曹志明　曹长龄
戴蒙梅　李文荣　赵润民　贾悟真　徐利民　王苇刚
濮秀珍

（以上考试毕业名次容续布）

原载于《中国红十字会月刊》1936 年第 18 期

# 总会近讯：军医署发给《军医必携》

本会救护委员会因训练救护人才起见，函请军事委员会军医署发给《军医必携》，以资参考，业由军医署函复照准。因存书无多，先行发给二十五本，一俟再版后，再决定购买办法云。

原载于《中国红十字会月刊》1936 年第 18 期

## 总会近讯：总会成立经济委员会

总会经第十六次理监事联席会议之决议确定经济委员会成立日期，业于十一月五日下午五时在本会召开第一次会议（议案详见下期本刊记录栏），决议筹募办法及讨论组织规程（见本期本刊专件栏），兹将推定人选照录如左：

主　　席：王儒堂

副 主 席：杜月笙　刘鸿生

常务委员：林康侯　虞洽卿　王晓籁　钱新之　俞佐廷　穆藕初　宋汉章　袁履登　张慰如

委　　员：吴铁城　朱子桥　叶誉虎　姚慕莲　赵晋卿　徐新六　朱吟江　汪伯奇　金廷荪　唐寿民　陈光甫　秦润卿　叶扶霄　卢学浦　顾馨一　叶琢堂　闻兰亭　王一亭　关絅之　陆伯鸿　黄涵之　姚虞琴　沈联芳　劳敬修　狄楚青　竺梅先　孙衡甫　王伯先　金润庠　王培元

原载于《中国红十字会月刊》1936 年第 18 期

## 总会近讯：总会刊发征求会员专刊

本会第三次征求会员定于一月一日举行，为欲使国人明瞭［了］红十字会之组织及概况起见，特由编译宣传股编成征求专刊一种，分发各征求队应用，以资宣传，该书内容丰富，取材简括。若分会置备一编，不啻聘一顾问。现已出版，将邮寄各地，此次纯系赠送，并非卖品云。

原载于《中国红十字会月刊》1936 年第 18 期

# 分会近讯：赣榆组织分会已成立

江苏赣邑南亘连云，北毗华北，地位扼要，由发起人徐治鑫等三十人出具申请书，并由赣榆县政府暨农会来函证明，业将筹备手续办理完竣。当经总会核准，将图记、印旗、布告等寄去，着令即日召集全体会员大会选举理监事等，俾可进行会务云。

原载于《中国红十字会月刊》1936 年第 18 期

# 分会近讯：洛阳分会筹备改组

洛阳分会于十月二日、三日迭开紧要会议，议决于十月二十四日开会员大会，改选职员，推定筹备各职。商子斌、于仲雅、李瑞亭、何静参、魏端甫、陈钦甫、郭体安等为总务（股），冯拱辰、陈荷亭、刘玉振等为庶务股，魏品一、何至恭、朱寅庵、王金锡等为布置股，陈钦甫、郭体安、司马德芬为招待股，李文波、魏仲五等为文牍股，马思甫、宋金堂、李太清等为登记股，业经呈报总会备案云。

原载于《中国红十字会月刊》1936 年第 18 期

# 分会近讯：常熟分会救护训练班开班

常熟分会为应非常时期之需要，对于训练救护人员不遗余力，前经筹设之训练班，业已就绪，于十月二十七日上午九时假座常熟县政府大礼堂举行开学典礼，其训练地点设于城内石梅小学校内，早经正式上课矣。

原载于《中国红十字会月刊》1936 年第 18 期

## 分会近讯：涟水分会会所已确定

涟水分会成立于民国七年至十八、九两年间，迭被土匪蹂躏捣毁一空，因是停办。至本年一月始，由各会员等，由该县第四区区长之证明，请求总会恢复分会。后经总会核准补发印旗，即已成立现在会所，已确定在涟水县百禄镇大佛寺，刻由总会函嘱该分会迅即办理立案备案手续云。

原载于《中国红十字会月刊》1936 年第 18 期

## 分会近讯：商丘分会开办救护训练班

河南商丘分会遴选壮年会员一百二十六名组织救护训练班，聘请苏香山君教练军事学识，杨莲魁医师教授急救及药物学，已于十月五日开课，编成三班，并聘定苏香山君为队长云。

原载于《中国红十字会月刊》1936 年第 18 期

## 分会近讯：柳州分会改选正副会长

广西柳州分会第三届职员任期已满，于十月一日召集全体会员大会，投票选举结果：李春晖当选为正会长，余元璋、张玉麟为副会长。

原载于《中国红十字会月刊》1936 年第 18 期

## 分会近讯：江门分会会长新旧交替

广东江门分会会会［长］李定伟、副会长李扬春因事赴英，无暇兼顾，特于十月十五日召开会员大会，改选结果以陈温圃得票最多，当选为正会长，黄卓如得票次多数，当选为副会长，业经就职视事矣。

原载于《中国红十字会月刊》1936 年第 18 期

## 分会近讯：上海市分会定期训练救护

上海市分会为养成救护人才以合时代之需要起见，经理监事第三次联席会议之决议，组织救护训练班，额定学员四十人，聘请朱善恒医师教授，已于十一月一日开始训练云。

原载于《中国红十字会月刊》1936 年第 18 期

## 分会近讯：赣榆分会推定会长

赣榆分会自成立后于十月二十七日召开会员大会，选举理事七人，监事五人，当即召开理监事会公推徐治鑫为会长，张长善、徐唐文为副会长，王从勤、徐治绅、徐振铃为常务理事，宋赣生、吕祥永、仲伟祺为常务监事，其会址假赣榆县城西门里徐氏自治会内办公云。

原载于《中国红十字会月刊》1936 年第 18 期

## 摘录各报关于红会之新闻：红十字会医院同学会今日成立

九江红十字分会医院同学会业已筹备就绪，择于今日十二时，召开成立大会，并选举正副会长暨理事、监事等职。昨已函请各机关届时推派代表莅院参加云。（民国二十五年九月二十七日《九江日报》）

原载于《中国红十字会月刊》1936 年第 18 期

## 摘录各报关于红会之新闻：训练救护队员

本报常熟讯：中国红十字会常熟分会开办救护队员训练班，第一期队员三十人，业已足额，日内即开班训练。（民国二十五年十月十九日《神州日报》）

原载于《中国红十字会月刊》1936年第18期

## 摘录各报关于红会之新闻：红十字会护侨措置

路透伦敦二十二日电：玛德里方面已採［采］取预防之方法，俾于空中袭击时，可保护留居该城之英侨二百余名，英大使馆及其邻近房屋之屋顶上均已漆有英国旗帜。据伦敦方面所接到之消息，谓玛德里城内，目下共有囚犯及作质者近万名，其中约有妇女一千五百余名，大多数妇女之情形极为惨切，儿女嗷嗷待哺，而本身尚难得一饱。红十字会得英国代办之协助，正极力设法拯救无所依赖之妇女。关于国际红十字会裘诺德博士与巴尔哥斯地方及比尔波新成立之巴斯克政府双方当局所商定交换妇孺作质者之办法，其详细情形，此间已有所闻，十月十一日已有作质之妇女一百十四名，由英舰伊克斯第斯及依克士两号载运，离比尔波而至圣若德吕士。（民国二十五年十月二十三日《时事新报》）

原载于《中国红十字会月刊》1936年第18期

## 摘录各报关于红会之新闻：常熟红会朴［扑］疟队出发

此间五、六两区，最近盛行恶性疟疾，死亡相继，农民识浅，往往遍重于迷信之敬拜鬼神，不事根本治疗，因之曼延极速。兹红十字会有鉴及此，特会同西医公会组织扑疟队，由红会担任经济、药品，医师担任治疗，第一队业已出发，推定医生周来赉、俞季提、邵预凡、黄承熹、朱炳文五人担任诊视。红会亦派职员时寿芝、黄彤伟、陈肖梅三人随往协助，于二十四日先赴支塘、西家市、老吴市一带，预计三日后返城，再派第二队继往。（民国二十五年十月二十五日《新闻报》）

原载于《中国红十字会月刊》1936 年第 18 期

## 摘录各报关于红会之新闻：常熟红会训练救护队

常熟红十字分会理事长俞九思鉴于近来会中救护工作人员极感需要，以便将来应付，兹特选征会员三十人，作救护训练。闻其科目，计有救护常识、初步治疗、防毒法、抬架术及人工呼吸法等科，刻已于今日（二十七日）上午，假县政府礼堂举行开学礼，午后即开课，其期间为两个月，并已假定石梅小学为讲堂，体育场为操场。闻该会会员请求训练者颇多，第二班即将续办云。（民国廿五年十月廿八日《申报》）

原载于《中国红十字会月刊》1936 年第 18 期

## 摘录各报关于红会之新闻：红十字训练护病防毒人才，毕业时将表演救护术

本埠新闻路中国红十字会救护委员会设立之护病班及毒气班，已经开班。护病班由童庆民女士教授，学员计五十余人，毒气班由郑兰华博士教授，学员计七十余人。大通社记者昨访该会编译宣传科主任沈金涛氏，据谓，两班科下月均可修毕，拟公开表演救护及防毒一次。毕业学员均须发给毕案［业］证书云。（民国二十五年十月二十八日《申报》）

原载于《中国红十字会月刊》1936 年第 18 期；另载于《圣公会报》1936 年第 29 卷第 22 期

# 摘录各报关于红会之新闻：红会救护班开学

本报常熟讯：本县地处冲要，邑中红十字分会特抽定会员三十二人，组织救护训练班，于二十七日上午九时在县政府大礼堂行开学典礼，到军政党各机关代表甚众，至十一时礼成散会，现第二班亦已组织就绪，不日可以成立。（民国二十五年十月二十九日《时事新报》）

原载于《中国红十字会月刊》1936 年第 18 期

# 摘录各报关于红会之新闻：常熟东乡六区于一月内疟病死千人

常熟通讯：此间东乡之五、六两区，今秋发生恶性疟疾，蔓延极广，死亡相继。刻常熟红十字分会虽已两度会同医师出发赴乡，实施扑疟工作，但势焰仍甚猛烈，较之夏令发现之虎列拉，实有过之。惟疟病于初发时，一般人均认为普通小病，不加注意，况扑疟药剂，乡间不如痧药水之到处有售，因之流行至广。刻据第六区公所九月份之户口异动统计，各乡镇所报死亡者，总额竟达一千余人，其中虽尚有年老及其他病症者，但为疟疾而死者，统计实在百分之九十以上，一区于一月之内，有此死亡率，为数至属可惊。兹闻红分会扑疟队，定本月三日作第三次出发，并多派医生随往云。（民国二十五年十一月三日《时报》）

原载于《中国红十字会月刊》1936 年第 18 期

# 校闻：西河不宜沐浴，“血汀虫非常危险”，红十字会医院来函通知

本大学运动场西有溪流，北通校内各河流，南通丽娃栗妲村，河水甚为清洁，每年夏季同学在河内游泳并洗浴者为数不少。近据上海红十字会医院医生来函，据称在西河西面乡村居民因吃河中之水致病者甚

多，经分析后知系河中含有一种微生毒虫，名“血汀虫”，一触皮肤或不觉将河水喝进，定必［必定］生病。刻时届夏令，诚恐有少数同学不知底蕴，仍行抵河入泳，特将红十字会医院函披露如左：

迳启者：贵校西河（即丽娃栗妲河）有寄生虫，此是事实，因最近凡沿该河一带居民来院诊病者，多半皆中有“血汀虫”之毒，即希公布贵校各同学知照。此致大夏大学。

中国红十字会第一医院启　月　日

原载于《大夏周报》1936 年第 12 卷第 20 期

# 国内外公路消息：保障公路行李安全，红十字会医院允加入

江、浙、皖、京、沪五省市交通会，为谋五省市内公路行车之安全起见，曾于日前在京举行会议时，切实讨论，对各公路行车安全设备加以研究。嗣为谋公路旅客安全起见，复由该会致函沿路当局，请与当地各完善医院商约，为五省市交通会特约医院，以便行车旅客发生危险时随时送入疗治。兹悉市府已复函该会，本市红十字医院等已允加入为特约医院云。

原载于《公路半月刊》1936 年第 1 卷第 2 期

# 康健消息：医药卫生类：护病学毒气学两班红十字会开始训练

中国红十字会救护委员会举办之训练班，实地护病学、毒气学两班已于本月十二日起开始训练，战事外科学现已开始报名。闻交通大学务本女中看护训练亦已开始，并函请中国红十字会派员负责教授。倘各机关、团体、学校等，拟组织救护工作训练，须请该会派员指导，以资统一云。

原载于《康健杂志（上海 1933）》1936 年第 4 卷第 11 期

# 国内医药界消息：中国红十字会筹组广东开平分会，分社长方本慈为筹备处主任

（广州通讯）月前方本慈、司徒鹏秋、杨润培、方亮尧、司徒枚、关崇颐、林庆琚、余寅和、司徒旷、方济民、周爵振、谢伟卿等四十余人，发起组织红十字会分会于赤坎，以救灾恤民，发振慈善事业为宗旨。昨经总会核准，先设筹备处，故九月二十日下午二时，假赤新坎[坎新]华酒楼，开会筹备，公推临时主席方本慈，记录林庆琚。（甲）报告事项，主席报告发起期间经过情形；（乙）讨论事项，（一）关于推举筹备处职员，应如何推定案，议决，推定方本慈为筹备处主任，依总会章程办理一切；（二）关于筹措筹备费，应如何筹措案，议决，由发起人等担负筹足；（三）关于筹备处地址选择案，议决，暂借赤坎上埠西堤前路四十二号，方本慈医务所为筹备处；（四）关于拟函汽车同业公会，请发给乘车免费证五个，应如何办法案，议决，交由方本慈主任，迳函办理；（五）关于下次开筹备会，应定何时举行案，议决，定于九月廿七号下午六时，至于该会将组织理事会、监事会及办事细则等，概依总会章程办理云。

原载于《光华医药杂志》1936 年第 4 卷第 1 期

# 中国红十字会北平分会访问记

中国红十字会北平分会前所选举各理监事迄未就职，顷奉上海红十字会总会来函，促北平分会正会长江朝宗，副会长王子文及各理监事克日就职。昨日（八日）下午二时，该会乃举行新会长及理监事就职典礼。兹将各情录次：会长及理监事题名出席者：正会长江朝宗、副会长王子文，理事李慎可、阜君文、杨书田、高阔亭、迟景禹、刘德英，监事李志轩、车元培、徐宝山、王嘉谟、张廷河等，记录员钱庸生、颜仪民。开会如仪后，首由主席江朝宗致词，旋即讨论案件如左：（一）会长因迩来年迈，以后会中重要事务委托副会长王子文协同理监事会同办

理；（二）常务理监事办公时间，每日定下午二点至四点；（三）公推前理事容卓璋为本会秘书长职；（四）本会对属医院董事仍旧保留，至董事名额俟下次开理监事会时，再为添聘；（五）（旧）任经管事项，由新任定日接收云云。

原载于《光明月刊》1936 年第 1 卷第 2 期

## 国内医药界消息：淮阴三团体联合送诊：县党部、红十字会、国医公会三团体：八月一日开始：赤贫送药

（淮阴通讯）淮阴县党部特派员易瑞芝氏信仰国医，救济贫民，不遗余力。去年秋曾办该部施诊处，函聘国医张霭春等担任。迩来天气炎热，疾病转多，特于前日会同淮阴红十字分会会长倪嘉福，暨国医公会主席骆秀峰氏，商议施诊办法，结果医务人员由国医公会会员分班义务担任。至于医费、药费等，由该党部与红会分别担任，尽量募助。嗣经国医公会特别会议议决，由八月一日起，每日上午七时至九时，在城内都天庙国医公会内送诊。前项原则全体通（过），现已开始实行云云。

原载于《光华医药杂志》1936 年第 3 卷第 10 期

# 1937 年

## 总会近讯：月刊再版存书已无多

本月刊自发行以来，订购者颇形踊跃，上年各界来函补购全份（自创刊号起）。因早经销罄，无从照补。嗣以要求者纷至沓来，为副盛意起见，再版若干册，现已凑成一百份，售完为止。曾欲补购全部者，即希从速来函定阅，否则不再续版矣。

原载于《中国红十字会月刊》1937 年第 19 期

# 分会近讯：德清分会组织救护队

浙江德清分会救护队前经编制完竣，业已正式成立，王文卿为队长兼医务长，黄松龢、褚俊为副队长，朱孔昭为医官，夏樵生、沈连枝、莫俊英、周维夔、徐起园为助理医官，庶务五人，书记二人，队员四十人，担架组正副组长二人，班长四人，组员五十四人，厨役四人，工役四人，除将名册送请德清县政府合法登记外，并呈请总会备案云。

原载于《中国红十字会月刊》1937 年第 19 期

# 分会近讯：至德县组织分会筹备处

安徽至德县公民董雨田、林锦文、金照南、郑龙泉、胡嘉乐等鉴于频年水旱交加，匪患时作，振济乏健全之组织，医救鲜固定之团体，爰是集合同志组织红十字分会于县南之尧渡镇上街，水陆交通均称便利，请由至德县政府县长李杜出具证明书，呈请总会核准。当经总会函知，先行组织筹备处，一俟手续完竣，再行核办云。

原载于《中国红十字会月刊》1937 年第 19 期

# 分会近讯：连城分会增设蓆湖营办事处

连城分会以离城二十里之蓆湖营有会员数十人，请求设立办事处并组织掩埋队等。该分会为推进会务，业经议决，呈请总会核准矣。

原载于《中国红十字会月刊》1937 年第 19 期

## 分会近讯：钟祥分会改选职员

湖北钟祥分会成立于民国十九年，迄已八载，在上年十一月间遵照管理条例及分会章程召集全体会员大会，开会选举第三届理监事会，推选周思熙为会长，黄云程、范嵩山为副会长，关庆龙、邓书城、张玉如为常务理事，赵凤飞为理事，张正斌、戴之麟、陈志鸿为常务监事，周厚卿、雷震为监事，业经呈报总会备案矣。

原载于《中国红十字会月刊》1937 年第 19 期

## 分会近讯：宝山分会改组

江苏宝山分会依据新颁管理条例实行改组，于上年十一月一日召开会员大会，选举金人鉴为会长，鲍思涵为副会长，张曾隆、徐亮熙、王钟琛为常务监事，王钟麟、江允明为理事，吴人豪、王成、孙桂林为常务理事，周邦翰、董维城为监事，业经呈报总会备案矣。

原载于《中国红十字会月刊》1937 年第 19 期

## 分会近讯：安岳分会会长因病出缺

河南安岳分会会长邓调元年来办理会务，奔驰劳瘁，致积劳成疾，于上年十月二十日病故，在年七十岁，遗缺由王作宾暂行代理，俟召开大会再行选举云。

原载于《中国红十字会月刊》第 1937 年第 19 期第 99 页

## 分会近讯：大竹分会改选职员

四川大竹分会于上年十月二十四日召开会员大会，依法选举，结果邹祖尧当选为会长，林修权、王智楷为副会长，王代文、田维经、王希贤为常务理事，姜祚绵、白福基为理事，张朝谟、夏绍亨、林孔珍为常务监事，罗光丰、李昌权为监事，已于十一月十七日宣誓就职，业经报请总会备案矣。

原载于《中国红十字会月刊》1937 年第 19 期

## 摘录各报关于红会之新闻：常熟疟疾流行

常熟通讯：今秋此间盛行疟疾，初起仅东乡之五、六两区之一隅，死亡相继，总计一月之内，据户口异动之统计，其死亡者竟达千人以上，为数至可惊，故常熟红十字分会与诸西医组织之扑疟队，已四次出发赴乡工作。兹形势仍甚猛烈，刻并蔓延至西北乡一带，死亡亦众。现红分会方面，决全力以救，又重增医生，分赴北乡之谢家桥、西乡之大河一带实施扑疟云。（民国廿五年十一月十一日《时事新报》）。

原载于《中国红十字会月刊》1937 年第 19 期

## 摘录各报关于红会之新闻：红十字会冬令免费种牛痘

九江红十字分会每当春令布种牛痘，入夏即免费注射防疫针，至暑期更赠送各种救急药品，济众博施，活人无数，各情曾志本报。本年该会鉴于入秋以来天气干燥，冬瘟宜防，特购备冬令牛痘苗，免费布种。闻日来各界人士前往该会布痘者甚形踊跃云。（民国二十五年十一月十八日《九江日报》）

原载于《中国红十字会月刊》1937 年第 19 期

# 摘录各报关于红会之新闻：会城红十字会赠医救伤调查

广东新会红十字会分会自奉总会令开办以来，本持博爱恤兵之旨，不论国籍，遇有战务时期，均于随军出发，担任救护工作。自会长吴强华接办，于兹两年，每日赠医施药，分文不受。赠医接生，赠种牛痘，并加设常备救护队，以应临时担任救伤事宜。查该会两年统计，赠医男女人数四万三千五百六十一宗，出外救伤八百五十二宗，出外接生五百四十七宗，赠种牛痘者五千一百五十八宗，在会留医者一百五十四宗，合计赠医数目五万零二百七十三宗。该会近日拟定编制《第五期会务概况书》，一俟印刊完竣，分发该会会员及各界人士，以昭大信云。（民国二十五年十一月二十二日广东四邑《民国日报》）

原载于《中国红十字会月刊》1937年第19期

# 摘录各报关于红会之新闻：慰劳救护会有十万元汇绥

上海市商会、地方协会、红十字会合组之绥远剿匪慰劳救护会代表王晓籁、林康侯等于前日乘机出发后，所有慰劳救护款十万元，亦于昨日汇出，兹志详情如下：

【电告抵陕】市商会地方协会昨接代表王晓籁自西安来电云："过汉小驻，午后五时十分抵西安，孝赉等漾。"

【昨汇十万】该会议决先行筹垫十万元作绥远剿匪慰劳救护之用，业于前日将款如数筹足，昨日上午由总会秘书严谔声将款讬［托］由中国银行即行电汇，至归绥，候赴绥代表提取。

【二次委员】该会于前日下午四时举行第二次委员会议，到杜月笙、吴蕴斋、顾馨一、张蔚如、穆藕初、裴云卿、金润庠、陈光甫、徐寄庼、严谔声、蒉延芳、秦润卿、邵燕山等二十余人，杜月笙主席报告各项情形后，议决：（一）慰劳救护捐款十万元，即讬［托］中国银行汇出；（二）加请国信、通商、中华劝业银行代表代收捐款。（民国廿五年

十一月廿五日《申报》）

原载于《中国红十字会月刊》1937 年第 19 期

## 摘录各报关于红会之新闻：刘瑞恒昨赴绥视察

北平八日中央社电：刘瑞恒在平与各方商定设立中国红十字会总会救护会华北分会，该会筹备会八日已成立，其主要工作在集中办理华北各地捐助援绥医药品等事宜，至于救护队拟先预备两队，必要时赴前方工作。刘为明瞧前方救护工作情形，八日晚赴绥视察。又平市学生战区服务团第一批报名九日截止，俟训练一周后即出发，第二批即日开始报名。（民国廿五年十二月九日《时报》）

原载于《中国红十字会月刊》1937 年第 19 期

## 摘录各报关于红会之新闻：前方需要药品

红会接前方电告，因缺乏药品材料深为焦灼，如火酒一项，每听已飞涨至二十五元，且无处可购，他如哥罗芳虽出重价亦无买处，纱布、棉花，货亦甚少，急待沪方迅予接济。希望各界热心人士迅速慨助上项药品，送至新闸路八五六号中国红十字会总会。（民国二十五年十二月十四品［日］《申报》）

原载于《中国红十字会月刊》1937 年第 19 期

## 分会近讯：威海卫成立分会

威海卫由迟中龢等三十人发起组织红十字分会，业已筹备就绪，于上年冬经总会核准成立，当发去印旗、图记等件，着即定期召集会员大会，依法选举理监事，以期早日就职办公会。

原载于《中国红十字会月刊》1937 年第 20 期

# 分会近讯：江门分会改选职员

广东江门分会前以正副会长因事赴英不克兼顾，遂于去年十月十五日召开会员大会，票选陈温圃为正会长，黄卓如为副会长，业经总会照准，已新旧交替矣。

原载于《中国红十字会月刊》1937 年第 20 期

# 分会近讯：定兴分会实行新组织

河北定兴分会依据《中华民国红十字会管理条例》于上年召集会员大会，依法选举鹿冠世为会长，蔡振清、李树棠为副会长，李怀春、张焕文、于文远为常务理事，赵鸿书为理事，韩有信、孟思明、王栋臣为常务监事，赵鸿达、李树桐为监事，业已呈报总会备案矣。

原载于《中国红十字会月刊》1937 年第 20 期

# 分会近讯：绥远分会办理救护事宜

绥远分会自绥战开始后，即从事救护设备。现在除组织担架队，并筹设伤兵医院外，并为增加救护人员起见，特假正风学校校址成立救护训练班，招男女学员一百二十名，课程注重看护学、消毒法、绷带法、防毒法、救急法、运输法、调剂术、生理解剖大意、红十字会条例解释等，训练期间以三个月为限，期满后，即派往前线服务云。

原载于《中国红十字会月刊》1937 年第 20 期

## 分会近讯：洛阳分会筹设救护训练班

洛阳分会为组设救护训练班，于第一次理监事联席会议时，决议即日与当地医师公会接洽，克日举办，原有之卫生队如遇民众运动，随时参加。第二次会议决议援照成例设立施粥厂，以济平民云。

原载于《中国红十字会月刊》1937 年第 20 期

## 分会近讯：南宁分会振济火灾

南宁城南七胜、临江等街于上年十一月十四日惨遭回禄，被焚房屋三百七十余间，灾民一千三百余人。当火警发生时，该会即派队驰赴该地，计救护受伤男女二十八名，均分别治疗。复以劫后灾民殊难举炊，乃连夜雇工煮粥，挑往分发，并再派救护队到场赠医给药，加以慰问。又以时值天寒，复备棉衣千件，查明分别赠与。此次工作历时七天，一切费用均由该会开支。嗣以善后问题需款更巨，乃联合各机关团体组织委员会通力合作，以宏救济云。

原载于《中国红十字会月刊》1937 年第 20 期

## 分会近讯：莒县分会添设两办事处

莒县分会以辖境辽阔，添设四区北杏、五区东莞两办事处，以利会务，推定王洪斋为北杏办事处主任，王声如、王敬源为副主任，刘画秋为东莞办事处主任，朱吉堂、张星三为副主任，并分司理、司监、会计、文牍等职，业经成立办公矣。

原载于《中国红十字会月刊》1937 年第 20 期

## 分会近讯：揭阳分会训练班推定委员

揭阳分会拟于最短期间组设训练班，养成救护人才，成立委员会，负责办理，推定周颐、林象鼎、黄乾修、郑沛霖、周昌言、林右叙、陈宗舜、李逸云、陈慎初、周文煜、洪仁、郭小慎、吴裕忠为委员云。

原载于《中国红十字会月刊》1937 年第 20 期

## 分会近讯：临朐分会新选职员

临朐分会近在城内进德会开全体会员大会，聘请周钧英为名誉会长，高子元、张和清、徐永义、冯允训为名誉副会长，选举马云彩为会长，马春山、聂芳炘为副会长，王福禄、谭维洲、傅兴贤为常务理事，高文言、马福昌、刘芳芬为常务监事，孙瑞立、尹清泰、王文彬、冯德修、刘清安、吕永修、李国章、马云瑞、高玉柱为理事，马廷选、王学尧、刘全德、郭廷华、张良盛、马春泉、连世荣、连文辉、李森岱、聂文赓、张光明、王福寿为监事，业经呈请总会备案矣。

原载于《中国红十字会月刊》1937 年第 20 期

## 分会近讯：益林分会筹备设班训练

益林分会于最近期间开会讨论组设救护训练班，公推陶佩之为筹备主任，卞育东、郭楚白、蓝少臣、陈德甫、陶仲华、陶选三、王慎斋、陶仲衡、陶直愚、徐月江、刘容清、陶欲如、陶秀初、林少华、陶坚吾为筹备委员，现正着手进行云。

原载于《中国红十字会月刊》1937 年第 20 期

## 分会近讯：永城分会新组织

永城分会自去年十二月九日召开会员大会选举吕遐绍为会长，王景臣、王乐德为副会长，管青山、夏传璧、王明经为常务理事，管立德、闫鸿勋、王霭云为常务监事，夏思源为理事，李赓章、周绍孟为监事后，并召集会员组织救护队，业经编制完备，全队队员共四十三人已开始训练矣。

原载于《中国红十字会月刊》1937 年第 20 期

## 分会近讯：宁晋分组织担架队

宁晋分会应时势之需要，已于上年十一月间开办担架训练班，额定四十名学课为担架法、防空常识、搬运法、战时须知等，俟毕业后，遇有战事，即行出发服务，其费用概由该分会供给云。

原载于《中国红十字会月刊》1937 年第 20 期

## 分会近讯：石港分会筹设救护训练班

石港分会为造就专门救护人才，以备战时需要起见，筹设训练班于南通县四安镇东乡，招考学员四十名，课程以急救护病学、毒气学、看护学、简易外科学等，惟教员人选应由该分会聘定后，开具履历，呈请总会核准后，始得上课，以昭郑重云。

原载于《中国红十字会月刊》1937 年第 20 期

# 分会近讯：济阳分会办理冬振

济阳分会每届隆冬严寒办理冬振不遗余力，本年自一月十三日起，购置棉衣施送，并开厂施粥，查明贫户，按册散放。除报请济阳县政府出示保护外，并呈请总会备案云。

原载于《中国红十字会月刊》1937年第20期

# 摘录各报关于红会之新闻：护士训练班加紧训练、现有学生四十余人

归化社讯：中国红十字会绥远分会第一期护士训练班自创办以来，秩序极为严整。男生三十余人，女生拾余人，每到时上课，精神尚称良好，惟以物资缺乏，不无影响。所幸全体师生均能刻苦自立，以埋头苦干。兹悉该班日前曾举行临时考试，测验该班学生程度高低，现已批阅试卷，不日即将宣告。闻将挑选品格优良，学术兼优多数学生，暂住于该会宿舍内，加紧训练，以备绥战紧张之际，选赴前方工作，余则一俟该班结束，按成绩派充工作云。（民国廿五年十二月廿五日《绥远社会日报》）

原载于《中国红十字会月刊》1937年第20期

# 摘录各报关于红会之新闻：护士训练班考试昨揭晓、录正取生九名

归化社讯：中国红十字会绥远分会第一期护士训练班日前曾举行临时考试，测验该班学生程度高低，挑选品学兼优之多数学生，暂住于该会宿舍内，加紧训练等请已志报端。兹悉该班已将试卷批阅完毕，昨已正式公布，正取各生正式入会居住，备取各生以俟正取有缺，即行递补。计此次正取九名，备取六名，照录如次，正取九名：高灵甫、兰瑞

生、康万金、贾质、王树国、陈墉、王志成、高明堂、王成焕；备取六名：舒云山、张奎焕、李守仁、张高峰、杨人杰、李子荣。（民国廿五年十二月二十六日《绥远西北日报》）

原载于《中国红十字会月刊》1937年第20期

## 分会近讯：郯城分会开始救护训练

郯城分会鉴于时局多故，特召集全体会职员会议，决议组织救护训练班，已于一月十三日在郯城北关大神庙会址开始训练。现报名受训者有八十余人，均为该分会之会员云。

原载于《中国红十字会月刊》1937年第21期

## 分会近讯：昆明分会赠送绥远前线百胜丹

云南昆明分会以平时之经验，积数年之研究，制成伤科特效良药一种，名百胜丹，曾请省会公安局化验，认为刀枪跌打诸伤之良剂，准予立案。该分会鉴核绥远前线将士之忠勇作战，特赠送该药五百瓶，试用包五百包，呈由云南省党部转寄前方应用云。

原载于《中国红十字会月刊》1937年第21期

## 分会近讯：掘江成立新分会

掘江分会由郭正平等发起，迭经呈请总会准予成立，现以筹备手续俱已办妥，由总会于一月十八日函复照准，并将印旗、图记、布告等寄去，着令克日召开会员大会，选举职员，再行开单报会查核云。

原载于《中国红十字会月刊》1937年第21期

## 分会近讯：新成立东决溪分会

距宝应县一百三十里之遥有东决溪镇，商务繁盛，人烟稠密，由陈惟清、陈锦屏、陈笑山、王瑞庚、张恩骑、陈以仁等发起组织分会，呈请总会核准，旋经总会于一月十八日函复准予成立矣。

原载于《中国红十字会月刊》1937 年第 21 期

## 分会近讯：吴兴分会建筑会所

浙江吴兴分会于民国十九年间由会长蒋澜江暨同人等因欲奠定会基，特于本城爱山路吴兴公园西首就湖州府廨西花厅原址，捐资建造三开间二层楼房一所，楼前花圃并附建廊屋七间，连同借用旧有乡贤祠房屋装摺等费，共用去国币二千九百另四元八角五分三厘。除由会员捐助一千三百四十五元外，余均由该分会存款项下动支。其捐助人蒋澜江、陆培之、王立三等各会员（等），由总会分别核奖云。

原载于《中国红十字会月刊》1937 年第 21 期

## 分会近讯：固始分会组织救护队

河南固始分会因时局严重，遵照部令编制法组织救护队，其服务人员就该分会医药事务各职员择优抽派，并遴选救护学校前后毕业高材生充当队员。该员等平日具有经验及相当学术，兹复重加训练，驻会待发，当有相当贡献。该队以分会会长吴紫英兼任队长，分会医院院长张裕兼任副队长暨医务长，分会副会长谢祖荫及女医院西医周锡三兼任医官云。

原载于《中国红十字会月刊》1937 年第 21 期

# 摘录各报所载关于红会之新闻：中国红十字会即墨分会、救护训练班举行开学典礼

本报特讯：中国红十字会为造就救护人材［才］起见，特训令各地分会，举办救护训练班。现即墨红十字分会已遵令筹备就绪，于本月廿三日下午二时，在该会办事处举行救护训练班开学典礼，参加者有县政府、公安局、联庄会训练处、县立中学、信义中学、县商会、西区公会等十余团体，以及该会学员、职员等百余人。由主席韩汇三报告开学意义，县政府代表李景周先生致训词，各机关代表相继演讲，三时半摄影散会，颇极一时之盛云。（民国二十六年一月二十六日《即墨民报》）

原载于《中国红十字会月刊》1937 年第 21 期

# 分会近讯：南宁分会新聘名誉会长

南宁分会会员阚宗骥系该会发起人，历任正会长及正议长，多年办理慈善事业，筹振各省灾祸，莫不竭尽心力，功劳卓著。又法国天主堂驻邕教主沈士杰对于倡办善举协助该会亦极热心，特提出理监事会联席会议，聘为名誉会长，经全体赞成通过，已呈报总会备案矣。

原载于《中国红十字会月刊》1937 年第 22 期

# 分会近讯：开平分会选举职员

开平分会于一月十二日召开成立大会，选举职员，由县政府派赤磡公安分局局长周鼎新莅场监选，投票结果：方本慈、关崇荣、司徒旷、关崇颐、方富庆、谢宗海、关镜池七人为理事，林珮团、杨润培、谢洽田、劳荣光、关廷勋五人为监事，复由理事会票选方本慈为会长，关崇荣、司徒旷为副会长，业经呈报总会备案矣。

原载于《中国红十字会月刊》1937 年第 22 期

# 分会近讯：即墨分会第三届职员已选出

即墨分会第三届职员任期已满，于一月二十三日召集全体会员大会，选举结果：刘炎汉当选为会长，王恩泽、林德先为副会长，宫垂钻、刘正信、江敦祝为常务理事，宋中曾为理事，黄梦周、宋中田、范光仁为常务监事，萧维玉、金显儒为监事，业经呈报总会备案，分别通知当选各员就职矣。

原载于《中国红十字会月刊》1937 年第 22 期

# 分会近讯：襄阳分会改选职员

襄阳分会于本年一月二十六日召集全体会员开第七届选举大会，当经襄阳县党部、县政府均派员莅会，参加指导，并监选。投票结果选出理事七人，监事五人，复由当选理事选举正副会长，并互选常务理事三人，至当选监事，亦互选常务监事三人。其名单如下：会长龚恒甫，副会长娄协华、陈鸣霄，常务理事杨吉生、王干卿、孙晚芳，理事季子扬，常务监事庞牧三、杨瑞僧、郝佐卿，监事张梓全、杨云阶，业经呈报总会备案矣。

原载于《中国红十字会月刊》1937 年第 22 期

# 分会近讯：文登分会新职员就职

文登分会于二十五年十二月十三日召开第一次全体会员大会，选举理监事，并由理事中推选正副会长等，刻已具报地方官署暨总会备案。其名单如下：会长于祺昌，副会长孙子玉、于筱泉，常务理事于华亭、刘清泉、刘佐臣，理事张汉池、曲明远，常务监事于云海、赵蕴千、张经淮，监事于勤圃、于洞明。

原载于《中国红十字会月刊》1937 年第 22 期

## 分会近讯：永城分会会长逝世

永城分会会长吕遐绍于二十五年十二月二十三日逝世，即经召集全体会职员等在本县县党部开会，选举继任人选。结果副会长王景臣当选，即将前吕会长任内经手账目情形，并拟具章程三十一条，会、职员名册各一本，呈报总会备案矣。

原载于《中国红十字会月刊》1937 年第 22 期

## 分会近讯：灌县分会救济火灾

灌县白沙场于一月二十一日晨突遭回禄，被延烧之董汉文等九户均属赤贫。又于二十四夜石厂湾遽罹大灾，其中有罗加兴等六户亦属贫苦，即经灌县分会在经费下项［项下］酌予提拨，派员携款驰赴两处，会同保长、甲长分别散放云。

原载于《中国红十字会月刊》1937 年第 22 期

## 分会近讯：大庄镇分会迁移会所

清苑县大庄镇分会会址原在张登镇天主堂内，现以该处狭窄，不敷应用，由全体会员决议迁于北河庄三十六号为该分会会所。在新会所修葺未竣以前，暂假清苑县城内安祥胡同五号为办公处所云。

原载于《中国红十字会月刊》1937 年第 22 期

## 分会近讯：新会分会新选职员

新会分会于二月二十一日召集全体会员大会，选举吴强华、黎碧轩、李文乾、李子安、陈锡禧、张卓然、吴聪廷等七人为理事，李祝南、陈才良、赵殿臣、李同光、黄英才五人为监事，复由理监事会联席会议推举吴强华为会长，黎碧轩、李文乾为副会长，李子安、陈锡禧、张卓然为常务理事，李祝南．陈才良、赵殿臣为常务监事，业经呈报总会备案矣。

原载于《中国红十字会月刊》1937 年第 22 期

## 分会近讯：河南新成立夏邑分会

夏邑有李正志、李修礼、郭效曾等发起组织分会，由永城分会介绍，并有县政府批令，暨县党部许可证等件证明，并呈缴总会全数会费及会员名册，即经总会核准，成立于二月二十六日。将承认书、图记、印旗、保护布告等寄去，着令克日召集全体会员大会依法选举职员，开具名单送会查核云。

原载于《中国红十字会月刊》1937 年第 22 期

## 分会近讯：河南睢县成立分会

前由商邱分会介绍睢县董象甫、田兴诗等发起组织睢县分会，准先成立筹备处，旋经县党部发给许可证，呈请总会核准，成立于三月四日，由总会函知照准，并随发印旗、图记等件矣。

原载于《中国红十字会月刊》1937 年第 22 期

# 分会近讯：吴县分会已正式成立

吴县分会原于齐卢之役成立，历来办理救护振灾诸工作，成绩卓著，维持至数年之久，乃于三年前因事遽告停办。旋于去年本会第二次征求会员时，虽有恢复分会之动机，但未能顺序进行。迄至本年第三次征求会员开始时，由吴县县长邓翔海，暨张云搏、刘正康、潘明卿、潘振霄、钱梓楚、丁春之、杨和庆、宋绩臣、程干卿、严庆祥、刘幕宇等发起组织先成立分会筹备处，推举邓县长为筹备主任。于三月间经总会核准成立，已将图记、印旗、承认书、保护布告、各级会员证书、徽章等寄去，俾于最短期间召集全体会员大会，照章选举理监事等，以利进行，其会所则暂假玄妙观方丈云。

原载于《中国红十字会月刊》1937 年第 22 期

# 摘录各报所载关于红会之新闻：江苏民族渡沉没大惨剧

来往江门省城民族渡十九晚由省返江，至二十晨三时驶至顺属甘竹滩触礁沉没，溺毙男女搭客及该渡工人共二三百人，货物损失不赀，灾情惨重，实为内河轮渡空前浩劫。

**【过滩触礁】**十九日晚七时四十五分，该渡在省由模范轮拖带满载货客开行返江，讵至翌（二十）日晨三时许驶经顺德第七区甘竹滩河面时，突告触礁沉没。查该处河面阔约十余丈，礁石嶙，横互河底，俗名石龙，又名炉石。水流湍急，有如瀑布，船轮之在该处遇险者不知凡机［几］，故航行恒存戒心。当局有见及此，年前拟将该石炸毁，后事未果行。当在晨民族渡上滩时，因水流湍急，两度不能上滩，乃三度开足马力，希图驶过。讵因将届废历年关，该渡所载客货过重，食水过深，因时届冬令，河水浅涸，卒不能驶上，乃即鸣钟慢车退后。讵此时该渡因受急流之猛冲，而司舵人黄长勤把持不住，当堂被撞于该处之香炉石，砰然一声，船头第二舱电机房被洞穿一大孔，河水汩汩涌入，电机被水淹熄，全渡黑暗，时该机房大偈麦苏、陈浩、何剑清正在工作，睹状后一面报告管理人陈兆全饬伴立将全渡煤汽灯燃着，一面派人奔往公舱拟搬弃货物抢救，无奈船底撞毁过甚，水入甚急，卒无法补救，瞬即全船沉没。一说则谓该渡因上滩断缆，以致触礁。

**【各方援救】**该渡肇事后，即放出救急号，时各搭客闻号，惊悲万分，各自仓皇逃命，全船骚动，呼救声与妇孺啼泣声，一时震天。此时模范轮即调头援救，该处右滩爱仁善院及左滩乡人闻耗，亦立驾艇救护，同时泊该处之大九江轮先后到场施救。惟时夜深天黑不辨方向，施救颇感棘手。未几，与该渡同航线之江省大安、全兴等渡，先后驶至，亦派轮分别协救。

**【溺毙人数】**查该渡是日所载男女搭客经沽票四百二十余张，连该渡职工四十余人，共约四百六七十人，除经救回百余人，其余多遭溺毙，其数约有三百人，诚省航失事之空前惨剧。至二十日上午七时许，来往江省各轮渡已接踵返江，各渡搭客亦相继登岸。本市自聆此惊人噩耗后，奔走相告，其有亲属在省未返者，纷纷拍电省方探问，来往电报约有二百起，其于昨晨赶搭大安、全兴早班，或搭江佛车赴省查询者，更繁有徒，而在各码头鹄立，探声消息者不下数百人，互相交谈，议论纷纷，其着急情形莫可名状。

**【会商救济】**新会县政府、江门商会、四邑明善医院、江门红十字会、会城各善院等自聆此消息后，即由县政府李县长召集在县府开会，讨论捞尸善后办法，旋由四邑明善医院雇请新梧山火轮一艘，拖带民船四艘，江门红十字会雇请连州火轮一艘，拖民船数艘，联同赴灾区打捞尸首。李县长务兹亦亲驾电船前往视察，指挥救护。查该渡系侧沉右边水面，只露出该渡电灯招牌及尾楼少许触目惊心，令人不禁黯然。是日江门红十字会只在该处附近河面捞尸六具，俱属女性，年在二十余岁至四十岁左右，中有年约两岁之女孩，皆身穿黑布衫裤，捞获后尸体仍未澎涨［膨胀］。红十字会填册备案后，随用棺木将各尸殓妥，于是晚运返江门招领。在甘竹右滩逃生者，有周金陵，四十四岁，江门；戴池记，四岁，新会；柯颂汉，二十七岁，阳春；陈受，四十岁，台山海晏。以上三人受伤逃回江门，投入江门红十字会调医。又查李县长等勘察后即日回江，昨晚八时余返抵江门，红十字会尚留救护人员在该处打捞尸体云。（民国二十六年一月二十一日《广东四邑民国日报》）

原载于《中国红十字会月刊》1937 年第 22 期

# 摘录各报所载关于红会之新闻：民族渡沉没惨案续志

查该渡遇难，广州城西方便医院及江门明善堂、江门红十字会均负派艇前往捞尸，城西方便医院欲将各尸搬运返省安置，但该遇难死者多为四邑人，江门红十字会昨二十一日特备棺木五十具，雇民船载运搭大安渡轮拖前往甘竹，如遇有认出为四邑人尸身，即装载返江。兹录江门红十字会通告于下。为通告事，查江省民族渡于本月十九日由省返江，驶至顺属甘竹滩河面触礁沉没，本会得接消息，当经立即派出救护队员，并雇备仵工驾轮驰赴肇事地点，分别救护及捞尸工作。除本月二十日由本会运回第一批尸骸六具招领外，本会人员尚留驻甘竹继续捞尸工作。现该民族渡定于今日（二十二）绞起，本会兹为利便遭难亲属认领尸骸起见，特雇备大船一艘，并供给伙食，定于明日（二十三）下午一时开行，前往甘竹。仰各界人等，如有亲属遭难者，希由今日起至明日正午十二时止，到本会办事处挂号，给据落船，前往验明尸体，由本会运载回江，具领安葬，此布。又县府定今（二十三）日上午九时，着民权渡拖轮载被难事主到甘竹认尸，由建设局长欧阳烈率领，如欲往者可乘该轮前往云。（民国二十六年一月二十三日《广东四邑民国日报》）

原载于《中国红十字会月刊》1937 年第 22 期

# 摘录各报所载关于红会之新闻：红十字分会散放赈米、孤贫领米感恩不置

九江红十字分会会长盛景唐客臘因鉴一般贫苦老弱无告者，缺衣乏食，状可堪怜。该氏以此，将由会拨少数的款，购办白米数十包，分散各孤贫。日昨一般老弱领得该会之米票，前往该处领取白米。各个领得者莫不眉飞色舞，感激盛氏之恩，不置云。（民国二十六年二月二十一日《九江夜报》）

原载于《中国红十字会月刊》1937 年第 22 期

# 总会近讯：爪哇侨胞输助救绥捐款

爪哇北加浪岸华侨捐助祖国慈善事业委员会致本总会函，略谓：绥境无辜同胞惨遭蹂躏，幸赖救护得力，始获减轻痛苦。兹经凑集国币一千零七十五元，捐作援绥经费等语。总会收到后，除掣收据，并函谢外，即将该款汇案，办理绥战救护事宜矣。

原载于《中国红十字会月刊》1937 年第 23 期

# 分会近讯：亳县分会添设西柳林镇办事处

安徽亳县分会据西柳林镇会员谭祝庭等三十人以该镇地接豫鹿，时有客军过境，每值青纱幛［帐］起，难免土匪出没，且会员有七十余人，因距城较远，请求设立办事处，以便施送医药，救济贫寒，业经总会核准成立矣。

原载于《中国红十字会月刊》1937 年第 23 期

# 分会近讯：青岛分会张副会长辞职

青岛分会以副会长张玉田函请辞职，经于三月十三日召集各议员会议，当经议决照准，并推选议员张立堂补充副会长职务。除函报总会核准外，并函请青岛市社会局备案云。

原载于《中国红十字会月刊》1937 年第 23 期

# 分会近讯：安徽新成立至德分会

至德县由董雨田等发起组织分会，县长李杜出具证书，在尧渡镇上街成立筹备处，公推董雨田为筹备主任。现以手续办竣，业经总会核准，成立正式分会，已将印旗、图记等件于三月十九日寄去矣。

原载于《中国红十字会月刊》1937 年第 23 期

## 分会近讯：天台分会补报当选职员

天台分会设于天台县立图书馆内，以前会长赵见微，常务理事金贡三相继辞职，乃于上年五月间召开第二次理事会，改选曹悟深为会长，袁定纲、陈敬生为副会长，陈克群、陈采诗为常务理事，许吉波、孙芹波、曹醉莲为常务监事，袁省庭、姜信斋为理事，曹次铭、梅绍礼为监事，业经补报总会备案矣。

原载于《中国红十字会月刊》1937 年第 23 期

## 分会近讯：洛阳分会新聘名誉职员

洛阳分会除当选理监事暨正副会长外，为欲发展会务起见，斟酌情形，遴选地方耆绅，聘任名誉各职，以资协助。兹聘请杨思温、尤士奇、叶连三、郭芳五、白光仁、郭仙舫等为名誉会长，李鸿勋为会务顾问，姚鸿裔、李信荣为法律顾问，刘一鹏、刘俊三为医药顾问，马尊三为国医顾问，司马德锐、白光华、刘校岑、王生甫、魏庆昇、李树芬为名誉理事，已于上月呈报总会备案矣。

原载于《中国红十字会月刊》1937 年第 23 期

## 分会近讯：亳县分会设立医院

亳县分会于上年四月间聘请义务医师，并由会员乐输经费设立医院一所。自迁移会址后，即将医院附设在内，定名为中国红十字会亳［亳］县分会第一医院，俟经费有着，拟陆续添设云。

原载于《中国红十字会月刊》1937 年第 23 期

# 摘录各报所载关于红会之新闻：中国红十字会威海卫分会、昨午举行成立大会迟中龢等当选为正副会长

本埠中国红十字会威海卫分会定期开成立大会并选举会长一节，已志前报。兹悉该会于上午十时，在该会大礼堂举行成立大会，并依法选举会长。各机关派员参加者，有党部代表胡仲琳，公署代表李济亭，法院第一分局代表周永贵，第一区区长孙道一，警察局代表崔墨廷，天主堂代表杨学哲、王玉堂，海产公会代表谷均舫，青年会谷干事，海星张校长，明星学校王校长，滨海医院张院长及《黄海潮报》与本报记者等数十人。由迟中龢主席如仪行礼后，首由主席报告，略谓：今天敝分会开成立大会，幸蒙各机关、各团体、各来宾诸位劳步莅会，指示并监视指导投票选举，同人等不胜欢迎之至。至于敝分会应负的甚么责任呢，是完全办理慈善事业，以博爱恤兵、救灾振济、捨［舍］施医药、诊疗疾病为宗旨。诸位要明瞭［了］红十字会的情形，系依《万国缔盟条约》公布，经瑞士国日来佛万国红十字联合会缔约公认为正式中国红十字会。上海总会成立现已三十余年，对于慈善事业无不尽力施行，这是诸位人人所知道的。兄弟因为初次来威，人地生疏，又兼愚鲁拙劣，毫无学识，不过办理慈善事业，颇具热心，将来是否完善，则仍有待于各界之指导与援助。继即由胡仲琳、李济亭相继致词，语多训勉，后即开始投票选举会长，选举结果，迟中龢得票为最多，当选为该会会长，杨振麟、董方华二人为副会长，至十二时散会云。（民国二十六年一月廿九日《威海卫新生日报》）

原载于《中国红十字会月刊》1937 年第 23 期

# 摘录各报所载关于红会之新闻：红十字会免费种牛痘

九江红十字分会设立医院二十六年于兹矣，平时布种牛痘，免费注射防疫针，送药散米，而对振济、救护、收容、遣散、掩埋等工作尤为

注意。现当春令，该会为免除天花起见，特备有新鲜牛痘苗，免费布种。近日天气和暖，至该院布种者，甚形踊跃云。（民国二十六年三月十九日《九江日报》）

原载于《中国红十字会月刊》1937 年第 23 期

## 摘录各报所载关于红会之新闻：苏州筹设红十字分会

中国红十字会吴县分会，县府奉令筹备以来，现已就绪，定于四月初举行成立大会，届时并推定正副会长及理监事等。县府正赶拟组织简章，一俟拟就，当即召开大会云。（民国二十六年三月二十六日《民报》）

原载于《中国红十字会月刊》1937 年第 23 期

## 分会近讯：信阳分会已迁入新会址

信阳分会业由信阳县政府将东城内三官庙全部拨充会所，以该庙年久失修，不堪应用，经会长陈其训等设法筹募捐款，大加修葺，焕然一新。惟原有大殿三楹拟改建办公厅者，尚未动工云。

原载于《中国红十字会月刊》1937 年第 24 期

## 分会近讯：益林分会训练救护

益林分会硕集镇办事处于四月九日开设救护训练班两组，每组学员三十名，上午授急救护病学，下午授毒气学，其讲义均採［采］自总会出版者，教员由该办事处主任刘绪常兼任云。

原载于《中国红十字会月刊》1937 年第 24 期

# 分会近讯：大冶分会新选职员

湖北大冶分会成立于民国七年，兹以遵照管理条例，乃于四月一日召开第七届会员大会，改选职员。当经党政机关派员出席，监选结果：选出理事七人，监事五人，成立理事会、监事会。后由理监事联席会议选举梅悦臣为会长，郭鹤年、朱芹香为副会长，姚碌民、汪悦先、李质卿为常务理事，叶熙臣为理事，汪笑词、陈南山、陈济川为常务监事，陶绥之、张国珍为监事，并另聘叶德之为名誉会长，同时宣誓就职，并呈报总会暨主管机关核准备案云。

原载于《中国红十字会月刊》1937 年第 24 期

# 分会近讯：赣榆分会新设办事处三处

赣榆分会近以会务日趋发展，惟地域辽阔，会员众多，散处乡间，有鞭长莫及之势，经第四次理监事联席会议之决议在拓汪街成立第一办事处，欢墩埠为第二办事处，大兴庄为第三办事处，业已呈报总会备案矣。

原载于《中国红十字会月刊》1937 年第 24 期

# 分会近讯：清江浦分会改选职员

清江浦分会为改选事，于三月十八日召集会员大会，出席会员六十二人，县党部委派黄魁元莅会指导，县政府委派乔荣华监选，票选结果蒋筱庭、王光祖、黄宏钧、吕晓农、张伯英、浦治平、何第钦、赵连城、夏一鹏等九人当选为理事，倪嘉福、钱艺秋、杨小亭、秦鸿飞、秦毓生等五人当选为监事。复就全体理事互选蒋筱庭为会长，王光祖、黄宏钧为副会长，吕晓农、张伯英、浦治平三人为常务理事。复由全体监事互选倪嘉福、钱艺秋二人为常务监事。以上当选人员同于即日下午三时宜暂就职矣。

原载于《中国红十字会月刊》1937 年第 24 期

## 分会近讯：河南新成立罗山分会

河南罗山分会筹备以来，各项手续俱已办理完竣，业于四月间由总会核准正式成立。发去印旗、图记、承认书、保护布告及会员证书、徽章等件，着今克日召开会员大会，照章选举职员，俾负责办理会务，现会址暂设罗山县北街七十二号云。

原载于《中国红十字会月刊》1937 年第 24 期

## 分会近讯：盐城分会设办事处十二处

江苏盐城分会历年为发展会务起见，先后成立办事处十二处：（一）龙冈市在冈门镇；（二）武泾乡在泾口；（三）太平乡在三旺庄；（四）沙沟市在沙沟镇；（五）秦南仓；（六）林上庄；（七）北夏庄；（八）蒋石庄；（九）刘家垛；（十）新河庙；（十一）汤家碾；（十二）走马沟。业经呈请总会颁发军政部布告十二张，分别转发实贴矣。

原载于《中国红十字会月刊》1937 年第 24 期

## 摘录各报所载关于红会之新闻：绥远红十字分会训练班行毕业礼

华光社讯：中国红十字会绥远分会为造就看护人才，特设护士训练班，招生入班，加以训练。第一期学员昨已修业期满，于上午十时在该会礼堂举行毕业典礼，并发给毕业证书。计考试及格者：李守仁、王树国、贾质、李子荣、李子琦、康万金、高明堂、陈墉、任志铭、李茂森、舒云山、张奎焕、张廷楹、邝葆琳、李克敏、陈淑荣、吴慧文、孟

璧贞、郭淑娴、胡玉敏、陈心如、孙保贞等二十二人云。（民国二十六年四月十二日《归绥朝报》）

原载于《中国红十字会月刊》1937 年第 24 期

# 摘录各报所载关于红会之新闻：红会会务近讯

本埠中国红十字会总会所属第二医院内诊部为惠及平民起见，特将诊费减低，无论初诊、复诊，仅收国币一角。又以闽南沿海各县，今春发生鼠疫，死亡枕藉，惨不忍睹。闻由该会拨给该地治疫药品，以资救济。英国红十字会为筹募护士创始人鼐氏基金，开办万国市场，该总会特採［采］集国产物品多种，分装二十大箱，已于前日运去矣云。（民国二十六年五月七日《时事新报》）

原载于《中国红十字会月刊》1937 年第 24 期

# 分会近讯：建阳分会掩埋浮尸

盐城泾河乡第一保第五甲河内于四月二十二日由淮安县境南泾河上游淌来无名男尸一具，身长五尺，上身穿白布挂，下身穿黑面白裹布棉裤，足穿黑袜无鞋，有绳捆缚两足，皮肤腐烂，五官模糊。即经建阳分会西安丰办事处掩埋队会同区公所前往查勘，填明尸格，并备棺暂厝安丰镇第十保瘗地，出示招认云。

原载于《中国红十字会月刊》1937 年第 25 期

# 分会近讯：睢县分会新选职员

睢县分会于本年成立后，旋于五月一日上午十时在本城南街会所召开会员大会，选举理事七人，监事五人，董象甫、李继美、田兴诗、申明德、屈旭舞、夏锡龄、路继曾当选为理事，张心贞、常致祥、袁率美、董勋亭、邵得震当选为监事。复由理事会推选董象甫为会长，李继美、田兴诗为副会长，申明德、屈旭舞、夏锡龄为常务理事，由监事会推选张心贞、常致祥、袁率美为常务监事，并聘请徐倞、殷承志、马培长为名誉会长云。

原载于《中国红十字会月刊》1937年第25期

## 分会近讯：威海卫分会设立办事处

威海卫分会据会员孙桂林申请，以会员多居乡野，距城辽远，拟在杨庭集设立办事处，即经转呈总会核办。今总会已令准备案矣。

原载于《中国红十字会月刊》1937年第25期

## 分会近讯：至德县分会改选理事

至德县分会于五月二日召开会员大会，改选理事七人，复由理事会推选董雨田为会长，林锦文、徐传友为副会长，郑龙泉、陈瑞松、胡觉岸为常务理事，张鼎家为理事，业已呈报总会备案矣。

原载于《中国红十字会月刊》1937年第25期

## 分会近讯：溧阳分会举行第四届大会

溧阳分会于四月二十一日召开会员选举大会，选举结果：陈夑坤当选为会长，费时生、黄杏安为副会长，汤汶泉、王苏、朱耀东为常务理事，吴藩为理事，周牧三、胡树声、朱友直为常务监事，钱春海、杨景颢为监事，业经呈报总会备案矣。

原载于《中国红十字会月刊》1937年第25期

## 分会近讯：永城分会救护训练班毕业

永城分会主办之救护训练班自本年三月二十一日开课至四月三十日训练期满，毕业学员四十六人，其课程为简易诊断学、药剂学、毒气学、担架学、卫生学、军事训练、精神讲话等，由当地党政军警各界领袖担任教授，而学员则多为农学两界青年云。

原载于《中国红十字会月刊》1937 年第 25 期

## 分会近讯：夏邑县分会职员宣誓就职

夏邑县分会于五月十三日召开第一次理事会及监事会，推选彭式敏为会长，李修礼、李正志为副会长，李广荣、冯秀升、闫廷献为常务理事，杜子舆为理事，杜缄三、郭效曾、杨万钧为常务监事，李春山、邱藏美为监事，理蒙永城、夏邑两县党部康委员、县政府李县长、第一区潘区长等莅会监选，并由全体当选职员即行宣誓就职云。

原载于《中国红十字会月刊》1937 年第 25 期

## 分会近讯：淮安县成立分会

淮安县分会由许甲三、杜秉铨、陈汝云等筹备以来，业已手续完竣，经总会于五月二十六日核准成立，并指令克日召开会员大会，选举职员，呈报核夺云。

原载于《中国红十字会月刊》1937 年第 25 期

## 分会近讯：南宁分会急振果镇两县

广西省果德、镇结边远等县，素称贫瘠，户鲜盖藏。迭遭水旱，连年歉收，致酿灾灾荒，受灾人民日入深山採［采］取蕨头、草根、野菜榨食充饥。卖妻鬻子，转乎沟壑者，实繁有徒，尤以果、镇两属为最。由本会南宁分会召集会议，决定急振办法，购备粟米二万斤，克日分批派员水陆运赴灾区，会同广西省粮食委员会暨当地县政府联络办理。初则调查受灾人数及灾情轻重，分别登记，再行散放，计果德县果化、玻璃两乡共十三村街，灾民七千六百三十八名，支配振粟八千九百二十九斤。镇结县十五乡，共一百六十二村街，灾民一万零零三十六名，支配振栗［粟］一万一千零七十一斤，两县灾民合计一万七千六百七十四名，共放振粟二万斤。此次购粟需款二千余元，事务费二百余元，系由会中常费提支两次，派员会同调查，散振医病，驰逐于瘴乡烈日中，三十五天急振工作始告结束云。

原载于《中国红十字会月刊》1937 年第 25 期

## 分会近讯：灌云分会散振火灾

本年五月八日午后九时，灌云东犀角河一带惨遭火灾，完全烧毁者二十三户，半烧毁者二户，扯毁者九户，均悉贫民。即由本会灌云分会到场散振，每户振钱十六钏，其半烧毁者每户振钱十二钏，扯毁者每户八钏云。

原载于《中国红十字会月刊》1937 年第 25 期

## 分会近讯：英国救伤总会参观广州分会

英国圣约翰救伤总会海外部长施利民偕圣约翰救伤队总监莫礼士往广州市分会参观，对于各种建设颇为赞许，并由港督郝特杰与施对港救伤队举行大检阅。广州市分会派代表暨救护队长等前往参观，以资联络云。

原载于《中国红十字会月刊》1937 年第 25 期

## 分会近讯：光山县分会改选职员

光山县分会以第三届职员任期已满，特召集第四届会员大会，选举理事八人，监事五人。复由理事会推定王述先为会长，詹云龙、高醒尘为副会长，上官麟、周桂馨、周廷彦为常务理事，詹宗延、王利宾为理事，文玉朝、余廷桢、夏和声为常务监事，高文杰、李传宗为监事，业已分别就职，呈请总会备案矣。

原载于《中国红十字会月刊》1937 年第 25 期

## 分会近讯：赣榆县分会推进业务

赣榆县分会经两次理监事会联席会议之决议，组织第一医院于县城内西门大街，聘任朱士珍、孙兴凤为正副院长，并于距县城五十余里之石桥添设办事处一所，又以该分会秘书长徐唐定因事辞职，即经聘请张天石继任云。

原载于《中国红十字会月刊》1937 年第 25 期

## 摘录各报所载关于红会之新闻：英国红会海外部长施利民氏考察广州救护事业

国际风云日紧，各国均积极扩充军备，红十字会于战时担任救护工作，职责异常重大。英国红十字总会会长康乐公爵特派海外部长施利民氏赴港检阅救伤队实力。施氏以广州与港有相连关系，特偕港圣约翰红十字救伤队军长莫礼士，于三月二十八日，由港乘中午快车到广州，考察救护事业。广州市红十字会会长谢英伯闻讯，先派救护队百余人，驰至广九车站迎候。迨车将抵埠，复偕同会内职员及广州市政府代表、卫生局长欧阳慧漗等百数十人，亲到车站欢迎。施、莫二氏到后，即检阅救护队，随偕赴该会休息，旋参观会内第一、第二留医院、救护学校、救护队队部等各处，对于该会一切建设，颇为赞许。下午五时，该会派员导往黄花岗七十二烈士墓参观，七时，复在哥仑布餐室，设筵欢讌［宴］二氏，以尽地主之谊。席间先由谢会长致欢迎词，继由英文秘书史哲龄，代会分送绣屏于二氏，以资纪念。旋二氏相继起立致答，并由莫氏以大银盾一面，赠送广州分会，藉作琼琚之报。至九时许，宾主始尽欢而散。今日，二氏乃乘尾车回港云。（民国二十六年三月二十九日《广州粤报》）

原载于《中国红十字会月刊》1937 年第 25 期

# 摘录各报所载关于红会之新闻：日本海军军医参观九江红十字会医院

五月三日下午二时许，日本和子兵舰海军军医大尉岛田宗之等至九江红十字分会投刺参观，由该会职员招待，陪往各室参观云。（民国廿六年五月五日《九江日报》）

原载于《中国红十字会月刊》1937年第25期

# 摘录各报所载关于红会之新闻：闽南鼠疫防救会昨日集议救济

闽南鼠疫防救委员会于昨日下午三时，在晋惠会馆举行第五次委员会议，到萧碧川、丁子尧、任长勋、李伟光、郭振嘉、上官树芬、陈澄、卢德涛、陈永南、陈式三、陈楚鸣等，列席者，中国红十字会代表千叔涵，由萧碧川主席报告晋京请愿经过，即讨论各案如下：（一）各方送来药品本会应如何运往施救，对于各种药品应否加以说明用途案，议决将各种药品取出一件送至中国红十字总会请加以说明用途，然后按照闽南疫区之需要，寄往施救；（二）关于编撰防救鼠疫常识小册，以便分发闽南各县，使人民得有防制及救济鼠疫办法，应如何编撰请公决案，议决请中国红十字会帮同编撰，一面再向医学家征求防救鼠疫宏论，以便编撰分发；（三）关于定期召集各医师讨论防疫办法案，议决请李伟光医师负责召集之，议毕散会。（民国廿六年五月十七日《申报》）

原载于《中国红十字会月刊》1937年第25期

# 摘录各报所载关于红会之新闻：苏州红分会选理监事

中国红十字会吴县分会昨选举理、监事，结果程干卿、宋绩成、钱梓楚、丁春之、潘振霄、潘子义、范君博为理事，孔陟岐等为监事云。

（民国廿六年六月八日《民报》）

原载于《中国红十字会月刊》1937 年第 25 期

# 中国红十字会月刊读者意见栏

本刊发行以来已两年，于兹每月一日出版，从未衍期，此编者深以为自慰者，惟内容偏重会务，未免枯燥，刻自二十五期起，将各栏增损，俾读者对红会有相当之认识外，并能得到其他之兴趣，但革新伊始，诸事草创，还祈读者诸君源源指导，以匡不逮，不特本刊之荣，抑亦本会之幸也，爰辟“读者意见”一栏，如何赐教，曷胜欢迎读者下列表内剪下，迳寄上海新闸路中国红十字会编释宣传股收为祷。

读者意见

姓名　通讯处

原载于《中国红十字会月刊》1937 年第 25 期

# 分会近讯：句容新成立分会

句容分会初由会员刘启承等九人发起组织，继派代表艾方伯赴沪请愿，即经总会核准，其会址暂设桥头镇，除即日召集会员选举外，并将开办救护训练班云。

原载于《中国红十字会月刊》1937 年第 26 期

# 分会近讯：汕头分会新选职员

汕头分会于六月六日召开第六次会员大会选举第一届理监事，由市政府派员监选。结果沈道明、陈成书、辛扬人、林先恭、周海生、谢汉松、王照坚等七人得票最多数，当选为理事，吴济民、陈在龙、王颐、陈欣木、江天春等五人当选为监事。复由理监事会选举陈成书为会长，沈道明、周海生为副会长，王照坚、辛扬人、谢汉松等为常务理事，陈在龙、吴济民、陈欣木为常务监事云。

原载于《中国红十字会月刊》1937年第26期

## 分会近讯：句容分会新选职员

句容分会于六月二十日成立后，即经召开会员大会，选举结果：刘彭年当选为正会长，刘启承、孟昭义为副会长，吴慈、汪先桐、孔保罗为常务理事，滕学春为理事，叶昆冈、宓德芬、巴钦安为常务监事，李博、摩尔士为监事，并聘请盛止戈、季富德、艾方伯、陈儒臣、华子书为名誉会长云。

原载于《中国红十字会月刊》1937年第26期

## 分会近讯：严惩卫海威［威海卫］分会迟会长等

卫海威［威海卫］分会会长迟中龢等有浮收会费、诈取押金、藉会招摇情事，由该分会会员代表孙喜龄等呈控，当由总会电请卫海威［威海卫］管理专员公署一并扣押，查明法办。即经孙专员密饬警察局前往该分会，将会长迟中龢等十六名逮获到案，迭经一一讯问，事属实在。除将迟中龢、杨振林、李人千、梁永亭、唐子谟五名押送法院讯办外，其余嫌疑较轻人犯交保候讯，并将嫌疑不足人犯开释，以免牵连。一面并将该分会查封，候法院解决办理云。

原载于《中国红十字会月刊》1937年第26期

## 分会近讯：仙游分会之近期工作

仙邑自去冬发生天花、麻疹、肺炎等流行病后，蔓延甚速。仙游分会特派医师多人分赴乡间，施种牛痘，迄已有五千余人。渐见肃清鼠疫，忽又猖獗，传播甚广。该分会购备大批疫苗，自五月七日起，免费施种，已有七千余人。正以医药有限，难以为继，幸中央卫生署特派防疫专员到仙指示，并联合协和医院及医师公会扩大计划，以期全部扑灭。

原载于《中国红十字会月刊》1937 年第 26 期

## 分会近讯：揭阳县分会新设办事处

普宁分会会长江天春以石牛地方会员甚多，为便利救济工作起见，应即设立办事处，惟该地为揭阳县属，特函商揭阳分会，将会员列册，移归直辖。当经揭阳分会同意，呈报总会备案矣。

原载于《中国红十字会月刊》1937 年第 26 期

## 摘录各报所载关于红会之新闻：九江红十字分会免费施打防疫针

九江红十字分会现已时入夏令，瘟疫难免不无流行。该会以此，特设免费施打预防针，自本日起，闻已施行送打预防针云。（民国二十六年五月廿七日《九江夜报》）

原载于《中国红十字会月刊》1937 年第 26 期

## 摘录各报所载关于红会之新闻：中国红十字会（北）平分会改组完毕，筹备改选理监事

中国红十字会北平分会因去年一度发生纠纷，遂由总会聘请方石珊、全绍清、姜文熙、卓定谋、侯毓汶、庞敦敏、吴祥凤、林可胜等十一人为整委，组织整理委员会负责进行。因以种种障碍，直迟至今年二月二十六日始告正式成立，推定吴祥凤为主席，实行接收会中文卷、财产，并向主管机关社会局备案。闻整理工作现正在积极进行中，各整委均逐日轮流到会办事。现为筹备改选理、监事，已通告各会员，自六月一日起至三十日

止，限一个月内将凭照、会章核对，以便分送选票，如逾期不交，即认为弃权，以杜流弊云。（民国廿六年六月八日《北平晨报》）

原载于《中国红十字会月刊》1937 年第 26 期

## 摘录各报所载关于红会之新闻：雷嗣尚允任红十字会主任

中国红十字会北平分会会务自整理委员会成立后，积极整顿。现整委会为谋发展会务，巩固基础，决依据总会颁布之《第三次征求会员章程》，从事征集会员，并由总会敦聘北平市社会局长雷嗣尚担任该分会征求会员委员会主任委员。雷以该会为慈善组织，自应尽个人力量，从事倡导赞襄，已允就（任）云。（民国廿六年六月十一日《北平益世报》）

原载于《中国红十字会月刊》1937 年第 26 期

## 摘录各报所载关于红会之新闻：蒋委员长昨召见庞京周，垂询红会一切情形

九江牯岭电话，蒋委员长于廿一日下午五时召见中国红十字会总会秘书长庞京周，垂询该会一切情形。经庞将改进该会机构计划、救护工作等项分别陈述，请予训示。并助提倡，当蒙嘉纳，且对该会筹设之首都救护车甚表赞许，并谕即予促其实现。又暑期内该会鉴于庐山劳动者激增，拟在山分设办事处，从事施医给药，亦经陈明。二十一日中央社电。（民国廿六年六月廿二日《申报》）

原载于《中国红十字会月刊》1937 年第 26 期

## 摘录各报所载关于红会之新闻：洛阳红十字分会平民医院定期开诊

洛阳红十字分会昨（十七）日举行第十次理监事联席会议，出席者于仲雅等八人，由何静斋主席，讨论事项：（一）本会附设《平民医院

诊病规则》，逐条研究修正，尚无不合，应予备案；（二）关于《平民医院简章》另行拟订；（三）本会医院业经筹设完竣，关于门诊部开始诊病日期，议决准以六月二十日为开始应诊日期，七月一日为正式开幕日期；（四）本会旧图记已遵令呈缴，新换图记业奉总会颁到，准于六月二十日启用。同时并分别呈报党政官署备案及函达地方各机关团体备查，至十二时许散会。（民国廿六年六月十八日《洛阳报》）

原载于《中国红十字会月刊》1937 年第 26 期

## 分会近讯：新成立南和县分会

河北省南和县由总会核准成立分会筹备处以来，业将各项手续办竣，准予正式成立。总会即于七月十日发去图记、印旗等，并指令即日召开全体会员大会选举职员，呈报备案。

原载于《中国红十字会月刊》1937 年第 27 期

## 分会近讯：寿光分会改选职员

寿光分会于七月十二日召开会员大会，选举理监事各职员，复开理事会、监事会，选定孙奉先为会长，张立成、李子玉为副会长，张鸿庆、李干卿、张瑞五为常务理事，杨万铎、李毓春、郎凤光为常务监事，李仲文为理事，赵宗光、赵承训、朱在校为监事云。

原载于《中国红十字会月刊》1937 年第 27 期

## 分会近讯：汕头分会第一届职员已选出

汕头分会第一届各职员案经会员大会选出，计正会长陈成书，副会长周海生、沈道明，常务理事谢汉松、辛扬人、王照坚，理事林先恭，常务监事陈欣木、吴济民、陈在龙，监事江天春、王颐于七月四日宣誓就职，当由汕头市政府派员监誓云。

原载于《中国红十字会月刊》1937年第27期

## 分会近讯：吴县分会职员已产生

吴县分会成立后，于六月七日在中山堂选举理监事，结果：程干卿、宋绩成、钱梓楚、丁春芝、潘振霄、潘子义、范君博七人当选为理事，孔涉岵、潘明卿、单束笙、吴曾善、沈挹芝五人当选为监事。联席会议选定钱梓楚为正会长，范君博、潘子义为副会长，潘振霄、宋绩成、丁春芝为常务理事，单束笙、吴曾善、沈挹芝为常务监事云。

原载于《中国红十字会月刊》1937年第27期

## 摘录各报所载关于红会救护之新闻：红十字会准备办理救护

自日军无端起衅，我军奋勇抗战后，各方纷起筹谋后援工作，关于前方救护事宜至属重要。本市中国红十字会总会方面对办理战区救护工作已着手准备，惟因该会负责人刘鸿生、林康侯等现已奉召赴庐参加谈话会，整个计划及动员办法须候刘等返沪，召集常务理事会议，商讨进行。至目前救护前方难民、伤兵工作正由北平分会积极办理，将来沪总会当局拟大规模组织救护队出发北上，参加工作云。（民国二十六年七月十六日各报）

原载于《中国红十字会月刊》1937年第27期

## 摘录各报所载关于红会救护之新闻：红十字会华北救护

本埠新闸路中国红十字会总会去年曾有救护委员会之组织，华北方面亦有分会设立。据该会昨日清晨接得华北分会电告，该分会已由北平协和医院及山东齐鲁大学医科同学为基本人员，于昨晨一时许开始工作，先从大手术部份开始办理。（民国廿六年七月廿二日《申报》）

原载于《中国红十字会月刊》1937 年第 27 期

## 摘录各报所载关于红会救护之新闻：非常时期之救护准备

此次华北事变救护工作方面至关重要，卫生署刘署长瑞恒为筹商红十字会总会救护工作，特于本日（二十二日）来沪与各界领袖会商。记者特往访刘署长，此承接晤，刘署长云：关于前方军民医疗救护工作，本署与红十字会总会正在积极准备。北平方面组织重伤手术组，早经就绪，惟过去几次战事，各地方同胞慷慨解囊，以表慰劳者虽多，然所送物品并非前方需要，或愿捐款项不知送往何处，亦或不指定用途，其结果不克达到捐助者预期之目的。现红十字会总会加紧工作，购置材料，召集人员。在在需款，现时急盼国内外各界同胞自动捐助，踊跃输将。凡医药救护应用材料、药品固所欢迎，因前方军民所缺乏而且急需者即在医疗救济工作，尤以捐助款项，俾得斟酌需要购置，更为妥善。所有捐助款项、器材可迳交上海中国红十字会总会或通知卫生署转收，亦无不可。俾红十字会前方救护工作得以迅速进行也云云。

本市各医事机关为早日筹划救护无辜军民起见，特分别依照救护委员会指示，积极准备非常时期之重要工作。昨向关系方面探悉，本市中国红十字会医院、中华医学会、医师公会，暨各医师、医学院等现均已开始筹备，凡属一切救护用具及药品亦已购置。闻一俟华北大战开始，即联合动员，北上实施救护工作云。（廿六年七月廿三日《申报》）

原载于《中国红十字会月刊》1937 年第 27 期

## 摘录各报所载关于红会救护之新闻：救护加紧工作

全国道路协会鉴于前线将士浴血抗战，忠勇卫国，惟今后对输运军需粮食以及救护之车辆殊必需要众多，特联合本市慈善团体联合会、中国红十字会等共同发起组织筹款购车运动，并已推定赵晋卿、颜福庆、钱新之、楼兆年及各汽车公司代表史密司、马爱尔斯、法兰特门、克劳、戴友三等九人，为购车委员会。且拟定购车办法：（一）此项车辆特商各行购买，照定价予以特别折扣；（二）某行售出车辆，道路会即将牌号定价、现售实价及特别折扣分别列表注明捐启，俾质矜式；（三）此项车辆一律送交中国红十字会，以备救护伤兵及运输粮食之用，不得移作别项用途；（四）此项车辆进口时，呈请财部免征进口税等等。详细计划刻正由各委员积极进行。闻现已向美国定购卡车十余辆，日内即可抵沪云。

救护工作。华北大战业已爆发，本市各救护及慈善团体以前方难民、伤兵急待救济，纷纷加紧工作。兹探志各情如下：（一）中国红十字会。本埠中国红十字总会鉴于华北战事日趋紧迫，连日迭接平津等地分会电告，卢沟桥、廊坊、天津、南苑、北苑、杨村一带战区难民、伤兵为数众多，为本救难恤兵宗旨，决加紧前方救护工作。一方面除积极分向各方募集巨款购办大宗医药救护用品，分批源源赴前方以应急需外，并急电华北救护分会协助地方当局，开办临时救护医院及难民收容所。同时赶制衣服，分发收容之难民应用云。（二）善团救灾联会、上海慈善团体联合救灾会。自成立设计委员会，负责设计规划救护战地难胞事宜后，迭经协议结果，除将绥战所募余款悉数拨充救济平津等地被兵灾之难民用费外，并已急电赈务委员会驻平办事处及专员杨子功，请协同代为办理，昨已先行汇出五千元，交杨专员查放战区急赈。此后决将余款全部汇往前方，交由赈分会协助当地各慈善团体，开办收容所，广事收容处于危难中之难民云。（民国廿六年七月卅日各报）

原载于《中国红十字会月刊》1937年第27期

## 摘录各报所载关于红会救护之新闻：红十字会征募衫裤

本埠红十字会以华北平郊一带及天津塘沽等处，现日兵分队向我进攻，我军浴血抗战，悲壮激烈。惟士兵等所穿衣裤极为肮脏，故发起征募大批短衫裤及背心等，希望各界随时募集送交该会，俾送往前线，供给士兵服用云。（廿六年七月卅日各报）

原载于《中国红十字会月刊》1937年第27期

# 摘录各报所载关于红会救护之新闻：红会救护队

本市中国红十字会总会连日接平津分会电告伤亡情形，除通令全国分会加紧准备，并积极向各方募款购办药物外，并电华北救护分会筹组伤兵医院。同时华北救护分会所组织之救护队均系协和医院一部份人员所组成，已出发赴津工作，保定分会救护队亦同时出动。（民国廿六年七月卅一日《申报》）

原载于《中国红十字会月刊》1937 年第 27 期

# 摘录各报所载关于红会救护之新闻：首都成立救护事业总管理处

本报南京一日电：中国红十字会总会为便利各方接洽起见，将由沪迁往首都办公。

本市讯：中国红十字会消息：（一）据北平来客谈：南苑郊外伤兵因运输困难，从郊外至城内医院竟殊咸棘手，故伤兵遍野。北平城内各医院现正竭力救治伤残；（二）天津方面，中国自治区因日机轰炸猛烈，致救护无从着手，状况不详；（三）天津电报昨日尚通，红会秘书长庞京周昨日发电至天津黄棣春、朱世英、梁宝鉴、沈鸿翔、黎宗尧诸医师，详询津租界救护工作情形，一俟复到，准备供给大量药品；（四）南京救护事业总管理处业经组织成立，主任为刘瑞恒，副主任为金宝善、庞京周，医务组组长为梅贻琳，总务组组长徐世伦，红十字会救护委员会对于购买救护车、爱克司光及大批裹伤包、药品，均已有具体决定云。又据红会负责人谈，此次平津政局变化太速，到该地救护工作事实上只可由平津医学界所组织之中国红十字会华北救护委员会办理。（民国廿六年八月二日《时事新报》）

原载于《中国红十字会月刊》1937 年第 27 期

## 摘录各报所载关于红会救护之新闻：红会牯岭诊疗所结束

中国红十字会总会前在牯岭设立临时诊疗所，开幕以来，诊务繁忙，现因救护工作万分紧张，已由总会电令牯岭，于七月三十一日全部结束。剩余时疫药水一万七千余瓶及救伤医具、药物悉数迳寄保定战区应用，至全体人员则将克日返沪办理救护事宜云。（民国廿六年八月三日《中华日报》）

原载于《中国红十字会月刊》1937 年第 27 期

## 摘录各报所载关于红会救护之新闻：救济平津战区难民

中国红十字会总会所组织之救护队昨已决定由国立上海医学院暨国立同济大学担任两大组，定今日奉令前往某地实施工作。又该会为集中全沪药品，以备救护队及伤兵医院急需起见，昨特召集各药业代表，指定伙品，规定价格，购进药物数十万元，以免缺乏之虞。现在天津方面难民达三十万众，饥饿交迫，无家可归，由红十字会暨各慈善团体筹商援救办法，首由红十字会总会担任二万元，并由各团体分别认定凑足五万元，即派代表驰赴天津，会同当地善团，除放急赈外，并设所收容云。（民国廿六年八月四日《中华日报》）

原载于《中国红十字会月刊》1937 年第 27 期

## 摘录各报所载关于红会救护之新闻：中国红十字会战地救护队即出发

中华民国红十字总会依照《日内瓦国际条约》实施救护事宜，业已分电全国各地分会，积极准备一切。一方面鉴于大战序幕已启，前方救护工作刻不容缓，经商得国立上海医学院及国立同济大学同意，由两校组成救护队两组，归该会直接节制，原定今日由沪出发，临时因组织未完全就绪，改定日内出发赴前方工作。（民国廿六年八月六日《大公报》）

原载于《中国红十字会月刊》1937 年第 27 期

## 摘录各报所载关于红会救护之新闻：红会伤兵医院需物品

日来战事更趋激烈，我将士奋不顾身，忠勇杀敌，以致受伤兵士较多。现在本市方面已设有伤兵医院约二十三处，尚有京沪、沪杭两路沿线各处亦均分别设立后方医院。故此次布置极为周密，惟伤兵运输及供养医疗上所需物品，如汽车、汽油、干粮、面包、茶壶、茶杯、铅桶、铅吊、水果、席、被、纱布、药棉等物尚感缺乏，在救护工作殊感困难，影响伤兵治疗非浅。故希望本市各界对于上开各物能多多捐助，可送往新闸路中国红十字会收转。俾卫国将士能早复健康，尚有为国殉难之士兵，希望各界纷起组织掩埋队，以慰忠魂。（民国廿六年八月十五日《申报》）

原载于《中国红十字会月刊》1937 年第 27 期

## 摘录各报所载关于红会救护之新闻：汽油缺乏救护工作发生困难

本市救护委员会连日救护伤兵，澈［彻］夜工作，非常紧张，伤兵先由急救队驰车赴前方救护，随即分送各救护队或医院治疗。该会现共有急救队十六队，分驻大场、闸北、真茹、南翔、辛庄等地，并与当地军警取得联络，各救护队员莫不奋勇躬冒弹雨救伤。惟现因汽油缺乏，救护车辆运输发生极大困难，故亟望各界节省油量，捐助该会（会址新闸路八五六号中国红十字会内），俾救护工作不致停止。昨日前方伤兵共计二百余人，大多为轻伤者，业已分送各院诊治。（廿六年八月十七日《大公报》）

原载于《中国红十字会月刊》1937 年第 27 期

## 摘录各报所载关于红会救护之新闻：红十字会救济难民

昨日，红十字会商准日军通过虹口日本防军区域救济难民，于下午一时许，开出卡车十辆至虹口及杨树浦一带，将难民陆续载出，至晚尚未竣事。而内中受伤者无算，已分送各医院治疗。（民国廿六年八月十八日各报）

原载于《中国红十字会月刊》1937年第27期

## 摘录各报所载关于红会救护之新闻：红十字会救护情形概不对外宣扬

（本埠讯）中国红十字会总会连日办理救护事宜，夙夜布置，紧张万分。各界人士感于爱国热忱，纷纷至该会探询战地现况及工作详情，但该会碍于会章及军事机密，未便向外宣扬。故各界有询及该会在前方各种救护工作情形者，该会概不置答云。（民国廿六年八月廿日各报）

原载于《中国红十字会月刊》1937年第27期

## 摘录各报所载关于红会救护之新闻：红会运送金鸡纳霜赴前方

交秋以来，凉暖不常，前线士兵日晒夜露，最易感受疟疾，需要多量金鸡纳霜丸以资预防。昨由中国红十字会送去该项药丸五千粒应用。（民国廿六年八月廿七日各报）

原载于《中国红十字会月刊》1937年第27期

## 摘录各报在战时关于本会之新闻：美红会不拟派员来华

美国红十字会不预备派员来华，但准备代中国红十字会及其他慈善机关在美接收捐款云。（民国二十六年九月四日《时事新报午刊》）

原载于《中国红十字会月刊》1937 年第 28 期

## 摘录各报在战时关于本会之新闻：华北救护工作，中国红十字会在各线均收效力

中国红十字会总会自卢沟桥事变发生后，即由该会救护委员会华北分会办理救护事宜，除组织手术医队分赴各地治疗伤兵外，并出发救护医队三大队分头工作。一在沧州，由山东齐鲁大学担任，一在定兴保定一带，由保定医学院担任，南京中央医学院担任之一队，则随 XX 军实施救护。并有小站、任邱、清苑、蠡县、献县等红十字分会亦在进行救护及医疗事宜。总会方面虽以运输极感困难，但已陆续运去大批药品，以资应用，现该处暂无缺乏材料之虞。又该会昨接天津分会来电报告，谓：距小站迤东五十华里之西大沽被日军舰用炮轰炸房屋数百间，大沽船坞造船所、菩萨庙、大梁子等地均被炸毁，商民死亡不计其数，难民四散乱逃来站。该分会即设所收容，贫者食之，病者医之，努力救护，尽量应付云。（民国廿六年九月五日《时事新报》）

原载于《中国红十字会月刊》1937 年第 28 期

## 摘录各报在战时关于本会之新闻：日机炸救护难民船

日前，当某救护队护送大批难民由沪雇小火轮赴苏，沿途遭日机追随，达三小时之久，时以机枪向下扫射，一时难民发生恐慌，几肇事

端，经竭力设法躲避，幸免遭殃，日机一再向我徒手难民射击，实酷辣已极云。（民国廿六年九月五日《申报》）

原载于《中国红十字会月刊》1937年第28期

## 摘录各报在战时关于本会之新闻：卫生署红十字会在芜成立救护队

中央社芜湖五日电：卫生署与红十字会在芜成立救护队，由金毓璋为队长，人员就芜湖医院调用，五日起轮流往医院服务云。（民国廿六年九月六日《民报》）

原载于《中国红十字会月刊》1937年第28期

## 摘录各报在战时关于本会之新闻：华中红会在汉成立

汉口华中万国红十字会委员会八日下午五时在汉成立，到英、法、美、德、意等国总领事及侨商领袖并我方各界领袖共五十余人。吴国桢主席报告设立宗旨，推定吴国桢、黄文植、李尧卿等及各国领事、侨商四十人为委员，吴国桢为主席，英总领默思副之，执委会下设劝募等六小组。八日中央社电。（民国廿六年九月十日《申报》）

原载于《中国红十字会月刊》1937年第28期

## 摘录各报在战时关于本会之新闻：兵士吃烟中毒

据本市救护委员会第三救护队长雷树德自前方回来报告："我XXX营士兵数兵因吃某牌香烟（烟支上标明甘甘牌）均告中毒，其中二名已毒深死亡，一名正在治疗中。"电队长当将该项香烟携回一包，刻正交医药界研究中。（九月十日《神州日报》）

原载于《中国红十字会月刊》1937年第28期

# 摘录各报在战时关于本会之新闻：日机恣意妄行轰炸红会救护车

八一三救亡协会所组织之中国红十字会救护第六队昨日下午一时因驰往战区工作，讵车抵杨行附近小八字桥时，突遇日机四架，因见有红十字旗帜，遂连掷炸弹四枚，致该队第一组副组长徐忠明炸伤臂部，司机人杜连生炸伤腰部。随队卫护之市商会童军一名因匿伏车下，幸免被炸，救护车前部机件亦遭炸坏。日机于投弹之后，复低飞开机枪扫射，始向吴淞方面飞去。事后，受伤诸人经未受伤之队员设法送至中西疗养院救治，并由该队队长何惠钧将被炸经过情形报告中国红十字会总会，请求转报万国红十字会总会揭露真相。（廿六年九月十四日《申报》）

原载于《中国红十字会月刊》1937 年第 28 期

# 摘录各报在战时关于本会之新闻：红会救护被炸难民

昨日下午三时许，日机一队又飞往浦东杨家渡轰炸我无辜居民，投掷炸弹二枚，炸毁民房二十余间，平民死伤累累，刻由浦东区红十字会派员救护医治云。（民国二十六年九月十六日《申报》）

原载于《中国红十字会月刊》1937 年第 28 期

# 摘录各报在战时关于本会之新闻：炸毁红会车

苏州十九日下午九时发专电：十九日下午五时东来日机九架，在车站附近掷十余弹，毁红十字车数辆，伤民十余，十时五十四分东去。（廿六年九月廿日《申报》）

原载于《中国红十字会月刊》1937 年第 28 期

## 摘录各报在战时关于本会之新闻：万国红会代表谈英美将派医士来华、华氏日内晋京后首途返国

万国红十字会代表华脱维尔大佐自抵沪后，即赴前线及后方医院视察。据华氏语记者，渠现正在调查中国伤兵及难民之需要，俾由万国红十字会予以物质上之极大援助，同时并将激查两方红十字会人员在工作上是否有违犯该会条规等，渠决于短期内赴京一行，然后首途返国请求英美遣派大批医士及药品来华救济伤兵云。（民国廿六年九月廿六日《民报》）

原载于《中国红十字会月刊》1937年第28期

## 摘录各报在战时关于本会之新闻：友声团筹设第四病院

友声旅行团主办之中国红十字会第八救护医院原有病院三宅，计容伤兵二百余人。自八月二十日成立以来，先后陆续伤愈出院者已近二百人。近闻该团救护会理事以战事形势日见扩大，救护工作尤感紧张，爰拟在该院附近筹设第四病院，扩充名额以利伤兵，现正在计划布置中。（民国廿六年九月廿七日《申报》）

原载于《中国红十字会月刊》1937年第28期

## 摘录各报在战时关于本会之新闻：红十字会拨助华北急救包三万袋

本埠新闸路中国红十字会总会因津浦前线对于医药极感缺乏，特配就急救包三万袋交由中委薛笃弼，请其即日设法运往，俾应急需云。又昨有英商纶昌染织厂西人 D. M，Foo. ves 君亲致浦东红十字会第十救护

队，捐助上等纱布一百五十码。另一西人签名 Gosuer 者捐助二十码，并向受伤民众致词慰问。于此亦可见外国人士同情我国之一斑。（民国二十六年九月二十八日《民报》）

原载于《中国红十字会月刊》1937 年第 28 期

## 摘录各报所载有关红会救护之新闻：红十字会扩展后方救护

中国红十字会总会以在江浙内地设立之伤兵医院救护医队不敷分配，有大量扩充之必要，现已在某某五地进行添设，该会秘书长庞京周特赴京筹划一切。惟内地财力、人力向非沪埠可比，希望各界人士放大救护目标，移向内地，尽量捐助金钱物品，俾扩充医院救护我忠勇卫国受伤伤兵。（民国二十六年十月一日《时报夕刊》）

原载于《中国红十字会月刊》1937 年第 29 期

## 摘录各报所载有关红会救护之新闻：中国红十字会筹设后方医院、需要大量医界人材

自战事开始后，救护伤兵之医院虽已渐次成立，但各医院对医生及看护皆甚感缺乏。现在中国红十字会及其他救护机关皆代上海及华北战区后方医院征求医生及看护。据中国红十字会庞京周氏昨日对记者谈：医生及看护之缺乏为红十字会救护伤兵工作之最大困难。华北偌大战区仅有后方医院三处医治所有伤兵，上海战区因国内上等医界人才皆集中于斯，故情形尚可差强人意。现红十字会拟在内地增设医院，即感医生及看护问题无法解决，因上海已有职业之医生多不愿赴内地工作。现红十字会利用私人感情劝告在沪医界人士加入救护工作，目的为征求医生百人，每人每月并将发给少量薪金。凡愿加入者可至中国医药协会报名，至于有经验之看护，亦极感需要，惟因后方医院不时移动，工作人员不免颠沛流离，故仅需男性看护参加工作云。（民国二十六年十月一日《大公报晚刊》）

原载于《中国红十字会月刊》1937 年第 29 期

# 摘录各报所载有关红会救护之新闻：英名金融家贝莱捐款救济我灾民

中央社伦敦三十日路透电：英国著名金融家贝莱爵士今日函致《泰晤士报》，追述伦敦市长发起劝募捐款，救济一九二四年东京大地震炎［灾］民，英人慷慨解囊，以数十万磅巨款送交日本之前事；继谓中国各城邑之平民现为日本炸弹与炮弹所击中，以致肢体残废者数以万计，其对于医药设备之重［需］要至为迫切。此种消息，在曾受种种医药上良好待遇之残废者闻之尤深刺戟（贝莱爵士之一腿近已割去，故作此言）。此岂非英国应登高一呼，为中国灾民谋取救济，至少与一九二四年救济日本震灾难民同一程度之时乎。渠意应先将麻醉药品等由飞机兼程运往中国口岸，而后再以英国设备完善之红十字船装载医药用具与医师，往救其灾。为募集此项经费计，渠现捐金一千磅，以作先导云。（民国二十六年十月二日《新闻报》）

原载于《中国红十字会月刊》1937 年第 29 期

# 摘录各报所载有关红会救护之新闻：万国红会代表明日进京

万国红十字会代表瑞士人华特维尔来沪，协助中国红十字会救护工作，华氏来沪迄已多日。兹悉，华氏定明日偕瑞士驻沪领事馆颜秘书进京，向中央当局有所接洽，并收集关于日机屡次在我国无工事区域惨炸非战斗人员材料及我国救护工作情形，以便草拟报告，报告万国红十字会，协助我国其他救护工作云。（十月二日《大晚报》）

原载于《中国红十字会月刊》1937 年第 29 期

# 摘录各报所载有关红会救护之新闻：红十字会组织大规模伤兵医院

中国红十字会总会昨接该会秘书长庞京周由京来电谓："业于某处设一规模宏大伤兵医院，可容五千床位，院内医师、护士均为一时之选，但人数尚感不敷支配，希望擅长外科之医护人才，迅即前往投效服务，自有相当薪给。尤以被服药品，不特供不应求，抑且购办不易，还请各界从速捐输，以期早日运去。”（廿六年十月五日《立报》）

原载于《中国红十字会月刊》1937 年第 29 期

## 摘录各报所载有关红会救护之新闻：华北红会救护未辍

中国红十字会总会昨得华北某地通函谓：“分会仍在某胡同照常工作，该地救护委员会至今尚收容伤者有五百九十九人之多，勉力维持，惟经费及药材只敷短期间之用，颇以为虑。红十字会虽系国际中立慈善机关，不分界域，但欲接济该处经费、药品，颇感棘手云。”（民国二十六年十月六日《时报》）

原载于《中国红十字会月刊》1937 年第 29 期

## 摘录各报所载有关红会救护之新闻：京伤兵医院昨开始收容

本报今日南京电：中国红十字会在本京筹设伤兵医院，连日积极布置，大体就绪，定名为首都医院，由该总会驻京办事处主任庞京周兼任院长，昨日起开始收容云。（民国二十六年十月十日《大晚报》）

原载于《中国红十字会月刊》1937 年第 29 期

## 摘录各报所载有关红会救护之新闻：印人对我国同情

昨有印度无名氏两人送法币二十元至中国红十字会，并附二函，大意谓：望此次贵国对日全面抗战胜利。我国人士除与日人有密切关系者外，无不对贵国表示极端同情。兹与同侪凑集法币二十元，作贵国英勇伤兵医药之助，聊竭棉薄，用输诚意云。（民国二十六年十月十二日《大公报》）

原载于《中国红十字会月刊》1937 年第 29 期

## 摘录各报所载有关红会救护之新闻：伦敦金融界等集议募款救济中国难民

伦敦十一日中央社路透电：伦敦金融界与商界等代表今日集议于伦敦市尹府，市尹主席声称，渠愿担任伦敦市征募捐款事，以救济中国难民及受中日战事影响之许多英侨。凡渠所将收入之款将来悉数解入中国协会、英教士公会与英国红十字会所发起规模更大之募款机关云。今日市尹府会议仅为初步讨论性质，与会者现将商诸其所代表之各团体。（民国二十六年十月十二日《时报号外》）

原载于《中国红十字会月刊》1937 年第 29 期

## 摘录各报所载有关红会救护之新闻：日竟施放糜烂性毒瓦斯

伦敦十四日电：我驻英大使馆昨发表南京红十字会医院外科主任医师艾丁杰与国联卫生组驻华代多鲍利克所签署之宣言书，其内容系谓：彼等曾将中国伤兵多人加以检视，深信“各该伤兵系受某种发泡性物质之苦，大约即芥子气一类之毒瓦斯，而用炸弹或炮弹发出者（按芥子气系糜烂性毒瓦斯之一种）”。（民国二十六年十月十五日《立报》）

原载于《中国红十字会月刊》1937 年第 29 期

## 摘录各报所载有关红会救护之新闻：我代表照会国联

日内瓦中国驻国联会常任代表胡世泽顷致照会一件，送致国联会秘书长爱文诺，并请其录送国联会各会员国。照会内容系就本月三日以来，日本飞机轰炸中国未设防御工事各城市，暨日军在上海附近前线使用毒瓦斯与达姆（达姆）弹之事实有所说明，并谓“国联大会曾经通过决议案，谴责日本飞机轰炸中国未设防御工事各城市之行为，但日本空军人员对于此项决议案完全置诸不顾”云。此外，胡世泽又将南京红十字会医院外科主任医师艾丁杰与国联会卫生组驻华代表鲍西克博士联名签署之宣言书录送爱文诺，其内容说明日军曾在上海方面使用毒瓦斯云（中央社十四日哈瓦斯电）。（民国二十六年十月十五日《申报夕刊》）

原载于《中国红十字会月刊》1937 年第 29 期

## 摘录各报所载有关红会救护之新闻：京伤兵医院工作忙碌

南京　此间伤兵医院中少数医士与护士现日夜照料伤兵，至为出力，惟伤兵人数颇多，苦难应付。如中央大学之临时医院仅有医士四人，护士二十四人，而其所照料者则有七百五十人。明日且有二百伤兵陆续入院，甫于四星期前由维也纳返华之艾丁格医士现主持院务，昨亦亲自施用刀圭至二十六次之多，连夜工作，仅于今晨睡眠三小时半，迨起身后，即复服务，毫无闲暇。昨夜到伤兵二百人，当时不及治疗，但察其状况，觉战线后尚有充分医员予以急救。首都医士刻皆异常辛苦，故当局笞请医界人士出而匡助。（中央社十四日路透电）（民国二十六年十月十五日《申报夕刊》）

原载于《中国红十字会月刊》1937 年第 29 期

## 摘录各报所载有关红会救护之新闻：常熟平民惨遭轰炸

常熟通讯：十二日上午十一时四十分，日机二架又来轰炸县城，此已为第四次，共投十六弹，计自南门外缪家湾起，一路进城，直至老县场为止。沿途民房被炸毁者至少有七八十间，孔庙明伦堂即学前小学校及县西街浙江兴业银行均被炸毁，大商号如乾泰恒绸缎局、大同南货号亦毁。小东门内萧家廊下草屋多处被炸，有一妇一少女被炸，尸体飞至隔河邻家楼房，其爆炸之烈，可以相［想］见。计当时红十字会救出轻重伤二三十人已发掘之尸体有二十余具。各处断垣残壁之下，断肢残躯遍处皆是，此次死伤平民总计约在六十人以上。（民国廿六年十月十六日《大公夜报》）

原载于《中国红十字会月刊》1937 年第 29 期

## 摘录各报所载有关红会救护之新闻：伦敦市长发起募款

伦敦市长白洛德白里治爵士顷发表广播演说，吁请市民募集款项，用以救济中国战区受伤兵民。略谓："此次受伤兵民有因缺乏麻醉剂之故，未经麻醉而即施行外科手术者。余忝为市长，兹以人道名义向市民发出呼吁，想必有以响应之也"云。中央社二十日哈瓦斯电。（民国二十六年十月二十一日《申报夕刊》）

原载于《中国红十字会月刊》1937 年第 29 期

## 摘录各报所载有关红会救护之新闻：美红会续汇八千元

华盛顿二十日国民电：美国红十字会今日续拨美金八千元汇交上海西门妇孺医院，作救济上海难民之用。按美国红十字会前已捐助美金十万元，交由美国驻华大使詹森支配救济。（民国二十六年十月二十二日《民报》）

原载于《中国红十字会月刊》1937 年第 29 期

## 摘录各报所载有关红会救护之新闻：童军被日机炸伤

中国童子军战时服务第一团所属第二区团童子军陈杏荪、陈应乾、徐健来三人（原属市商会团）于廿五日晨奉命随红十字会救护车出发前方救护伤兵，午后在XXXX间XXX地方遇日机轰炸。除同行之驾驶员当场炸毙外，陈杏荪伤及双腿及腰背、臂部，待至深夜，方由另一汽车夫救回，迳送中山医院救治，徐健来伤双足及下颌，陈应乾幸未受伤，惟该二人迄今尚杳无下落，刻正派员搜寻中云。（民国二十六年十月二十七日《新闻报》）

原载于《中国红十字会月刊》1937年第29期

## 摘录各报所载有关红会救护之新闻：庞京周携大批医药被服抵京，中央大学开放收容伤兵

中央社南京二十八日电：中国红十字会总会秘书长兼首都办事处主任庞京周二十八日返京，带来大批医药用品、棉服等物，共计三大卡车。庞谈：现首都医院已收容伤兵一千零五十九名，和平分院收容一百七十名，现又承中央大学当局将各部建筑物、各科学馆、生物馆、实验学校等室开启应用，使吾人预定设置五千床位之理想得以实现，实深感荷。现正积极布置，以供收容。（民国廿六年十月廿九日《新闻报》）

原载于《中国红十字会月刊》1937年第29期

## 摘录各报所载有关红会救护之新闻：破伤风药品由美运京

中央社二十九日路透南京电：美国应美红十字会电请交飞机运出防破伤风药三千包、醚五百包及其他药品，以供救济中国伤兵之用。今日已由此间美大使署收到，由旧金山到京仅需时九日，其运输之速开一记录。美大使署收到后，即送交中国红十字会分配与前线各救伤处。此次运输由三家航空公司协助为之，由美到京全用飞机，先由汎美飞剪公司之飞机于十月二十日由旧金山取道马尼剌运至香港，次由欧亚公司之飞机由香港运至汉口，再次由中国航空公司之飞机由汉运京，安然到达。（民国二十六年十月三十日《华日报》）

原载于《中国红十字会月刊》1937年第29期

## 摘录各报所载有关红会救护之新闻：德国红十字会助我救护伤兵

国民海通社柏林三十日电：中国政府向欧洲各国发出呼吁救济伤兵、难民之宣言后，德国红十字会现已收集大量医药器材、痘苗、绷带以及其他救济用品，准备在最短期内运往中国，捐赠中国红十字会以助救济之需。（廿六年十月卅一日《大晚报》）

原载于《中国红十字会月刊》1937 年第 29 期

## 摘录各报在战时关于本会之新闻：华特维尔由汉飞京

中央三日汉口电：万国红十字会代表华特维尔偕中国红会庞京周三日在汉出席华中万国红会委员会议，并定四日晨乘中航机飞京。（民国二十六年十一月四日《中华日报》）

原载于《中国红十字会月刊》1937 年第 30 期

## 摘录各报在战时关于本会之新闻：何成浚招待万国红会人员

汉口何成浚四日下午五时招待万国红十字会负责人员茶会，到英、美、法、义、德、芬、丹、葡各国总副领等及天主堂主教暨政、商两界数十人，由何说明召集茶会意义，英总领默思答词，并报告华中万国红会工作情况及计划，至六时许始散。四日中央社电。（民国二十六年十一月五日《申报》）

原载于《中国红十字会月刊》1937 年第 30 期

# 摘录各报在战时关于本会之新闻：粤美国红会成立

中央社广州五日电：粤美国红十字会五日成立，推定孙逸仙医院院长黄雯为正会长，李度、沙力士为副会长，并组财政、医务、救济、防疫四委员，即日开始工作。（民国二十六年十一月六日《民报》）

原载于《中国红十字会月刊》1937年第30期

# 摘录各报在战时关于本会之新闻：日机再轰炸救护人员

中国童子军战时服务第一团前组织昆山办事处，派队员二队赴该处担任救护等工作。四日晚九时续有男女童子军四十名由队长顾飞率领，乘市联会四十九号救护车开赴昆山。当行经XXX地时，忽被日机三架发觉，低飞侦察，汽车遂即停驶，全体童军均下车四散，伏于田野间。日机盘旋良久，以机关枪频频向下扫射，并投下炸弹二枚，致救护车上弹痕累累，车身前部已毁，后部仅存坐位，全体四十名男女童军现生死不明，驾驶员一人当场击死，一人则昏迷达二小时，经急救后始清醒云。（民国二十六年十一月七日《立报》）

原载于《中国红十字会月刊》1937年第30期

# 摘录各报在战时关于本会之新闻：爱尔兰赛马募款救济我伤兵难民

中央社汉口十日电：爱尔兰慈善义务赛马公会董事长麦克格拿斯同情我国，日前特在爱尔兰举行赛马数日，凑足英金五千磅，合洋八万四千余元，十日由汇丰银行汇汉，交华中红十字会，作救济伤兵、难民医

药费之用。该会收到后，特去电致谢云。（民国二十六年十一月十一日《民报》）

原载于《中国红十字会月刊》1937 年第 30 期

## 摘录各报在战时关于本会之新闻：伦敦捐款达七万镑

今日英国红十字会举行会议时，主席史丹莱爵士声称伦敦市长救济中国难民、伤兵之基金现已达七万镑之谱，而各界捐助物品如绒毯、衣物者亦甚众。已募得之款项，其经汇交中国方面之委员会者共一万五千镑，用以购备药物、器具者共二万镑，购置绒毯、衣服者二千镑。第一批药物之经运送赴华者已于上周末出发，重凡二十一吨，一切供给物件均经用火车、私人汽车及特备飞机等由英帝国各地征集者云。（民国二十六年十一月十三日《神州日报》）

原载于《中国红十字会月刊》1937 年第 30 期

## 摘录各报在战时关于本会之新闻：敬［救］护车移往后方

我军暂时放弃上海后，对于伤兵救护工作亦因之他移，市区内所有救护车五十余辆及工作人员数百人都分移后方。惟极感车辆缺乏，不敷应用，亟盼本市同胞将搁置空闲之卡车慨予捐赠或借用云。（民国二十六年十一月十三日《新闻夜报》）

原载于《中国红十字会月刊》1937 年第 30 期

## 摘录各报在战时关于本会之新闻：大批医药用品运华

国际红十字会总会中国驻日内瓦代表瓦特维尔昨日对《大陆报》记者称："在最近将来，将有大批医药用品由美德及澳洲运抵中国，彼已与此间日本军事当局接洽妥当，当不致加以干涉。”瓦氏最近曾赴各地视察，对于南京、苏州、汉口及长江上游其他各地伤兵医院之设备情形，认为大有进步，不过彼意目前伤兵医院之最大困难不在缺乏经费，而在有钱无处购买药品及将此等药品迅速运达各目的地。此外，医院普通医师并不缺少，所缺少者乃外科人才。国际红十字会将于最近期间，由维也纳派遣有经验之外科医师十人来华协助一切，彼等到达后，对于技术方面当可有所贡献。瓦氏将于本星期六乘上海丸赴日，一方面视察该国红十字会工作，一方面对于药品运华问题将作最后商定，然后由日转赴华盛顿，以便将其报告呈缴总会审查云。（民国二十六年十一月十七日《大公晚刊》）

原载于《中国红十字会月刊》1937 年第 30 期

## 摘录各报在战时关于本会之新闻：万国红会代表华特维尔赴日

日内瓦万国红十字总会代表华特维尔大佐奉派来华视察中国红十字会伤兵医院组织情形，于上月抵沪后，即由中国红十字会秘书长庞京周博士领导赴各地视察，已逾月余，任务业已完毕，于日前由京返抵本埠。据大佐表示，在汉口、南京、苏州等各地视察红十字会伤兵医院及军医院，对各院组织及运用方面均感进步，惟各院对技术人才及救伤药品，恐因此后战时移往内地而发生困难，尚幸得英美等国接济，或无匮乏之虞云云。现华特维尔大佐定于明日由沪乘日邮船上海丸东渡赴日，此行系应日本红十字会之邀请，亦系前往视察，同时关于医药品运抵中国问题，将与日方作最后洽商，保得不生阻碍，在日约有一二周勾留后，即行返华盛顿向总会报告视察经过云。（民国二十六年十一月十九日《大公晚报》）

原载于《中国红十字会月刊》1937 年第 30 期

## 摘录各报在战时关于本会之新闻：江阴城乡劫灰

据商界方面得江阴二十五日讯：江阴城区被炸日见惨重，二十五日计最重者有六处：（一）张桥附近；（二）符桥；（三）砚春茶楼；（四）

吴荔清住宅；（五）惠澄商店；（六）招商旅馆后面王继生宅及一不知牌号之布厂等处。幸人民早已逃避，伤者计有三十余名。城中私人医院早已星散，即福音医院亦有迁乡之说，只赖江阴红十字分会医院救护，然人手深感缺乏，药品又不敷用，而往返又极不便。又东南乡北渚镇吴君于前日来沪告记者云："当地民众于廿二日得驻军劝告，嘱速离境，故该处居民（约二千余人）雇舟八十余艘向江北逃避。经塘头桥时，正值日机轰炸，该处居民亦早避去，惟红十字会医院仍在救护工作。经青旸、月桥、南闸至江阴时，途中已无人影，惟飞机、大炮声遥为呼应。渡江至泰兴，吴君乃转乘天生港外轮于前晚返沪。至于各乡伤亡一时不易调查，目下战区尚在后塍、杨舍、长泾之东云。"（民国二十六年十一月三十日《大公报》）

原载于《中国红十字会月刊》1937 年第 30 期

## 红十字会救护委员会华北分会近讯

中国红十字会总会救护委员会华北临时分会经平市医界名流发起组织成立筹备会，议定章程草案，向总会提出委员人选名单，请予审核聘定后，刻章程与委员人选，业经分别审核聘定，计所聘委员为协和医院林可胜、王锡炽、姜文熙，平大医学院吴祥凤、朱其辉，保定医学院齐清心、贾魁，齐鲁医学院江清、侯宝璋，山东医专尹莘农、刘韵涛，中国银行杨朗川，红十字医院全绍清，首善医院方石珊及总会驻平代表庞京周等十五人。各委员奉到聘函后，业于上星期三在乾面胡同分会会所开会，推选姜文熙为主席，齐清心为副主席，杨朗川为会计，方石珊为秘书，全绍清为常务主任委员兼总管务，林可胜为常务委员管理医务，吴祥凤为常务委员等，均已分别就职。此外，总会中以救护经费需用甚巨应请各界名流共同负责筹募，因特函聘蒋梦麟、周作民等八十余人为分会经济委员，专负分会募款责任。该会预定工作范围，准备组织重伤手术组四组，备必要时赴前方参加政府所设"野战"、"预备"、"兵站"、"后方"各医院担任重伤手术治疗。四组中为节省经费计，仅两组附设 X 光线设备，工作期间依最少六个月计算，所需开办暨经常费用预计无 X 光线设备两组开办费各四千元，经常费各一万二千元，共三万二千元，附 X 光线设备两组开办费各四千元，X 光线机（附发电机）费用各四千元，经常费各一万二千四百元，共四万二千四百元，综计以上四组在六个月工作期内共需国币七万四千四百元，业经该分会编订详细预算案，函致各经济委员，请早设法捐款以便准备应用。

原载于《中华医学杂志（上海）》1937 年第 23 卷第 3 期

## 社会情报（一月）：甲、中国之部：慈善及人道事业：红十字会

皖省四十余红卍字分支会十四日在芜湖成立总办事处。

原载于《月报》1937 年第 1 卷第 2 期

## 万国红十字会代表来汉视察

（中央社）一日电万国红十字总会代表桑脱维尔一日来汉视察，在汉勾留二、三日即离京再赴日视察，于十二月十五日由日启程返日内瓦向总会报告。

原载于《中央通信社稿》1937 年 11 月上卷

## 国内外医药界消息：广东：方本慈热心服务社会：任开平县红十字分会会长、施诊赠药救济贫病

广东开平县赤墈埠上街西堤前路二十九号中华民国红十字会开平县分会自去年十二月奉上海总会核准成立以来，对于会务积极进行，施医赠药，救济贫苦病人极多。本分社社长方本慈被举为正会长，认真办理。闻方本慈素来提倡国医、国药最热心者，现该会国医内科方活人，外科杨润培，伤科杨逢春，一俟经费充裕，当即训练救护队，以便出外救伤并应付非常时期之需要云。

原载于《光华医药杂志》1937 年第 4 卷第 9 期

# 1938年

## 摘录各报在战时关于本会之新闻：林康侯赴港参加红会会议

上海银行界中重要份子林康侯氏业于昨日下午二时由沪搭轮赴港。林氏此行系属出席在香港方面举行之国际红十字会议。林氏为中国红十字会常务理事兼秘书长云。（民国廿六年十二月十七日各报）

原载于《中国红十字会月刊》1938年第31期

## 摘录各报在战时关于本会之新闻：林康侯今日飞汉口

中华全国商会联合会主席、上海银行公会秘书长林康侯此次以中国红十字会总会常务理事资格南下视察各分会救护工作。当经入粤视察广州分会，完竣后，遄返香港，并于今日乘机飞汉，预定将赴重庆视察华中各地红十字分会，指示推进事宜。沪上各报盛传林氏此次南下有其他任务，当经林氏对记者郑重否认。并谓："本人现正专心于慈善救护工作，此次南下之唯一任务即为视察红十字会各地分会会务。至于上海种种组织情形，从未与闻云云。"

又中国红十字会及上海慈善团体联合会派赴两广及南洋报告国内兵灾经过之王志圣、冯少山二人，日前随同中国红十字会常务理事林康侯、中山医院（院）长颜福庆南下抵港，并曾一度入粤。林、颜已于昨、今先后自港飞赴湘鄂，王志圣亦定乘今日启航之法邮船亚力士号离港南渡。先赴安南，继赴马来半岛各地及暹罗，行期约二阅月。林、王二氏并于昨日联访华商总会主席李星衢，详谈救灾事宜。（民国廿六年十二月廿九日《香港华侨日报》）

原载于《中国红十字会月刊》1938年第31期

## 红十字新闻：红会视察员张军光昨离洛赴郾

本报讯：中华民国红十字会总会视察专员张军光莅洛后，即于前日视察洛分会及救护团情形，并召集训话，兹已公毕。张氏于昨日上午九时许乘快车东下赴郑，转往郾城视察，行前张氏语记者云："洛分会工作人员异常努力，成绩尚好，救护团员精神饱满，将来定能为地方、为国家负起一部份之救护工作云。"（民国廿七年一月廿五日《洛阳行都日报》）

原载于《中国红十字会月刊》1938年第32期

## 红十字新闻：京中廿五万难民嗷嗷待哺

南京国际红十字会昨日下午六时召开第一次常务委员会议，出席屈文六、毕牧司、赵晋卿、邓骏声、罗培德、包英登、贝克、黄涵之、闻兰亭、张兰坪等十余人，讨论救济京中廿五万难民之具体办法：（一）代捐处之委讬［托］；（二）粮食种类及数量；（三）运输及粮食散发办法；（四）具领公债；（五）经费凑集办法；（六）会址问题等，均有详尽计划，至深晓始散。

会议之时，德旅华侨商某君（不愿露名）由南京搭火车来上海，向该会呼吁，其报告略称目下南京之难事不在难民而在难民之如何回家问题，因现时集中于安全区（亦等于难民区）之廿五万难民均有家归不得之故，盖难民中所有房屋十九被毁，纵留残垣断壁，可用者亦被占矣。现时栖霞山一带之房屋亦被毁甚多，牛、羊、鸡、鸭时被抢劫，春耕无期，将来问题日益严重。人民现多以菜粥充饥，毫无营养，故瘟病可虑，渠希望能征求二个医生、二个看护速赴南京为难民诊治云。

以现状而论，南京之难民有增无减，鼓楼自十二月以来有人满之患，伤民众多，妇女生产者极多且健者、患喉痧者亦不少，希望各界速助医药，南京如许众多之难民现在每天至少须米一千六百担，否则甚难持久云。据记者所闻各中外热心慈善家将以购置之物品请求英国运输舰带往，倘能如愿实现，京中难民可早一日获救云。（民国廿七年一月廿

六日《力报晚刊》)

原载于《中国红十字会月刊》1938 年第 32 期

## 红十字新闻：李宗仁捐款赈济徐难民

徐州五日电：李宗仁鉴于贫民、难民麕集徐州，于废历年关捐款三千元赈济，嗣又购面粉五百包交红十字会代为散发，五日竟日散完，数千贫民、难民获得救济，莫不感戴。(民国廿七年二月七日《上海报》)

原载于《中国红十字会月刊》1938 年第 33 期

## 红十字新闻：救护武昌遭空袭

汉口十一日电：日机飞抵武昌，在郊外余家湾巡司河武建营盘旋，投弹十余枚。警报解除后，武阳防护团救护队、武昌市政处难民救济队、中国红十字会武昌分会救护队，各乘车驰往被难地点救护。武建营被毁棚户两间。(廿七年二月十二日《大晚报》)

原载于《中国红十字会月刊》1938 年第 33 期

## 红十字新闻：南京国际红会救济难民

南京国际红十字会救济委员会因南京难民多患脚气病，故特由上海运黄豆一百吨前往南京治疗此项病症。此事原得日本长谷川司令之允准，但该项黄豆运至南京时，日方竟要求将该项黄豆提交“南京临时政府”，当经该委员会予以拒绝。昨日日本发言人认该委员会之态度过于“顽强”，且谓：“南京难民之脚气病无须运载一百吨之黄豆以为救济。”最后，希望救济委员会能改变其态度。(二月十六日《大晚报》)

原载于《中国红十字会月刊》1938 年第 33 期

## 红十字新闻：檀岛中国救灾会汇款救济难民

据华东社记者向本埠中国华洋义赈救灾总会探悉，檀香山中国慈善家同人所组织之檀岛中国救灾协会以劝募捐款、协济该会为务。自去年七月成立迄今，为时仅半载有余，而其募捐成绩殊足惊人。除去年十月间汇到七千元外，本年一月二十四日又寄来捐款三千元，内一千八百十六元六角八分系指定拨给中国红十字会国际委员会作救济难民之用。乐善不倦，诚足矜式云。（廿七年二月廿六日《中国日报》）

原载于《中国红十字会月刊》1938 年第 33 期

## 红十字新闻：慈善团体筹备追悼熊希龄

本市各慈善团体为筹备追悼熊希龄先生，昨假座蒲石路红万字会开会集议，计到华洋义赈会、世界红万字会、中国红十字会、济生会、青年会、中华慈幼协会、慈善团体联合救灾会、国际救济会、灾童教育会等各团体代表二十余人，公推冯仰山主席，当经决议追悼大会日期与地点待推代表与熊夫人毛彦文女士接洽后，再行决定。旋即推赵晋卿、张竹君、陈铁生、龙筱云为接洽代表，俟接洽后，即召集第二次会议，以便成立筹备处。（民国二十七年三月十一日《文汇报》）

原载于《中国红十字会月刊》1938 年第 34 期

## 红十字新闻：檀香山侨胞续汇救济捐

协［檀］香山华侨爱国乐善，夙著热忱，军兴以来，所募振款汇交中国红十字会、上海国际委员会等者已达万金之巨。昨日又汇到国币一万元交由该会总干事，指充救济难民，函中申明尚有医药用品继续相助。至李府赙仪移充救济者至昨日止已达三千五百三十四元之谱。

闻红会国际会日后除开列礼金清册，向李府申谢外，并拟于报端刊登启事，详载数额，藉此征信而扬仁风云。（廿七年三月十八日《新闻报》）

原载于《中国红十字会月刊》1938年第34期

# 红十字新闻：顾维钧夫人在法为红十字会募集捐款

哈瓦斯社巴黎廿八日电：中国大使顾维钧夫人顷于本日晚间在“伊埃娜”大礼堂举行盛大招待会，为中国红十字会募集捐款。英国逊王温德沙公爵夫妇、法国外交部长彭谷、众议院议长赫礼欧夫人、殖民部长靡戴夫人、法兰西学院物理教授郎之万夫妇、苏联大使苏利资夫妇、总统府大礼官傅基安、美国大使馆参事威尔逊夫妇等均被邀参加，履舄交错，极一时之盛，顾大使夫人当发表简短演说，略谓：“‘中国之友’惠然莅至，共襄义举，无任感谢。”旋即开始表演各项游艺，其中有中国电影、舞剑，并有中国女郎数人表演中国舞蹈，合唱中国歌曲，和以中国音乐，来宾均啧啧称赏不已。嗣即张设盛宴，各项珍馐多系中国特产，宴罢来宾纷纷解囊捐款，为数极为可观。并有中国檀香出售，售得之款再以捐助红十字会。（民国廿七年三月廿九日《华美夜报》）

原载于《中国红十字会月刊》1938年第34期

# 红十字新闻：王志圣南来赴汉视察灾情

中国红十字会总会特派员王志圣于月初由南洋返国抵港，向红十字会副会长杜月笙及常务理事林康侯报告后，旋即离港北行赴沪，向该会当事人刘鸿生等报告南行经过。兹悉王氏已事竣南来，所趁［乘］轮计今日可抵港，在港稍留即飞汉视察当地救灾情况云。（民国廿七年三月廿七日《香港东方日报》）

原载于《中国红十字会月刊》1938年第34期

## 红十字新闻：行政院决议聘任红会理事

汉口十二日电：行政院十二日举行第三五八次会议，主席孔祥熙议决聘任颜惠庆、施肇基、冯炳南、刘瑞恒、徐采丞、朱恒璧为中华民国红十字会总会理事，周贻春、汤飞凡、李规庸、杨志雄为监事，余略。（二十七年四月十三日各报）

原载于《中国红十字会月刊》1938 年第 35 期

## 红十字新闻：香港运到三批振衣

慈联会难民救济会委员长屈文六氏赴香港筹募赈款后，港方各慈善机关纷捐赈衣，上月间曾有两批运沪，约计六万件，业由该会分散各收容所难民。兹悉昨日第三批振衣三万件运到，内附有胶鞋、皮鞋等件，该项赈衣多系香港红十字会、妇女赈灾会等所募云。（民国二十七年四月二十二日《新闻报》）

原载于《中国红十字会月刊》1938 年第 35 期

## 红十字新闻：红十字会飞机遭风灾

重庆廿二日路透社电：昨日清晨此间遭空前之狂风雨，加以雷电交作，有民用飞机四架、军用飞机三架受重伤，民船与舢舨若干艘覆沉江中，并吹倒房屋多所，电线与电话线折断者亦多。飞机七架停于民用飞机场，因此间向无疾风，故认为安无他虞，不意上午一时左右风雨骤至，迨苦力与飞行场守卫者驰至时，诸机已为风吹起矣。于是有若干人因见陶柯拉斯式大载客机一架其势可危，急卧于其两翼与尾部，以免完全破坏，但机尾虽有数人而已徐徐转动，触及附近之棚架致尾与舵部均受损，须费美金五百元左右始能修整。另有开汉口班单引擎之史汀生小飞机一架则已为风吹起而坠于扬子江中。又停于附近之中国红十字会飞机一架亦吹入天空，向下游飞去。维时看者均为惊异，该机旋降落飞行场外之沙滩上，受伤甚微，但有驱逐机两架飞滚场上，俨如纸片，卒为撞毁云。（民国二十七年四月二十三日《生活日报》）

原载于《中国红十字会月刊》1938 年第 35 期

## 红十字新闻：蒋夫人主持华中国际红委会

路透社二十二日汉口电：华中国际红十字委员会由蒋委员长夫人宋美龄女士主持一切，迄今已募得捐款百余万元，以救济此间空袭被祸之民众、受伤之士兵与难民。该委员会除以款项与药品捐助此间各医院，俾医治空袭之受伤民众外，且在十省六十医院中维持三千余榻，皆留供受伤之兵民与患病之难民者。近者该委员会所办医院之一，曾在郑州于数小时内设榻二百，以收容受炸弹重伤之平民。该会并将药品免费分供各医院，而其收容之难民共约二万之多云。（二十七年四月二十四日《新闻报》）

原载于《中国红十字会月刊》1938 年第 35 期

## 红十字新闻：色斯已返国

（汉口六日电）《巴黎晚报》记者色斯先生前来华视察，昨返国前，曾捐助一千法郎交中国红十字会总会驻汉办事处，作为购买医药救护受伤将士之用云。（民国廿七年五月七日《导报》）

原载于《中国红十字会月刊》1938 年第 36 期

## 红十字新闻：留法学生举行游艺会募款捐助红十字会

（哈瓦斯社巴黎八日电）此间中国留学生顷于本日在大学区中国学生宿舍内举行游艺会，各界人士被邀参加者不下一千余人，所有收入均

用以捐助中国红十字会。(民国廿七年五月十日《文汇报》)

原载于《中国红十字会月刊》1938 年第 36 期

## 红十字新闻：鼓浪屿粮食缺乏厦美领电请救济

(路透社十六日马尼拉电)马尼拉华侨四万人什九来自厦门，兹闻鼓浪屿粮食缺乏之消息大为忧虑，厦门美领事已来电请速运粮食与卫生品，以救济鼓浪屿中国难民七万人。此间华侨救济委员会现正与菲岛红十字会协商救济计划。星期五日下午，厦门来电乞运米救济，同日午夜又来电谓鼓浪屿白米几将告罄。闻此间华侨救济委员会已在香港购米二千五百袋运往鼓浪屿，交美领事支配。并闻菲岛红十字会现正组织卫生队两队拟赴厦门。据厦门传来消息，鼓浪屿仅有医士二人，如发生疫症势难应付。(民国廿七年五月十六日《大晚报》)

原载于《中国红十字会月刊》1938 年第 36 期

## 红十字新闻：战事期中的香港成救护工作总枢

香港各界自去年战事发生以来对于伤兵、难民救护工作之进行不遗余力，大宗救护药品及慰劳品均由该地募集，向内地输送，而救护队由该地组织，遣往前方工作者为数亦众，其他如医药技术人才及卫生器械亦有充分供应。香港各界关于救护用途捐输之款项前后已达五百万元，主持救护事业者计有中国红十字会香港办事处、全国妇女慰劳会香港分会、香港大学学振会、香港妇女伤兵救济会、中华商会、男女青年会、各省市县旅港同乡会等团体，均在通力合作之下举办各项救护工作，故香港不啻已形成战时救护工作之总枢。最近复经募集雨衣二十万套以供前方将士之用，至避往香港难民除由各善团分别设法遣送内地外，最近在港复树立孤儿院等组织。(民国廿七年五月十六日《时报》)

原载于《中国红十字会月刊》1938 年第 36 期

## 红十字新闻：林康侯代表中国红十字会赴英

我国出席第二十四届国际劳工大会雇主代表林康侯氏于昨晨八时偕顾问朱少屏、戴宝鎏顾问兼秘书曾克源，由沪乘意国邮船公司邮船康脱别卡摩奴号启程赴日内瓦，顾问王志圣在港决候轮同行。各公团、全国商联会、上海市商会、中华工业联合会、银行公会、特区市联会、国际劳工上海分局、租界纳税华人会等代表虞洽卿、闻兰亭、金宗城、许晓初、陶乐勤、樊介堂、刘仲英、顾怀冰、顾诚庵、林大济、葛福田、曹志功等均赴新关码头热烈欢送，记者在码头上晤林氏。据谈，除出席六月四日日内瓦第二十四届国际劳工大会外，并代表中国红十字会出席六月二十日伦敦世界红十字会第十六次大会，并拟赴美国一行，约四个月后返上海云。（民国廿七年五月十九日《国民日报》）

原载于《中国红十字会月刊》1938 年第 36 期

## 红十字新闻：救济陇海路难童一千二百（名）

汉口廿二日美联社电：汉口国际红十字会之战区服务部主任麦克罗尔今日经郑州返抵此间，声称陇海路战区现有难童一千二百名，现由该会主办之孤儿院五所加以收容。据闻此等孤儿院共可收容儿童二千名。（民国廿七年五月廿三日《时报》）

原载于《中国红十字会月刊》1938 年第 36 期

## 红十字新闻：中国古玩在法拍卖拨充红会经费

哈瓦斯社讯：中国著名古玩商卢君昨日午后在其寓所拍卖中国古代艺术品，而以所得款项拨充中国红十字会暨大学生救济经费，购者争先恐后，情状至为热烈。中国大使顾维钧夫妇、大使馆各馆员、法国前任殖民部长摩戴夫人均皆到场。同时又开中国画展览会，自十五世纪以至

二十世纪各派作品琳琅满目，其中并有张姓七岁神童所作铅画多帧，参观者咸皆称道不置。（民国廿七年六月三日《大美报》）

原载于《中国红十字会月刊》1938 年第 37 期

## 红十字新闻：广州红会救护人车均被毁

中国官方估计今日空袭中死伤者在一千五百人以上，房屋被毁者一千余所。外籍记者云："彼等目击被毁之红十字会救护车一辆车顶上机关枪弹痕累累可见，车中全体人员皆遭惨死。"据官方公布，中山大学共中八弹，三弹落于校内，所有校舍几全部毁坏，东山之培真中学亦为日机目标之一，故死伤学生多名，广州市大部份已满目荒凉，民众群趋沙面附近，盖以沙面为唯一安全点也。今日开港各轮均因避难者极为拥挤，皆较平时迟开二小时有半，火车亦呈同样现象，为炸弹击中之杜美尔医院，闻除悬挂法旗外，更于房顶漆绘红十字标志。（民国廿七年六月七日《华美报》）

原载于《中国红十字会月刊》1938 年第 37 期

## 红十字新闻：日机袭粤美侨摄成影片

昨日日机袭粤时，有红十字会卡车一辆驶近法国天主教堂，被日机投弹炸中，车中救护人员多人死难，百代公司及派拉蒙公司之新闻摄影员赫尔君当时晕倒且被弹入珠江。据赫尔君云："所有日机轰红十字车及枪杀街头工作之红十字会救护队等等，皆由其摄成影片，其本人虽被击落水中，但信影片无恙，不日即将由航空邮寄美国，在美放映，使全美人士共睹此惨状。"（民国廿七年六月八日《导报》）

原载于《中国红十字会月刊》1938 年第 37 期

## 红十字新闻：善团关怀豫鲁灾民

据慈联会息，近豫鲁一带时疫流行，且因地方秩序未复，救治药品甚感缺乏，中国红十字会国际救济会特採［采］办大批救济药品，赶运

前往救治云。（民国廿七年六月十八日《华美晨刊》）

原载于《中国红十字会月刊》1938 年第 37 期

# 红十字新闻：我出席国劳资方代表林康侯抵日内瓦

（日内瓦十六日专电）中国出席国际劳工会资方代表林康侯暨顾问、秘书等一行四人于昨晚抵日内瓦，国际劳工局长巴勒特氏今晨接见林康侯，谈论中国之一般情形。林氏定明日往访国际劳工会议资方首席代表粤斯德氏，并将于星期六晨资方代表会议时发表演说，然后赴伦敦出席国际红十字会会议云。（民国廿七年六月十七日《生活日报》）

原载于《中国红十字会月刊》1938 年第 37 期

# 红十字新闻：训练医护人材

昨日英文《大美晚报》载长沙通信云：中国现已开始军医人材的训练，此种训练六月初已在长沙开学。长沙市卫生局及军医处、中国红十字会救护委员会等皆为中国战时救护工作之推动者。

中国政府现已觅得一素有经验、热心而耐苦之专家林劳勃博士主持其事。林博士服务于中国卫生局有年，成绩极佳，中国红十字会及战时救护工作之组织，林氏常为其主干人物，几乎每一外国人士皆知林博士为中国红十字会救护委员会之重要人物。

在林博士指导之下，职员有六十五人之多，其中念（廿）人皆为各医学院之教授，如北平之北京医学院、上海之上海医学院、长沙之新亚医学院以及南京之军医学院等。其余之四十五个医生及助手则为红十字会中之职员，惟皆属于中国籍。

训练科目共分为防疫、军队卫生、医院及外科三种。每一科目以一月为修业之期，所有服务于红十字会及军队中之助手皆须受一月之高级训练。

目前，学习防疫者计一百八十人，军队卫生者一百人，其中五十人为各军队之医官，余则为红十字会中职员，受毕此种训练之各医师即由当局派往前线各军队中服务。

至于为了中国军医服务会所举办之三百医院中各医师及看护而开办之医院及外科科目，至今尚未开始。因为长沙中学校址过小，仅能容三百余人，惟事前已有周密之计划，地址问题不久当可解决。

受训练者百分之五十为看护学校毕业之女子，短短一月中之训练将使他们获得更好的军队服务的资格。（廿七年七月七日《文汇报》）

原载于《中国红十字会月刊》1938 年第 38 期

## 红十字新闻：各省洪水氾滥

中国红十字会总会鉴于今夏洪水氾滥，遍及各省，疮痍未复，灾祲荐臻，人民转徙流离，牲畜丧亡漂溺，罗灭顶之凶厄，极人间之惨劫。本会旨专博爱，责在救人，为此掬诚呼吁，为民请命。夫江河沦淹，瞬息千里，事机迫切，时不我待，还祈海外诸大善士迅解仁囊，广为劝募，本互助之精神，挽狂澜之既倒，则人定胜天，拯兹浩劫，不务急切待命之至。（民国廿七年七月十日《大英晚报》）

原载于《中国红十字会月刊》1938 年第 38 期

## 红十字新闻：北平虎疫蔓延

海通社北平廿五日电：华北虎疫之盛行使平津当局被迫颁布若干严厉禁令，其中一条规定：凡非经医生检查，无有检验证者，一律不得赴各处旅行。近来气候恶劣，虎疫蔓延，益为机长，红十字会及其他救护机关均全体出动，每日检查及注射防疫者达数千人云。（廿七年七月廿六日《华美报》）

原载于《中国红十字会月刊》1938 年第 38 期

## 红十字新闻：寇尔赴长沙，王外长作陪

香港专电汉口讯：英驻我国大使寇尔昨日乘火车前赴长沙，系参观红十字会训练总队，现该队均集合长沙，我当局昨曾设宴招待寇氏，外长王宠惠亦列席作陪。（廿七年七月廿七日《社会日报》）

原载于《中国红十字会月刊》1938 年第 38 期

## 红十字新闻：南昌居民迁走二十万

路透社讯：日军沿南浔铁路进攻，故南昌现颇惶恐不宁。此城内有居民三十万人，但今日则已减至十万人左右，商店多已闭门，货物搬空，顿成凄凉景象。难民出入络续于途，有来自北方者，亦有向长沙东去者，男女与幼孩各携少数物件，面露惊惶之色，奔波途中，其状颇惫。间有佩红十字会等救济机关之符号者，可见其现获有此项慈善团体之援助。某教士述南昌以北难民情形可酸鼻，谓水食两缺。虽有钱者，亦无从购得此生活必需物。各村既绝人烟，日机时常以机枪扫射公路，沿途难民死于饥渴与疾病者数以千计，逃难结果有时视日机轰炸为尤惨。（民国二十七年八月一日《大美报》）

原载于《中国红十字会月刊》1938 年第 39 期

## 红十字新闻：南浔路沿线救护伤兵

南浔线上伤兵、难民亟待救护收容，当局正加紧办理，由伤兵管理处、赈救委员会等关系机关分头工作，又军委会战地服务团红十字会组织伤兵救护队，先后抵赣转赴前线服务。（民国二十七年八月二十日《晶报》）

原载于《中国红十字会月刊》1938 年第 39 期

# 红十字新闻：广州分会医院半月来医治病人数目

本会附属医院整顿扩充后，来医者日众。计九月份上半月（一日至十五日）赠医一千另二十二人（内难民一百另一人），入院留医者四十五人，医愈出院者二十五人，在院死亡者四人，现时在院留医者三十一人。

总会南区大队部医护员来院服务，本会附属医院自大加扩充后，需用医护人员众多。前经本会商由总会救护委员会南区大队尹奕声派出该队第四十一医护队全体医护员十余人，来院担任看护工作。服务以来，颇著劳绩。本会医院得兹襄助，裨益不少。

原载于《中国红十字会月刊》1938 年第 39 期

# 红十字新闻：广州分会救护队救护成绩

本会救护队大队部所属特务队及各救护区各中队分布全市，每有灾害发生无不出队救护，以故救护伤者不少。月来各队统计出发救护凡二百五十一次，救护伤者共五百七十六人。

原载于《中国红十字会月刊》1938 年第 39 期

# 红十字新闻：印度医疗队行将抵港

印度国民大会特派来华服务之印度医疗队约十四日可抵港，中国红会港办事处筹备欢迎。（民国廿七年九月四日《新闻报》）

原载于《中国红十字会月刊》1938 年第 40 期

# 红十字新闻：印度救护队来华

印度民众对中国此次神圣的抗战深表同情，月前全印国民会议议决派遣救护队来华，尤为热烈，刻已组织完竣，已于八月廿九日由孟买乘意轮维多利亚号启程，约九月十日可抵香港。闻驻加尔各答冯执正总领事业已函达红十字总会驻港专员伍长耀、华商总会医学会等予以照料。该救护队队长系印度名医，此次远道来华援助中国不独增进中印友谊，并可增加中国抗战精神，其必受中国人极大之热烈欢迎，可断言也。（民廿七年九月八日《文汇报》）

原载于《中国红十字会月刊》1938 年第 40 期

# 红十字新闻：日机惨炸大冶医院

美联社讯：据红十字会工作人员今日称：昨日日机轰炸武昌以南五十英里处之大冶医院时，该院中之医官二名、军医三名、男护士三名、伤兵八十名皆为炸死。按大冶并无军队驻扎，仅为一后方伤兵医院区，中国平民仅有五百名、伤兵二千名，日机之轰炸始于午前十时，直至下午始止。据由该处红会某干事来此时言：日机轰炸完全集中于某伤兵医院所在地之一大庙上，该院伤兵计有三百名，当日机来袭警报发出时，轻伤之兵虽皆退出，唯重伤之八十名皆已惨遭炸毙，该院长及另一医院之院长亦将毙命。（民国廿七年九月廿九日《大美报》）

原载于《中国红十字会月刊》1938 年第 40 期

# 红十字新闻：延安之山洞医院

据北平协和医学院卒业之中国女医生抵此言："延安方面之临时伤兵医院现已扩为中国最大之山洞医院。此等山洞开筑在峻削之山壁间，山洞皆广大而舒适，且乾［干］燥得宜，壁上皆涂有石灰，阳光亦能充分射入，故施行手术绝无困难。在六个月前伤兵须自备行李、自行烹饪，睡床亦为皆不舒适之砖坑，唯至目前则一切被褥、衣服皆由院中自备，且皆各有个别之床铺，故无须再事爬坑。此项山洞一个可安置此类床铺五只，目前此类床铺现又运到一百二十具，故又须多掘数个山洞。洞中尚有出诊所一处，每人诊治病人二百名，此外更有产科医院一所，每月平均接生在三十五个左右。红军中之伤兵对于历史最感兴趣，对于作战受伤之痛苦绝无因而抱怨者，中央政府对于受伤士兵每日发给津贴一角，中国红十字会及国际联盟在技术方面亦予以援助，红军中之老战士对于外界人士之援助初觉不可解，唯至目前对于其领袖坚持与外界合作之主张皆已恍然矣。”（民国廿七年十月八日《新闻报》）

原载于《中国红十字会月刊》1938 年第 41 期

# 红十字新闻：捷克遭遇困难仍不忘助华

（本市消息）捷克共和国现下遭遇虽在万分困难之中，仍不忘援助中国。捷京中国之友最近曾组织一救护远东难民协会，以各种医药用品捐助中国红十字会，其第一批于九月间运抵汉口，内有麻醉药品、血清、疫苗、肠线、缚线及其他药品，价值五千捷币，约合美金一千七百五十元，共装二十六箱均为捷克上等出品。闻尚有第二、三批继续运华云。（民国廿七年十月三十一日《文汇报》）

原载于《中国红十字会月刊》1938 年第 42 期

# 红十字新闻：林康侯归国抵沪

出席于国际劳工大会资方代表之林康侯氏自日内瓦劳工大会闭会后，复出席国际红十字会议，并便道赴美调查工商及金融事业，现已公毕回国，已由前日上午十时搭乘意轮康脱罗素号平安抵沪。本市工商各团体将订期公宴，并请林氏报告出席经过情形。（民国廿七年十一月四日《新闻报》）

原载于《中国红十字会月刊》1938 年第 42 期

## 红十字会护士学校开学

中国红十字会第一医院附设之护士学校于九月十六日开学，入学者共计97名。本届预科新生34名，其中半数为高中毕业生云。

原载于《上海医事周刊》1938年第4卷第38期

## 红十字会在汉口工作影片，帝航公司免费运英

英帝国航空公司来往香港、曼谷之戴打那士号机于廿五日晨六时由香港启德飞行场开出。查此次乘客共有两人，均由港往曼谷者，机上并载有货物二十二公斤三六四、邮件一百五十八公斤四三零。另载有国际红十字会在汉口附近所摄得影片一套，该机公司免费由港代运赴英京，按该套影片乃红十字会在汉口附近工作情形者云。

原载于《电声（上海）》1938年第7卷第20期

## 教务新闻：国际红十字会称誉公教救护工作之努力

（宠光社汉口通讯）中国中部国际红十字会副会长近于函中对于各地公教传教士救护工作之努力备加称扬。各地公教传教士救护事业规模伟大，办理得法，经济方面虽有政府及各慈善机关之协助，仍时感不足，国际红十字会亦已与以相当补助，计武昌方面已付一千元。开封附近则公教难民收容所工作最为紧张，一所内即有五千难民，每人每日以一角计算为数亦已不资，因由红十字会拨付五千元。但公教传教士之仁爱救护之名已传布于河南全省云。

原载于《圣教杂志》1938年第27卷第3期；另载于《公教进行》1938年第10卷第6—7期；另载于《公教学校》1938年第4卷第5期

# 市会消息：重庆

青年会联络当地人士组织中国红十字会重庆分会，该会干事数人并受各界之邀请赴宜昌组织伤兵医院。

原载于《同工》1938 年第 168 期

# 国内医讯汇志：中国红十字会港办事处再增设医疗队多组

中国红十字会驻港办事处自开办以来迭承本港侨届踊跃捐助，各方捐赠药品、衣物计经接收不下三千余箱，均由该处负责妥为转运，并将收条发还捐赠者，以清手续。兹查该会为适应战时环境之需求，特将救护机构设法加强，设置医疗队多组，担任工作。医疗队分甲乙两种组织：（一）甲种（手术组）人员如下：每队设医师五人、医护员五人；（二）乙种（绷扎队）每队设医师一人、护士或医护助理员十四至十五人、厨役一人、勤务三人，共分六组。医师任队长，以高年级护士任各组组长。乙种概以女职员组织之，以负责后方救护工作为主。各队每月之预算暂行规定如左：（一）甲种医疗队（手术组）医师五人（最高薪额每名二百元），每月六百元。医护员五人（最高薪额四十元），每月一百四十五元。医护助理员五人（最高薪额三十元），事务五人，每月一百三十八元，办公杂项一百四十元，共计一千二百元。现正征求各界长期捐助，每月医疗队经费每队每月国币一千二百元，已蒙中国妇女慰劳会、国际医筹赈会两团体每月各捐助一队经费一千二百元，该会等经收到中国红十字总会谢函。又香港政府华员俱乐部亦认捐一队，其余各侨团亦多已在筹募中，侨港各界热心慈善，望踊跃捐输，共襄善举云。

原载于《广西健社医学月刊》1938 年第 3 卷第 6 期

# 国内医讯汇志：红十字会在陕设药库

中央社西安十九日电：中国红十字会派齐清心来陕视察医务，并筹设药库，已觅定地址，最近即成立。

原载于《广西健社医学月刊》1938 年第 3 卷第 6 期

# 本省医训纪要：全国红十字会视察专员抵桂

民众社桂林廿日电：全国红十字总会为策动各省红十字分会一致参加战时救护工作，派视察专员张军光至各省视察，现张氏已于昨下午由湘抵桂。

原载于《广西健社医学月刊》1938 年第 3 卷第 7 期

# 海外医讯鳞爪：苏联红十字会捐助我国巨款

苏联红十字会及红新月会捐助巨款合国币三十三万六千八百四十二元一角一分，充我国难民之医药费用，已由外交部转交中国红十字会领取应用云。

原载于《广西健社医学月刊》1938 年第 3 卷第 9 期

# 海外医讯鳞爪：美红十字会募捐巨款助华

美国大总统罗斯福致函该国红十字会，请发起募捐美金百万元以为救济中国难民之需。我行政院孔院长已去函表示谢忱云。

原载于《广西健社医学月刊》1938 年第 3 卷第 9 期

# 国内医讯汇志：国府聘红十字会总会理事及监事

汉口讯：国府廿一日发出聘书，敦聘颜惠庆、施肇基、冯炳南、刘瑞恒、徐来丞、朱恒碧先生为中华民国红十字会总会理事，此聘！敦聘周贻春、汤飞凡、李规庸、汤志雄先生为红十字会总会监事，此聘！

原载于《广西健社医学月刊》1938 年第 3 卷第 10 期

# 短闻简报

《时兆月报》主笔史约翰君之夫人月前赴沪后，即留该处，朝夕协助红十字会募款及从事救济难民工作云。

原载于《末世牧声》1938 年第 18 卷第 12 期

# 1939 年

# 总会近讯：总会拨付万国联盟会捐款

中国红十字会为巴黎万国红十字会联盟会会员之一，此次本总会为补助联盟会一九三八年经费起见，特拨付捐款美金一千元，业由该联盟会函复道谢，并将收据由戴葆鎏君交会备查矣。

原载于《中国红十字会月刊》1939 年第 43 期

# 分会近讯：甘肃省新成立平凉分会

前沧县红十字分会医院医务主任王惟勤医师联络平凉当地士绅，由平凉县政府出给证明书呈请总会核准成立，平凉县分会现已募集基本会员三十名，经总会函准先设筹备处，将各项手续办齐，当再核予成立云。

原载于《中国红十字会月刊》1939 年第 43 期

## 分会近讯：南昌市分会迁兴国县办公

南昌市分会以时局紧张，拟迁兴国县办公，特先呈准江西省民政厅，即于十一月二十四日晚全体起程，于十二月五日到达兴国县驻北门城外曾家祠内，八日开始办公，由该分会会长周子实呈报总会核准备案矣。

原载于《中国红十字会月刊》1939 年第 43 期

## 分会近讯：渑池县分会之工作概况

渑池为豫西交通要道，逼近战区，该地分会办理治疗伤兵难民、救护被炸灾黎、掩埋尸体等务，努力从公。在车站设立伤兵、难民换药处，派队携带药械逐日轮流前往负责治疗。在十一月、十二月间共诊疗伤兵四七九人、难民二零三人，现拟将渑池辖境之义马、英豪两车站暨滨临黄河之南村、白浪两渡口次第设立，以宏救济。至所属医院自十月至十二月止收内科一三二六人、外科二二六二人、妇科八六人、儿科一八四人、耳鼻喉科一一六七人、住院三四人，以上合计五七四一人。

原载于《中国红十字会月刊》1939 年第 43 期

## 分会近讯：梁山县分会改选职员

本会梁山县分会于上年十月一月召开会员大会选举职员，结果：钟和霖当选为会长，冉芷村、袁伯乔为副会长，颜定国、许克明、龙叔膏为常务理事，杨海如为理事，谢鼎铭、蒋小鲁、罗仲卿为常务监事，陈开基、黄瑞衔为监事。并将所属医院经第一次理监事联席会议之决议，聘任龙叔膏为院长，欧克明、杨海如为医务主任，以上各员均已就职。并在最近期间将成立救护队以应环境需要，先设训练班招收学员四十名，授以相当救护医药常识三个月，卒业后即可充当救护员云。

原载于《中国红十字会月刊》1939 年第 43 期

## 红十字新闻：国府明令褒扬王震

国府二十三日令：中央救灾准备金保管委员会委员长王震早岁倾心革命，赞助共和，继在上海致力社会慈善事业，凡所创办经营咸具规模。其余各省水旱灾祲，募款振济，先后逾一万万元。去夏抗战军兴，组织战区难民救济会，密计殚思，不辞艰险，愿力尤为宏伟。迩来避地朓志，荟概凛然，递闻溘逝，殊深轸悼，应予明令褒扬，以彰卓行而厉来兹。此令！（民国廿七年十一月廿四日《申报》）

原载于《中国红十字会月刊》1939年第43期

## 分会近讯：贵阳市分会医务报告

贵阳市分会于上年十一月至十二月中收治内科七九五人、外科三九八人、小儿科七七二人、皮肤花柳科四七一人、泌尿生殖科一九二人、骨科五人、耳鼻喉科四四六人、牙科一七三人、神经科四五人、戒烟科三五人，共计三五二九人。各种传染病六五四人，预防注射一五七人。

原载于《中国红十字会月刊》1939年第44期

## 分会近讯：大理县分会救护训练班毕业

大理县分会所办救护训练班业已期满，考试结果：毕业者三十五人，乃于十二月十九日举行毕业典礼。即于次日照章编队，公推各级职员，当日宣誓就职，施行工作矣。

原载于《中国红十字会月刊》1939年第44期

## 分会近讯：献县分会改选职员

献县分会于一月七日召开会员大会，依据会章投票选举，当选理事七人、监事五人。复由理事互选刘耀先为会长，程济霖、戈锡常为副会长，戈衍绩、杨绍忠、杨玉莹为常务理事、纪钜紵为理事。复由监事互选周广城、闫荣德、杨柱荣为常务监事，孟炳彰、高金增为监事，业于八日宣誓就职矣。

原载于《中国红十字会月刊》1939 年第 44 期

## 分会近讯：孟津县分会新选职员就职

孟津县分会自上年召开会员大会，选举结果：当选理事七人，监事五人，复经互选朱廷瑞为会长，吕明荃、闫桂芳为副会长，王维岳为常务理事，朱克明、梁士林、郭瑞甫为理事，王维康为常务监事，牛兴源、徐应书、闫廷章、李凤绍为监事，并派定牛成章为秘书长，吕凤台为医务长，朱光明兼救护队队长，业已呈准总会备案矣。

原载于《中国红十字会月刊》1939 年第 44 期

## 分会近讯：分会救护江门被炸难民

一月二十七日上午十时有日机四架飞入江门市空向堤西路新安街及江门河面投弹十余枚，当时炸毙十二名，受伤男性十一名，女性四名，男孩二名，女孩二名，由本会新会县暨广州市分会分别派队前往救护，送入该地战时医院治疗云。

原载于《中国红十字会月刊》1939 年第 44 期

## 分会近讯：邓县扩大施种牛痘

本会邓县分会以该地去年疫疠丛生，致伤亡有数万之众。查民国十三年全县户口达七十余万人，今则只有五十余万人，其中泰半罹疫致死，实因连年歉收，无力购药。兹逢春令，亟须预防。该分会拟普遍施种牛痘，呈请总会拨给多量痘苗以利进行云。

原载于《中国红十字会月刊》1939 年第 44 期

# 分会近讯：招远分会分设办事处

招远分会以会员众多散处各村镇，在此时局紧张，亟宜加紧工作以资救护，特在官庄村、傅家村、道头镇、下林庄、大蒋家村五区各设办事处一处，制定简章着手进行，每处由正会员二十人组织之。选举干事七人，监察五人，互选正、副处长三人处理日常会务，并成立救护队，随时出发云。

原载于《中国红十字会月刊》1939 年第 44 期

# 红十字新闻：国际可贵的同情<br>美民众一碗饭运动

美国民众同情中国抗战，全国举行一碗饭运动，募集大批麦子交由红十字会运华救济难民，第一批振麦三万包已于十八日到香港，先卸一万八千包，分配华南各省难民，其余一万二千包业已在途，预定明年一月二日可抵沪，将由红十字会分配南京、苏州等处，作为难民食用云。（民国廿七年十二月廿八日《译报》）

原载于《中国红十字会月刊》1939 年第 44 期

# 红十字新闻：美议员建议拨美金救济中国难民

华盛顿电：美共和党议员佛兰茜卡金向国会提案，建议拨款美金五百万元直接救济中国战地失业难民，款交美红会经手散放，此项计划之实施，现正由参院审计股委员研究中，佛兰茜卡金现在纽约为美议员中援助中国最力者。（民国廿八年一月八日《新闻报》）

原载于《中国红十字会月刊》1939 年第 44 期

# 红十字新闻：华中国际红会中外代表飞渝

美联社重庆二十日电：华中国际红十字会之中外代表奉命自贵阳飞往重庆与孔祥熙氏及与卫生署长颜福庆会晤，讨论救护伤兵合作事宜。当会议时，孔祥熙氏表示向作救护平民与难民工作之友邦人士道谢，彼谓本团体自一九三七年九月以来共用去洋一三七零零零零元作救护受伤平民，政府并特拨款三万元作此后工作之费用云。（民国廿八年一月廿一日《新闻报》）

原载于《中国红十字会月刊》1939 年第 44 期

# 红十字新闻：红十字会汇款赈智利震灾

重庆电据华方讯：中国红十字会致电智利总统慰唁地震死亡，并汇法币五千元作赈济金。（民国廿八年二月七日《新闻报》）

原载于《中国红十字会月刊》1939 年第 45 期

# 红十字新闻：美救济团体继续汇款嘉惠灾黎

美国檀香山医药救济会系美国热心人士发起组织，专以筹募医药经费，协助振济华灾为宗旨，自成立以来，迭经汇拨巨款，加惠我国灾黎，殊匪浅鲜。本市河南路中国红十字会上海国际委员会昨又续收该会汇到国币五万元，经指定以三万元拨付长沙红十字会林医师为华中医药费用，一万拨广州，另一万作为普通医药费用，其热忱殊足感佩。（民国廿八年三月十二日《新闻报》）

原载于《中国红十字会月刊》1939 年第 46 期

## 分会近讯：清平分会改选职员

清平分会会长李恒昌于二十七年十一月十五日因病出缺，且以第二届职员任期已满，乃于二十八年三月二十六日开理监事联席会议，推选张德珍为名誉会长，李秉彝、聂思武为名誉副会长，黄恩泽为会长，乔如璜、吕吉祥为副会长，张秀山、陈万庆、李富贞为常务理事，孙书堂、樊夔典、张恩恭为理事，李仁杰、聂秉公、李崇先为常务监事，张寿彭、刘道周、赵鸿俊为监事，业经就职视事矣。

原载于《中国红十字会月刊》1939 年第 47 期

## 分会近讯：商丘分会筹备粥厂

商丘分会以事变以还［来］，灾区广大饥民众多，筹设粥厂一所，已于四月一日开始。每日就食者六千余口，但以需款浩繁，粥少僧多，虽有当地信义会等协助，恐难持久，业已派员来沪呼吁云。

原载于《中国红十字会月刊》1939 年第 47 期

## 分会近讯：清和县分会出发救护

清和县属城东双城、集高、裴庄等村发生战事，清和县分会即派救护队队长李纯海、副队长王凤岭、掩埋队队长任灿章协同医务长朱振林率领队员六十四名驰赴该地实施救护，除当场包扎治疗外，并抬回伤兵二十三名入本会医院治疗。现十八名业已痊愈，余尚在治疗中云。

原载于《中国红十字会月刊》1939 年第 47 期

## 红十字新闻：救护人员时遭轰炸 红会加强救护机构

中国红十字会总会以开战以来红会救护队人员在前线服务时遭日机轰炸，此次该会在港举行理监事联席会议，特提出讨论，各理、监事发表意见甚多，最后经决议由会筹措巨款，积极规划加强救护机构，以期减少不幸情事之发生云。（民国廿八年三月廿三日《文汇报》）

原载于《中国红十字会月刊》1939 年第 47 期

## 分会近讯：万县分会最近救护情形

万县分会自去年改组后对于战时救护工作曾未稍懈，最近二次空袭在警报尚未解除时，即由救护队分头出发，前后共救护受伤兵民二百余名，住院治疗者一百余人。至被炸死尸骸除有家属收领外，余均由掩埋队收殓埋葬，共计五十六具云。

原载于《中国红十字会月刊》1939 年第 48 期

## 分会近讯：章丘分会改选职员

章丘分会自开改选委员会后选出姜来宾为会长，董君佐、高换章为副会长，殷天舜、柴象益、徐学孔三人为常务理事，徐延年、纪永庆、蔡培莱为常务监事，当即成立理监事会，于五月十二日到任，由前会长史鸿业将印记、文卷移交清楚，全体摄影以留纪念云。

原载于《中国红十字会月刊》1939 年第 48 期

## 红十字新闻：昨纪念奈丁格尔诞辰

昨日为世界医院节，又为护士鼻祖奈丁格尔诞辰纪念，本市各公私立医院均分别举行纪念。中华护士会上海分会、中国红十字会护士学校于昨日下午四时在海格路红十字会第一医院举行联合纪念典礼。按奈丁格尔女士系英国人，当一八五四年英法与俄国在克里米亚作战，其时天气燠热，疫疠流行，兵士患病及死伤者为数綦重。女士恻然为怀，乃联合妇女同志渡海作实地救护工作，备尝艰辛，遂亦患病，有劝其回国者，女士不从，仍工作如常。其后战事结束，各国激于女士热忱，乃创设红十字会，以资纪念，专做救护及其他各项慈善事业云。（五月十三日《中美日报》）

原载于《中国红十字会月刊》1939 年第 48 期

## 总会近讯：本总会救伤工作已设八十支部

国民政府卫生署宣佈［布］中国目前内地交通虽略有困难，但国外对药料之供给援助大有增加。过去半年来，海外华侨运回之医药物品四千余箱，另金鸡纳霜十吨，又欧美人士热心捐助中国之药品达一万五千余箱，共值三百万元，中国红十字会现分为八十个支部，救护工作已渐臻完善云。

原载于《中国红十字会月刊》1939 年第 49 期

## 总会近讯：捐送金鸡纳霜二十五万颗救济难民

中国红十字会总办事处自接中振会许代委员长世英呼吁捐药电报以资救济渝市难民事后，即由本会会长王正廷、副会长杜月笙、刘鸿生等急电覆允，现已捐赠金鸡纳霜二十五万颗，由某地分会运交振济委员会统筹支配，同时本会又分别征募其他药物以继续捐送云。

原载于《中国红十字会月刊》1939 年第 49 期

## 分会近讯：华阳县分会全部被炸

四川华阳县分会成立二十余年成绩卓著，会址在梨花街十二号，突于六月十一日午后七时有日机二十七架飞凌上空将会所全部炸毁，损失达一万六千余元。时会长刘子沉及其夫人德贞女士等多人正在会中布置医药，准备出发救护。遇此空袭虽避匿得法但均受伤，现在医院治疗。查刘会长自民六供职迄今，每遇战事则必躬率队员驰赴救护，颇著功绩。今虽负伤绝不灰心，暂假成都新西门外二仙庵为该分会临时办事处继续努力云。

原载于《中国红十字会月刊》1939年第49期

## 红十字新闻：菲防疫药剂即大批运华

中国驻马尼剌［拉］总领事杨光泩向菲律滨红十字会存储菲币二万元，备付购买虎列拉预防注射药一百万剂之用。该项预防注射药由菲律滨大学卫生学院学生制造之，一俟造就，立即运往中国。（民国廿八年六月廿九日《导报》）

原载于《中国红十字会月刊》1939年第49期

## 分会近讯：隆昌县分会新任职员就职

四川隆昌县分会原任各职员均届三年任满，依照会章于六月二十五日召开会员大会投票选举，最后结果：陈永怡当选为会长，郑寿珊、曾得三为副会长，王善修、陈西洲、陈舜五、郭毅君、韩剑农、王裕昆、徐德明为理事，刘丹书、张雨人、晏近愚、邓庆廷、徐作舟为监事，韩剑农、陈西洲、王善修为常务理事，徐作舟、张雨人、刘丹书为常务监事，已于七月一日全体到会就职矣。

原载于《中国红十字会月刊》1939年第50期

## 红十字新闻：菲岛中国妇协捐赠防疫剂

中国驻马尼剌［拉］总领事杨光泩今日在此间声称菲列滨中国妇女协会捐助二万菲币，以为购买虎列拉预防注射药一百万剂之用，该项预防注射药拟运交中国红十字会。募捐运动应七月七日杨总领事之请求而发起之，杨氏声称经纽约美国助华医药会之合作，虎列拉预防注射药二百万剂已运往中国。渠称：渠与菲列滨卫生当局接洽妥当，每剂预防注射药仅需付值美金一分而已。（民国廿八年七月十六日《新闻报》）

原载于《中国红十字会月刊》1939 年第 50 期

# 红十字新闻：梧州红会被炸

美联社重庆廿九日电：擦［察］今日华方消息，日机十八架于本月廿六日轰炸梧州时，曾在梧州人烟稠密区域投烧夷弹达一百枚之多，美人之房屋亦为摧毁，死亡中国平民达六十人，梧州红十字会曾被击中二弹，另一教会医院亦被击中四枚，损失甚重。（民国廿八年七月三十日《新闻报》）

原载于《中国红十字会月刊》1939 年第 50 期

# 分会近讯：新成立天门县分会

湖北天门县由赵元勋等发起组织分会，筹备以来业经总会核准成立。总会于八月五日发给承认书并印旗、图记等件，着即召开成立大会选举职员，以期早日办公云。

原载于《中国红十字会月刊》1939 年第 51 期

# 分会近讯：甘肃成立平凉县分会

平凉县分会筹备已久，迭经全体发起人开会讨论将各项手续办理完竣，业奉总会核准成立。于八月十一日发去承认书并印旗、图记等件，着克日召开成立大会，照章选举理事七人、监事五人成立理监事会，互选各项职员，造册呈报总会，俾可早日就职办公云。

原载于《中国红十字会月刊》1939 年第 51 期

## 分会近讯：永嘉分会组织成立

浙江永嘉分会前由杨雨农为筹备处主任，兹已各项就绪，经总会于八月十四日核准成立，发去各级会员章照并承认书、印旗、图记等件，着克日召开全体会议选举各职，俾早日办公云。

原载于《中国红十字会月刊》1939年第51期

## 分会近讯：清苑县分会派员查勘水灾

清苑县境内水流一为府河，一为金线河，一为清水河，一为猪龙河，一为唐河均发源于县西太行山脉。今夏霪雨连绵，山洪暴发，自本年七月八日起水势汹涌，漫无制抑，附近各村尽成泽国。经本会清苑县分会派员履勘，结果计被淹村庄二百三十四处，面积约三千六百余顷。灾民约九万七千五百余口，内有高阳、安新、徐水、望都、蠡县等县逃来难民约九千五百余口。塌到［倒］房屋约七千九百余间，牲畜百余头。现在遍地哀鸿，惨不忍睹，亟待设法拯救云。

原载于《中国红十字会月刊》1939年第51期

## 红十字新闻：美人慷慨捐输救济华难民

据余斌主教今日称，中国政府救济委员会曾请其代表中国三千万难民向美国表示急难援助之意。据余斌言，美国对于中国难民之援助不仅其数可惊，抑且成为我人争取自由之一种鼓励。单就美国之红十字会言，除医药与食物之援助外，更捐美金一百万元以上。（民国廿八年八月八日《中美日报》）

原载于《中国红十字会月刊》1939年第51期

# 红十字新闻：菲列宾准备收容港沪妇孺撤退

马尼刺［拉］二十四日路透社电：菲列滨红十字会现因香港、上海之妇孺有撤离之可能，已为若辈预备住所及作其他准备。如有必要，将组织之十人委员会，由驻菲美国办事专员任主席，辅助进行照料避难者事宜。一切均已怖［布］置完毕，一接通知，数小时内机关即当活动云。（民国廿八年八月廿五日《时报》）

原载于《中国红十字会月刊》1939 年第 51 期

# 红十字新闻：各国对华救济不受欧战影响

《大陆报》云：据救济会工作人员告记者，欧洲虽在进行战事，但各外国对中国之救济工作仍将不断予以救济上之援助，且有若干团体预备加倍努力，协助从事在华人道主义之工作。如美教会上年曾集款美金二十五万元，而据说在来年则预备筹款美金一百万元；他如英国方面已由伦敦市长发起基金，各地捐助者纷至；又美红十字会方面捐助亦颇多云。（民国廿八年九月十五日《中美日报》）

原载于《中国红十字会月刊》1939 年第 52 期

# 红十字新闻：法侨集款购医药车呈献祖国

本准法侨前为祖国参战特踊跃捐款，拟购救护车二辆贡献祖国，旋拟改购医药车，由驻华法大使戈斯默致函法总理达拉第通知，顷悉业奉达拉第覆示称：“法国红十字会极需要医药车，共拟征募十二辆云，按医药车时价每辆十五万法郎，本埠法侨所捐之款已敷购置二辆呈献云。”（廿八日十一月十日《申报》）

原载于《中国红十字会月刊》1939 年第 54 期

# 红十字会派员来团设诊疗处

时值夏令，疾病丛生，本团医官不敷分配，特请红十字会医疗队派员来团设临时诊疗处，裨益官生不浅云。

原载于《战干（西安）》1939年第73期

# 中国红十字会建议发行慈善邮票并聘周今觉君为专门委员

自卢沟桥事变发动，我国即以全面抗战对付暴敌之侵略。两年以来，战争之烈与灾区之广，实开历史上之新纪元。而各地之伤兵及被灾难民流离痛苦，亦可谓极人世间之惨。各大慈善家有鉴于此，咸纷纷组织伤兵医院与收容所，协助政府，救济难胞。其热心公益，实足令人感佩。在昔慈善团体中，如中国红十字会、世界红卍字会等对于救济工作，尤不遗余力。而各救护人员出生入死，曾造有惊人之成绩亦为世界所称道。

现在中国红十字会总会（在香港九龙柯士甸道一百十一号）会长为王正廷、杜月笙、刘鸿生。常务理事为闻兰亭、林康侯、王晓籁、朱恒璧、关炯之等。常务监事为黄庆澜、钱永铭、袁履登等。最近由该会诸巨子议决，呈请国民政府发行慈善邮票并组织专门委员会，聘请徐展文、周今觉两君为专门委员，周今觉君为我国著名集邮家，生平搜藏极富，今亦膺聘为专门委员，定有巨大之贡献，诚为吾集邮界之好消息也。

发行慈善邮票，在欧洲各国，本不乏先例，而我国前亦曾有黄河振灾慈善邮票。现在红十字会建议动机，欲以售票所得充作救灾难民经费，事关义举，政府谅能採［采］纳。预料施行之日，各地集邮家自必争相採［采］购，一来于国难声中可作沉痛纪念，二来以购邮代价间接救济难胞，亦不毋小补，所以我认为此次建议政府发行慈善邮票，实含有重大意义。兹将红会通知书原文制版于左，以证此讯之确实。

原载于《集邮杂志》1939年第1卷第2期

# 1940 年

## 红十字新闻：美善团汇华救济金

自中日战事发生，美国人士因同情中国，发动华灾赈济，举国朝野一致热烈参加。兹悉美国善团主持华灾救济款项及药品等募集者，计有美国红十字会、美国华灾协济会、檀香山华灾医药协济会、檀香山中华教会华灾救济会、纽约中华公所华灾救济金委员会等。该善团等自八一三战事发生后，以迄最近，前后汇拨到华救济款项及医药物品等折价已达国币五千万元。美国红十字会上海顾问委员会、美国华灾协济会上海顾问委员会即负支配此项救济款项之责，大多用诸于各地战区及被轰炸城市、华北各省水灾区域。中国伤兵、难民之受惠殊匪浅鲜。（廿八年十二月四日《新闻报》）

原载于《中国红十字会月刊》1940 年第 56 期

## 红十字新闻：美少女驾国际救护车在中国服务

美国华盛顿州西雅图芳龄甫二十四之格拉汉女士现驾国际红十字会卡车冒中日战争之危险，出入于中国西南各大城间。女士昨夜行抵此间，星期三日又将载医药品驶往贵阳矣。女士于上年十一月间离沪，孑身由宁波达桂林，继进至昆明、贵阳。一九三六年女士在满洲被指为间谍而就逮，判处长期徒刑，据女士语客，谓：当时渠闻宣告缓刑，曾热烈愿入狱一尝铁窗风味。一九三七年女士由印度遵陆取道阿富汗、伊朗而抵欧洲。女士今日曰："余极爱中国，愿称之为余家，余拟久居此间，专心学习中国语文云。"（廿九年一月九日新闻）

原载于《中国红十字会月刊》1940 年第 57 期

## 红十字新闻：林康侯赴港出席红会理事会议





林康侯、闻兰亭两氏因港方来电请其赴港出席中国红十字会理事会议，闻氏因沪上慈善事业不克分身，林氏则已于昨日下午二时乘轮赴港。前往送行者有闻兰亭等人云。

原载于《中国红十字会月刊》1940年第57期

## 红十字新闻：许世英飞港参加红会联席会

重庆十一日电：振济委员会代理委员长许世英于十一日下午三时乘机飞港，参加中国红十字会联席会议，并乘便接洽有关振务事宜。（廿九年一月十二日新闻）

原载于《中国红十字会月刊》1940年第57期

## 红十字新闻：蒋委长嘉勉红会救护队

贵阳十八日电，中国红十字会救护总队自军兴以来，艰辛工作，成绩斐然，该队兹奉蒋委员长指令嘉慰，并嘱益加奋勉。（廿九年一月十九日新闻）

原载于《中国红十字会月刊》1940年第57期

## 红十字新闻：医药人员准可缓役

非常时期前线、后方需要医药人才孔殷，凡领有合法证书之中西医药师暨红十字会职员与救济队员已经军政部解释得可缓役，而药师、药剂生、护士等亦同样负治疗救护伤病军民之任务。兹悉经卫生署咨请军政部解释亦已获缓役之规定。（民国廿九年二月十四日新闻）

原载于《中国红十字会月刊》1940年第58期

## 红十字新闻：国立江苏医学院扩充社会活动

北碚通讯：国立江苏医学院自迁定北碚后，充实教学不遗余力，除先后布置成立各科实习室外，附属医院亦在碚复诊，以现代科学医药实施外科治疗，以普惠贫病为原则，取费极廉，赤贫免费。现在从事添建病房、手术室、产科室，病床将逐渐扩充至一百张，医护人员均充满服务精神，诊治确切认真，各科主任均由临床各教授兼充，诊务甚为发达。又该院为预策空袭安全，曾应中国红十字会救护总队部合作组织空袭流动救护队，担任附近一百公里以内之空袭救护。救护车辆由红十字会供约。该院则担任救护技术工作，遇有空袭，由该会派车出动以期减少损害，并为促进学术研究计，已成立下列各种讨论会：（一）临床讨论会；（二）公共卫生讨论会；（三）德语讨论会等。（廿九年三月十八日中美）

原载于《中国红十字会月刊》1940 年第 59 期

## 红十字新闻：红十字会派员赴渝筹防空救济

渝讯：中国红十字会总干事现已抵达重庆，积极进行渝地防空救济工作，并悉中国卫生署已在渝市各医院中备有空余床位二千，以备将来空袭时受伤市民之用。

原载于《中国红十字会月刊》1940 年第 59 期

## 红十字新闻：刘海粟绘画画资悉汇贵阳红十字会

泗水通讯：刘海粟来泗主办之现代中国各画展览筹振大会已于三月十四日下午六点正式开幕，展览场所在商会之前厅、后厅以及议事厅，均张挂许多现代中国名画，有屏条，有中堂，有单轴，五点半以后被邀之中外来宾已陆续而至。当地长官到者有东爪省长、副府尹、经济部代表、法院院长、美国领事、前任勒痕、美术馆馆长不下三四十人，而侨胞男女到者尤众。六点正，由画展筹备委员会主席王副领事夫人操英语致开会词。开幕后，连日参观者众，已决定延期四日。开幕后二日内已售出画九十余帧，画值已超出一万一千盾，门票收入亦在二千盾以上，两合伸国币十一万元，与吧城相埒，吧城、泗水两处已得二十三万元，以现在情形预测，以后至三宝垄、万隆展览结果

至少可得四十万元。此项画款悉数由当地慈善会直接汇贵阳红十字会施振。(四月七日新闻)

原载于《中国红十字会月刊》1940 年第 60 期

## 世界红卍字会主办神经病院开幕

世界红卍字会主办神经病院于六月九日下午二时，在愚园路一一七一号开幕。该院系与上海精神卫生学会合作，故除院中医师及护士外，并有心理学家、社会事业工作人员及教授等协助诊断及治疗。除为成人治病外，并辟儿童指导诊所，内设游戏室，以便观察一般儿童之行为。又该院为约翰大学医学院学生实习云。

原载于《上海医事周刊》1940 年第 6 卷第 25 期

# 会 议 记 录

## 中国红十字会赣榆分会会员大会会议纪录

日期：二十五年十月二十七日下午二时

地点：徐氏自治会大礼堂

出席者：二十三人

县政府监选：孙健

主席：徐治鑫

纪录：徐治绅

行礼如仪

报告事项

监选员训词

讨论事项

（1）造具本会预算案。决议交理监事会会同拟定呈请总会核示。

（2）拟定章程草案请讨论修正案。决议照原拟草案通过。

（3）本会会址如何规定案。决议交理监事会办理。

（4）本会先后用款及筹备费应如何筹措案。决议本会会员每人输纳洋一元，于一周内自行缴会并呈报备案。

（5）本会应否开办救护训练班案。决议交理事会拟具方案呈请核示。

（6）本会宜筹设医院案。决议交理事会办理。

（7）选举。

指定职员：记票员王从勤，唱票员徐治绅，散票员张长善，监票员祁峰云。

报告选举结果：

理事七人：徐唐文廿二票，徐治鑫廿一票，张长善廿票，徐振钵二十票，王从勤十七票，徐治绅十七票，祁云峰十六票。

候补理事三人：刘承祚十四票，孙兴凤十四票，王宗鑑［鉴］九票。

监事五人：宋赣生廿票，吕祥永十七票，仲伟祺十四票，徐渔村十四票，徐雨生十三票。

候补监事三人：徐广厚十二票，徐汉扬十二票，陈运鼎六票。

散会。

主席徐治鑫

原载于《中国红十字会月刊》1936年第18期

# 中国红十字会洛阳分会第五届改组筹备会会议纪录

会场：本会会议室

日期：三月二十八日上午十时

出席者：魏瑞甫　何静斋　陈钦甫　商子斌　于仲雅　魏品一

缺席者：何至恭

列席者：孟贤齐

主席：何静斋

纪录：魏仲五

开会如仪

（甲）报告事项。主席报告上次筹备未成立前预备会议纪录

（乙）讨论事项。

（一）调阅上届筹备简章案。决议由全体委员讨论修改交文牍负责办理。

（二）筹备会代行会务案。决议规定四月一日起归筹备会代拆代行。

（三）筹备经费案。决议按照预算书办理所有雇员均于四月一日起薪。

（四）下次开会日期请公决案。决议四月一日上午十时。

（丙）临时动议。筹备会成立必须调阅第四届筹备会简章，规定人员提交议会通过适用并呈报上级备案。

散会　上午十一时

主席何静斋

原载于《中国红十字会月刊》1936年第11期

## 中国红十字会金山佘来庙分会第四次理监事会议纪录

时间：二十五年八月十日下午一时

地点：第二区公所

出席者：金计六　唐华星　黄正言　秦希文　何葆元　戴文元　范国忠

列席：钱冀公　封子厚

主席：黄正言

纪录：李九皋

报告事项：一、新入各会员奉令核准案。二、二十五年度本会进行计划案。

讨论：

一、编造二十五年度本会预算案。决由本会会计召集各组主任负责编组之。

二、施医局如何组织案。决惟聘施医局负责人员如左：

1、聘请名誉会长钱冀公为本会施医局局长。

2、推庄介三为文牍主任，黄久望、李九皋为文牍。

3、推顾志成为挂号处主任，张道修、顾月春为挂号员。

4、推顾月春为会计。

5、推唐华星、何葆元、戴文言、张长、范紫云为招待员。

6、推李九皋、秦希文、吴穆斋为庶务员。

三、经费如何筹措案。决由本区乡镇长及本会会员筹募之。

四、规定施诊日期案。决定每月五、十为期，以七月五日开期，八月三十日闭幕。

五、选聘医生案。

内妇科　黄叔平　王企元　陈叔文　陆锦文　庄益三　朱允文　黄菊畦

外科　潘丹石　经志成　王达夫　庄柏丞　钱杏荪　冯重威　李九皋

幼科　冯沛仁　戈恺君　徐一桂　封子厚　徐桂芳

伤科　王龙汲　郑熊飞　陈玉麟　陈伯润

眼科　姚裕源　何志豪　侯希贤

针科　楮向荣　戚纪文　经伯贤

疟疾科　陈鸿源　赵勤生

西医　张君定　程菊初　陆济民

六、规定号金案。决每号收铜元十五枚。

原载于《中国红十字会月刊》1936年第16期

# 中国红十字会遂宁分会第一届理事会及监事会第八次联席会议纪录

会场：本会议事厅

日期：八月十日午前十一时

出席者：会长李含辉　罗渔舟　龚集生

常务理事杨超南

常务监事冯云程　李惠亭

理事何孟余　张寿卿　李森林

列席者：候补监事李季直　陶奉卿　救济股主任刘子厚　借贷股主任赵佛初

主席：李含辉

纪录：邓中权

开会如仪

（甲）报告事项

一、报告出席人数。九人已足法定人数。

二、文书股报告二十四年度共收文一百二十六件，发文八十六件。

三、本会救护队参加公民训练，计服药水者一千零八十余人。

四、新生活运动会收买蝇鼠，讬［托］本会代支款项。计七月十六日起至三十一日止，收苍蝇一万一千四百个，老鼠六十七个，共支出去钱十四千三百文。

（乙）讨论事项

一、第八周征信录印刷若干册请公决案。决议印刷二百册分送各机关团体及本会新入正会员。

二、各股收支账目应一律以圆为本位请公决案。决议通知各股主任照办。

三、本会监事兼资产委员李兰芬君，又候补理事李南屏君先后病故，应另推员继以资办理请公决案。决议公推李森林为资产委员，推候补监事王清平为监事其遗缺候补监事缓选。

四、医务股药票缺乏，应设法筹备请公决案。决议请讬［托］本会各会员极力劝募，由理监事各职员随时促进其进行。

五、本会于二十四年七月份起因经费困难，一切事务交文书股兼代办理。现届一年，请恢复会计薪额请公决案。决议从一月份起至六月份止，另给津贴洋二十四元，从七月份起每月加薪四元，所请恢复碍难照允。

六、本会消防应如何振［整］顿请公决案。决议另订日期开会函请城区一二联保转知各组长，并请商会转知各同业公会推定代表届时出席讨论组织消防联合委员会以策进行。

（丙）审核事项

一、二十四年度收支计算书、二十五年度收支预算书并第八周征信录已由会计股分别编造齐全请审核案。决议交监事会分别审核。

二、会计股编进本会产业统计表请审核案。决议交资产委员查阅后备存。

散会　时间午后一时。(完)

原载于《中国红十字会月刊》1936 年第 16 期

# 中国红十字会诸城分会救护训练班成立第一次会议纪录

会场：本会议事宣

日期：二十五年八月十五日上午十一时

出席者：于良佐　王肖舫　胡中民　程公傅　任子昭　张钦明　惠伯爽

列席者：杜慈生　王焕然　王芳畦　王洪斋　董逸艇

主席：于良佐

纪录：张钦明

开会如仪

（甲）报告事项

主席报（告）本救护训练班组织经过情形并宣怖［布］今日已正式成立。

（乙）讨论事项

（一）依照中国红十字会造就救护人才详细计划草案之规定办理请公决案。决议通过。

（二）本分会救护训练班组织规程应如何办理请公决案。决议应拟定组织规程稿本呈请总会备案施行之。

（三）训练班各科教授人选应如何办理请公决案。决议除本会专科人员担任外应请各界富有专科经验者分担之。

（四）训练班教务训育及事务应推定负责人员请公决案。决议推定胡中民负责一切并推定惠伯爽担任教务，程公傅担任训育，臧殿九担任事务。

（五）各科课程应如何分担请公决案。决议聘请罗营长担任军事训练，聘请杜军医官担任看护学，王焕然先生担任担架法，王芳畦先生担任体育。推定本会王肖舫担任绷带学，任子昭担任初步救护，张钦明担任防空常识，胡中民担任药物学，程公傅担任外国语。

（六）规定日期开始训练请公决案。决议定于本月二十三日行开学典礼，二十四日正式训练。

（七）照章训练三月期满应发给各学员证明书以资证明请公决案。决议由本会拟定清稿呈明总会备案由本会办理之。

（八）本训练班成立当此国难严重时期，亟应提倡，以开风气，请公决案。决议本训练班成立非易，本省境内特殊情形必经省府备案饬县照办方能活动，应呈总会迳函申请山东省政府备案饬县查照办理之。

（九）训练员生活费应如何办理请公决案。决议本训练学员四十一人除十人自费外，每人月给伙食津贴洋七元，全班服装、装棹橙、书籍文具一切应用由本分会职员暂为垫借，另设法筹备偿补。

散会。

主席于良佐

原载于《中国红十字会月刊》1936年第16期

# 中国红十字会金山余来庙分会第二次理监事联席会议纪录

日期：二十五年六月十日下午一时

地点：第二区公所

出席者：沈寿松　何葆元　黄正言　张葆青　庄嘉良　唐华星　戴文言　张长（戴文言代）

主席：黄正言

纪录：沈乐氏

行礼如仪

报告：

一、总会来函催将分会会址及医院所在地详细报会。

二、县区党部代电催填人民团体调查表报部。

三、总会函准本分会自行聘请名誉正会长、副会长报会备查。

四、第一次联席会议纪录当选职员名单业奉总会暨县府备案。

五、总会发正会员、普通会员、青年会员证书徽章收据三份、十二份、三份。

六、总会来函解释关于贩卖红十字会会员佩章等件应否处罚疑义，当经司法院统一解释法令，会议议决应依《刑法》第二百十一条处断。

讨论：

一、奉准添聘名誉正会长一人副会长二人请公推案。议决公推钱冀公为名誉正会长，金师良、杨秉文为名誉副会长。

二、借款购地筹建本会会所案。黄正言、范国忠、唐华星提议。议决（一）推钱冀公、金师良、范国忠、唐华星、何葆元、黄正言六会员就本镇选定适宜地点，于下届会议时报会再夺。（二）推戴文言、庄嘉良、范国忠、张长、黄正言、唐华星向本区商会及米箔二公会商借购地基金。（三）推金师良、金计六、戴文言、沈寿松、范国忠计划式样并估计需用经费。（四）推黄正言、唐华星草拟募捐办法交下届会议审核。

三、添设本会施医组案。议决（一）通过。（二）聘请本会会员封子厚为施医组主任，克日草拟施医简章交下届会议审核。

主席黄正言





原载于《中国红十字会月刊》1936 年第 14 期

# 公牍选载

## 绥远分会来函

上海红十字总会钧鉴有电，敬悉，顷准绥远省赈务会俭电，略称本年五临包萨托沿河五县，河水漫溢，渠坝溃决，田禾、庐舍率付洪流，灾惨为历年所未有。前派员驰赴灾区详勘，据报各县灾情统计，五县被灾面积共一五一零零方里，灾民人数共六二四二零口，被灾村庄共六一七村，被淹田禾共三四三四顷九七亩，冲毁房屋共一零九四间，其他财产损失共约二二一五零零元。虽筹急赈，杯水车薪，未能普救灾民，刻边塞苦寒，霜雪早降，设不拯救，必冻馁交加，饿莩载道，望拨巨款施赈，等情。据此特再电恳钧会速拨赈款以救灾黎，再钧会前已电允为续募赈款统筹办理在案。惟查绥省此次被灾民众有六万之多，而处此气候严寒之季，允宜火速救济，实不容再事因循。钧会是否能于最近将款拨下，务乞速为电复，以便应付，实为切盼。绥远分会会长李正乐，副会长郄相国、何清杰，理事长张良弼仝叩，冬。

原载于《中国红十字会月刊》1936 年第 7 期

## 复绥远分会函

中国红十字会绥远分会鉴东代电悉所请速拨振款救济绥省沿河五县灾民，应准，拨给赈款壹千元交由中国银行汇绥，到希提收，将领证寄会存案，并望会同绥远省振务会统筹振济，将放振情形取具放振区内各县政府证明文件送会查核，以昭郑重，除将本案提请本会放振委员会追认外，合特电复知照中国红十字会总会贺印。

原载于《中国红十字会月刊》1936 年第 7 期

# 支配各省市振款数目总表

（自十七年至二十四年九月止）

| 省市别 | 十七年 | 十八年 | 十九年 | 二十年 | 二十一年 | 二十二年 | 二十三年 | 二十四年 |
|---|---|---|---|---|---|---|---|---|
| 河北 | 二五四,一六九,○○ | 三○,七八二,六九 | 一三,六六 | 一○,○○○,○○ | 一,○○○,○○ |  |  | 三,○八○,○○ |
| 山东 | 六九四,六七五,二二 | 八,七○三,九○ | 一一,○二○,○○ | 一四,六三二,○○ |  |  |  | 四一一,五○○,○○ |
| 陕西 | 二八七,○二七,九二 | 七三,八四九,七九 | 三一,○○三,七○ | 八六,五六五,六四 |  |  |  |  |
| 甘肃 | 二九四,九八○,八二 | 九六,○八二,○三 | 一八,六八四,四九 | 二八二,五七九,九五 | 五○○,○○ |  | 九○○,○○ | 一,一○○,○○ |
| 河南 | 二二六,六六九,三九 | 三九,七八一,七○ | 一四八,七三七,一八 | 三一三,○六○,九六 | 二,○○○,○○ |  |  | 一○,○○○,○○ |
| 山西 |  | 一六,一八六,八八 | 四六三,六一 | 二,九一五,二三 |  |  |  |  |
| 绥远 | 五五,○○○,○○ | 一六,一八六,八九 | 一,八八六,九○ | 三,○○○,○○ |  |  |  | 一,五○○,○○ |

（续表）

| 省市别 | 十七年 | 十八年 | 十九年 | 二十年 | 二十一年 | 二十二年 | 二十三年 | 二十四年 |
|---|---|---|---|---|---|---|---|---|
| 察哈尔 | 三五，〇〇〇，〇〇 | 四，九八六，八八 | 一，六三六，九〇 | 八，三八六，二八 | | | | |
| 安徽 | 七，〇〇〇，〇〇 | 四三，〇二六，九四 | 一〇，〇八八，〇〇 | 二五八，二一五，〇〇 | 一九，六九六，八五 | 六六五，〇〇 | 一，〇〇〇，〇〇 | 五，八〇〇，〇〇 |
| 湖南 | 六，〇〇〇，〇〇 | | 一二，三九七，〇〇 | 二三五，〇〇〇，〇〇 | | | | 一〇，〇〇〇，〇〇 |
| 浙江 | 四，〇〇〇，〇〇 | 二，〇〇〇，〇〇 | 一五，〇〇〇，〇〇 | 八〇，〇〇〇，〇〇 | 一，〇〇〇，〇〇 | | | |
| 广东 | | 二四，五四八，七一 | | | | | | 一〇，〇〇〇，〇〇 |
| 广西 | | | | | 一六，四三八，五一 | | | |
| 江苏 | | 二，〇〇〇，〇〇 | 一五，〇〇〇，〇〇 | 一八八，五一〇，〇〇 | 一六，一五〇，〇〇 | 二〇二，〇〇〇，〇〇 | | 四八，〇〇〇，〇〇 |
| 湖北 | | | | 一八〇，〇〇〇，〇〇 | | | | 二〇，五〇〇，〇〇 |
| 江西 | | | 五，〇〇〇，〇〇 | 二二五，六五五，七二 | | | | 八，〇〇〇，〇〇 |
| 黑龙江 | | | | 三，〇〇〇，〇〇 | | | | |

（续表）

| 省市别 | 十七年 | 十八年 | 十九年 | 二十年 | 二十一年 | 二十二年 | 二十三年 | 二十四年 |
|---|---|---|---|---|---|---|---|---|
| 北平 | | 七,三七七,一七 | 三,三三六,九七 | 一四,五〇〇,〇〇 | | | | |
| 福建 | | | | 四,〇〇〇,〇〇 | | 五〇〇,〇〇 | | 八,二七八,六九 |
| 贵州 | | | 三,〇〇〇,〇〇 | 三〇,〇〇〇,〇〇 | | | | |
| 云南 | | 六〇,〇〇〇,〇〇 | | | | | | |
| 南京 | | 三,九六〇,〇〇 | 二,八〇〇,〇〇 | 八,六二三,三二 | 一〇,九六七,〇〇 | 七二九,〇〇 | 二,二〇〇,〇〇 | 一〇〇,〇〇 |
| 上海 | | 一,〇〇〇,〇〇 | | 二,〇〇〇,〇〇 | 六,八〇〇,〇〇 | 三,四〇〇,〇〇 | 三,二〇〇,〇〇 | |
| 热河 | | | 二,二五〇,〇〇 | | | | | |
| 四川 | | | 五,〇〇〇,〇〇 | 六,〇〇〇,〇〇 | | | | |
| 辽宁 | | | 一〇,七〇一,七四 | 一五,一八六,〇〇 | | | | |
| 青海 | | 一〇,〇〇〇,〇〇 | | 二〇,〇〇〇,〇〇 | | | 五〇〇,〇〇 | 七〇四,八六 |

(续表)

| 省市别 | 十七年 | 十八年 | 十九年 | 二十年 | 二十一年 | 二十二年 | 二十三年 | 二十四年 |
|---|---|---|---|---|---|---|---|---|
| 宁夏 | | | | 二五,二四〇,〇〇 | | | 九〇〇,〇〇 | 一,一〇〇,〇〇 |
| 汉口 | | | | 二〇,〇〇〇,〇〇 | | | | |
| 海外 | | | 一一,〇〇〇,〇〇 | 二五,〇〇〇,〇〇 | 二,〇〇〇,〇〇 | | | |
| 外蒙 | | | | | 三,〇〇〇,〇〇 | | | |
| 东北 | | | 七,一七七,〇〇 | | 一一一,五〇〇,〇〇 | 一〇,〇〇〇,〇〇 | | |
| 两粤 | | 三,八五〇,〇〇 | | | | | | |

说明:

上表分拨各省数目以历年政府所拨现款及由本会募集之捐款为限,至十八年,政府颁发振灾公债一千万元及本年度救灾准备金一百万元,其分配均详另表。

原载于《中国红十字会月刊》1936 年第 7 期

## 中国红十字会汉口分会来函

案查本年十一月二十四日，系奉国府令行黎前大总统国葬之期，遵饬参加。稔知事关旷典，观礼人众，定于循序时间，表明任务。预防万一，曾经组队准备医救，并派职员整率学生列行恭送，以昭隆重。兹依月刊成例，检赍诔稿照片，送请核督为叩！

**附诔文稿**

故名誉会长、前大总统黎公、德配吴夫人国葬典礼诔文。

中华民国二十四年十一月二十四日谷旦故名誉会长前。

原载于《中国红十字会月刊》1936 年第 7 期

## 救灾准备金法

（十九年十月十八日国民政府明令公布）

第一条　国民政府每年应由经常预算收入总额内支出百分之一，为中央救灾准备金，但积存满五千万元后，得停止之。

第二条　省政府每年应由经常预算收入总额内支出百分之二，为省救灾准备金。省救灾准备金以人口为比例，于每百万人口积存二十万元后，得停止前项预算支出。

第三条　救灾准备金应设保管委员会。在中央由国民政府派定委员七人组织之，以内政部长、财政部长为当然委员；在省由省政府呈请行政院派定委员五人组织之，以民政厅长、财政厅长为当然委员。中央救灾准备金保管委员会，受行政院之监督；省救灾准备金保管委员会，受省政府之监督，处理其事务。

第四条　保管委员会经费之支给，不得动用救灾准备金。

第五条　救灾准备金由保管委员会负责保管，不得移作别用。

第六条　遇有非常灾害为市县所不能救恤时，以省救灾准备金补助之。不足再以中央救灾准备金补助之。工振或与救灾有关之移民，得由救灾准备金内酌予补助。前二项之补助金额，应由保管委员会议决，呈请监督机关核准。

第七条　救灾准备金应妥存国家银行或殷实之银行，按期计息。前项存款有优先受清偿之权。

第八条　因保管人之过失，致救灾准备金受损失时，该保管人应负赔偿责任。

第九条　依被灾之情况，本年度救灾准备金所生之孳息不敷支付时，得动用救灾准备金，但不得超过现存额二分之一。

第十条　救灾准备金之收支，保管委员会应按年度造具预算、决算，分别呈报监督机关。

第十一条　本法自公布日施行。

原载于《中国红十字会月刊》1936年第7期

## 实施救灾准备金暂行办法

（二十四年六月八日国民政府明令公布）

第一条　救灾准备金依会计年度拨存之。

第二条　救灾准备金就每年应拨总额按十二个月计算，但遇预算不敷时，得先酌拨若干在中央由财政部在各省由财政厅指定专款分月拨付于中央或省之保管委员会。

第三条　依《救灾准备金法》第六条第一项办理时，在市县应根据堪报灾歉原案造具应振户口清册，呈经省政府复查属实，交省保管委员会核议；在省政府应根据堪报灾歉原案检同应振户口清册，并将省救灾准备金原存额数及补助数目呈经行政院，交中央保管委员会核议，依《救灾准备金法》第六条第三项行之。依《救灾准备金法》第六条第二项办理时，请办救灾工程或移民机关准用前项程序，但经行政院或省政府认为应行补助者，得迳交中央或省之保管委员会，依《救灾准备金法》第六条第三项行之。

第四条　依《救灾准备金法》第七条，存款时应存国家银行，其未设有国家银行，地方得存殷实银行，均由保管委员会呈报监督机关备案。

第五条　中央或各省保管委员会动支救灾准备金时，其银行支票须经常务委员全体签字。

第六条　保管委员会应将每月结存之救灾准备金造具清册，按月呈报监督机关备案，并分送内政部查考。前项清册应由保管人署名盖章。

第七条　《救灾准备金法》第八条之保管人应取具连带负责之保

证，由保管委员会议决定之。

第八条 《救灾准备金法》第九条之规定，中央或省之救灾准备金均适用之，但各省遇有非常灾害，依《救灾准备金法》第六条第一项办理，请中央补助时，应以省救灾准备金全额不敷补助为限。省救灾准备金未经依法拨存者，不得请求中央补助。

第九条 依《救灾准备金法》第十条，由保管委员会造报之预算、决算，并应分送内政部、财政部查考。

第十条 隶属于行政院之市，得依照《救灾准备金法》，对于省之规定积存救灾准备金，并援照《救灾准备金法》办理。

第十一条 本办法自公布日施行。

原载于《中国红十字会月刊》1936 年第 7 期

# 救灾准备金保管委员会组织条例

（二十四年六月八日国民政府明令公布）

第一条 本条例依《救灾准备金法》第三条制定之。

第二条 保管委员会在中央应称为中央救灾准备金保管委员会，在各省应称为某省救灾准备金保管委员会。

第三条 保管委员会在中央由国民政府，在各省由行政院，就法定委员中指定常务委员三人，并以其中一人为委员长。

第四条 保管委员会除依照《救灾准备金法》第三条第二项监督机关之命令处理会务外，不受任何机关之监督指挥。

第五条 保管委员会应设左列各科：（一）总务科；（二）保管科。

第六条 中央保管委员会设主任秘书一人，简任。秘书二人，荐任，并兼任科长。科员四人至八人，委任。

第七条 各省保管委员会设秘书一人，科长二人，科员四人至六人，均委任。

第八条 保管委员会因缮校文件，得用雇员。

第九条 保管委员会会议如左：（一）委员会议，每月举行一次；（二）常务委员会议，每星期举行一次；（三）临时会议，由委员长临时召集之。

第十条 保管委员会委员均为无（薪）给职，但无兼职之委员长及常务委员，得酌支公费。

第十一条 中央保管委员会经费由国库支付；各省保管委员会经费

由省库支付，均应造具预算、决算，呈请监督机关核定之。

第十二条　隶属于行政院各市设保管委员会时，准用本条例之规定。前项保管委员会以市社会局长、财政局长为当然委员。

第十三条　保管委员会办事细则由本会定之。

第十四条　本条例自公布日施行。

原载于《中国红十字会月刊》1936 年第 7 期

## 外交部公函：字第一一九四四号

准英国大使照会略称：

“关于一九二九年所订《救护战地伤病人员国际公约》事，前于一九三三年三月一日经本馆蓝前公使照达在案。按该公约第十一条规定，某中立国承认之义务救济团体非经本国先行许可及该作战国许可，不得使医士暨团员协助作战国。兹奉本国外部大臣训令，嘱为通知贵部长：以依照上项规定，在阿比西尼亚专为对于阿军予以医士协助所成立义务救济团体之英国在阿野战救护会 The British ambulance service in Ethiopia 现已获得本国政府许可，按照公约第十一条之规定，办理协助事宜。兹再声明本国政府为保障该会享受该公约所赋予之待遇起见，特按照该公约第十条第二项之规定，通知各赞成国，以英国在阿野战救护会业经本国政府承认及许可，为办理该约所载事宜之机关。”等因。查一九三三年三月一日英国公使照会，业经本部于民国二十二年三月十三日国字第一零三六零函达在案。除照复英国大使外，相应抄录洋文来照原文，函请查照为荷。此致中国红十字总会！

附抄照会一件。

原载于《中国红十字会月刊》1936 年第 8 期

## 内政部训令：民十七 7 廿四年十二月廿七日发 018287 号

令中华民国红十字会总会：案准外交部二十四年十二月二十一日国 24 字第一一九四四号公函开：“准英国大使照会略称：‘关于一九二九

年所订《救护战地伤病人国际公约》一事，前于一九三三年三月一日经本馆蓝前公使照达在案。按该公约第十一条规定，某中立国承认之义务救济团体非经本国先行许可及该作战国许可，不得使医士及团员协助作战国。兹奉本国外部大臣训令，嘱为通知贵部长以依照上项规定，在阿比西尼亚专为对于阿军予以医士协助所成立义务救济团体之英国在阿野战救护会 The British ambulance service in Ethiopia 现已获得本国政府许可。按照公约第十一条之规定，办理协助事宜。兹再声明本国政府为保障该会享受该公约所赋予之待遇起见，特按照该公约第十条第二项之规定，通知各赞成国，以英国在阿野战救护会业经本国政府承认及许可，为办理该约所载事宜之机关'等因。查一九三三年三月一日英国公使照会业经本部于民国二十二年三月十二日国字第一零三六零函达在案。除照复英国大使外，相应抄录洋文来照原文，函请查照"等由，准此。除分咨军政部、海军部暨卫生署查照外，合特抄发洋文来照原文，令仰该会知照。此令！

附抄照会一件。

原载于《中国红十字会月刊》1936 年第 8 期

## 崇明分会呈文

窃查本会理监事经第一次全体会员大会依法选出后，并呈奉钧会应准备案。暨崇明县党部、县政府准予备查各在案，业于一月一日上午十时假座县党部中山堂举行监理事宣誓就职典礼。并呈蒙崇明县党部瞿委员、县政府萧科长出席监誓，准时依法宣誓就职，礼成后即分别召丌第一次理事会议、监事会议、理监事联席会议。理事会推定陆养浩为会长，沈英、黄炎冰为副会长，王君颜、蔡闰民、陆思明为常务理事，监事会推定蔡子拙、苏钟冕、陈稚秋为常务监事，即日接收筹备处，继续开始工作。除分呈崇明县党部、县政府备案外，理合检同会议录一份，备文呈报钧会鉴核备案。谨呈中国红十字会总会。

附呈会议录一份。

中国红十字会崇明分会会长陆养浩、副会长沈英、黄炎冰

原载于《中国红十字会月刊》1936 年第 9 期

## 本会复函

迳复者：呈及会议记录、职员名单均收悉，据报理监事宣誓就职，并推定职务等情，应准备案。此致中国红十字会崇明分会。

原载于《中国红十字会月刊》1936 年第 9 期

## 成都分会来函

敬启者：分会前请大会将历办救护队章程并训练救护员讲义课程，又会属医院看护生在院服务所定规则及待遇薪资数目，请赐抄寄各一份。再有护士在院服务外所有学习课程讲义，均祈大会捡寄数份，迟久未奉，覆示不识，已否颁寄在途。分会僻处西陲，往往邮寄印刷，损失迟误甚多。分会陈请抄寄之件。如荷赐川，务望挂号付邮为祷，拟明春开办救护讲习班，预储人才为有事之备，故需各教材也。再上月分会联合成都各团体，为省外水灾及省内匪区难民劝募捐款并寒衣，汇交省振务会分别运散，得耆绅刘豫波君代撰惨况。歌词由会排印数万分［份］，赠送宣传，颇收效果。附上歌词，可否採［采］入月刊“说苑”文栏，尚希酌夺。分会刻正办理，循例年赈米钱、济券散发城厢贫黎，使实惠及贫。调查奔驰较难，匆匆函陈，敬祝年厘，并盼覆示。

成都分会会长王放启，十二月廿四日

### 附本会联合成都各界为松理茂汶等县难民劝募寒衣歌词
### 双江刘豫叟撰

宿崖洞，宿崖洞，崖中愁多云更寒，崖边树黑云更重，不知此身竟何如，腥风血雨吹残梦，被体芭蕉叶尚润，难民骨瘦皮尽枯，吹来寒风如刀割，身上那有完肌肤，冻死沟壑亦命也，安能乞食向长途。旧衣旧裳分到手，霜天忽见暖云铺，棕叶用被体，遮将十之三，不过顾此廉耻耳，安能避得北风寒。多少豪华夸锦绣，布衣到此觉真难，忽然喜地而欢天，难民为之解愁颜，车中载得衣裳至，欣欣仁意暖如绵。树皮小尚可食，树皮小不可衣，因饿更寒寒更饿，天阴鬼哭风凄凄，留将残命无多时，善人飞到急救之。父母遭杀戮，惟有儿女存，茫茫何处去，满地血风腥。人谁无儿女，忍见此伶仃。留此天愁地惨之一身，天愁地惨人亦哭，善人为之泪沾襟。老母死，剩孤女，孤女之命薄如纸，孤女啼饥乳草间，孤女号寒严霜里。道旁见者扶之起，既与之钱又与米。四方募捐善钱多，春风飞到云天里。到处皆难民，满地愁风雨，旧灶尚有柴，破盆早无米，非天不爱人，造劫至于此，呼天无声地无语，可怜欲死又不死。人造劫兮人救人，急待善人扶之起，急待善人扶之起。富家翁，富家翁，一家儿女笑融融。地上铺毡钱样厚，炉中又添活火红，霜风有力吹难到，画堂深处闭帘栊。可怜多少难民苦，风欺雪压穷途中，看他霜白皮肤紫，饥肠转处空复空。多施金钱患难中，如此富翁真富翁，更将仁意添笑容。

（成都红十字会分会印赠）

原载于《中国红十字会月刊》1936 年第 9 期

## 绥远分会来函

敬启者：前蒙惠寄振款千元，除当即电复外，当由敝会第十三次议事会决议，除以八百元交振务会代为振济五原、临河、包头外，下余二百元则捐助纯一善社及难民救济会各一百元，想早收到矣。兹据振务会第三九二号函称，顷准贵会函开，以指定包头县二百元，五原、临河各三百元，分别办理粥厂，名义为中国红十字会绥远分会某县粥厂，共计振款八百元随函附上，即希贵会查收，分神代为振放，并祈开给临时收据，一俟将款分振指定各县后，并祈将各县正式收据汇交敝会，藉转总会，以清手续等因。除将振款八百元已由本会如数收到，开给临时收据，所有各县办理情形，俟将款振放后，具报到会。即行转知外，相应先行，函覆查照为荷。复据难民救济会函称：敬复者：案准贵会大函：以绥西本年黄河氾滥，各县被灾甚惨，由张理事长硕儒莅临敝会，拨交振款大洋一百元，嘱代振济。一般难民悲天悯人，热心慈善，曷［何］深钦佩，当将振款如数照收，转为振济，并掣付收据在案。兹经提出，本会第五次常会报告决议专函致谢，记录在卷，相应函达，即希查照，并致谢忱。此复。等情。特此函达，即希查照备案，见复是荷。此致中国红十字会总会！

原载于《中国红十字会月刊》1936年第9期

## 大水泊镇分会来函

敬启者：敝会于一月二日招［召］开会员谈话会，议决将大水泊镇分会名义取销，函请改称文登分会，会址设于城内（暂假国术馆），各员并以县长慈善为怀，公推兼任文登分会会长，国术馆长于祺昌兼任副会长等由。据此，除分函外，相应函请，即希查照，准予备案，并发征请书，以视郑重为荷。此致上海总办事处理事长！

山东文登县大水泊镇分会理事长于筱泉

原载于《中国红十字会月刊》1936年第9期

## 本会复函

迳复者：来函已悉，所请将分会名称改为文登分会应准照办，至公推县长为会钱［长］，于祺昌为副会长，并准备案，望由分会自行通知就职可也。再前发大水泊镇分会图记，望即缴会核销，以便换发新图记。此致中国红十字会大水泊镇分会！

原载于《中国红十字会月刊》1936年第9期

## 福州分会来函

敬启者：案奉二十三年八月二十九日均函开：案准福建民政厅函开：查闽省收复匪区病民甚众，关于民疗设置，兹奉南昌行营训令限期筹办。按照江西成规，此项民疗事宜系南昌红十字分会为中心，福州亦有红十字分会，拟即委讬［托］办理，相应函请查照转知，希于一星期内见复等由。并抄送江西省新收复县区医药计划一份过会。准此！查本会南昌分会奉令办理民疗，所有经费概由省厅拨给。此次福建省民政厅筹办民疗，既按照赣省成规委讬［托］贵分会办理，自当照办，所需经费应请省厅拨给，其他护照并通令各县局长协助等项，亦应请福建省民政厅按照赣省成规分别办理，以利进行。除函复外，合特抄发江西省医药计划一份，函请查照等由。奉此，当经商同民政厅于二十三年九月先行组织第一、第二、第三民疗队出发龙岩、连城、宁德、罗源、泰宁、建宁各县，次第治疗。十一月又组织第四、第五民疗队出发清流、宁化、霞浦各县，次第治疗。原定期间，每县两月。嗣因被灾各县纷请挽留并加派，复于二十四年三月组织第六、第七两队出发清流、建宁各县治疗，并延长期间，至九月止，先行结束五队。又因松溪、寿宁两县发生鼠疫，复派第二、第五两队出发该两县治疗，至十一月止收回，现在均已结束。至前后出发及结束期间，均经报厅核准有案，统计各队合并治疗人数共八万五千五百七十九人，而各民疗队所至各县治疗均承当地各界嘉许，并赠送旗帜、匾额计六十份。兹经由会汇映影片七份送外，尚亏短大洋四百零九元六角，又欠第四队补助费一个月二百元，又赈灾扣款七十八元四角，共计尚短六百七十八元。曾经按月列表送请民政厅察核，所短之款迄尚未蒙拨还。分会经费异常，支绌难堪亏累。仰恳大会函达福建民政厅发领，俾全善举，再查分会此次承讬［托］组织民疗队分往各县治疗，共计出发七队，历时一年有奇。分会会长王纲悉力擘划，非常劳瘁，并各队长、医师、护士等出发新收复县区工作，登山越岭，蛮雨瘴烟，亦极劳苦异常。拟请大会一并函达福建民政厅分别优予奖励，以酬劳绩。为此，理合将各民疗队总表、一份匾额、影片七份随函送请大会察收俯准。如请施行，至为感祷。谨致中国红十字会总会！

计送各民疗队施疗总表一纸、各民疗队收支总表一纸、匾额、影片七份。

原载于《中国红十字会月刊》1936 年第 9 期

## 本会复函

迳复者：函及各民疗队施疗总表、收支总表各一份、匾额、影片七份均收，悉存备案查核。至请转请福建省民政厅拨还所短之款及分别奖励各员一节，业已转请核办，一俟复到，再行转知。此致中国红十字会福州分会!

原载于《中国红十字会月刊》1936 年第 9 期

## 松江分会来函

迳启者：属会上年曾拟办戒烟医院，并经函准钧会备案在卷。兹因政府决心禁烟，限期戒绝，此次办理自新登记，予一般烟民以最后机会。在政府固心存慎狱恤刑之美意，无如烟民之中不乏劳苦工人，平日所得甚微，仰事俯蓄之不暇，安有余储足资领照。故办理自新登记以来，不免仍有观望之人。属会不忍若辈之重罹法网，爰筹集洋一百八十元，作为无力烟民领照之需。业于本月十日起开始办理，额定一百名，至十五日截止。惟代领烟照不为戒除，似非根本办法，乃拟将属会代领烟照之一百名烟民先为设院施戒，日后当逐渐推广，再及其他。前所请准拨之铁床二十只、被褥五十付、绒毯二十条，务恳即日发下。俾资应用并请将此次办理代领贫苦烟民执照事宜，准予备案，实纫公谊。此致中国红十字会总会!

附呈《民众报》所登广告请并阅。

原载于《中国红十字会月刊》1936 年第 10 期

## 松江分会为烟民自新登记

查烟民自新登记本为政府慎狱恤刑，予一般无照烟民以自新之路，俾得领照，免蹈刑网。闻举办以来，前去登记者固属踊跃，而因循观望者谅亦难免。推其原因，由大都一般贫苦劳工因病沉沦黑藉，难以拔除，而平日操作所得为数极微。仰事俯蓄之不暇，安有余力缴纳照费，以致坐失良机者定当不少。本会忝属慈善机关，本互助天职，对于斯项劳工，不忍坐视其重遭刑罚。爰集资一百八十元，以作代缴无力领照劳苦烟民一百名之费。凡属有正当职业、无力领照，经保甲长证明者，在二月十五日以前，均得来会申请。经本会查核后，由会向公安局转请登记，代缴照费，以期少罹法网，而体政府恤刑之旨云耳。

原载于《中国红十字会月刊》1936 年第 10 期

# 本会复函

迳复者：函及剪报一纸，均收悉。据报代领贫苦烟民执照应准备案，至请拨铁床等件，以便设院戒烟，准予拨助铁床二十只、绒毯二十条，望即备具领证，派员来会领取为要。此致中国红十字松江分会。

原载于《中国红十字会月刊》1936年第10期

# 行政院卫生署训令：保字第一零五三号

令中华民国红十字会总会：案准内政部移送外交部本年二月十九日国25字第一五六一号咨，以准埃及外交部长照会，通知埃及政府，指定埃及国家红月牙会为协助埃及军队救疗机关，并准许埃及医药救护会协办阿比西尼亚军队医务工作，转请查照一案到署，合行抄发原咨件，令仰知照。此令！

附抄发原咨及附件共三件。

中华民国二十五年三月九日

署长刘瑞恒

原载于《中国红十字会月刊》1936年第10期

# 抄件：外交部咨

准埃及外交部长一月十一日照会两件，兹分别迻译如左：

第三八，七七，四（六）号照会称：

中国与埃及均为一九二九年七月二十七日《改善战地伤者病者命运日内佛公约》之缔约国，该公约第十条第二节载“各缔约国应于平时或开战时或战争期内，无论如何，必须于实施之前，将所负责核准协助军队正式救疗机关之各协助会名称通告其他各缔约国。”（此节根据立法院正式译文）

埃及国家红月牙会业奉核准为协助埃及军队之正式救疗机关，兹依照上列条款，照请查照。

第三八，七七，四（五）号照会称：

关于埃及政府依照一九二九年七月二十七日《改善战地伤者病者命运日内佛公约》第十条第二节之规定，指定埃及国家红月牙会为协助埃及军队之正式救疗机关一事，业于本日另文章达贵部长查照在案。

兹有为协助阿比西尼亚作战军队而成立之一义务救护队，名埃及医药救护会者。业经请得埃及政府之许可，准其按照上述公约第十一条之规定担任前项救疗工作。

该医药救护会业经本国政府正式准其行使《改善战地伤者病者命运公约》之战地救护工作。兹依照该公约第十条第二节之规定，照达该公约各缔约国查照。俾该医药救护会得引用第十条第一节之规定，与其他经过正式承认之救护会享受同等待遇等因。除分咨军政部、海军部，并照复埃及外交部长外，相应抄录来照，咨请查照为荷。此咨内政部！

附抄照会两件。

原载于《中国红十字会月刊》1936年第10期

## 本会致各分会函

迳启者：案查本会理监事会第十四次联席会议会长提议关于各分会请求补助款项事，应依照下列规定、原则办理请公决一案，经决议通过在案。除分函外，合转抄发规定、原则三项函饬查照为要。此致中国红十字会各分会！

附原则三项

一、关于分会设立医院或其他慈善机关应就地筹款办理，所有经常费量入为出。

二、分会经收会费应照章如数呈缴总会，不得扣留移作别用。

三、如因特殊情形必须办理者，须详叙原委，呈请总会核准，另行筹款补助。

原载于《中国红十字会月刊》1936年第11期

## 香港东华医院主席卢荣杰来函

上海中国红十字会总会列位先生钧鉴：迳启者：现代秘鲁通惠总局购办面粉八百包，附芝尼加拿轮运交贵会代振华北水灾难民。该轮于本月六日开行，经即电请查照，兹将提单及燕梳纸奉上。该轮抵埠，请向提领，代分别散振，并希赐复为感。此请善安。

附提单及燕梳纸各一件。

原载于《中国红十字会月刊》1936年第11期

## 本会复函

谨复者：接奉大函，并附提单、燕梳纸各一件，均谨收悉。此项面粉八百包业已提到，除将该粉四百包运请河南省振务会，二百包运请安徽六安县政府，二百包运请本会安徽正阳关分会，分别散放振济外，用特填奉收据一纸，专函道谢，即请查照为荷。此致香港东华医院！

附收据一纸。

原载于《中国红十字会月刊》1936年第11期

## 河南省振务会来电

中国红十字会惠鉴：豫省去岁旱灾遍六、七十县，受灾之惨以潢光、固、商、经、罗、息等县为最重，迭经电达在案。现在严寒天气，灾黎奄奄待毙，急待拯救。务恳贵会慨发大宗振款，俾便施放，生死骨肉，感盼无量。河南省振务会主席张钫叩敬。印。

原载于《中国红十字会月刊》1936年第11期

## 河南省振务会来电

中国红十字会慈鉴：豫省去年水灾惨重，节经本会暨水灾救济总会筹款施放，急工各振，灾广款绌，普救为难。时届春荒，粮价飞涨，嗷嗷饥民谋生更感困难，且豫南潢光固商经罗数县死亡枕藉，厥状尤惨。务祈惓念灾胞，捐助大宗粮款，拯此孑遗，远企鸿慈，无任盼祷。河南省振务会主席张钫、代主席常志箴世叩。

原载于《中国红十字会月刊》1936 年第 11 期

## 本会复电

开封河南省振务会慈鉴：世代电悉。豫省灾情惨烈，殊深悲悯，所请拨助振粮。兹特拨助面粉四百袋，以资救济，请将印收寄会，以便照发，应如何转运，请即电复为荷。中国红十字会总会寒印。

原载于《中国红十字会月刊》1936 年第 11 期

## 安徽六安县政府来电

红十字会慈鉴：窃查本县匪灾之后，旱灾连年，人民十室九空，尤以第二、五两区灾情奇重。现值春荒，树皮、草根已被食尽，灾情日趋紧张，弱毙者不下数百口，并更闻有人食人之惨事。虽经设法筹募急振，开放仓谷，然杯水车薪，难以普济。兼县长目睹惨情，深切阴忧，谨电呼吁，伏乞俯念灾情惨重，迅拨大批振款。俾拯灾黎，无任盼祷。安徽六安县兼县长武庭麟叩。江。

原载于《中国红十字会月刊》1936 年第 11 期

## 本会复电

六安县政府大鉴：江电谨悉，六安灾情惨烈，殊深悲悯，所请振济。兹特拨助面粉二百包以资救济，请即将印收寄会，以便起运，特复中国红十字会总会寒印。

原载于《中国红十字会月刊》1936 年第 11 期

## 本会正阳关分会来电

中国红十字会总会慈鉴：皖北旱灾严重，春荒更甚，早经呈报在案，且春雪连绵，饿殍载道，不独草根、树皮挖食尽净，而全家自杀者不计其数。现猬集正城，危困万分，伏祈我总会本救灾恤怜之宗旨，颁义粟仁浆之善政，无任迫切待命，正阳关分会叩敬，印。

原载于《中国红十字会月刊》1936 年第 11 期

## 本会复电

正阳关红十字分会鉴：敬电悉，据报灾情惨烈，殊深悲悯，特准拨助面粉二百包以资振济，望将领证寄会，以便起运，特复总会冬印。

原载于《中国红十字会月刊》1936 年第 11 期

## 仙游分会来函

迳启者：属会第三区第三十四保西范村范姓于上月间惨遭晋辖股匪焚杀掳抢，屋宇顿成焦土，难民流离各地，风餐露宿，状极可怜。经邀同各慈善团体集义募捐施赈，计临时募得捐款五百二十九元，施赈难民五十户二百零八人，分别甲乙丙丁四种，共开赈款五百二十九元六角，经手人为属会副会长黄国书、杨登庸，理事刘钟年，会员陈粹言、温敬修等，兹已结束。除将赈目公布外，谨再抄录一份，连同该难民及被焚住屋施赈状况拍照送请钧会督阅，转交宣传股主编登载月刊，无任盼祷。再者第一期月刊材料丰富，章程全备，如有存本或再版，敢请补发十份，藉资分赠，俾广宣传，尤感。谨致中国红十字会总会钧鉴！

中国红十字会仙游分会启

**附录募赈西苑村范姓难民赈目列左：**

集善社捐国币一百元，郑龙池捐国币十元，红十字会捐国币二十元，三友堂捐国币二十元，慈善会捐国币三十元，听工义记捐国币二十元，梁培亮捐国币五元，无名氏捐国币二十元，无名氏卷国币十五元，同气社捐国币二十元，傅实如捐国币十元，杨日霞捐国币十元，黄成喜捐国币二十元，禁烟会捐国币五元，新恒兴捐国币二元，端正堂捐国币十元，林门陈氏捐国币二元，恒利捐国币四元，顺兴德捐国币五元，黄学周捐国币五元，恒发元记捐国币五元，林协盛捐国币五元，林协春捐国币五元，林恒盛捐国币三元，陈德盛捐国币四元，瑞春捐国币五元，黄慎本捐国币三十元，清源书社捐国币五元，泰和银铺捐国币五元二角，泰源铺捐国币五元，王元龙捐国币一元，傅德藻捐国币二元，赖万宝捐国币二元，电报局捐国币一元，洪文范捐国币一元，张帜捐国币二元，李瞰捐国币二元，郭伯桢捐国币五元，林维南捐国币五元，东南北中太捐国币十元零八角，林澄捐国币六元，南中捐国币五元，王记捐国币五元，张希农捐国币五元，报咨捐国币二十五元，川记捐国币八元，众喜社捐国币五元，万通铺续国币五元，东升捐国币三元，许泉茂捐国币五元，黄龙祺捐国币五元，梅号捐国币一元，有氏捐国币三元，无氏捐国币三元，杨金莺捐国币二元，傅宝成捐国币一元，福建省银行仙游办事处捐国币五元。

以上合计共收捐款五百二十九元正［整］。

（甲种）范志三口领国币三元，范炎六口领国币九元，范文材三口领国币四元五角。

（乙种）范金新六口领国币十二元，范述四口领国币九元，范金柏二口领国币四元五角，范阿九三口领国币六元，范维九口领国币十五元八角，范尊五口领国币十元，范协六口领国币十二元，范云三口领国币六元八角，范如光三口领国币六元八角，范奎一口领国币二元三角，范德水六口领国币十三元五角，范德祺七口领国币十五元八角，范文寿三口领国币六元八角，范添儒六口领国币十三元五角，范年八口领国币十六元，范琰六口领国币十三元五角，范上源四口领国币八元，范金德三口领国币六元八角，范金郎十三口领国币二十九元三角，范恩十口领国币十九元五角。

（丙种）范色五口领国币十四元八角，范回一口领国币三元，范旦一口领国币三元，范金树二口领国币五元二角，范枝五口领国币十四元八角，范太四口领国币十一元八角，范顺四口领国币十三元三角，范四妹二口领国币五元九角，范加山五口领国币十四元八角，范开族二口领国币五元九角，范金位六口领国币十七元七角，范春新六口领国币十七元七角，范景凤二口领国币五元九角，范崇四口领国币十一元八角，范玉辉四口领国币十一元八角，范元藻六口领国币十七元七角，范接二口领国币五元二角，范添慈二口领国币五元九角，范加居三口领国币九元九角，范金章三口领国币八元九角，范寿七口领国币二十三元一角，范杨五口领国币十三元八角，范养二口领国币五元九角，范世妹一口领国币三元。

（丁种）范步清三口领国币十五元三角，范玉其三口领国币十四元三角，东门婶一口领国币四元八角。

以上合计共赈国币五百二十九元六角正［整］。（完）

原载于《中国红十字会月刊》1936 年第 12 期

# 总会致各募捐委员函

谨启者：案查本会前以救济各省水灾呈奉内政部批准募捐并印发捐册，由本会于二十四年九月二十一日函送红字第某　号至第某　号止，捐册　本，请予劝募，无论捐款多寡，请于二十四年十月三十一日以前交会，以符规定，而资结束在案。现已逾期数月，急待结束，用特函请查照，务祈将前送捐册连同募得捐款于本年五月十五日以前交会，倘未募得捐款，亦请将原捐册于本年五月十五日以前送会，俾资结束，无任企盼。此致！

原载于《中国红十字会月刊》1936 年第 12 期

## 总会致各分会函

迳启者：案查本会迭据各分会呈报有军队占驻会所医院情事，经本会呈请军事委员会重申禁令，颁发保护红十字会会址医院布告，以利会务在案。兹奉军事委员会会三字第一五五五号批，开："呈悉，仰将该红十字会所有总分会会址及医院并其所在地详细列表呈会，以凭核发，此批！"等因。奉此，除分函外，合特函达，望将该分会会址详细地名开单送会，如设有医院，并应将医院名称及院址详细地名一并开具清单，统限于函到五日内呈送到会，以便列表汇转，勿延为要。

此致中国红十字会分会！

原载于《中国红十字会月刊》1936 年第 12 期

## 总会致正副会长常务理监事函

迳启者：案查本会设计委员会第一次会议讨论救护组织问题，经决议本会组织救护，应设立执行委员会。由本会邀集中华医学会全国医师联合会、中华护士会、国立上海医学院、同济医学院、同德医学院、东南医学院、上海地方协会、上海妇女协会、上海男女青年会、全国新药业联合会、上海市新药业公会、上海药剂师公会、上海市商会、银行公会、钱业公会、工程师协会等各团体，各推代表一人至三人参加组织之。本会常务理监事均请列席在案。除分函外，相应函请查照。请于四月十七日星期五中午十二时半，惠临银行公会俱乐部开会集议。此致正副会长、常务理照［监］事！

原载于《中国红十字会月刊》1936 年第 13 期

## 总会致各救护章程起草委员函

迳启者：案查本会因救护组织开会讨论章程问题，经决议，除中国红十字会秘书长曹云祥为当然起草委员外，推定林康侯、颜福庆、朱恒璧、徐乃礼、言潘景芝五人为起草委员，并以曹云祥为召集人在案。除分函外，相应录案函达，即希查照为荷。此致各救护章程起草委员！

原载于《中国红十字会月刊》1936年第13期

## 总会致各起草委员函

迳启者：兹定四月二十三日（星期四）下午四时在新闻路八百五十六号本会议事室举行起草委员会议。除分函外，用特附上救护委员会章程草案一份。函请查阅，并希届时出席为荷。此致各起草委员！

原载于《中国红十字会月刊》1936年第13期

## 总会致各团体函

谨启者：案查本会因讨论救护组织问题，于四月十七日开会，讨论执行委员会人数。经决议，除红十字会正副会长、秘书长为当然委员外，请各团体推定代表二人，于一星期内开具名单送会，以便召集开会在案。相应录案函达，即希查照。请即推定代表二人，将代表名单于函到一星期内送会为荷。此致各团体！

原载于《中国红十字会月刊》1936年第13期

## 总会致各救护代表函

迳启者：兹定于五月六日（星期三）下午六时，假座银行公会俱乐部开会讨论救护组织问题。除分函外，用特函请查照，务希届时出席为荷。此致各代表、正副会长、常务理监事！

原载于《中国红十字会月刊》1936年第13期

## 总会致闻兰亭陆伯鸿函

迳启者：查本会与各团体会同组织救护委员会一案，经决定，除由本会正副会长及秘书长为当然委员外，由各团体推定代表二人会同组织之在案。兹特推定闻兰亭、陆伯鸿二君为本会代表。除分函外，用特函请查照，并请于五月六日星期三下午驾临银行公会俱乐部出席会议为荷。此致闻兰亭、陆伯鸿两先生！

原载于《中国红十字会月刊》1936 年第 13 期

## 总会致工程师学会震旦大学医学院函

迳启者：兹送本会救护委员会执行委员会第一次会议记录及通过之组织规定各一份，即希查阅，并请推定代表二人参加，为执行委员会委员开具名单于函到三日内送会为荷。此致工程师学会、震旦大学医学院！

原载于《中国红十字会月刊》1936 年第 13 期

## 总会致救护常务委员正副主席等函

迳启者：兹定于五月十一日（星期一）下午四时三十分在新闻路八百五十六号本会议事室举行救护委员会常务委员会第一次会议，讨论重要事宜。除分函外，相应函达，务祈届时出席为荷。此致救护常务委员（会）正副主席等！

原载于《中国红十字会月刊》1936 年第 13 期

## 总会致王会长等函

谨启者：案查本会救护委员会执行委员会正副主席及常务委员人选问题，业经第一次会议提出讨论，经决议，除以中国红十字会总会会长王儒堂、副会长刘鸿生、杜月笙为当然正副主席外，并推定陆伯鸿、朱恒璧、徐乃礼、许超、金润庠、林康侯、言潘景芝等七人为常务委员在案。除分函外，相应录案函达，即请查照就职为荷。此致王会长等！

原载于《中国红十字会月刊》1936 年第 13 期

# 总会致颜福庆函

迳启者：案查本会救护委员会执行委员会第一次会议决议聘请台端为总干事在案。用特录案函请，务祈查照就职为荷。此致颜福庆先生！

原载于《中国红十字会月刊》1936 年第 13 期

# 总会致救护委员会正副主席各委员函

谨启者：兹送上本会救护委员会执行委员会第一次会议纪录及通过之组织规程各一份，即请查阅为荷。此致正副主席及各委员！

原载于《中国红十字会月刊》1936 年第 13 期

# 总会呈卫生署文

呈：为呈请转呈行政院，准自二十五年度起，在国库项下，每月加拨本会经常费三千元，仰祈鉴核事。案查本会前于二十四年四月十日呈请内政部，转呈行政院，于国库项下拨助经费一万元。即经内政部转呈行政院提出，第二零八次会议决议，自二十四年度起，每月补助三千元，业经转发承领各在案，具见。政府维护红会之德意，无任铭感。惟查本会向无确定基金，而各项收入亦无固定。前次本会呈请每月拨助经常费一万元，仅蒙政府核准拨助每月三千元，故不敷甚巨，不但一切事业无法进行，并日常开支亦属应付为难，致有将本会第一医院基地向上海医事事业董事会抵押，借款五万元之举。迩来国际风云日益紧张，本会现正竭力筹备救护事宜，更属在在需费再三撙节，统盘预算。非请政府补助经常费每月六千元，殊难以完成紧要事业，而副政府提倡本会之热忱。除将本会二十五年度收支预算书另案呈送外，理合备文呈请。仰祈钧署鉴核迅赐，转呈行政院准自二十五年度起在国库项下增拨本会经常费三千元，连前共计六千元，以维会务，实为公便。谨呈卫生署。

原载于《中国红十字会月刊》1936 年第 13 期

## 总会呈卫生署文

呈：为呈报成立救护委员会，附送组织规程并正副主席、常务委员名单，仰祈鉴核备案事。案查本会救护委员会业经于五月六日正式成立，所有该委员会组织规程及执行委员会正副主席、常务委员亦经该委员会分别拟就推定，并经提请本会理监事会第十五次联席会议讨论，经决议通过并转呈卫生署备案，各在案。理合开具该委员会正副主席及常务委员名单，连同组织规程，一并备文呈送。仰祈钧署鉴核备案，实为公便。谨呈卫生署。

计呈送救护委员会组织规程正副主席、常务委员名单各一份。

原载于《中国红十字会月刊》1936 年第 13 期

## 中国红十字会救护委员会来呈

查本委员会自进行筹备以来，所有筹备工作业经告竣。兹定于六月一日起，启用钤记开始办公。理合具文呈报钧会鉴核备案，实为公便！谨呈中国红十字会总会。

中国红十字会总会救护委员会谨呈

原载于《中国红十字会月刊》1936 年第 13 期

## 本会复函

迳复者：来呈已悉，据报启用钤记开始办公日期，应准备案，用特函复知照。此致中国红十字会总会救护委员会！

原载于《中国红十字会月刊》1936 年第 13 期

## 中国红十字会救护委员会来呈

案查本委员会第一次常务委员会议讨论事项“本委员会经费应如何筹措案”，决议，请总会先拨五千元应用，预算另行拟订呈报等情纪录在卷。现在本委员会业已开始办公，急需经费应用，除预算另案呈报外，理合具文呈请钧会即将五千元拨给领收应用，实为公便！谨呈中国红十字会总会。

中国红十字会总会救护委员会谨呈

原载于《中国红十字会月刊》1936 年第 13 期

## 本会复函

迳复者：来呈已悉，所请拨给经费五千元准由本会将该款以救护委员会名义另存银行，望即推定常务委员二人，将印鉴送会，以便转送银行，将来支用即凭此二人之印鉴向银行提取可也。并应将预算书克日拟具，送会审核为要。此致中国红十字会总会救护委员会！

原载于《中国红十字会月刊》1936 年第 13 期

## 总会呈教育部文

呈：为呈请将红十字会历史编入教科书，仰祈鉴核事。案查本会第一次全国会员代表人会第二次会议讨论，请将红会历史编入教科书一案，经大会交提案审查委员会，审查结果拟请大会交总会，呈请中央主管部核办。复经提请大会第四次会议决议，照原审查意见通过在案，理合录案，备文呈请钧部鉴核示遵，实为公便。谨呈教育部。

原载于《中国红十字会月刊》1936 年第 13 期

# 教育部批：廿五年发编陆16第八四三一号

批：中国红十字会总会民国二十五年六月六日呈一件——为呈请将红十字会历史编入教科书，仰祈鉴核由。呈悉，查红十字会历史可编为补充读物，仰即由该会编辑呈核。此批！

中华民国二十五年六月十五日

部长王世杰

原载于《中国红十字会月刊》1936年第13期

# 总会致顾馨一先生函

谨启者：查本会监事胡孟嘉先生业于六月三日病故出缺，依法以候补监事顾馨一先生递补。除呈报卫生署备案，并请呈转府院备案外，相应函请查照，务祈俯念本会为国际慈善团体，对于本会监事一职惠允就任为荷。此致顾馨一先生。

原载于《中国红十字会月刊》1936年第13期

# 总会呈卫生署文

呈：为呈报本会第一届监事会监事胡祖同病故出缺，业经依法以候补监事顾履桂递补。仰祈鉴核备案，并请呈转府院备案事。案查本会第一届理事会、监事会全体理事、监事前经造册，呈请内政部鉴核备案，并呈转府院备案，各在案。兹查监事胡祖同业于六月三日病故出缺，除依法以候补监事顾履桂递补外，理合备文呈报，仰祈钧署鉴核备案，并请呈转府院备案，实为公便。谨呈卫生署。

原载于《中国红十字会月刊》1936年第13期

## 总会救护委员会致各委员函

迳启者：案查本委员会训练、人事、供应三组委员会第一次联席会议，讨论事项第四案“担任训练之教员人选应如何决定”，当经决议，函请各医学院护士会及医药团体推荐等语，纪录在卷。除分函外，相应抄同训练课程，函请贵　查照。就规定课程以内之教员人选推荐来会，以便延聘为荷。此致！

附训练课程：

一、战时外科学；

二、实用护病学；

三、简易实验诊断学；

四、简易药剂学；

五、毒气学；

六、担架学。

中国红十字会总会救护委员会启

原载于《中国红十字会月刊》1936年第13期

## 总会致各分会函

迳启者：查本会第二次征求会员早已期满，自应照章结束。惟因各分会中尚有未能将前发赞助证缴销者，致未能如期结束。兹特限期结束，以清手续。除分函外，合亟函饬，望将前发赞助证拾册限于六月三十日以前，一并缴会核销，以资结束，务望恪遵勿延为要。此致中国红十字会分会！

原载于《中国红十字会月刊》1936年第13期

## 总会致各征求总队长函

谨启者：查本会第二次征求会员早已期满结束，迭经函请查照在案。用再函达，务希将前送赞助证拾册于六月三十日以前一并缴会。如果遗失，亦请来函证明，以便核销。倘蒙征得会员或赞助捐款，亦请将会费或捐款一并送会，以请手续，无任企盼。此致总队长！

原载于《中国红十字会月刊》1936年第13期

## 总会致各地方政府函

迳启者：案查本会举行第二次征求会员一案，前于二十四年七月十日以第一三五八号公函函送章程、办法、赞助证、宣传文件，请查照办理在案。现在已逾征求期间，自应照章结束。除分函外，相应函请查照。务希将前送赞助证五册，于函到五日内缴会核销，以资结束。如果征得会员或赞助捐款，亦请将会费或捐款一并汇会，以清手续，实纫公谊。此致各地方政府！

原载于《中国红十字会月刊》1936年第13期

## 救护委员会致医师、药学、医学、护士等四团体函

谨启者：查本会人事委员会第一次会议决议制印调查表分送中华医学会三千份，全国医师联合会三千份，中华护士会五千份，中华民国药学会一千五百份，由各该团体分寄会员。照填寄回后，将一联撕下存案，一联送会集中备查在案。该项调查表兹已印就。除分函外，相应录案奉达，即希查照办理为荷。此致中华医学会、全国医师联合会、中华护士会、中华民国药学会！

中国红十字会总会救护委员会启

**附调查表：**

迳启者：中国红十字会总会曾发起召集文化及职业各团体组织救护委员会，筹备救护事宜，以备国家遇有非常事变或灾害时之需用，其中医药护士人才极关重要。本会为统计医药护士人才准确计，兹特寄上志

愿服务调查表一纸，希即填覆，以便汇集，转呈救护委员会，是所盼祷。此致先生！

中华医学会启
全国医师联合会启
中华护士会启
中华民国药学会启

原载于《中国红十字会月刊》1936年第13期

## 河南省振务会来电

上海中国红十字会善鉴：巧代电谨悉，面粉四百袋已收讫。兹将印收寄上，并由河南农工银行兑付，代垫运费二百九十二元一角，祈察收，并请将运费单据寄下，以便持向该路局声请退还半价车费，以节振款是盼。河南省振务会有印。

原载于《中国红十字会月刊》1936年第14期

## 本会复电

河南省振务会慈鉴：迭奉有文两代电并附面粉印收一纸，均收悉，所有代付运费二百九十二元一角亦已汇到，照收无误。兹特附上协祥公报关行发票收据各一纸，即请查收为荷。中国红十字会总会铣印。

原载于《中国红十字会月刊》1936年第14期

## 上海市分会来函

案查本月十五日第二十六次议会讨论正会长夏公应堂病故出缺，职务重要，应否推副会长暂代一案，经决议，应推李副会长鸿声暂行兼代，并呈报总会备案。等由在录。除分函外，理合录案具报。敬祈准予备案，至为公感。此致中国红十字会！

原载于《中国红十字会月刊》1936年第14期

## 本会复函

迳复者：来函已悉，据报会长夏应堂病故出缺，遗缺由副会长李鸿声暂行兼代，既经分会第二十六次议会决议在案，应准备案。此致中国红十字会上海市分会！

原载于《中国红十字会月刊》1936年第14期

## 行政院卫生署批：保字第三二零五号

原具呈人：中国红十字会总会二十五年六月五日呈一件：为监事胡祖同病故出缺，依法以候补监事顾履桂递补，请予备案，并呈转备案由。呈悉，应予备案，并候转呈行政院备案，核转国民政府备案可也，仰即知照。此批！

原载于《中国红十字会月刊》1936年第14期

## 正阳关分会来函

敬启者：前蒙惠振面粉二百包，业于前月底由轮运，正照旧式市秤，合计除沿途泼漏外，净重七千二百三十七斤。当即召集地方全体官绅暨联保主任会商，议决由各联保主任分任调查，分会派员监视，旋即随查随放。振票印就一千张，每票照发七斤。除照户籍者查放八百张外，余均散振各庙逃来流民。现已竣事，理合将此次查放振粉情形备文呈报，并将查放有户籍者振票存根八百张，又散放流民振票存根二百张，一并呈送，鉴核备案，是为公便。谨呈中国红十字会总会。

附振票存根一千张。

正阳关会长时企周

原载于《中国红十字会月刊》1936 年第 14 期

## 本会复函

迳复者：函及振票存根一千张均收悉，据报本会拨助面粉二百包，放振情形应准备案。此致中国红十字会正阳关分会！

原载于《中国红十字会月刊》1936 年第 14 期

## 行政院卫生署训令：保字第三四八三号

令中国红十字会总会：前据该会呈报监事胡祖同病故出缺，依法以候补监事顾履桂递补。仰祈鉴核备案，并请呈转府院备案到署。当经本署转呈，并批示知照在案。兹奉行政院二十五年六月二十四日第二三二八号指今［令］内开："呈悉，已转呈国氏［民］政府鉴核备案矣。仰即知照。此令！"等因。奉此！合行令仰该会知照。此令！

中华民国二十五年六月二十九日

署长刘瑞恒

原载于《中国红十字会月刊》1936 年第 14 期

## 南宁分会来呈：中国红十字会南宁分会呈：总字第二五号

（民国二十五年七月六日发中国红十字会总会）

敬呈者：本分会为救护上之需要，拟办救护人员简易训练班两班，经将简章提出，本分会议事会表决照办，兹将该班简章一份具文呈请。

核准施行，除分呈广西省政府备案外，谨呈。

附呈简章一份（见专件）。

会长江懋松

原载于《中国红十字会月刊》1936年第15期

# 本会复函

迳复者：呈及救护人员简易训练班简章一份，均经收悉，应准备案。此致南宁分会！

原载于《中国红十字会月刊》1936年第15期

# 合江分会来呈

呈：为祝融肆虐恳请施赈事，窃合江县北门城外中街小贸居民弗慎于火，于六月二十六日惨遭回禄天灾。自午前十一时至午后七时半止，历时八钟有余，延烧六百二十七家，又损坏房屋五百九十六处，烧坏大小街道八条，其时风猛火烈，无法施救，此次火警实为合江空前所未有之惨状。昔日精粹繁盛之区，今成瓦砾之场，货物家俱火化灰烬，商民住户损失统计数达三百六十余万元之多。男女灾黎相对号泣，荒处露宿，无家可归。职会会员暨各级员司等目睹心伤，决议捐资施粥二星期，以示博爱，并免费收容治疗各救火受伤同志一百三十六人，以宏善举。无如灾情重大，职会经费有限，来日尤长，杯水车薪，其何以济，兼之吾合江三载天干，农民饥荒，匪共祸合，元气丧失，十室九空，满目疮痍，只得将被烧地段暨诊断受伤各同志拍照影片备文，呈恳钧会设法赈济，以惠灾黎，或酌给药品或食料，用维现状。如蒙允准，则千万灾民当感戴无涯矣。谨呈中国红十字总会。

计呈影片二张。

中国红十字会合江分会会长李白筠

原载于《中国红十字会月刊》1936年第15期

## 沪西国货展览会来函

迳启者：敝会旨在提倡国货，宣杨［扬］国产，兹拟借用贵会坐落车站路徽宁路口之基地，搭盖棚屋，领导此间全体参加厂商举行国货展览，约于八月二十日开始，以四十天为限，事关国货运动，务祈俯如所请，以利进行为荷。此致中国红十字会！

沪西国货展览会谨启

廿五年八月四日

原载于《中国红十字会月刊》1936 年第 15 期

## 本会复函

迳复者：接展大函，藉稔种切，所请借用本会车站路之基地举行国货展览会一节，查事关推行国货，自应照准，相应函复，即希查照为荷。此致沪西国路［货］展览会！

原载于《中国红十字会月刊》1936 年第 15 期

## 广安分会来呈

窃查本会所属医院、治疗所及中医社三处每月诊治病人数目统计表，业经按月分报大会及县府备查在案。兹二十五年六月份所有医院、治疗所、中医社三处诊治病人数目汇列成表，除呈报县府备查外，理合连同六月份统计表三份，具文呈请大会鉴核备查，仍候指令，只遵。谨呈中国红十字总会。

附计六月份诊治病人数目统计表三份（见报告栏内）。

中国红十字会广安分会会长贺烈

副会长王制

副会长王寿昌

原载于《中国红十字会月刊》1936 年第 15 期

## 石港分会来呈

呈：为设立夏令卫生免费防疫治疗所，仰祈鉴核备案事。窃继宸前曾于民国十九年五月一日奉中国红十字会总会通知，遵照不募捐的原则，办理各项慈善事业，并劝导各界人士入会。六年于兹，所有经常费以及冬施衣、夏施药、修筑桥梁等用费，概由继宸个人设法，绝未募化分文。自愧限于经济力量，未能有若何之进步。兹值夏令天气寒煖不正，疫疠堪虞，为特商得本分会基本同志同情，就第四区镇东乡设立夏令卫生免费防疫治疗所一所，专以施诊施药为宗旨，聘请西医咎杏樵、邓冠雄，中医徐秀芝分别担任治疗职务。拟自即日起，迄十月，凡三个月，其经费仍由继宸设法担任，并不向人劝募，事关防疫治疗，理合恭文呈请鉴核，准予备案，以利进行，实为德便。除分呈南通县党部、南通县政府、第四区区公所外，谨呈中国红十字会总会。

南通石港分会四安办事处主任徐继宸

廿五年七月廿八日

原载于《中国红十字会月刊》1936 年第 15 期

## 亳县分会来呈

呈：为分会迁移地址，恭陈仰祈鉴核事。窃北辰奉令代理会长以前，会址偏于极北办公，殊觉不便。提交理事会，议决迁移城内薛家巷路北姜宅东院较为适中，丌会办公咸称便利。除函知地方机关并通知各会员外，理合连同迁移时全体职会员摄影一片，一并备文呈请钧会鉴核备查，实为公便。谨呈中国红十字总会。

亳县分会代理会长姜北辰、副会长蒋震之

八月一日

原载于《中国红十字会月刊》1936 年第 15 期

## 饶平旅汕同乡会来函

迳启者：查贵会事业向本博爱之旨拯救人群，自有红十字标识出现宇寰以来，圆胪方踵人伦，沾益匪浅，故世界慈善事业之昭卓，实无过于此者也。时至今日，此种昭卓之慈善事业普及万方，凡瞩人类丛萃之地，红十字帜之飘扬所在多有。查汕头、潮梅各市邑多有红十字分会之成立，独敝县尚无此项组织，敝会桑梓关怀旅居在汕，每引为憾。兹查有敝会会员刘贞亮勇于公益，具济世之热肠，前经加入贵会汕头分会为会员，现更据投词来会，拟往饶平浮山区（该处为饶平中心区域）组设红十字饶平分会。投请转向贵会申请组织，热心可嘉，相应函达贵会查照，希予照准，发给许可组织或同样证明文件（请送由本会转给），并希见覆，至纫善谊。此致中国红十字总会！

饶平旅汕同乡会常务委员许芝挺

原载于《中国红十字会月刊》1936年第15期

## 卫生署训令：行政院卫生署训令：总字第四四五八号

令中国红十字会总会：案奉行政院二十五年七月二十九日第四五七三号训令开：

“案奉国民政府二十五年七月二十三日第一五七八号训令开：‘查《中华民国红十字会管埋条例》，前经制定公布施行，并经明令修正各在案，兹将该条例再加修正，应即通饬施行，除明令公布并分行外，合行抄发修正条文，令仰知照，并转饬所属一体知照，此令！’等因奉此，除分令外，合行抄发原件，令仰知照，并转饬所属一体知照。此令！”等因。奉此，除分令外，合行抄发原件，令仰知照，此令！

计抄发《中华民国红十字会管理条例》一份（见本刊专件栏内）。

中华民国二十五年八月十日

署长刘瑞恒

原载于《中国红十字会月刊》1936年第15期

## 遂宁分会来函

迳启者：廿五年七月一日案准四川省遂宁县公民训练委员会训练班公函公字第四号开："迳启者：查本班二次会议决议案，近值天候酷热，集中各队学员每日早操、晚课，难免不感染时疫，发生急症。素悉贵会长热心公益，又为本班当然委员，应请转贵会大医士自明日七月二日午前五钟起至七钟止，分配医士两员同赴飞机壩、操场。又午后七钟起九钟止，分配医士二员，一赴西外丝厂教官休息室，一赴城内天上宫，天上宫后殿班本部办公室，务乞准时到达指定各地，坐守二小时，并祈携带救济药水，以便临时施救，相应函达，请烦查照办理，并希赐覆为荷。此致！"等由。准此！当经本会组织救护队，派请医员李鹤占担任天上宫，杨裕文担任西外丝厂，并公同担任飞机场等处，定于七月四日起举行救护事宜，并函覆在案。现因公民训练毕业，本会救护已于七月二十一日停止工作，所有逐日参加地点、诊治人数分别列表，函请钧会查核示覆。此致中国红十字会总会！

附表式一份。(表略)

中国红十字会遂宁分会启

二十五年七月二十五日

原载于《中国红十字会月刊》1936 年第 16 期

## 中国红十字会建阳分会来呈

(廿五年建字第三七号)

为改选职员，呈请备案事。窃属会改选第五届职员，荷蒙钧示"照章应先期分别呈请盐城县政府、县党部派员监选，以昭慎重"等因，遵即分别呈请盐城县政府委派第六区区长孙人骏（职员顾甯周代）会同县党部党员张佩之君莅场监选。假本镇县立建小学校大礼堂于八月一日下午二时开始选举，由会员代表八十人投票，结果王政成等七人当选为理事，李凤岗等五人当选为监事。复由理事七人投票，结果炳当选为会长连任，郝儒琳、祁步奚当选为副会长。炳当场一再固辞不获，乃以事关慈善，勉任仔肩。此改选经过之情形，除分别呈报外，理合备文呈请鉴核，准予备案，以维会务，而利进行，至为公便。谨呈中国红十字会总会。

附职员表一份。

中国红十字会江阳分会会长乔炳

中国红十字会建阳分会第五届会员代表大会选举职员如下：

计开正会长一人：乔炳

副会长二人：郝儒琳、祁步奚

常务理事三人：王政成、吕律均、徐钝初

理事四人：金谐源、梁寿龄、刘占德、刘凤吉

常务监事二人：李凤岗、祁贯之

监事三人：虞春光、张字湘、夏嵩

候补理事三人：郝炜章、史冕亭、纪元芬

候补监事三人：胥克玉、万适均、徐崇瑞

（完）

原载于《中国红十字会月刊》1936年第16期

# 中国红十字会永城分会来呈

为训练会员，呈请备案事。窃查前奉钧会函开：以红十字会会员、职员免役征兵义务，呈奉列宪，令准遵照《兵役法》施行各等因。奉此。查现值时局多故之秋，红十字会亟应切实提倡整顿。本会会员将近百人，素乏训练，兹经召集全体会职各员，拟成立训练所，实行训练。先集合壮年会员四十三人，在本县第四区鄼城乡白衣阁试行军事训练，以二个月训练期满，聘任具有军事学识者充膺教练。业已拟定办法，造具名册，呈报本县政府，转令各区布告民众，已于本年六月十五日开始训练在案，至服装式样系遵照颁发定式制备，所需各费均由受训会员自行备带。容俟训练期满，再将训练成绩并拍照全体像片呈报钧会，俯赐登列月刊，俾众週［周］知，理合函呈鉴核，赏准备案。谨呈中国红十字会总会。

中国红十字会永城分会长吕遐绍

原载于《中国红十字会月刊》1936年第16期

## 中国红十字会建阳分会来呈

为掩埋流尸，转呈备案事。窃属会西安丰办事处函开：“迳启者：敝处六月十八日下午二时，据安丰镇镇丁邓士德报称：第四保文曲沟河旁发现由上游淌来无名男流尸一具，当由副主任梁长衢督同掩埋队长梁琢琪，队员高汉章、张步涛、梁琢球、邵其东等，会同第十区区公所梁助理员雨九前往查勘。该流尸身体无伤，业经遵守本会章程第十章第三十七条，备棺攒厝。本镇南义地除出招认广告外，理合函达贵会转报县府备案，并转呈总会备案为荷”等因，准此。除分别呈报盐城县政府备案外，理合备文呈请鉴核，准予备案，以维会务而利进行，至为公便。谨呈中国红十字会总会。

附流尸格一件。（略）

中国红十字会建阳分会会长乔炳

原载于《中国红十字会月刊》1936 年第 16 期

## 中国红十字会泸县分会来呈

窃查泸城为岷沱两江合流之地，因两江上游连日大雨，水势遂于八月一日夜骤涨不已，南外如澄溪口、铅店街、铜店街、仁和下街、五桂桥、营沟头一带，东外如顺城街、宝庆街、大河街一带，北外如小河街、枇杷沟以及沱江北岸之小市地方，全被淹没。城内如南角头、仓街口、迎敌桥、水井沟、旧川南师校及东门内之大字上面，会津门、内正街等处均淹至一二丈之深。至三日夜，水势稍减，四日午间，城内被淹没各街之水，始完全退出。计此次城厢内外民房之被淹没者约万余家，而房屋之被水冲去或倒塌者，约占四分之一。男女老幼以及牲畜之被水淹毙或冲去者不计其数。财产损失在六百万以上。如此巨灾，诚为三十年来所未有也。当水势暴涨时，会长等目击情形，跟即派员分头雇船，沿江北岸及被淹各街散发麦饼及其他食物，外施时症药品，并救护多人登陆，连日施粥，暂维现状。无如此次灾情重大，难民众多，虽经属会暨慈善团体筹办急振，然而杯水车薪，终难济事。素稔钧会仁爱为怀，痌瘝在抱，对于此次孑遗灾民，必能大施仁慈，俾沾惠泽，用特恳祈钧会拨款补助，以资救济，实沾德便。谨呈中国红十字会总会。

中国红十字会泸县分会正会长郭文舫

副会长何庭光、温曲先

原载于《中国红十字会月刊》1936年第16期

## 中国红十字会南昌分会来电

中国红十字会会长王副会长杜、刘钧鉴，南昌市于八月六日晚，飓风成灾，业经立时施救并电呈灾况大概在案。兹将调查所得倒塌房屋及伤亡人口确数详列于后：（一）南昌省会统计风灾处所共五十四处；（二）倒塌房屋共四百八十六幢；（三）被风灾户数共一千另十八家；（四）死亡人口共男女一百二十七人；（五）墙压瓦击受重伤者共三百八十八人；（六）失纵［踪］未明生死者九人；（七）伤轻幸获安全者共五千另四十八人。而乡村如中洲地方（距省约六十里）亦于鱼日旁［傍］晚发生同样惨剧，凡飓风掠过之处，无一幸免。此次灾情綦重，善后处置，实不容缓。除已由省政府振务会设法振济，并由本分会医院暨省会各医院将伤害人民尽力施治，随时医痊出院外，谨电报告，并附灾图，伏祈垂察。中国红十字会南昌分会代理会务副会长周恒、徐雨亭叩，铣印。

原载于《中国红十字会月刊》1936年第16期

## 中国红十字会梧州分会来函

迳启者：本会近以梧州时局严重，为预备救济难民起见，特开会议决组织临时救济会，内分设救护队、纠察队及消防队等，又于对河富民坊地点搭盖大厂，为临时收容难民处所。凡此皆以备非常时期之用。当于八月四日筹备完竣，宣告成立。除分函当地各军警查照外，相应将组织救济会缘由备函详报贵总会查核，尚希指导一切，俾有遵循，至为感祷。此致中国红十字会总会！

会长李少轩

副会长封濯吾、何伯耆



原载于《中国红十字会月刊》1936年第16期

# 建阳分会来呈

呈：为呈请备案事，顷据北祁村办事处主任崔杰函开："为转呈备案并祈颁发布告事，崔杰暨职员周锡坤、陈步蟾、刘风吉、徐芸生、陆乾荣、袁俊章等，窃以敝办事处前假祁氏宗祠为会址，业经呈报在案。数年以来，未有核实地点，迁徙无常，颇感困难，杰等筹思至再为久远计，爰集三五同人，协议于北祁村西北隅，购买麦田三亩，桃扛基地，鸠工庇材，建筑瓦房十五间，计建筑费用四千余元，纯系杰等自行筹垫。去岁，已经落成，即借为敝办事处常年会址基础，并不开支公家分文。诚恐宵小无知妄生觊觎，藉端破坏，妨害慈善进行，理合备文呈请鉴核，希即转呈总会备案，并分呈县府备案，颁给保护布告，以维善举而利会务进行，至为德便。"等情到会。据此，除分呈县府备案，并发布告外，理合备文呈请鉴核，准予备案，以维会务而利进行，至为公便。谨呈中国红十字会总会。

中国红十字会建阳分会会长乔炳

二十五年八月十七日

原载于《中国红十字会月刊》1936 年第 16 期

# 灌县分会来呈

呈：为赈济火灾送片备查事，窃八月十二日正午外东太平街药王宫巷内都二嫂家不戒于火，延烧李光廷、董荣福、马世明、刘云山、王炳源、刘大兴、张贵元等共八户，均属贫民。分会即在经文费项下拨钱八十钏，每户发赈钱拾钏，并摄灾区影片。除分呈灌县县政府备查，理合备文检片，呈送钧会备查，乞示只遵。谨呈中国红十字会总会。

计送药王宫巷火灾影片一张。

中国红十字会灌县分会会长马龙章

副会长张光心、李毓棻

八，廿四

原载于《中国红十字会月刊》1936 年第 16 期

## 中国红十字会梁山分会来函

迳启者：窃梁山地居川东，山多田少，向称瘠地。连近数载，迭遭旱灾，一般民众已不堪命。本年入夏以来，骄阳肆虐，透雨愆期，田土悉皆龟裂，禾苗尽成枯稿［槁］，春粮颗粒无收，秋获不过一二，灾情之重，尤冠往岁。平时米价，每斗一元二三，今竟达四元上下。中等人户，已成饔殆［飧］莫继；而贫苦之家，更苦常不举火。饿莩载道，疮痍满目，今且如是，何能延及明秋，济济群黎，势必全数饿毙。情形严重，莫以比喻。分会除一面就地募捐，一面呼吁外，素稔贵会慈善为怀，痌瘝在抱，用特附陈灾情照片二张，恳请拨款振济，并代为募捐，不胜感戴之至！此致中国红十字会总会会长杜、王、刘！

中国红十字会梁山分会会长钱德安

副会长颜定国

原载于《中国红十字会月刊》1936 年第 17 期

## 中国红十字会丰台分会来呈

呈：为呈请事，窃查宛平、房山两县入夏以来，点雨未降，赤地遍野，子粒皆无，被难灾民均以树叶充饥。近亦食尽，不得已扶老携幼，远奔他方，四处乞食。连日长辛店及琉璃河车站灾民麕集于此者，约达二三千人之众，沿铁路道旁跪求乞讨，含泪述苦，恳请救济悽惨之状，笔难尽述。本会职责所在，何敢坐视，当由会员暨各级职员决议捐资，施以食品，无如灾广人众，杯水车薪，何以济事，当经据情呈请宛平县政府拟在本县境内向各绅商征求资助，以全善举。兹于九月七日接奉县府批开："呈悉该会拟拯济灾民，用意固佳，唯需用振款应先请总会核准后，再行劝募，仰即知照。此批！"等因。奉此。理合具文，恳请钧会俯准施行，并祈量予拨款，以惠灾黎，伏乞批示只遵，实为慈便。谨呈中国红十字会总会。

中国红十字会丰台分会会长孙旭东谨呈

原载于《中国红十字会月刊》1936 年第 17 期

## 总会复函

迳复者：来呈已悉，查所称各节尚系实情，既经宛平县政府批开“该会拟救济灾民用意固佳，唯需用振款应先请总会核准后，再行劝募”等语，自应准予施行，惟筹募振捐，照章应先设立募捐委员会及放振委员会，订立募捐及放振办法，其委员人选由该分会正副会长、常务理监事及地方长官推定之。所有捐册须呈请该地主管官署盖印，以昭郑重，望即妥订办法，呈候核定后，由本会转行宛平县政府查照可也，合特函复。比［此］致中国红十字会丰台分会！

原载于《中国红十字会月刊》1936 年第 17 期

## 中国红十字会总会致军政部呈

呈：为呈送臂章，仰祈鉴核印发事。案查本会救护队应用之白地红十字臂章应呈由高级军事长官盖印，前经钧部令颁救护队服装定式第三项内明文规定在案，自应遵照办理，理合将制就臂章一千枚备文呈送，仰祈钧部鉴核，迅赐盖印发还，以便应用，实为公便。除派本会秘书卫锐锋诣部接洽外，谨呈军政部。

计呈送臂章一千枚。

原载于《中国红十字会月刊》1936 年第 17 期

## 德清分会来呈

窃属会为应时势之需要筹组救护队，以平日训练救护人才，储备救护材料，服务于非常时期，筹备四月，始于九月二十日正式成立，仰祈钧会备案，并奉上影片一帧，乞转编译宣传股，刊布于月刊。兹订定救护队章则，计六章二十七条，理合送请鉴核，俯准施行，实为公感。谨呈中国红十字会总会。

附送救护队章则一份、影片一帧。

德清分会会长王文卿
副会长朱孔昭、黄松龢

原载于《中国红十字会月刊》1936年第17期

## 河南信阳分会来电

中国红十字会总会鉴本会所发起之豫南大同医院成立虽久，财才仍乏，于爱克司光设备尚付阙如。兹经美籍医生施更生由美募得爱克司光，全部乘大来邮船公司柯力芝总统号准九日抵沪。此项机器既为该院所需要，而经济复感困难，特先电呈，恳请向海关交涉，准予免税为祷，信阳分会江印。

原载于《中国红十字会月刊》1936年第17期

## 总会复电

中国红十字会信阳分会鉴江电悉，所请将大同医院爱克司光免税，业已呈请卫生署转咨财政部核办，一俟奉批，再行转知，至此项机器抵沪后，提取转运手续繁多，应即派员带同提单来沪，自行提取为要。中国红十字会总会虞印。

原载于《中国红十字会月刊》1936年第17期

## 蔡和林来电

中国红十字总会会长杜月笙兄鉴：大同医院医生施更生由美募得爱克司光机器九日抵沪，由信阳分会电请贵会向海关交涉免税，计已达，阅时促至，希鼎力为盼。弟蔡和林叩，江。

原载于《中国红十字会月刊》1936年第17期

## 卫生：省政府训令准卫生署咨中国红十字会归卫生署监督一案饬昆明红十字会知照

（三、三零）

案准行政院卫生署咨保字第九二九号开：

“案奉行政院二十四年十二月二十七日，第六六二八号训令略开：‘据内政、外交、军政、海军四部会呈，拟具《红十字会管理条例施行细则修正意见草案》，请鉴核等情。经提出本院第二四二次会议决议，红十字会归卫生署监督，《红十字会管理条例》及其《施行细则草案》交该署整理修正。除分令内政、外交、军政、海军四部知照外，合行抄检原件，令仰该署遵照，此令！’等因，附修正意见草案及意见书各一份。奉此。除《中华民国红十字会管理条例》及其《施行细则草案》俟整理完竣呈准公布后再行咨达外，相应咨请查照，并转饬知照！”等由，准此，合行令仰该会即便知照！此令！

原载于《云南民政月刊》1936年第28期

## 四川省振务会公文：致上海中国红十字总会代电

（四月二十四日）

上海中国红十字会总会赐鉴，虞电奉悉，蒙由中国银行汇寄振款二千元业已如数收讫，本会遵即统筹散放，以广鸿施，并谨代灾黎，泥首致谢。谓犹有请者，吾川惨罹浩劫，创巨痛深，天府半是灾区，孑遗多沦饿莩，求生路绝，待振情殷，即使普天仁者，无不厘金输粟而来，无如满地哀鸿，仍有粥少僧多之叹。本会为民请命，遑计厚颜，拟请大会俯念事出非常，仁施格外，既汲西江之水，更倾东海之波。除已寄二千元外，再增加若干，汇寄来川发放，则灾区民命，永荷成全，佩德衔恩，岂有涯涘。谨电渎陈，即祈昭察。

四川省振务会主席尹昌龄、副主席王又庸叩迥印

四月二十四日

原载于《赈务旬刊》1936年第31期

# 命令：训令卫生局准卫生署咨奉行政院令中华民国红十字会归卫生署监督令仰知照由

（训令第七零五号）

案准卫生署保字第九二九号咨开："案奉行政院二十四年十二月二十七日第六六二八号训令略开：'据内政、外交、军政、海军四部会呈，拟具《红十字会管理条例施行细则修正意见草案》，请鉴核等情。经提出本院第二四二次会议决议，红十字会归卫生署监督，《红十字会管理条例》及其《施行细则草案》交该署整理修正。除分令内政、外交、军政、海军四部知照外，合行抄检原件，令仰该署遵照。此令！'等因。附《修正意见草案》及《意见书》各一份。奉此。除《中华民国红十字会管理条例》及其《施行细则草案》，俟整理完竣呈准公布后再行咨达外，相应先行咨请查照，并转饬知照"等因。准此。合行令仰该局知照并转饬各院所一体知照。此令！

中华民国二十五年三月五日

市长秦德纯

原载于《北平市市政公报》1936 年第 344 期

# 文电：批示中国红十字会丰台分会据呈分会拟在平举办游艺会筹款碍难照准由

呈悉，查该会成立以来并无显著成绩，且越境筹款亦属不合，所请碍难照准。此批！

中华民国二十五年十一月四日

局长雷嗣尚

原载于《北平市市政公报》1936 年第 381 期

# 社会局：命令：训令中国红十字会北平分会前饬该会开会改选理事监事迄未举办令仰克日遵照前令办理以免会务久停由

案查该会理事、监事两会因案解散，业经于本年九月二十九日以第七六三九号训令召集会员大会改选理事、监事在案。兹查时经多日，尚未定期开会改选，殊属不合，合行令仰遵照前令，克日办理以免会务久停，是为至要。此令！

中华民国二十五年十一月二日

局长雷嗣尚

原载于《北平市市政公报》1936 年第 385 期

# 法令（乙）命令：国民政府令：公布《中华民国红十字会管理条例》令

（二十五年七月二十三日）

兹修正《中华民国红十字会管理条例》公布之。此令！

原载于《法令周刊》1936 年第 318 期

# 院令：行政院指令：第三九一三号：令海军部：呈为会同内政外交军政三部拟具《中华民国红十字会管理条例施行细则修正意见草案》请鉴核由

呈件均悉，案经提出，本院第二四二次会议，议决红十字会归卫生署监督，《红十字会管理条例》及其《施行细则草案》交该署整理修正。除令行卫生署遵照，并分令内政、外交、军政三部知照外，合行令仰知照。

此令！

中华民国二十四年十二月二十七日

原载于《海军公报》1936年第79期

## 呈：外交、军政、海军等部会呈：会呈行政院：为修正《中华民国红十字会管理条例施行细则》拟具《修正意见草案》呈请鉴核公布由

案查前据中华民国红十字会总会二十三年十月十五日呈，以该会第一次全国会员代表大会，拟请修改《中华民国红十字会管理条例》及其《施行细则》，赍呈《意见书》，请予转呈修正一案，业经本部等先将《管理条例》部分加具审查意见，呈请钧院鉴核，转咨立法院审议，并转奉钧院二十四年八月三日第四一六四号训令公布通行各在案。兹查前项《施行细则》亟应连带修改，以资适用。爰由本内政部拟具《修正意见草案》，分咨本外交、军政、海军三部签注意见，并于本年十一月二十日，在内政部召开会议，共同审查。又以其中规定有关交通、铁道、财政各部职掌，复经咨请派员参加，并令由该会派员列席，以备咨询，当经逐条详细讨论，分别加注说明。所有修改各条均系根据事实之必要，以期改进会务。是否有当，理合抄同该会原呈《修正意见书》，暨检同本部等所拟《中华民国红十字会管理条例施行细则修正意见草案》一件，会同备文，呈请钧院鉴核公布施行，并转呈国民政府备案，实为公便。谨呈行政院院长。

兼外交部部长汪兆铭

军政部部长何应钦

海军部部长陈绍宽

内政部部长陶履谦

中华民国二十四年十二月五日

原载于《海军公报》1936年第79期

## 院令：行政院训令：第二零二零号：令海军部：卫生署呈拟《中华民国红十字会管理条例修正草案》经提会通过令仰知照由

案查前据卫生署：呈拟《中华民国红十字会管理条例修正草案》，请鉴核一案，到院。经交该部及关系部署审查并函请军事委员会派员参加讨论在案。

兹据审查报告称：

“案经详加讨论，佥以卫生署所拟修正草案，系就原条例酌加修改，大体尚属妥适，惟第一条第二款‘国内外灾变之救护振济及伤病之治疗’内‘振济’二字似可删去。因国内外灾变之振济属于振务委员会主管，且事实上红十字会亦难有余力从事振济，故删去较妥，拟请予以修正，提会通过后，咨送立法院审议”等语。经提出本院第二五六次会议，决议：“原草案通过，咨立法院。”除照案咨送，并分别函令外，合行令仰知照。

此令！

中华民国二十五年四月三日

原载于《海军公报》1936 年第 83 期

## 指令：海军部指令：第三一五零号：令兼护监造官王致光：二十五年五月十四日呈一件为轮机中士俞宝俤因病于五月十三日在上海红十字医院身故请给恤殓费由

呈悉，准照轮机中士积劳病故例，给予一次恤金六十五元，殡殓费一百元，饷洋截至五月十五日止，仰饬其家属缮具收据，转部领给可也。

此令！

中华民国二十五年五月十六日
部长陈绍宽

原载于《海军公报》1936 年第 84 期

# 训令：海军部训令：第五零六八号：令本部直辖各舰队各机关各舰艇长：抄发《中华民国红十字会管理条例》令仰知照由

案奉行政院二十五年七月二十九日第零四五七三号训令开：“案奉国民政府二十五年七月二十三日第一五七八号训令开：‘查《中华民国红十字会管理条例》前经制令公布施行，并经明令修正各在案，兹将该条例再加修正，应即通饬施行。除明令公布并分行外，合行抄发修正条文令仰知照，并转饬所属一体知照。此令！’等因。奉此。除分令外，合行抄发原件，令仰知照，并转饬所属一体知照。此令!”等因。附抄发《中华民国红十字会管理条例》一份，奉此，除分令外，合行抄发原件，令仰知照。

此令！

附抄发《中华民国红十字会管理条例》一份。

中华民国二十五年八月五日

部长陈绍宽

原载于《海军公报》1936 年第 87 期

# 训令：海军部训令：第八零八四号：令中国红十字会总会会长王正廷、中国红十字会总会副会长杜月笙、中国红十字会总会副会长刘鸿生：该会所请救护队服装改用白色一节准军政部函以救护队服装业经规定该分会未便独异并经指令饬遵令仰知照由

案据该会十月一日呈据南宁分会，请将救护队黄色制服改用白色乞核示一案。业经本部十月三日指令在案，兹准军政部函“以救护队服装前经规定，以资一律，该分会未便独异”等因。除已由军政部指令饬遵

外，合行令仰知照。此令！

中华民国二十五年十月二十四日
部长陈绍宽

原载于《海军公报》1936 年第 89 期

## 指令：海军部指令：第七五三二号：令中国红十字会总会会长王正廷、中国红十字会总会副会长刘鸿生、中国红十字会总会副会长杜月笙：二十五年十月一日呈一件为请将救护队黄色制服改用白色俾易识别乞核示由

呈悉。仰候会同军政部核定，再行令知。此令！

中华民国二十五年十月三日
部长陈绍宽

原载于《海军公报》1936 年第 89 期

## 咨：海军部咨：第七五八二号：咨军政部：中国红十字会总会呈据南宁分会请将救护队服装改用白色一节应如何决定之处咨请查照见复由

案据中国红十字总会本年十月一日呈，以南宁分会请将救护队服装改用白色转呈乞示等情。查该救护队服装，系为避免与陆军服制混淆起见，故拟改用白色，据称已分呈有案。贵部对于此案如何决定，尚祈见复为荷。此咨军政部。

海军部长陈绍宽
中华民国二十五年十月六日

原载于《海军公报》1936 年第 89 期

# 公安：番禺县政府训令：公字第二八九号：分令各区公所、各公安分局：令抄发《中华民国红十字会管理条例》

现奉广东民政厅第四一三六号训令开：

现奉广东省政府二十四年九月七日文字第一二九四号训令开：现准国民政府西南政务委员会秘书处第七八三号公函开："案准贵省政府本年八月二十一日文字第一二二零号公函，以接行政院抄发《中华民国红十字会管理条例》，请转陈核复等由。当陈奉常务委员谕：'照行'等因，相应函复查照"等由，准此。查此案前接行政院第四一六号来文："当经函请西南政务委员会秘书处转陈，核示在案，兹准前由，除分令外，合就抄发行政院来文及附件，令仰该厅即便知照，并饬属知照。此令！"等因。计抄发行政院来文及原附《中华民国红十字会管理条例》各一件。奉此。"除分令外，合将奉发原件抄发，令仰该县长即便知照，并饬属知照。此令！"等因。计抄发行政院来文及附《中华民国红十字会管理条例》各一件，奉此。除分令外，合将奉发原件抄发，令仰即便知照，并饬属知照。此令！

计抄发行政院来文及原附《中华民国红十字会管理条例》各一份（见法规栏）。

**抄行政院训令：字第零四一六四号**

令广东省政府：案奉国民政府二十四年七月二十七日第五九六号训令开："查《中华民国红十字会管理条例》前经制定公布并经明文修正各在案。兹再将该条例酌加修正，应即通饬施行，除公布并分令外，合行抄发修正条文。令仰知照并转饬所属一体知照。此令！"等因，奉此。除分令外，合行抄发原附件，令仰知照，并转饬所属一体知照。此令！

计抄发《中华民国红十字会管理条例》一份。

代理院长孔祥熙

廿四，八，三

原载于《番禺县政纪要》1936 年第 4 期

# 本会公函：函省政府关于福州冬振一千元已领交红十字会福州分会长王纲亲收请查照由

（二十四年二月廿一日）

大府民三字第四五号公函开：据民政厅签呈称“据红十字会福州分会会长王纲函略称福州阴历年底均由各商店、各社会募集巨款，用商立慈善社名义购米散发贫民，以资度岁。今年米价昂贵，贫民愈多，募款极为支绌，沥陈困难情形，请由振务会或防务协助会拨款若干，予以补助等情。应如何拨助之处，签请核示等情到府。查散发贫民冬赈事关救济，应准就十万元赈款内划拨一千元补助，除令财政厅拨付外，相应函请查照，即希派员迳向财政厅具领，交由红十字会福州分会王会长转发商立慈善社补助散发，见复为荷”等由。准此。查冬振款一千元业于一日派本会领款员李就堪向财厅具领，即交由红十字会福州分会长王纲亲收矣，相应函请查照为荷。此致福建省政府！

原载于《福建振务会汇刊》1936 年第 1 期

# 解释：司法院公函：院字第一四八五号：解释红十字会组织疑义公函（附原函）

（二十五年四月二十日）

迳复者：前准中央执行委员会民众运动指导委员会公函（二十三年第七零七九号）开，为红十字会解释为公益团体，不无疑义，请查照核复等由。业经本院统一解释法令会议议决，民众团体组织方案第一节既未列有慈善团体，则慈善团体自应包括于公益团体之内。中华民国红十字会系以赈灾救护等慈善事业为目的，即属公益团体之一，至该节所称其他经中央核准之民众团体，自系指公益团体等所不能包括之其他团体而言。相应函复贵部查照，此致中央执行委员会民众训练部。

**附原函：**

案准贵院函开：“为准函请解释红十字会组织疑义一案，复请查照”

等由到会，按《监督慈善团体法》第一条，载称“本法称慈善团体者谓济贫救灾养老恤孤及（其）他救助事业为目的之团体”。查红十字会之宗旨目的与该法完全相同，故本会于前颁发之特种社团范围表内规定：红十字会为慈善团体之一，《修正人民团体组织方案》第一节，虽无“慈善团体”之字样，而实际则是项团体早经认为“……其他经中央核准之人民团体”之一。贵院解释为公益团体，不无疑义，相应函请迅予复核，见复为荷！此致司法院！

原载于《司法公报》1936 年第 111 期

## 解释：司法院咨：院字第一四八六号：解释贩卖红十字会证章等件应否处罪疑义咨（附原咨）

（二十五年四月二十日）

为咨复事，准贵院上年七月二十三日咨（第二零八号）开：据内政部呈请解释贩卖红十字会证章等件应否处罚疑义，请查照见复等由。业经本院统一解释法令会议议决，红十字会会员徽章、证书及红十字旗帜、袖章所定着［之］文字符号，如在习惯上足为表示其用意之证明，自应以文书论。若伪造、变造而足生损害于公众或他人者，自应依《刑法》第二百十一条处断。其明知为伪造、变造物而故为贩卖之者，应依行使罪处断，相应咨复贵院查照饬知。此咨行政院。

附原咨：

案据内政部呈称：“案据中华民国红十字会总会二十四年七月二日呈请核示关于私自贩卖红十字会会员徽章、证书及红十字会旗帜、红十字袖章等件，应依何种法条办理等情。据此，查上项证件能否认为私文书之一种，设有伪造、变造等情，应否依据《刑法》第二百十一条处断，又贩卖上项证章，自与伪造或变造情形不同，应否处罪，法无明文规定，事关援用法律，理合具文呈请鉴核，转咨解释，实为公便”等情。据此，除指令外，案关法律适用疑义，相应咨请贵院查照解释见复，至纫公谊。此咨司法院！

原载于《司法公报》1936 年第 111 期

# 法规：江西省政府训令：民三字第三八六四号：令各区行政督察专员公署、各县县政府、江西省会公安局、南昌市政委员会、九江市政委员会（不另行文）：准行政院卫生署咨以《中华民国红十字会管理条例》及《施行细则草案》俟呈准公布再行咨送请查照等由令仰知照

案准行政院卫生署二十五年二月廿八日保字第九二九号咨开："案奉行政院二十四年十二月二十七日第六六二八号训令略开：'据内政、外交、军政、海军四部会呈，拟具《红十字会管理条例施行细则修正意见草案》，请鉴核等情。经提出本院第二四二次会议决议，红十字会归卫生署监督，《红十字会管理条例》及其《施行细则草案》交该署整理修正。除分令内政、外交、军政、海军四部知照外，合行抄检原件，令仰该署遵照。此令！'等因，附《修正意见草案》及《意见书》各一份。奉此，除《中华民国红十字会管理条例》及其《施行细则草案》俟整理完竣，呈准公布后，再行咨达外，相应先行咨请查照，并转饬知照！"等由，过府，除分令外，合行令仰该即□便知照！此令！

中华民国二十五年三月十七日

主席熊式辉

原载于《江西省政府公报》1936 年第 445 期

# 法规：江西省政府训令：秘壹 2 第五八三四号：令民政厅、南昌市政委员会、省会公安局、各区行政督察专员公署：修正《中华红十字会管理条例》

案奉行政院二十五年七月二十九日第四五七三号训令开："案奉国民政府二十五年七月二十三日第一五七八号训令开：'查《中华民国红十字会管理条例》前经制定公布施行，并经明令修正各在案。兹将该《条例》再加修正，应即通饬施行。除明令公布，并分行外，合

行抄发修正条文，令仰知照，并转饬所属一体知照。此令！’等因。奉此。除分令外，合行抄发原件，令仰知照，并转饬所属一体知照。此令！”等因。计抄发《中华民国红十字会管理条例》一份，奉此，除分令外，合行抄发原件，令仰该□、专员即便知照！并转饬所属各县一体知照！此令！

计抄发《中华民国红十字会管理条例》一份（略）。

中华民国二十五年八月廿一日

主席熊式辉

原载于《江西省政府公报》1936年第590期

# 本会执行会务：（十）其它事项：六、本会公函第七四八号函中国红十字会拟送学员至该会学习救护派妙性法师前往面洽指示由

敬启者：顷悉贵会设办救护训练班征求学习人员，本会适亦有灾区救护团之筹备，正需是项人才，拟即选送学员若干至贵会受训，相应函请查照，并派妙性师趋前面洽，尚祈指示，至纫公谊。此致中国红十字会！

中华民国二十五年十月九日

原载于《中国佛教会报》1936年第10期

# 公牍：其他：呈内政部据宛平县呈为丰台红十字分会图记请解释刊制办法由

（二十五年二月）

案查前据宛平县二十四年九月二十一日呈为据中国红十字会丰台分会呈请立案，并检同书册等件请鉴核等情一案，当经本厅于上年十月十六日以民肆字第一四二一号指令“呈件均悉，查所送会员及职员各名册内经历一项，应将曾任事务具体填列会员册内，漏列住所，职员册内有一册漏列通讯处所均应依照定式详细填注。兹将原册发还，仰转饬另行

造报。又查《社会团体图记刊制章程》第三条第二款规定，社会团体如有分会者，其分会之图记以公尺长六分宽，四分二厘之长，方木质制成”，“该丰台分会图记超越规定尺寸，应饬另行刊制补送印模呈核，再该会发起人及会员等是否与《监督慈善团体法》第四、七各条之规定相合，应由县负责审核具报，并仰遵照，余件暂存。此令!”等语，令饬遵办去后。兹据该宛平县本年一月六日呈称“遵即将发还会职员名册，令发该分会会长遵照，另行呈报去后。旋据该中国红十字会丰台分会会长孙旭东呈称‘窃奉钧令，业经分别呈请总会示覆。兹奉中国红十字会总会来函，内开：迳复者：来呈已悉，查分会呈请主管官署立案，系遵照内政部颁发立案办法办理。至分会图记向由本会刊发，至《监督慈善团体法》与《社会团体图记刊制章程》，对于红十字会未便适用。因红十字会为国际慈善团体，另有《中华民国红十字会管理条例》及《施行细则》，暨内政部颁立案办法等各项法规，以资适用。河北省民政厅指令宛平县县政府各节或系将红十字会与普通社团同样办理，不无稍有误会之处，合特函复，望即转呈宛平县政府，呈厅核办为要等因。奉此。遵即另造全体会员、职员名册各三份，备文呈送，仰祈鉴核转呈，实为公便。附呈全体会职员名册各三份等情。据此，查该会发起人及会员人等与《监督慈善团体法》第四、七等条规定尚属相合，惟据该分会呈称红十字会分会图记向由总会遵章刊发，系为国际慈善团体，与普通社团有别，《监督慈善团体法》及《社会团体图记刊制章程》未便适用等情。县长详查奉颁《中华民国红十字会管理条例》及《施行细则》，并无此项规定，应否仍令依照《社会团体图记刊制章程》另刊图记呈核，抑或仍准用原有图记之处，县长未敢擅专，理合检封该分会职员名册、会员名册各二份，具文呈请钧厅鉴核，指令只遵，实为公便’等情。据此，查《中国红十字会管理条例》及《施行细则》并未规定分会图记刊制办法，应否令饬依照《社会团体（图）记刊制章程》办理，抑准其自由刊刻。又《红十字会管理条例》第三条规定分会以所在地行政官署为主管官署，是否得依照《监督慈善团体法》予以监督之处，理合检同该分会印鉴单，具文呈请钧部鉴核解释，指令只遵，实为公便。谨呈内政部。

河北省民政厅厅长张吉墉

原载于《河北民政月刊》1936年第2期

## 命令：府令：国民政府第一六一零号指令：令立法院：二十五年七月十七日第四二五号呈一件，为议决修正《中华民国红十字会管理条例》缮请鉴核公布施行由

（二十五年七月二十三日）

呈件均悉。《中华民国红十字会管理条例》业经照案修正公布，并通饬施行矣。仰即知照。此令！

原载于《立法院公报》1936年第84期

## 命令：本府训令：民字第二零八二二号（二五、八，二七）：令各区行政督察专员公署：奉令抄发《中华民国红十字会管理条例》一份令仰知照并转饬知照由

案奉行政院第四五七三号训令开："案奉国民政府二十五年七月二十三日第一五七八号训令开：'查《中华民国红十字会管理条例》前经制定公布施行，并经明令修正各在案。兹将该条例再加修正，应即通饬施行。除明令公布，并分行外，合行抄发修正条文，令仰知照，并转饬所属一体知照。此令！'等因，奉此，除分令外，合行抄发原件，令仰知照，并转饬所属一体知照，此令！"等因。计抄发《中华民国红十字会管理条例》一份，奉此。除分令外，合行抄发原件，令仰该署即便知照，并转饬所属一体知照！此令！

计抄发《中华民国红十字会管理条例》一份。（载法规栏）

原载于《四川省政府公报》1936年第55期

# 批示：冀察政务委员会批示一览表

（十月二十八日）

| 冀察政务委员会批示一览表 | | | | |
|---|---|---|---|---|
| 具呈人 | 具呈日期 | 呈文摘由 | 批示原文 | 批示日期 |
| 中国红十字会丰台分会会长孙旭东 | 十月二十八日 | 为举办收容灾民劝募赈济请备案由 | 呈悉。前据该分会呈请派警协助，分赴冀察平津各省市等处，为收容所募捐，业经批示不准在案。至设立收容所一节，应向地方政府请求，劝募赈款，各慈善家是否乐输，系由各人情愿，勿庸渎请本会备案。此批！ | 十一月十日 |

（余略）

原载于《冀察政务委员会公报》1936 年第 86 期

# 本院训令：院字第一八二号：令审计部、各监察使署：奉国府令修正《中华民国红十字会管理条例》通饬施行令仰知照由

（二十五年七月二十九日）

为令知事，奉国民政府二十五年七月二十三日第五七八号训令内开："为令知事，查《中华民国红十字会管理条例》前经制定，公布施行，并经明令修正各在案。兹将该条例再加修正，应即通饬施行。除明令公布并分行外，合行抄发修正条文，令仰知照，并转饬所属一体知照。此令！"等因。奉此，合行检发原件，令仰知照。此令！

计抄发《中华民国红十字会管理条例》一份（本报从略）。

院长于右任

原载于《监察院公报》1936 年第 92 期

## 命令：训令：铁道部训令：总字第一零七三号：令本部直辖各机关（不另行文）：准卫生署咨奉行政院令中华民国红十字会归卫生署监督咨请查照转令知照由

案准行政院卫生署二十五年二月二十八日保字第九二九号咨开："案奉行政院二十四年十二月二十七日第六六二八号训令略开：'据内政、外交、军政、海军四部会呈，拟具《红十字会管理条例》《施行细则修正意见草案》，请鉴核等情，经提出本院第二四二次会议议决，红十字会归卫生署监督，《红十字会管理条例》及其《施行细则草案》，交该署整理修正。除分令内政、外交、军政、海军四部知照外，合行抄发原件，令仰该署遵照，此令！'等因。附《修正意见草案》及《意见书》各一份。奉此，除《中华民国红十字会管理条例》及其《施行细则草案》，俟整理完竣呈准公布后，再行咨达外，相应先行咨请查照"等因，准此。合行令仰知照。此令！

中华民国二十五年三月二日

部长张嘉璈

原载于《铁道公报》1936 年第 1415 期

## 命令：训令：铁道部训令：总字第三一零一号：令本部直辖各机关（不另行文）：奉发修正《中华民国红十字会管理条例》转令知照

案奉行政院二十五年七月二十九日第四五七三号训令开："案奉国民政府二十五年七月二十三日第一五七八号训令开：'查《中华民国红十字会管理条例》前经制定公布施行，并经明令修正各在案。兹将该条例再加修正，应即通饬施行。除明令公布，并分行外，合行抄发修正条文，令仰知照，并转饬所属一体知照。此令！'等因。奉此。除分令外，合行抄发原件，令仰知照，并转饬所属一体知照。此令!”等因，奉此，合行照抄原件，令仰知照，并转饬所属一体知照。此令!

附抄《中华民国红十字会管理条例》一份。(略)

中华民国二十五年八月四日

部长张嘉璈

原载于《铁道公报》1936年第1555期

## 训令：本府训令：省民三字三四七八六号(二五·一二·一四)：令各区专员、民政厅、汉市府：准咨关于红十字会会员职员免除征兵义务一案情形仰即知照并转饬知照

案准内政部警廿4二十五年十二月二日第七二零八号咨开：“案准河南省政府二十五年十月七日民三字第五五九号咨，据考城县政府呈：为中国红十字会会员及职员可否缓服兵役，请查核见复等由，正核办间，又据中国红十字会建阳分会会长乔炳二十五年十月二十二日呈请将红十字会职员免除征兵义务一案，迅予查案电县饬遵等情。正拟办中，复准军政部二十五年十一月九日务役字第一八二零号咨：据淮阳师管区司令呈：为建阳红十字会非法利诱壮丁，影响征务颇大，等情，咨请查明严惩见复等由。计抄送《民生日报》广告原文一份到部。当以查本部前据中国红十字会总会呈请准将中国红十字会会员及职员免除征兵义务一案，经函准贵会函复，略以红十字会会、职员等经地方政府合法之登记者，得援用‘担任官公事务’之规定，届时呈请缓役，但仍受国民兵役之训练及召集，请查照转咨等由，当经训令中国红十字会总会知照在案。准咨前由，查《中华民国红十字会管理条例施行细则》第二十四条至第三十一条对于会长、副会长、理事、监事之产生及任务规定甚详，倘该项职员确经主管官署合法之登记者，自可援用《兵役法施行暂行条例》第二十八条第三款‘担任官公事务’之规定办理。至于理监事以外之红十字会职员，果系以该项职务为专业者，自亦应一律办理。惟红十字会会员依《中华民国红十字会总会第二次征求会员章程》第五条

第一项（甲）第六款之规定，各种会员资格之取得，只依缴入会费之多寡而定，多者五百元，少者仅缴国币五角，即取得会员之资格。又《中华民国红十字会第二次征求会员酬赠给奖办法》第四条及第五条对于各种会员资格之取得又有‘推赠’与‘转赠’之规定，是则红十字会会员资格之取得并无若何积极与消极之限制，只以缴费之多寡及征求之成绩为标准，而该会会员除缴纳少许会费外，更无其他法定之议［义］务。如对红十字会会员一律准其缓常备兵役，则一般希图规避兵役议［义］务者势将群起利用，以少数之金钱，即可免国民重大之义务，则流弊所及影响征兵事务，前途何堪设想。为免除上项弊端，平均国民义务顺利推进征兵事务起见，拟请贵会将以前解释稍加变更，即除职员部份仍照原解释办理外，其所有红十字会会员一律不准援引《兵役法施行暂行条例》第二十八条第三款‘担任官公事务’之规定，缓常备兵役，以资限制等语，函请军事委员会二十五年十一月二十五日高二字第三三四八号公函略开：‘查变更解释一节，核尚可行，应予照办，除饬军政部知照外，相应函复查照为荷！’等由，准此，除分行外，相应咨请查照转饬各征兵区役禁止红十字会假借免除兵役吸收壮丁以维征务”等因，准此，除分行外，合行令仰该市、厅、专员知照，并转饬所属知照！此令！

兼代主席卢铸

原载于《湖北省政府公报》1936年第260期

# 关于医药证照法令及其他应公布事项：咨：保字第九二九号：奉行政院令红十字会归卫生署监督等因咨请查照由

案奉行政院二十四年十二月二十七日第六六二八号训令略开：据内政、外交、军政、海军四部会呈，拟具《红十字会管理条例施行细则修正意见草案》请鉴核等情。经提出本院第二四二次会议，决议：“红十字会归卫生署监督，《红十字会管理条例》及其《施行细则草案》交该署整理修正。除分令内政、外交、军政、海军四部知照外，合行抄检原件，令仰该署遵照。此令！”等因。附《修正意见草案》及《意见书》各一份。奉此，除《中华民国红十字会管理条例》及其《施行细则草案》俟整理完竣呈准公布后，再行咨达外，相应先行咨请查照，并转饬知照。此咨各部会（除内政、外交、军政、海军四部外）、各省、市政府（另令威海卫管理公署）。

署长刘瑞恒

中华民国二十五年二月二十八日

原载于《卫生署医药证照公告月刊》1936 年第 3 期

## 关于医药证照法令及其他应公布事项：训令：医字第四六六三号：令中央卫生试验所：据中国红十字会第一医院函请拨给海关没收之麻醉药品令仰转饬核议具复由

案据中国红十字会第一医院二十五年八月四日函称："本院每年需用硫酸吗啡、盐酸吗啡、磷酸可待因、雅片等为量颇多，从前原向海关没收者索用。自去岁起，海关所扣各该品均已直缴贵署，致购买发生困难。为此，函请贵署，可否每年将海关所缴各该品，分别酌发若干过院，以便应用。查本院系红十字会所设，纯系慈善性质，与普通医院不同，为贫病着想，似属可行，务希允许查照赐覆为荷"等情到署，合行令仰该所转饬麻醉药品经理处迅即核议具复，以凭核办为要。此令！

中华民国二十五年八月十九日

署长刘瑞恒

原载于《卫生署医药证照公告月刊》1936 年第 8 期

## 关于医药证照法令及其他应公布事项：批：医字第五一一七号：原具呈人中国红十字会第一医院：据请酌发海关所扣缴之麻醉药本署无从发给由

原具呈人：中国红十字会第一医院二十五年八月四日函一件：请

酌发海关所扣缴之麻醉药以便应用由。函悉。查麻醉药品系中央卫生试验所麻醉药品经理处管理，本署当经据情令行该所转饬，核议具复去后，兹据中央卫生试验所二十五年八月二十八日第三二号呈称："（前略）查本所各项麻醉药品均以国家资本，分别採［采］购，以资分销全国，为医药及科学之用。自民国二十四年度开始实行经理以来，并未收到海关扣缴之任何药品，自属碍难发给"等情。据此，合行批示知照。此批！

中华民国二十五年八月

署长刘瑞恒

原载于《卫生署医药证照公告月刊》1936年第8期

## 代电：宿松红十字会暨救旱委员会，复为该会呈，以推派代表面陈灾况，恳向银行借款办粜，请予转知准借由

（九月七日）

宿松红十字会暨救旱委员会转各法团钧鉴，电及图片均悉，该县旱灾奇重，民食绝望，请予救济等情到会，批阅之余，良为轸念，所请转向银行借款办粜一节，自属切要之图。查省府现正计画整箇［个］救济办法。兹准函复，以本会赈字第四四号函，以贵池救旱委员会呈请代向银行界借款办理平粜一案，属查照核办等由。查各县请向银行贷款一节，本府现尚在接洽中，一俟办法议定，再行转知，相应函复查照等由到会，贵县事同一律，除俟办法议定，再行知照外，特先代电，复请查照，安徽省灾区酬振会歌印。

原载于《振务月刊》1936年第4卷第9—12期

## 指令：指令宿松县地方财务委员会委员长王少曾，救旱委员会常委兼代副主席何亦京，商会主席张良谟，红十字会会长高苒卿，教育局局长蒋禄仁，教育会干事罗忠悃，据呈宿松旱蝗交灾，请列为一等灾区等情，已照转省府核办矣，仰即知照由

（九月十八日）

呈悉。所请各节，已据情照转省政府核办矣。仰即知照。此令！

原载于《振务月刊》1936 年第 4 卷第 9—12 期

## 指令：冀东民政厅指令：民二字第四四八号：令昌黎县县长：呈政府文一件为准中国红十字会总会冀察绥区办公处函请拟在昌黎设立分会可否准行请示遵由

呈悉，查本厅前奉政府交下自书万国联盟中国红十字会唐山分会会长董泽生函请通令各县协助募捐一案，当经令饬唐山特种公安局严予查禁，以杜撞骗在案。据呈前情，所有该红十字总会拟在该县设立分会一节，在该总会未经呈请政府核准立案以前，未便照准，仰即遵照办理。此令！

厅长张仁蠡

中华民国二十五年六月二十四日

原载于《冀东政府公报》1936 年第 5 期

# 军事委员会军医署训令：医二政118字第四五二号（只登公报不另行文）：令本署所属各机关：为奉令关于中华民国红十字会改归卫生署直辖由

案奉军事委员会交下行政院卫生署保字第九三二号公函内开："案奉行政院二十四年十二月二十七日第六六二八号训令略开："据内政、外交、军政、海军四部会呈，拟具《红十字会管理条例施行细则修正意见草案》请鉴核等情，经提出本院第二四二次会议决议，红十字会归卫生署监督，《红十字会管理条例》及其《施行细则草案》交该署整理修正，除分令内政、外交、军政、海军四部知照外，合行抄检原件，令仰该署遵照。此令！"等因，附《修正意见草案》及《意见书》各一份，奉此，相应函请查照。"等因，奉此，合行令仰知照。此令！

中华民国二十五年三月

署长刘瑞恒　印

副署长梅贻琳　印

原载于《军医公报》1936年第6期

# 训令：冀察政务委员会训令：秘字第三二七零号：令北平市政府：据曲学曾呈拟在本市设立远东红十字会等情仰查明复夺由

案据前中国红十字会夏津分会驻平救护办事处处长曲学曾呈称：呈为痌瘝关怀，情殷救济，拟在本市设立远东红十字会，恳予核准备案，俾宏慈善事。窃以学曾前曾充任中国红十字会夏津分会驻平救护办事处处长，当经河北省政府及北平市政府饬行公安、社会两局予以协助，并奉军事委员会北平分会令派在湾东第一兵站、迁安第三兵站服务，复经陆军第四十军军长庞函邀担任救护事宜，历时颇久，旋于本市东直门内四爷府一号设立后方医院。对于治疗救护事项，学曾督率各同仁不避险难，不分昼夜，殚精竭力，劳瘁弗辞，计先后治愈二十九军及四十军、六十七军负伤士兵逾数百之众。嗣后以战事结束，业务逐暂行中止。查敝会服务社会本属慈善范围，推大同之心，为博济之举。现在北平一带贫胞太多，救济医疗亟关重要，学曾惊心触目，义有难辞，拟于本市设立远东红十字会，赓续工作，以继从前未竟之功。为此披沥陈情，恳乞钧座俯准备案，实为公便等情。并附照片二张到会。查所呈拟设远东红十字会一节并无具体办法，究竟真相如何，合亟抄发原照片，令仰该市政府查明具复，以凭核夺。此令！

附抄照片原文二件（略）。

中华民国二十五年七月三十日

委员长宋哲元

原载于《冀察政务委员会公报》1936年第55期

## 训令：冀察政务委员会训令：政字第三三七四号：令河北省保安司令部：为据沧县红十字分会代电以会所学校被占恳转饬迁出等情仰查办具复由

案据红十字会沧县分会代电称，为会所学校被河北省第一区保安处强行占据，会务、校务完全停顿，恳祈饬令迁出，俾便恢复工作，并恳颁发布告张贴会所，以维会务等情。据此，合行抄发原代电，令仰该司令部遵照查核办理具复。此令！

附抄发原电一纸（略）。

中华民国二十五年八月三日

委员长宋哲元

原载于《冀察政务委员会公报》1936年第57期

## 指令：冀察政务委员会指令：政字第四二八九号（九月十日）：令河北省保安司令部呈一件，为奉令以据沧县红十字分会代电为会所被占请饬迁出等情仰查核办理一案据报业已迁出呈复鉴核由

呈悉。此令！

原载于《冀察政务委员会公报》1936年第68期

## 训令：浙江省民政厅训令公（卫）字第一七三号：令各区行政督察专员、杭州市市长、各县县长、省会宁波公安局局长、水警第一二大队队长（只登公报，不另行文）：为奉部令公布《中华民国红十字会管理条例》仰知照并饬属一体知照等因令仰知照并转饬所属一体知照由

（廿五年八月）

案奉内政部民壹12二十五年八月六日发零零三八五一号训令开：（原令已载第二七一八期公报）等因。计抄发《中华民国红十字会管理条例》一份，奉此，除分令各市县政府知照外，合行抄发原件，令仰该专员、市长、县长、局长、队长知照。并转饬所属一体知照。此令！

计抄发《中华民国红十字会管理条例》一份（原件已载第二七一八期公报）。

民政厅厅长徐青甫

原载于《浙江省政府公报》1936年第2719期

# 训令：浙江省政府训令民字第五六一三号：令杭州市政府、各县县政府：为准卫生署咨据中华民国红十字会总会呈送《第三次征求会员章程》暨《酬赠给奖办法》请备案并咨行各省市政府饬属协助一案抄同原件咨请查照饬属协办等由通饬遵照协助办理由

（二十五年十二月廿二日）

案准行政院卫生署二十五年十二月十一日医字第七三三五号咨开："案据中华民国红十字会总会二十五年十一月二十五日呈为遵批，将本会《第三次征求会员章程》分别修正，另缮呈送，仰祈连同前送《酬赠给奖办法》一并核准备案，并分行各省市政府饬属协助办理，等情。据此，查前据该会呈送《第三次征求会员章程》及《酬赠给奖办法》请予鉴核到署。当经将章程分别修改补充，批饬照改另缮，呈署核办在案。兹据前情，自应准予备案，除批示外，相应抄同原呈章程办法，咨请贵省政府查照转饬所属遵照《中华民国红十字会管理条例施行细则》暨《章程办法》各规定协助办理为荷"等由。计抄送章程及办法各一份，准此，除分令外，合行抄发原章程及办法，令仰该市长、县长即便遵照协助办理为要。此令！

计抄发《中华民国红十字会总会第三次征求会员章程》及《酬赠给奖办法》各一份（载本期公报法规栏）。

主席朱家骅

兼民政厅厅长朱家骅

原载于《浙江省政府公报》1936年第2826期

# 府令：训令：青岛市政府训令：第七九八三号：令社会局：奉行政院令发修正《中华民国红十字会管理条例》备仰知照由

案奉行政院第四一六四号训令内开："案奉国民政府二十四年七月二十七日第五九六号训令开：'查《中华民国红十字会管理条例》前经制定公布并经明令修正各在案。兹再将该条例酌加修正，应即通饬施行，除公布并分令外，合行抄发修正条文，令仰知照，并转饬所属一体知照。此令！'等因，奉此。除分令外，合行抄发原附件，令仰知照，并转饬所属一体知照。此令！"等因。计抄发《中华民国红十字会管理条例》一份。奉此，合行抄发原附条例，令仰知照。此令！

附抄发《中华民国红十字会管理条例》一份（见第七十二期本报法规栏）。

中华民国二十四年八月十日

原载于《青岛市政府市政公报》1936 年第 73 期

# 府令：训令：青岛市政府训令：第一七五五号：令社会局：准卫生署咨为奉行政院令中华民国红十字会归卫生署监督一案令仰知照由

案准行政院卫生署咨开："案奉行政院二十四年十二月二十七日第六六二八号训令略开：'据内政、外交、军政、海军四部会呈，拟具《红十字会管理条例》、《施行细则修正意见草案》请鉴核等情。经提出本院第二四二次会议决议，红十字会归卫生署监督，《红十字会管理条例》及其《施行细则草案》交该署整理修正。除分令内政、外交、军政、海军四部知照外，合行抄检原件，令仰该署遵照。此令！'等因，附《修正意见草案》及《意见书》各一份。奉此，除《中华民国红十字会管理条例》及其《施行细则草案》俟整理完竣呈准公布后，再行咨达外，相应先行咨请查照，并转饬知照”等由，准此。合行令仰知照。此令！

中华民国二十五年三月四日

原载于《青岛市政府市政公报》1936年第80期

## 民政：（九）慈善团体监督事项：一、抄发《中华民国红十字会管理条例》一案仰知照并饬属一体知照——训令所属暨直辖各机关

案奉行政院二十五年七月二十九日第四五七三号训令开：“案奉国民政府二十五年七月二十三日第一五七八号训令开：‘查《中华民国红十字会管理条例》前经制定公布施行，并经明令修正各在案。兹将该条例再加修正，应即通饬施行，除明令公布并分行外，各行抄发修正条文，令仰知照，并转饬所属一体知照。此令！’等因，奉此。除分令外，合行抄发原件，令仰知照，并转饬所属一体知照。此令！”等因，奉此。除呈复并分行外，合行抄发原件令仰该厅、署知照，并转饬所属一体知照。此令！

计抄发《中华民国红十字会管理条例》一份。（略）

中华民国二十五年八月六日

原载于《内政公报》1936年第9卷第8期

## 文书：训令所属机关：文25字第七零四二号：奉行政院训令以《中华民国红十字会管理条例》经再修正公布，应通饬知照等因，抄发该修正条例令仰知照由（不另行文）

奉行政院廿五年七月廿九日第四五七三号训令开：“案奉国民政府二十五年七月二十三日第一五七八号训令开：‘查《中华民国红十字会管理条例》前经制定公布施行，并经明令修正各在案。兹将该条例再加修正，应即通饬施行，除明令公布并分行外，合行抄发修正条文，令仰知照，并转饬所属一体知照。此令！’等因，奉此。除分令外，合行抄发原件，令仰知照，并转饬所属一体知照。此令！”等因，奉此。合行抄发该修正条例，令仰知照。此令！

计抄发《中华民国红十字会管理条例》一份。

中华民国二十五年八月一日

部长张群

原载于《外交部公报》1936 年第 9 卷第 8 期

## 公函：绥远省民政厅公函一四五号：函中国红十字会绥远分会第二次征求会员委员会：为第二次征求会员一案经饬据各县治查报有无愿行入会情形到厅附抄原表函达查照由

案查中国红十字会第二次征求会员一案前奉绥远省政府令，并准中国红十字总会函先后颁发章程办法，嘱饬查照协助办理各等因。节经转饬各县治查照协助进行，并将有无志愿入会者，报厅核办各在案。嗣据和林县呈报：该县有愿入该会者六、七员，业经依章迳函，征求委员会核办。安北设治局呈复《愿入红十字会人员姓名表》一纸，并据其他各县治先后呈报并无愿入红十字会人员，请鉴核汇办各等情到厅。除分别指令外，相应照抄安北设治局原表，函达查照办理为荷！此致中国红十字会绥远分会第二次征求会员委员会。

附抄《安北设治局愿入红十字会人员姓名表》一份。

中华民国二十四年十一月二十三日

原载于《绥远民政刊要》1936 年第 4 期

## 训令：绥远省民政厅训令第一八五四号：令省会公安局：为令该局转饬红十字会绥远分会照补原呈立案会员名册印鉴单财产目录等文件送厅核转由

案查前据该局呈转中国红十字会绥远分会依章立案文件请鉴核等情到厅，当经本厅二十三年九月四日第三五三三号指令准予立案，并呈报省政府鉴核汇转各在卷。兹奉绥远省政府二十四年十二月五日政字第四三零八号训令内开："案查前据该厅呈转包头等十八县局并未设立红十字会分会，请转报等情到府，当经连同该厅二十三年九月四日呈报遵令办理，中华民国红十字会绥远省分会依章立案情形汇转内政部，并指令在案。兹准咨复内开：'案准贵省政府二十四年十一月十九日政字第四九九号咨：据民政厅呈报办理中华民国红十字会绥远省分会立案情形并包头等十八县局未设立红十字分会请转报一案，请予查照'等由，准此。查该厅既系依照《中华民国红十字会各地分会立案办法》办理，当无不合。惟该绥远省分会立案文件未准附送，无从查核，相无复请查照转饬遵照前项办法第三项规定补呈各项文件，转咨过部，以资备案为荷，等因，准此，合亟令仰该厅遵照将各项文件补呈，以凭转咨为要。此令！"等因，奉此，合亟令仰该局转饬该分会，照补原呈、全体会员名册、职员名册、印鉴单、财产目录共一本，送厅核转为要！此令！

中华民国二十四年十二月九日

厅长袁庆曾

原载于《绥远民政刊要》1936年第4期

## 公函：中国国民党中央执行委员会民众训练部公函：第二五一五号：函河南省党部：准司法院函复解释红十字会组织四点一案函达查照

案查接管卷内前中央民众运动指导委员会准中央秘书处检送前河南省党务指导委员会呈："为请解释红十字会组织疑义四点请鉴核示遵"等由，经函司法院解释在案。嗣准函复解释如次："（一）红十字会系……民众团体……应受党部之指导。（二）红十字会分会依该会《管理条例施行细则》（二十二年六月三日行政院公布施行）第四条规定'设于省市县，自应以各省市县之区域为其组织区域。'（三）《红十字会管理条例》第十二条所谓'其他法律之规定，凡民众运动法规与该会有关者，自应包括在内。'（四）红十字会之职员数额及任期，该会《管理条例施行细则》第三十一条已有规定。"等由，准此，相应函请查照为荷！此致河南省党部！

中华民国廿五年六月三日

原载于《中央民众训练部公报》1936年第5期

## 公函：中国国民党中央执行委员会民众训练部：第五三零七号：函河南省党部：为据睢县县党部呈据田兴诗等申请组织红十字会一案应予准许发给许可证再抄该项办法函复查照由

案准贵部公函民字第七七八五号略开："为据睢县县党部呈，据田兴诗等申请组织红十字会可否准予组织，请查照见复"等由，准此。查中国红十字会准司法院解释，应由党部予以指导，关于该会及其分会备案办法曾经前中央民众运动指导委员会与内政部会商决定办法四项，于廿四年六月十二日抄附该项办法函达查照在案。该田兴诗等呈请组织中国红十字会睢县分会应予准许发给许可证，相应再抄该项办法，函复查照办理为荷！此致河南省党部！

中华民国二十五年十二月五日

原载于《中央民众训练部公报》1936年第11期

## 本省命令：训令：山东省政府训令：民副字第一八九零号：令第一二三区行政督察专员公署、乡村建设研究院、各县县长、济南市市长、烟台龙口公安局长、长山八岛行政委员、省会公安局局长、地方行政人员训练所、国民军训委员会、高级侦探队：为高阳县红十字分会长崔福臻越境募捐藉端招摇一案除咨请河北省政府严予惩处外仰知照由

（二十五年九月二十九日）

案查前据河北省高阳县红十字分会会长崔福臻派员来省募捐，呈请饬属协助等情。当经分电上海中国红十字总会暨高阳分会查询真相各在案。兹据高阳分会函复，谓"系奉总会核准募捐。"而其上海总会函复，则谓"分会募捐向为本会所严禁。"等语。似此情形，该崔福臻之派员

来省募捐显系藉端招摇，殊堪痛恨！除咨请河北省政府严予惩处，以儆刁狡，并分行外，合行令仰该□知照，并饬属知照。此令！

主席韩复榘

民政厅长李树春

原载于《山东省政府公报》1936 年第 411 期

## 绥远剿匪慰劳救护委员会来函

迳启者：案查十一月十九日本会举行第一次委员会讨论本会经费案，议决本会经费应樽节开支，由市商会、地方协会、红十字会总会三团体各助经费一千元，所有收入慰劳救护捐款绝对不得动支等语，记录在卷，相应录案函达，即希将查照惠，该项一千元交下应用为荷。此致中国红十字总会！

绥远剿匪慰劳救护委员会启

原载于《中国红十字会月刊》1937 年第 19 期

## 总会复函

迳复者：接展大函，藉悉种切，兹特送上经费一千元，即希查收，掣给收据，交来人带下为荷。此致绥远剿匪慰劳救护委员会！

附国币一千元正。

中国红十字会总会谨启

原载于《中国红十字会月刊》1937 年第 19 期

## 太原阎主任赵主席来电

市商会、地方协会、红十字会总会公鉴：俭电诵悉，日前贵会代表诸先生远临敝省慰劳视察，深歉款接，多疏酒荷，齿芬弥增愧恧，承示努力工作，共纾国难。南云引领，无任钦佩，特电奉复。阎锡山、赵戴文。艳。

原载于《中国红十字会月刊》1937年第19期

## 泸县分会来呈

案查民国二十四年十二月，据属会常务理事蔡朗仙报称："岳父卢树封原籍江西来泸贸易，早故。岳母卢万氏生子卢敷淮复早病殁，晚年乏嗣，长住朗仙之家，衣服、饮食承意供给。曾以敷淮之名，买有大河街房产一契赠与朗仙夫妇。朗仙不受，延今十一月二十日，卢岳母请律师谭光尧鉴定，并街邻、保甲多人作证，书有遗嘱一纸付与朗仙。嘱中注有之前项房产暂交朗仙保管，百年身故之后，由朗仙将产契捐交泸县红十字会接收处分，以助慈善。兹卢岳母业已病故，朗仙夫妇应遵遗嘱将岳母所有大河街产契并李斗山、唐玉昆之佃约及收租折纸概交贵会执存。除将卢岳母遗嘱抄附，并大河街房产一契、佃纸、租折清交外，所有遗嘱捐交情形理合具文呈请贵会请转县府备案，并函总会转呈中央褒扬，以光泉壤"右报告等情，计卢万氏太河街房契一纸，佃约一张，收租折五件。据此，当经呈报，并奉泸县县政府指令，"呈粘均悉。准予如请备案。此令！"等语在案。查蔡常务理事之岳母卢万氏愿将已业大河街之房产一契，约值价洋二千元，慷慨捐入属会以作补助经费，具见热心慈善，洵属难能可贵，应恳钧会据情转呈内政部，予以援例褒扬，以光泉壤，实沾德便。谨呈中国红十字会总会！

中国红十字会泸县分会会长郭义舫
副会长温曲先
副会长刘葆纯

原载于《中国红十字会月刊》1937年第20期

## 总会救护委员会致绥远傅主席函

迳启者：本会现以前方战事吃紧，办理救护医药材料至关重要。兹经征募成数，特将急救药包及药品共计一百八十六件连同清单两纸一并寄上，即祈查收应用。内有一部份敬请转发三十五军军医处高景阳处长暨预备后方医院牛惠善院长查收应用，并烦见复为荷。此致绥远省政府主席傅！

附清单二纸。

中国红十字会总会救护委员会启

原载于《中国红十字会月刊》1937 年第 20 期

## 商邱分会来呈

呈：为呈请成立办事处备案事，兹有正会员刁印昌等呈称会员等居住乡村，距城聊［遥］远，欲在沙岗店等处成立红十字会办事处，谨遵会章办理救灾、恤兵、救护、掩埋、施药、舍棺，并济贫寒。谨请转呈总会备案，并县政府出示保护，以成喜举等情。据此，查分会会员多居乡野，距城遥远，欲在邻近集镇重要通衢成立第三、四、五、六办事处，是否能行，备文谨呈，仰祈总会鉴核备案，实为公便。谨呈中国红十字会总会！

计呈送商邱分会办事处地址：

一　刁印昌等在商邱城东沙岗店成立第三办事处，距分会七十五里。

一　陈训诗等在商邱城东南营廊集成立第四办事处，距分会七十里。

一　刘信丰等在商邱城西郭村集成立第五办事处，距分会三十五里。

一　焉永祯等在商邱城南华严寺成立第六办事处，距分会五十里。

中国红十字会商邱分会

原载于《中国红十字会月刊》1937 年第 20 期

## 常熟分会来呈

呈：为呈报事，窃属会救护队训练班第一、二期学员均已训练期满，兹特造送名册，呈请鉴赐备案，实为公便。谨呈中国红十字会总会！

附常熟分会救护训练班队员名册：

陈益仲　浦治一　薛永山　钱之泰　杨继俞　鲁少英　陈肖梅
仲虞生　吴连元

中国红十字会常熟分会理事长俞承枚

原载于《中国红十字会月刊》1937 年第 20 期

## 冀察政务委员会公函：秘字第七一八七号

案准贵会第一七三六号公函略开："近有陆金龙私造印信，假借红十字会名义在华北一带募捐，请予饬属查禁"等因，并附伪造函一件到会。除分令冀察平津各省市特饬所属一体查禁外，相应函复，即希查照为荷。此致中国红十字会总会！

宋哲元

原载于《中国红十字会月刊》1937 年第 21 期

## 洛阳分会来呈

呈：为呈请事，案查敝会第二次会议以洛阳旱灾严重，甲于他邑，入秋徂冬，雨量极少，以致粮价飞腾，数倍往昔。曾拟集资援照民国十八年成例办理平粜，业经录案呈报谅邀洞鉴。最近更因陕变绵延，军运纷繁，影响食品来源，地方时感缺乏。敝会目睹苦况，痛深切肤，爰经各职员醵资办理平粜，本己饥己溺之心，作杯水车薪之助。惟赴远道採［采］购，既以车辆困难，又恐缓勿济急，兹经就近在郑州定购杂粮八十吨，计高粱四百六十二包、小米二百八十四包、玉谷五十四包。除推派敝会副会长何学纯君携函赴郑，面请陇海路管理局接洽车辆，并要求减半运价，克日起运来洛平粜，以济灾黎外，理合据情恭请钧会俯予，转函郑州陇海路局，饬属郑站对敝会所运之杂粮八十吨，克日提前拨车挂运以利民食，而示优异，则感戴鸿慈，不独敝会已也。临呈曷［何］胜，待命之至，谨呈中国红十字会总会！

中国红十字会洛阳分会会长于文钊
廿六年一月廿五日

原载于《中国红十字会月刊》1937 年第 21 期

# 南宁分会来呈

中国红十字会南宁分会呈中国红十字会总会：总字第二十一号，民国廿六年一月二十一日。

敬呈者：本会自经改选，一切悉照新章，对于理监事会各项会议暨办事各规则亦应依照新章分别拟定，以资遵守。经提交理监事会第一次联席会议推员起草脱稿后，复提出第二次联席会议逐条讨论修正通过，计理监事会各项会议规则共十二章五十二条，办事规则共七章五十四条（详见本刊专件栏内）。是否有当，理合缮录二份，备文呈请察核，并祈指示施行。谨呈。

附呈理监事会会议暨办事规则抄本贰份。

正会长李炽荣

副会长田钟祥、卢宝臣

原载于《中国红十字会月刊》1937 年第 22 期

# 译日本红十字会会长来函

中国红十字会大鉴：万国红十字会联盟会根据上年十一月理事会决议案，举行远东青年红十字大会于东京，会期定七月二十九至三十一日，本会长以地主之谊邀请贵会推派代表二人至五人出席。同时世界教育联合会将在八月二日至七日举行第七次世界大会于东京，届时亦将邀请青年红会代表参加出席，此乃极好机会。因红会青年事业与教育界有密切之关系，故深愿我远东青年红会代表咸得参加此盛会，与各国大教育家一堂相切磋也。附上此次会议议程草案，即请贵代表预先加以研究，会议时得从长讨论，使红会青年事业得能发扬光大，是为至幸。倘贵会有所建议，极表欢迎。先请寄下，以便列入正式议程中，并盼先将推定出席代表姓名及乘坐何船、何日到埠等一一开示，俾便竭诚招待也。

原载于《中国红十字会月刊》1937 年第 22 期

# 卫生署训令：总字第二零七四号：令中华民国红十字会总会

查中华民国红十字会总会及各地分会关防及图记刊发办法前经本署以总字第一八五八号批示该会知照在案。兹依该办法第二条规定，刊就该会木质关防一颗，文曰“中华民国红十字会总会关防”。随令颁发，仰即查收启用，并拓具印模，呈报来署，旧关防缴销。此令！

计颁发木质关防一颗。

署长刘瑞恒

原载于《中国红十字会月刊》1937年第24期

# 命令：训令社会局警察局卫生局奉冀察政委会令准中国红十字会总会函请转饬协助本会救护委员会华北临时分会一案仰转饬协助令仰遵照由

（训令第四八四号）

案奉冀察政务委员会秘字第七六四一号训令内开：“案准中国红十字会总会公函开：‘案查本会前因绥战发生，特在北平设立中国红十字会总会救护委员会华北临时分会，负责办理华北救护事宜，并经本会颁发图记章程及委员聘书，函饬定期开会，成立报会在案。兹据该分会函称各委员谨于一月二十日就任开会成立，照章互选职员，并启用图记，相应抄录职员名单，函请查照备案，并希分函华北各省市政府请予协助，实为公便等情。据此，除函复应准备案并分函外，相应抄送该分会职员名单，函请查照协助，并请转饬冀察平津四省市政府一体遵照协助，以利进行，并希见复为荷’等因，准此。除分令外，合行检发原附名单一份，令仰该市政府遵照协助为要。此令！”等因。附件，奉此，除分令外，合行抄同原件，令仰该局遵照。此令！

附抄发原附名单一份（列后）。

中华民国二十六年二月十九日

市长秦德纯

**附中国红十字会总会救护委员会华北临时分会委员名单**

主席　姜文熙　北平　协和医学院
副主席　齐清心　保定　省立医学院
会计　杨朗川　北平　中国银行
秘书　方石珊　北平　首善医院
常务主任兼管总务　全绍清　北平　红十字会医院
常务委员管理医务　林可胜　北平　协和医学院
常务委员　吴祥凤　北平　平大医学院
委员　朱其辉　北平　平大医学院
委员　王锡炽　北平　协和医学院
委员　贾魁　保定　省立医学院
委员　江清　济南　齐鲁医学院
委员　侯宝璋　济南　齐鲁医学院
委员　尹莘农　济南　山东医专学校
委员　刘韵涛　济南　山东医专学校
委员　庞京周　上海　中国红十字会总会
附注：主席、副主席、会计、秘书均为当然常务委员。

原载于《北平市市政公报》1937年第393期

# 法令（丙）公牍：行政院指令：第四六六五号：令卫生署：红十字会职员之任免及考核应依法呈报查核令

（二十五年十二月二十五日）

呈悉。查红十字会系属慈善团体，其职员之任免及考核自可按照《监督慈善团体法施行细则》第九条之规定办理。仰即知照。此令！

原载于《法令周刊》1937年第341期

# 训令：河北省政府训令：秘二字第一八九二号：令各厅、保安处、警务处、各区行政专员公署、各县县政府、省会警察局、各特种警察局、新海设治局：奉冀察政委会令饬协县中国红十字会总会救护委员会华北临时分会等因令仰遵照由

（二十六年二月二十二日）

案奉冀察政务委员会本年二月十日秘字第七六四一号训令开："案准中国红十字会总会公函开：案查本会前因绥战发生，特在北平设立中国红十字会总会救护委员会华北临时分会，负责办理华北救护事宜，并经本会颁发图记章程及委员聘书，函饬定期开会成立报会在案。兹据该分会函称各委员谨于一月二十日就任开会成立，照章互选职员，并启用图记，相应抄录职员名单函请查照备案，并希分函华北各省市政府，请予协助，实为公便等情。据此，除函复应准备案并分函外，相应抄送该分会职员名单，函请查照协助，并请转饬冀察平津四省市政府一体遵照协助，以利进行，并希见复为荷"等因。准此。除分令外，合行检发原附名单一份，令仰该省政府遵照协助为要等因；奉此，自应遵办。除分行外，合行令仰遵照。此令！

计发原附名单一份（略）。

主席冯治安

原载于《河北省政府公报》1937年第3049期

# 训令：为准社会局函准红十字总会函并无冀察绥区办事处之组织显系冒名渔利请饬属取缔等因仰遵照取缔由

案准天津市社会局二十六年一月十一日第九七二号公函内开："案奉天津市政府廿五年十二月廿三日乙字第三一一四号训令，以据红十字会冀察绥区办事处函，为营救战线伤亡，派会员边子和等持函前往劝

募，请予赞助等情。令仰详查呈核等因。奉此。查此案前据红十字会冀察绥区办事处函请赞助等情到局，当以该处组织情形本局无案可稽，曾经函询中国红十字会总会查复并函请贵局饬属注意在案。奉令前因，当经派员调查去后，旋据复称，于廿五年十二月廿六日及本年一月四日两次前往南市清和大街德平巷二号德成店内详加调查，据该店司账人王有年声称该红十字会会员边子和等二人于十二月廿五日外出后迄未回店等语，该边子和等究竟在津与否，无从知悉等情，据此，正核办间，复准中国红十字会总会廿五年十月三十日第一七三零号函开：迳复者：案准贵局第九一六号公函，以据万国联盟中国红十字会总会冀察绥区办事处之组织显系有人假冒名义，意图渔利，准函前因，相应函复，即希查照核办为荷等因，准此。查该边子和等竟敢假冒名义，意图渔利，殊属不法，除呈复外，相应函达，即希查照，饬属严加取缔为荷。”等因，准此。查此案，本局前奉天津市政府训令，已令行该管第一分局详查并将查覆情形呈覆在案。兹准前因，除呈报及分行外，合行令仰该分局遵照一体，严行取缔具报。此令！

中华民国二十六年一月十四日

原载于《警务半月刊》1937 年第 3 期

## 云南省政府指令：秘一卫字第五五八号：令全省卫生实验处：令为据呈议拟医师公会拟借红十字会医院合办脑膜炎疗养院一案情形准予备案

二十六年四月十七日，据呈奉令议拟昆明市医师公会呈请借红十字会医院合办脑膜炎疗养院办法，此刻病人尚少，床位足可敷用，如将来增多，再照医师公会所拟推广办理，请备案由。

呈及附件均悉。应如请准予备案。仰即遵照。此令！

附件存。

主席龙云

中华民国二十六年五月四日

原载于《云南省政府公报》1937 年第 9 卷第 42 期

## 云南省政府指令：秘二财田字第六一六号：令为据呈请永免昆明红十字会购置陈荣庄耕地为义地自二十五年起田赋如呈照准

廿六年四月卅日呈一件：为呈请永免昆明红十字会购置陈荣庄耕地为义地自廿五年起田赋等款一案，祈核亦由。

呈及附件均悉。如呈照准，仰即遵照。此令！

主席龙云

中华民国二十六年五月十五日

原载于《云南省政府公报》1937 年第 9 卷第 43 期

## 训令：冀察政务委员会训令：秘字第七二二八号：令河北、察哈尔省政府、北平、天津市政府：准中国红十字会总会函为陆金龙伪造图记公函募捐请饬属查禁等因令仰遵办由

案准上海中国红十字会总会第一七三六号公函开：“迳启者：查自绥战发生以来，时有奸徒假借红十字会名义，在华北一带捐募。近有陆金龙者冒充本会北平分会会长，私刊本会北平分会图记，伪造公函，到处募捐，殊属不法已极，自应严查澈［彻］究。相应函请贵会查照，迅予分令冀察平津各省市政府，转饬所属一体查禁法办，以维会誉而儆刁邪，统希核办，见复为荷”等因。并附陆金龙伪造该会北平分会募捐函一件到会，除函复照办外，合亟抄发原附件，令仰该省、市政府转饬所属一体查禁为要。此令！

附抄发原附伪造函一件（略）。

中华民国二十六年一月二十三日

委员长宋哲元

原载于《冀察政务委员会公报》1937 年第 103 期

## 训令：冀察政务委员会训令：秘字第七六四一号：令河北、察哈尔省政府、北平、天津市政府：为准中国红十字会总会公函请转饬协助本会救护委员会华北临时分会等因仰遵照协助由

案准中国红十字会总会公函开："案查本会前因绥战发生，特在北平设立中国红十字会总会救护委员会华北临时分会，负责办理华北救护事宜，并经本会颁发图记章程及委员聘书，函饬定期开会成立报会在案。兹据该分会函称，各委员谨于一月二十日就任开会成立，照章互选职员，并启用图记，相应抄录职员名单，函请查照备案，并希分函华北各省市政府，请予协助，寔［实］为公便等情；据此，除函复应准备案并分函外，相应抄送该分会职员名单，函请查照协助，并请转饬冀察平津四省市政府一体遵照协助，以利进行，并希见复为荷等因。准此。除分令外，合行检发原附名单一份，令仰该省、市政府遵照协助为要。"此令！

计检发原附名单一份（略）。

中华民国二十六年二月十日

委员长宋哲元

原载于《冀察政务委员会公报》1937 年第 107 期

## 公函：冀察政务委员会公函：秘字第七六四二号：准函以在北平设立中国红十字会总会救护委员会华北临时分会嘱饬属协助等因除分饬协助外函复查照由

（二十六年二月十日）

迳复者：案准贵会第一七四二号公函："以前因绥战发生，特在北平设立中国红十字会总会救护委员会华北临时分会，负责办理华北救护

事宜，抄送该分会职员名单，嘱转饬所属各省市政府协助，以利进行”等因，自应照办，除分饬冀察平津各省市政府协助外，相应函复，即希查照为荷。此致中国红（十）字会总会！

原载于《冀察政务委员会公报》1937年第107期

## 训令：省政府训令：民济字第四三二五号：令各县县政府、警察局队：奉行政院令据内政部呈为准北平市政府咨据世界红卍字会中华总会呈为中国红十字会与该会名称混淆致误被嫌疑转呈保护一案令仰遵照等因仰遵照由

案奉行政院本年四月十三日第二零一八号训令开：“案查前准中央民众训练部公函，以据江苏省党部呈报崇明县有不肖之徒，组织中国红卍字会，并拟扩大组织长江五省祈祷和平大会，甚至高悬红色太阳旗帜，跡其用心，显有不端，请鉴核迅赐取缔或指导办法一案。嘱即转饬所属一律严加注意，随时妥慎取缔等由过院，经令行该省政府一体遵照办理，并函覆查照。嗣续准公函，以据江苏省党部呈，为世界红卍字会崇明县分会组织违法，并闻与伪国时有通讯，跡近反动，究应如何办理，请核示”一案。业经密函各省市党部转饬所属注意该会之活动，如有未呈准备案者，概予查禁，嘱即查照等由，复经令行该省政府知照，并函复各在案。

兹据内政部，民十七7二十六年三月三十日发第一五五六号呈称：案准北平市政府二十六年三月十五日乙字第二五五号咨开：案据世界红卍字会中华总会董事长熊希龄呈称：“窃本会成立于民国十一年，总会设于北平，定名为‘世界红卍字会中华总会’。分会敷布于各省市县，定名为‘世界红卍字会某地分会’。总分会皆冠以‘世界’二字，盖以崇尚世界和平、救济人类灾患、不分畛域为宗旨，征集之会员，多系地方耆宿及商学各界热心社会事业人士，经费来源，概为会员自动分担，善意输助，毫无丝毫之相强。凡属会员，对于会务之进行，无论出资出力，要皆基于人类互爱互助之义，以谋社会之救济，毫无政治意味，尤无权利思想，是以成立以来，历十余载。凡遇国内水旱刀兵各灾，总会

均联合各地分会组织救济，遂前往振济救护，出入于枪林弹雨之中，奔走于水深火热之顷。如民十五出发九江救护，猝遭江水之难，殉死者四十人；又如民十八中俄战事，有边疆救济队之组织，出发绥东满洲里，扎兰诺等地救护；民廿一——二八中日战事、民廿二长城之役，均有联组救济队之救护；又民廿二（西历一九三三）美国加利佛尼省地震，捐助十万元，汇美振济，此皆推行世界之善举。其他临时振济，如办理陕甘豫鲁等省旱灾、长江黄河水灾、江西水灾，各振济十余年，国内灾患几于无役不从。凡此荦荦大者，虽未能与红十字会在世界比并，而在国内作救济事业，亦不在少，至于全国各会办理，永久慈业，如兴办小学医院、诊所、恤养院、育婴堂、施材所、贷济处者，约有三百四十余处，此于国家建设宏图，虽未能多所裨补，而于社会修养生息，亦差称不无微劳。最近绥远抗战，本会联合各分会首先组织救济队，三大队出发百灵庙、集甯、绥远一带，冰天雪地，救死扶伤，于以振我军之士气，尽国民之天职，大义所在，向不敢后人。凡斯所述，皆中外各界共见共闻。本会同人弥深悲悯之怀，恒渐广厦之愿，当国家上下一心救亡图存之际，关于积极施为，方愧贡献甚少，借此消极救济，何肯自矜表襮。兹所不能已于言者，实缘迭接各分会函电驰告，以各地党政机关递奉中央密令，转据崇明县党部呈报‘该县世界红卍字会分会，与上年令禁之中国红卍字会，踪近反动，情事相同，饬对本会各地分会之活动，严加注意，如有未呈准当地党政机关备案者，概予查禁，等因，致各地分会竟有受限制活动与被查禁之处，闻讯震骇’。夫以崇明分会一地之组织，从有未合，其受纠正与查禁之处分，亦只能限于该会，何致牵及全国。比经切加探询并派员赴崇明，旋实地调查，始晓然于此项误会之起因，实由于名称淆混之所在。盖上年四月，崇明县党部呈请禁止中国红卍字会，确有不肖之徒，影射本会名称违法组织。迨明令查禁时，该中国红卍字会业已闻风消灭。该县党部以红卍字会名称相同，遂将冠首之‘中国’与‘世界’二字，未加明辩，误认为世界红卍字会崇明分会亦在组织违法之列，以致递呈查禁，辗转误会，致本会受莫大之影响。伏读中央民众训练部上年五月二零二七号查禁中国红卍字会密函中对于‘世界红卍字会’及‘世界红卍字会分会’曾经备案有案，并无所谓‘中国红卍字会’之组织等语，剖别本极明瞭［了］，只以红卍字会系属统称，而‘中国’与‘世界’二字稍不措意，遂易淆混，因杯弓之近似，乃蛇影以成讹。当本会上年派员赴崇明县确查时，该县世界红卍字会分会正办县属第五区地方风灾急振，受振灾民正深感激，有十二月四日、十日崇明报可资证明。具征颇洽，舆情与县党部亦无隔阂，则党部之呈请查禁完全出于上述名称淆混之误会，自属无疑。因念不虞之誉，求全之毁，事涉偶然，原无足怪，惟中央有据崇明县上项呈请令禁之文，各地方党政机关遂多发生扞格。本会各分会只具救济之怀，初无权利之念，于地方有惠施，与政治无妨害，向受党政机关之爱护，且本会于民国十一年成立时，即呈请内务部立案，嗣于十八年十月呈奉内政部呈准国民政府行政院立案，并令各省民政厅饬属一体保护。又十七年二月及二十五年三月先后呈奉国民政府军事委员会，两次给示保护在案。本会于十八年呈奉北平特别市党务整理委员会，发给许可证书，并奉钧府社会局发给登记凭照，早由钧府咨部立案各在案。本会既经立案，各省市县分会依据本会会章第三条之规定，陆续成立一体相承，如当地党政机关加以指导，令其另行呈报立案，无不照办。其尚有未经立案者，亦正在办理手续，筹备呈请之中。惟自有上述通令后，各地党政机关咸以功令攸关，对于未经立案者，遂觉无法救济，然影响于慈善事业之前途，至深且巨。若以一县党部因名称上混淆，而发生误会之结果，使各分会均受重大之打击，似亦非中央提倡道德与推行新生活之本旨。况本年曾奉内政部通知本会，推派代表出席参加国际联盟，在爪哇召集远东禁贩妇孺会议，已得国联之赞许，本会业已遴推代表前往与会，是本会正赖中央之指导维护，以渐达推行世界之目的。倘各分会蒙此不白之冤，岂徒本会之不幸，抑亦为国际所轻视，理合具文将本会暨各分会历年办理经过情形，沥陈钧府，并检呈本会章则暨立案批文印本及历年工作一览，并附呈二十五年十二月四日、十日崇明报二份，呈请鉴核，释明以往误会，仰恳钧府据情咨请内政部，转呈行政院，通令各省市县政府，转饬所属对于本会各分会仍予一体保护，其尚有各分会未经备案者，准予继续补行立案，以完手续而维善举，不胜迫切待命之至。”等情，并附件。

据此，除批示外，相应检同原件，咨请查核办理等由，准此。查核原呈所称，中央密令各地党政机关查禁一节，本部并未奉到此项明令，究系如何情形，无案可稽。至该会各地分会立案事项，本部向系依照《监督慈善团体法》及其《施行规则》暨部颁各地方慈善团体立案办法各规定，咨行各省市政府饬属遵办，分别专报或汇报，转部以凭备案。最近并准江苏省政府咨送该会泰兴分会及无锡分会暨准浙江省政府咨送该会杭州分会等立案文件，予以备案在卷。兹准前由，除咨复外，理合赍同原件，备文转请钧院鉴核示遵等情，据此，察核该会原呈所称情形，其宗旨尚无不合，并据称已由部备案自应准如该会原呈所请通令，仍予保护。除分令并指令内政部转饬知照暨函达中央执行委员会民众训练部查照外，合行令仰遵等因。奉此，除呈复并分令暨函安徽省党部查照外，合行令仰遵照，并转饬所属一体遵照。此令！

主席刘镇华

中华民国二十六年四月二十七日

原载于《安徽省政府公报》1937年第798期

# 指令：第四六六五号：令卫生署：二十五年十二月二十二日总字第7599号呈，为据中国红十字会呈请解释该会职员是否为公务员或与公务员同等待遇一案转请核示由

（二十五年十二月廿五日）

呈悉。查红十字会系属慈善团体，其职员之任免及考核，自可按照《监督慈善团体法施行细则》第九条之规定办理，仰即知照。此令！

原载于《行政院公报》1937年第2卷第1期

# 中华民国红十字会总会训令：第七十七号：令所属各分会

案查本总会前迭据汉口市等各分会呈请将红十字会职员及救护队员缓役、缓训前来，当经汇案，先后转呈内政部，核示在案。兹奉内政部二十七年二月一日发渝警字第一五八号披开：呈悉。查本案前据该会呈，以迭据各分会呈请将红十字会职员及救护队员缓役、缓训一案请核示，以便饬遵等情。当经分咨军政部暨训练总监部查核，开示意见，以便办理各在案。兹准军政部二十六年十一月十日役乙字第一零九五号咨，略以各分会职员及救护队队员如确系以该项职务为专业者，可准予缓役，又准训练总监部二十七年一月四日国一字第二零号咨，略以训练可增进工作效能，时间亦不冲突，未便照准，以杜流弊。除另令饬各省

市军训会遵照办理外，咨请查照各等由到部。本部与军训两部意见相同，合行批示知照，此批！等因，奉此。除分令外，合行令仰该分会即便知照。此令！

中华民国二十七年三月十五日

原载于《中国红十字会月刊》1938 年第 32 期

## 警政：（十四）兵役事项：三、据中国红十字会总会呈为红十字会职员及救护队队员准予缓役一案请分咨各省市暨军政部饬属遵照等情咨请查照办理——咨各省政府

案查本部前据中国红十字会总会会长王正廷等呈，略以迭据各分会呈请将红十字会职员及救护队队员缓役、缓训一案请核示，以便饬遵等情。当经分咨军政部核复，略以各分会职员及救护队队员如确系以该项职务为专业者，可准予缓役，又准训练总监部咨复，略以训练可增进工作效能，时间亦不冲突，未便照准，以杜流弊。除另令饬各省市军训会遵照办理外，咨请查照各等由准此。本部与军训两部意见相同，业经批示该会知照在案。

兹据中国红十字会总会会长王正廷等二十七年五月九日呈，略称：红十字会职员及救护队队员如确系以该项职务为专业者，既经钧部咨准军政部准予缓役，则各地方政府及征兵机关自应一体遵办，请迅予分咨各省市政府通令所属各县市一体遵照，并咨行军政部通令各地征兵机关一体遵照等情。正核办间，又据该会同月三十一日电同前情，查现值全面抗战加紧之际，兵役与救护工作同属重要，该会所请各节，应予照准。除分咨并咨请军政部查照，通令各地征兵机关一体遵照暨电复外，相应咨请查照并转饬所属一体遵照为荷。此咨各省政府。

西康建省委员会

中华民国二十七年六月九日

原载于《内政公报》1938 年第 11 卷第 4—6 期

# 云南省政府训令：秘二杂字第二九九号：令镇维县：令为该县陇余氏捐款由昆明市政府领取转发红十字会妥为保管以作基金等情一案仰即知照

为令遵事，案查前据镇雄县陇余氏捐助一百五十石租土地作抗日战费，二百石租土地作镇雄县教育经费，五十石租土地作赈济水灾费一案到府。当经核准，除捐教育经费一项由教育厅转令核收办理外，其抗日赈灾两项合租地二百石，由该氏以镍币二万元赎回，□其捐□石数核算□解去后。旋据呈复前来，亦经提会议决，振灾一项，合镍洋七千五百元，应拨作修复盐津大桥之用；抗日战费一项，合镍洋二万二千五百元，听候核办，经分令饬遵照各在案。嗣据镇雄县长杨国珍先后呈解此项抗日捐产赎□镍洋二万二千五百元，折合新币七千五百零零二角，请予核收，并查明此项捐款未赎前租息用途及拨交盐津修理大桥款项各情形，祈核示到府。兹分别核示如下：

（一）此项抗日捐款镍洋二万二千五百元，折合合新币七千五百零零二角，应由昆明市政府具文到府，领取转发红十字会承领，并同总部所发之五万元妥为保管，以作基金。至该会承领此款后，并由民政厅督饬认真筹备，以应急需。

（二）此项抗日振灾捐产未赎前，租息计有二百石，前据呈报振饥用讫一百三十石，曾经本府照准核销有案，其剩余七十石，曾饬该县应仍解省，兹□该县呈报□剩余租息，仍□经作振饥用讫，请免缴等情，应准免缴。

（三）修复盐津大桥用振灾款镍洋七千五百元，既经该县拨交盐津县核收并取有印领呈缴前来，核查尚无不合，准予备案。

（四）镇雄县长解基金，经民众救国会核准，还办理民生工厂核查尚属可行，并准备查。除分令民政厅昆明市政府盐津县建设厅云南民众救国会外，合行令仰该县知照！此令！

主席龙云

中华民国二十六年十一月三十日

原载于《云南省政府公报》1938年第10卷第1期

# 云南省政府指令：秘一民字第一五一号：令民政厅：令为据呈转发红十字会战时准备救济款项情形准予如呈照办仰即转饬遵照

五月十四日呈一件：为据昆明市政府呈报转发红十字会战时救济准备款项附呈计划表及药品清册，并议拟办法一案，转请核示由。

呈暨表册均悉，核查昆明市政府议拟办法，尚属适当，准予如呈照办，仰即转饬遵照！表册存。此令！

主席龙云

中华民国二十七年四月二十七日

原载于《云南省政府公报》1938年第10卷第54期

# 公牍：民政：江西省政府训令：民二役字第六八二三号：令各区行政督察专员公署、南昌市政府、各县政府、庐山管理处：准内政部咨为红十字会各分会职员及救护队队员如系以该项职务为专业者可准予绥役等由令仰饬属遵照

案准内政部渝警字廿七年六月九日发第零零二三四九号咨开：

“案查本部前据中国红十字会总会会长王正廷等呈，略以迭据各分会呈请将红十字会职员及救护队队员缓役、缓训一案请核示，以便饬遵等情；当经分咨军政部核复，略以各分会职员及救护队队员，如确系以该项职务为专业者，可准予缓役。又准训练总监部咨复，略以训练可增进工作效能，时间亦不冲突，未便照准，以杜流弊。除另令饬各省市军训会遵照办理外，咨请查照各等由到部。本部与军训两部意见相同，业经批示该会知照在案。兹据中国红十字会总会会长王正廷等二十七年五月九日呈略称：红十字会职员及救护队队员，如确系以该项职务为专业者，既经钧部咨准军政部准予缓役，则各地方政府及征兵机关自应一体遵办，请迅予分咨各省市政府通令所属各县市一体遵照，并咨行军政部通令各地征兵机关一体遵照等情。正核办间，又据该会同月三十一日电

同前情，查现值全面抗战加紧之际，兵役与救护工作同属重要，该会所请各节应与照准。除分咨并咨请军政部查照通令各地征兵机关一体遵照暨电复外，相应咨请查照，并转饬所属一体遵照为荷”等由，准此，除分令外，合行令仰该□即便遵照，并转饬所属遵照！此令！

中华民国二十七年七月一日

主席熊式辉

民政厅厅长王次甫

原载于《江西省政府公报》1938年第1071期

## 中国红十字会总会致本团函

接准贵团公函外字第一三二四号略开：“团员苍成全派在贵会救护委员会运输股服务，于去年十二月二十四日奉派公毕归经贵阳站，身罹瘴气诊治无效，于同月三十一日晨逝世。除已厚殓并觅地暂厝外，如何入葬与家属抚恤等身后之事，待与其家属商谈，再函请核办”等由前来。查苍团员成全服务本会救护委员会运输股，工作努力，成绩堪嘉，此次长途驰驱，竟罹瘴气，不幸医药罔效，遽尔不起，壮志未酬，弥深痛惜，所有该员抚恤等事宜，即请贵团与其家属商谈后，函达本会，当按照正在核订之抚恤条例，从优办理。除已由本会临时办事处先行函请贵团代表本会向其家属致唁外，相应函覆即希查照为荷。此致副会长杜月笙、会长王正廷、副会长刘鸿生！

二十八年一月十日

原载于《团讯（长沙）》1939年第30期

## 中国红十字会总会临时救护委员会林总干事来函照录

案查贵团团员张得荪同志于去年十一月押车至长寿，被敌机炸伤臂部，住院达五个月之久。现闻于四月一日伤痊出院，暂住祁阳修养，行走时未完全复原，本总干事殊为轸念，用特函请查照，特致慰问并祝早期健康。此致！四月二十八日。

原载于《团讯（长沙）》1939 年第 39 期

## 命令：训令：训令直辖各机关：准红十字会筹委会函以本会成立前红十字会北京分会已不存在令仰知照由

准中国红十字会筹备委员会会字第三十九号函开："案查中国红十字会北京分会因前年春间风潮叠起，会务无法进行，内政部成立后，由该会整理委员方擎等到部，提议希望在政府监督指挥之下，整顿改组，当经令据拟送中国红十字会筹备委员会组织章程，于二十七年十二月四日由内政部核准，即于是日召开中国红十字会筹备委员会成立大会，照章由内政部总长兼任委员长，并聘方擎、全绍清、森村鹿之助、侯毓汶、庞敦敏、鲍监清、夏肃初等为委员，又指定全绍清、方擎、侯毓汶、森村鹿之助、夏肃初等为常务委员。所有筹备会章程暨委员名单，均经内政部咨呈行政委员会备案有案，本会成立前由中国红十字会北京分会不存在，嗣后关于红十字会事务应请迳送本会办理，相应函达，即希查照，并转饬所属一体知照"等因到署。除函复并分行外，合行令仰知照。此令！

中华民国二十八年八月十二日

市长余晋龢

原载于《市政公报》1939 年第 59 期

## 法规：临时政府法规：中国红十字会管理暂行条例

（民国二十八年九月二十九日公布）

第一条　中国红十字会应依临时政府内政部之指示办理救护医疗及振济等事务。

第二条　中国红十字会应提倡服务精神，普遍征求会员。

第三条　中国红十字会因施行救护及医疗工作，应设立医院，充实医药设备，并造就救护人才，及预储各项救护材料。

第四条　中国红十字会经费，除会务收入及政府补助金外，每年得募款一次。惟应将募款办法及日期，先行呈由内政部核准备案。

第五条　中国红十字会总会设于北京，以内政部为主管官署，分会隶属于总会，设于各地，以所在地地方行政官署为主管官署，于必要时均得分设办事处。

第六条　总会置会长一人、副会长二人。由总会全体理监事互选，呈由内政部转报行政委员会转请临时政府聘任之。

第七条　总会置理事、监事各十五人，由全国会员代表大会，就会员中选举之，分别组织理事会或监事会，其办事规则另定之。前项理事应互选常务理事五人至七人，监事应互选常务监事三人至五人，由总会呈由内政部转报行政委员会转请临时政府聘任之。

第八条　总会理事及监事于每届选出后，应由总会分别造具履历详册，呈由内政部报请行政委员会转报临时政府备案。

第九条　总会会长得由内政部总长兼任之，副会长、理事、监事得由内政部遴选相当人员报经行政委员会转请临时政府聘任之。

第十条　分会置理事、监事各若干人，由分会会员大会选举后，报请总会聘任之，并呈报主管官署备案。

第十一条　前条理事、监事得由总会遴选相当人员呈请内政部聘任之。

第十二条　总会会长、副会长及理事、监事之任期均为三年，但得连选连任，分会理事、监事之员额及任期由总会另定之。

第十三条　总会、分会之会长、副会长及理事、监事均为名誉职。

第十四条　中国红十字会之资产及收支帐［账］簿，内政部得随时派员检查之。

第十五条　各会会务进行计划及收支预算应于每年年度开始前编具书表，总会应呈报内政部查核，分会应呈报总会查核，并报请所在地地方主管官署备案。

第十六条　各会工作成绩及收支数目应于每年年度终了后编具报告书表，总会应呈报内政部查核，分会应呈报总会查核。

第十七条　本条例施行细则，由内政部另定之。

第十八条　本条例自公布之日施行。

原载于《市政公报》1939年第64期；另见于《法部公报》1939年第6期

## 咨呈：法部咨呈：上字第一二八号：咨呈行政委员会：为《中国红十字会管理暂行条例》暨《施行细则》两种草案业经审核完竣送请查照提案公决由

（二十八年五月一日）

为咨呈事，案准内政部第九四六号公函内开：查本部核准中国红十字会筹备委员会章程暨聘方擎、侯毓汶、全绍清、森村鹿之助、吴祥凤、鲍监清、庞敦敏、夏肃初等为该会委员各节，前经咨呈行政委员会承准咨覆备案在案。兹特拟订《中国红十字会管理暂行条例》暨《中国红十字会管理暂行条例施行细则》两种草案，交由该筹备委员会悉心研究，逐条修改完毕，拟请贵部即予审核，提会公布，相应抄录《筹备委员会章程》一份送备参考，并将上述《条例》暨《施行细则草案》各抄一份送达，即希查照办理见覆，至纫公谊等由，准此。业经本部逐件审核完竣，并各拟具修正草案，除函覆内政部外，相应抄录原送章程及草案，并检同本部所拟修正案一并送请查照，即希提案公决为荷。此咨呈行政委员！

附送原章程及草案抄件共三件，本部修正案两件。

法部总长朱深

原载于《法部公报》1939 年第 2 期

## 公函：法部公函：函字第五七号：函内政部：为《中国红十字会管理暂行条例》暨《施行细则草案》已审核完竣送请行政委员会公决函请查照由

（二十八年五月一日）

迳覆者：案准贵部第九四六号公函内开：查本部核准中国红十字会

筹备委员会章程暨聘方擎、侯毓汶、全绍清、森村鹿之助、吴祥凤、鲍监清、庞敦敏、夏肃初等为该会委员各节，前经咨呈行政委员会承准咨覆备案在案。兹特拟订《中国红十字会管理暂行条例》暨《中国红十字会管理暂行条例施行细则》两种草案，交由该筹备委员会悉心研究，逐条修改完毕，拟请贵部即予审核，提会公布，相应抄录筹备委员会章程一份，送备参考，并将上述《条例》暨《施行细则草案》各抄一份送达，即希查照办理见覆，至纫公谊等由，准此。业经本部逐件审核完竣，并各拟具修正草案，除抄录原送章程及草案，并检同本部所拟修正案送请行政委员会提案公决外，相应函覆，即希查照为荷。此致内政部！

法部总长朱溁

原载于《法部公报》1939 年第 2 期

# 公函：法部公函：函字第六七号：函内政部：为补送《中国红十字会管理暂行条例》等草案由

（二十八年五月十二日）

迳覆者：案准贵部第一二三九号公函：以本部前次函达《中国红十字会管理暂行条例》及该条例《施行细则》两种草案，业经审核完竣，并未将所拟修正案附送，嘱各检送一份，以备查考等由，准此。查贵部前次来函系嘱本部于审核后提会公布，故本部于审核完竣后，即检同修正案及原送各件咨呈行政委员会核办，未再检送贵部，准函前由，相应将该项修正草案各检一份，送请查照。此致内政部！

附送《中国红十字会管理暂行条例》及该条例施行细则、各草案修正案共二件。

法部总长朱溁

原载于《法部公报》1939 年第 2 期

## 咨呈：法部咨呈：上字第三一一号：咨呈行政委员会：为缮制《中国红十字会管理暂行条例》正副本并拟具公布令稿一并送请查核由

（二十八年九月十二日）

为咨呈事，案准贵会咨开：查本会第一六五次会议内政部提出《中国红十字会管理暂行条例草案修正案》并附修正意见请公决一案，经议决照内政部修正意见通过。并经函由议政委员会提出第八十三次会议议决通过各在案，相应录同该项条例送请贵部饬局缮制法律正副本送会，以便公布等因。准此。遵将该项条例缮制法律正副本各一本，并拟具公布命令稿一件，一并送请贵会查核办理，并请于公布后，将正本送还，以便保存。此咨。呈行政委员会。

附缮制《中国红十字会管理暂行条例》法律正副本各一本，公布命令稿一件。

法部总长朱深

原载于《法部公报》1939 年第 6 期

## 卫生：（四）国际卫生事项：四、准外交部代电以立陶宛外交部通知瑞士加入《改善战地伤者病者公约》一案仰知照——卫生署代电中国红十字会总会

中国红十字会总会鉴：准外交部哿代电，以准瑞士公使馆节略，为奉命遵照《改善战地伤者病者命运公约》第三十六条之规定，将立陶宛外交部长通知该国加入该公约，而于本年八月二十七日生效，转请查照等由。用特抄同原抄件电仰知照。卫生署东印。

原载于《内政公报》1939 年第 12 卷第 4-6 期

# 彰德县公署训令：建第五零七号

令各区、红十字会、警务局、农务会、商务会、救济院等：为训令事，案奉河南省公署秘人字第二七二号训令内开："为训令事，查彰德县知事于文成业经调充本署参事遗缺着派该员代理，除分行外，合亟检发委令，仰即遵照办理，并将到奉日期具报为要。此令！"等因。附委令一件，奉此遵于三月十八日接印视事。除呈报并分行外，合行令仰该□即便知照，并饬属知照。此令！

县知事杨隆准

中华民国二十八年三月二十二日

原载于《彰德县政月刊》1939年第4期

# 中国红十字会医护队医护员二人不予录用：祝福音韩巧娣二员辞职未准擅行离队

卫生署医疗防疫总队部奉卫生署十月三日总字第三五七九号训令，以准中国红十字会救护总队部医字第四三二四号公函开："查本总队部第二十二医护队医护员祝福音（湖北老河口人，二十三岁，女性，芜湖弋矶山护士学校毕业）、韩巧娣（浙江鄞县人，二十五岁，女性，上海人和护士学校毕业）等二员，因事呈请辞职，未经照准，突于九月十日擅行离队。现本部除已将该二员予以免职处分外，相应函达，即请查照备案，并希令饬所属一体知照，勿予录用，实纫公谊"等由。令仰遵照不予录用等因。经于十月七日以渝字第二四九一号通令，转达各队遵照不予录用。本处方处长现兼医疗防疫总队江西路视察员，亦奉此项通知，自应照办。

原载于《卫生通讯（江西）》1939年第3卷第3期

# 命令：临时政府令：临字第二一五号：兹制定中国红十字会管理暂行条例公布之此令

（二十八年九月二十九日）

兹制定《中国红十字会管理暂行条例》公布之。此令！

行政委员长王克敏
内政部总长王揖唐
法部总长朱深

原载于《政府公报（北平）》1939年第105期

# 规章（续）：卫生署训令

案奉内政部本年十一月十四日渝礼字五五一号训令内开："准军政部二十八年十月医渝（二八）医字三二七三号有代电开：'查一九二九年《改善战地伤病人员日来佛公约（即〈红十字条约〉）》规定，凡与军队随行之救护队，及用于搬运、诊视、看护伤病，以及从事管理救护队救护场所之人员，随军之牧师等，暨经本国政府承认及允许救护协会之人员，以及属于救护机（关）之各种用品，均受该公约之保护，并有使用白底红十字特别符号之权，其他个人或协会等不得使用，更不得假冒此项红十字之符号及名称为商业或其他目的之用。近查抗战以来，战地方面尚能按约实行，但在后方各城市及公路常见有并非法定卫生机关及红十字会所有之车辆，或直接应用于救护伤病之用具，滥用白底红十字符号，或有以普通物品及人员，擅用法定卫生机关或红十字会标有白底红十字符号之车辆装载者。似此情形，不特减少救护事业之效率，且有碍于国际信誉，使真正从事于救护伤病人员以及救护用品，失公约保护之作用，自应严加取缔，以正观听。除分电各战区司令长官部及各省市政府，相应电请查照，转饬所属一体遵照，切实纠正取缔'等由。除分令外，合行令仰遵照，并转饬所属一体遵照。此令！"等因。奉此。除分令外，合行令仰遵照。此令！

按：军政部鉴于非法团体滥用红十字标识及救护车违反日来佛条约，特予取缔，咨文内政部，令卫生署转饬所属一体遵照。嗣后凡属本会旗帜、臂章、符号、护照及救护车等，除非从事救护人员及救护用品始能应用，其他概在取缔之例［列］。

原载于《中国红十字会月刊》1940年第55期

## 法令解释：浙江省政府、浙江省军管区司令部代电：役二字第一三一一六号：各师管区司令鉴：奉内、军政部电知变更红十字会及红卍字会职员缓役解释一案电仰遵照由

（二十九年五月十六日）

各师管区司令鉴：本部奉内政部、军政部年廿九年四月十七日渝警字、渝役务字第一九五八、三九九零号代电开："查关于红十字会职员及救护队队员系以该项职务为专业者，可准予缓役一案，前经本部等会同解释，并分行在案。上项解释原系依照《兵役法施行暂行条例修正草案》第三十条一项四款上半段'因担任官公事务'规定办理，现《修正兵役法施行条例》第三十条一项四款上半段已修改为'主任官公事务'。前项解释自应依据更正为'凡红十字会总会分会会长及救护队队长、分队长属于主任官公事务者，一律予以缓役，其余职员、会员、各救护队队员概不予以缓役'，以符法令。又经由本军政部核定红卍字会职员，如确系以该项职务为专业者，得援照红十字会职员及救护队队员得予缓役例，予以缓役一案，亦应准照。上项红十字会修改缓役规定办法一并予以更正，除分行外，希即查照，转饬所属一体遵照"等因。除分电各师管区外，仰即转饬所属一体遵照。主席兼司令黄绍竑军役二金印。

原载于《浙江兵役》1940年第19期

# 呈文：发字第三五八号：呈市政府准德国总领事函对于陆如磋登记河南红十字会地段房屋提出异议一案检同原案各件呈请察核令遵

（廿九年八月卅一日）

窃职局于本年八月十六日接准德国驻广州总领事希古贤签函，略以现据本市河南红十字医院院长柯道博士呈称：对于陆如磋医师将河南红十字医院所有同福路十三号之全部地段及楼房作为己业，声请民产登记一案，特提出异议，希查照办理等由，准此。案查《土地法》第三十四条规定“关于土地权利在登记程序进行中发生之争议，由土地裁判所裁判之”，而《修正广东各县市土地登记及征税条例》第二十条规定亦以“县市地政机关所在地应设土地裁判所，土地裁判所未设立以前由法院执行其职权”各等语。本案柯道与陆如磋既在登记程序进行中发生争议，并经陆如磋到案陈述情形，附缴答书一纸前来，应否依照上开《土地法》与《条例》各规定办理，抑以外国人与本国人发生争议应依照外交程序办理之处，职局未便擅专，理合检同陆如磋声请民产登记卷二宗、德国总领事笺函一件暨陆如磋答书一件，备文呈请钧府察核，伏乞指令只遵，仍恳办毕将原件俯赐□还，实为公便。谨呈广州市市长彭！

计附呈陆如磋声请民产登记卷二宗、德国总领事笺函一件、职局秘书范燮签呈一纸、陆如磋签书一件。

地政局兼局长潘芸阁

原载于《地政公报》1940 年第 1 期

# 人物传记

## 乐山红十字分会正会长王得斋君传

君名畏严，字得斋，邑廪膳生，前清谭叔裕、朱咏裳两学校均刊其应试时文于试牍，中光绪癸巳副榜，历任马边龙湖书院、兴文凌霄书院山长。民国初元，县人公举国会议员，君得票最多，以未谙法学，历辞不赴，复选。及五年，县人成立红十字会分会，任文牍，十六年，改任议长，令任会长。朔君生平，于地方公益，多所赞助，自清季兴学议起，开办师范传习，即任总理，兼历史教员，继任本县视学，后任高小学校校长，旋任教育会长，继任女师范学校校长五年，调署彭山县视学，未赴。民国六年，滇黔与蜀交讧，县城洪水成灾，驻军出走，又任县议员临时议长，并呈请得免例派三万五千元。去岁君游泮周甲矣，续纂县志告成，现任图书馆长，今年七十有九，其自题像赞有曰：皤然其鬓，癯然其容，坦然其性，皭然其胸，既不肯摧眉折腰以事权贵，复不能沾体涂足以效老农，人呼学究，自号书傭，存本来之面目，守寒素之家风，但愿得奇书万卷，美酒百斛，吾将终老乎其中。所著有《得斋诗存》二卷，《得斋剩□》四卷，友人酉阳董君伯仪为之序，待梓。

乙亥七月前署犍为县知事宗弟志仁述

原载于《中国红十字会月刊》1936年第7期

## 刘少玉先生传

刘君崇文，字少玉，浙江绍兴望族也，性孝友，敦道义，谦虚和蔼，自奉俭约，凡见善之可力及者，莫不□勉行之，孜孜不倦，口不言功。民国六年，宜都成立红十字分会，时君管理宜都电政，首先赞助，擘划会务，劝募捐输，不遗余力。嗣后宜都水旱频仍，兵燹叠见，君对于救护事宜，屡倾囊乐助，昕夕遑遑，如恐不及。其博爱济众之心，始终如一日，诚笃实君子也。民国二十年，夏历元月十五日卒，其先世宦游，寄寓宜都，因葬斯土。友人王君与之交处有年，见其行谊不可没，足为后世所矜式者，故摭拾而为之传。

原载于《中国红十字会月刊》1936 年第 8 期

## 陈翔庭先生传

古人有言，不为良相，愿为良医，医仁术也，仁者多寿。惠民红十字分会会长，兼济南分会慈善医院院长陈君，精于医，著手成春，活人无算，二子皆传其术：长为山东陆军混成团军医官，次为山东陆军第六混成旅步二团军医官。君年六十一，卒于民国十二年十月十五日，子三人，逸骧、超骧、贺骧；孙二人，昌文，虎文。计至沪，同人联以挽之曰：水饮上池，步甲春秋仁者寿，爱遗东鲁，呼庚感泣惠人亡。

赞曰：方悬肘后，大起疮痍。箕裘弓治，仁术留贻。

原载于《中国红十字会月刊》1936 年第 8 期

## 曾介孚先生传

中国红十字会固始分会会长绩学曾介孚先生名联，乐宗圣七十八世孙，河南固始县人，建天性方正，心地慈祥，精固学善诗词，早采宫芹，旋食气粟，科考停，遂尽力于地方教育，入门墙者多膺民国选复。于民国二年在本县创设红十字分会，迄今廿载，对于慈善事业悉心筹划，如建筑医院以疗民病，开荒湖地以固会基，亟谋发展。马［民］十一年总会开全国会员大会，参与会务，提出意见，多蒙采纳。殆南北交绥于尖镇，设立临时医院治愈伤兵无数。并匪烧本县附郭居民房屋。特请临时急赈，全活甚众，灾民赠“爱及灾黎”匾额。三十三军路过皖境，与皖军发生误会，枪伤六十余人，请医冒雪前往治疗，皆获全愈。袁司令赠“敢忘大惠”匾额。他如监修本县中学校，创办本县农会，历办选举，视察学务，保管财政，无一不为地方谋利益、宏建设。黎大总统奖给“急公好义”匾额银质褒章，河南陈省长奖“加功在桑梓”匾额。先生尽力于社会既如此，蒙当道之赏识又如彼，不料先生于民国二十三年六月十六日作古，享寿七十七岁。呜呼！先生往矣，其事迹与劳绩实不忍淹没，非惟有功于固陵，且有功于红十字会，是不可以不传。

赞曰：

会联万国　善士一乡　有此善士　人道发扬　干戈劫重　又遇年荒
救灾捍忠　思公不忘　逢人说项　志在表章　乡贤众望　片羽吉光

原载于《中国红十字会月刊》1936 年第 9 期

## 熊景章先生传

近岁内讧之烈，生民涂炭，莫解倒悬。枪林弹雨之间，杀人越货之下，稍补救于万一者，拯伤痍，事掩埋，其唯红会乎！赣省兵乱，熊先生景章任赣县分会理事长，设临时妇孺救济所，又设临时病院，又出发救护医队，又设立时疫医院，扶伤瘗亡，厥功甚伟。迨时过境迁，民困稍苏，而先生积劳逝世。比闻临时组织之慈善机关，一改而为常时之博爱救济，继志者能得其人，先生庶瞑目于九京矣。十一年十一月十六日，为先生开追悼会，沪地同人寄联以诔之曰：救涸西江苏鲋辙，骑箕北斗北鲸波。

赞曰：鞠躬尽瘁，泽流赣江。遐钦姓氏，媲美凤凰。

原载于《中国红十字会月刊》1936 年第 10 期

## 潜江分会会长旷世伟从父旷先生传

湖北强截港旷君，犹子世伟，潜江红十字分会会长也。创办会时，君力赞其议，不幸中梗，乃还人贽如数，往返沪汉川资，悉自己出，其临财不苟如此。生平多善行，不罄述，亦一事以概其余。旷君壮岁，与同里毛歧山合贾，毛善知人，出入任之，岁有盈亏悉登册，不爽毫厘。未几，毛卒，托孤于君曰：吾子可教则交之，否则请君独贾。君愠曰：是非知我之言。毛喜曰：得君言，吾目瞑矣。未几，毛子又卒，孙皆幼，君视之如己孙，合贾如初。计先后所入蓄巨万，均分之。然自奉菲薄，旋聚旋散，悉事慈善。旷君卒于癸亥六月二十三日，子三人，世斌、世贤、世杰，请国粹学社社长胡省梅为之状，约其词之以传之。

赞曰：笃于友谊，无负托孤，宅心慈善，勇义必俱。

原载于《中国红十字会月刊》1936年第10期

# 祝世仪先生传

昔唐柳子厚作捕蛇者说，以永野之蛇比泰山之虎，太息痛恨于苛政之猛，猛于虎；苛政之毒，毒于蛇，可谓谈言微中，婉而多讽矣。今我国民之困于灾，岂不猛虎毒蛇若哉！红会以人道主义救之，杯水车薪，自尽天职已耳。长吾永州分会之祝先生世仪，兢兢会务，前后六年，纯尽义务，兼精歧黄术，主任内科，妙手回春，活人无算。民国十二年三月三十一日，积劳逝世，远近叹伤。四月十八日，开会追悼，兼悼分会外科医员朱明甫先生及前临时干事长张慎旃先生。其征会辞曰：窃惟学道爱人，名臣与名儒并重，操术济世，良医与良相同功，是以竹帛长垂。列传有合编之例，馨香迭荐，潜德无不发之光，则有敝分会会长祝蔗农先生者，以中州后杰，英年从刑幕起家，为清季循良，晚岁繇资郎通藉。一行作吏，灌阳留召伯之棠，百里提封；阳朔种先生之柳，加以戎机参赞。早见奇勋，帷幄运筹，曾标伟策，向使生逢隆盛，定当与管葛齐名。即今时值中兴，亦合踵曾胡媲美，徒以共和肇造，命兢维新，专制推翻，人非求旧，先生乃易占肥遯［遁］，无复存干进之心，诗赋棲遲，不再作出山之想。于是退居湘水，小隐泉陵，创办永州红十字会。以利人济物为前提，以博爱恤兵为宗旨，两次推充会长，潮翻浪涌，俱赖维持，一身兼任医科、送诊、施方，不辞劳瘁，方冀遐龄永享，长留不老之春，还期寿城同登，共造无疆之福。孰意本年三月阳历，恰值夏正花朝，先生竟疾因积劳，奄而迁化。呜呼！死者长已，岂不痛哉！生者何为，良足悲矣。又有敝分会外料［科］医员朱明甫先生者，以范文正救世之材，臧狄梁公医时之器，回春有手，居然俞跗重生，去瘤无形，不翅华佗再世。溥［湍］鸿施于湘滇桂粤，救护者奚止于军；扬骏誉于南北东西，称颂者直达万姓，是乃仁术。护国军额语犹存，再造同功，忠孝团褒辞宛在。乃于去秋九月，早经逝世。叹青燐之点点，长啸北邙；怅衰草之离离，谁奠东郭。言之陨涕，闻者伤怀，更有敝分会前临时干事长张慎旃先生者，桂林华胄，京兆遗风，道究岐黄，门高金紫，有任侠气。河岳钟以秀灵，无织［知］芥生，风月同其光霁，登昆仑之顶，万派目有所朝宗；溯永水之原，十字实为其发轫。乃独先于去岁仲秋，捐馆舍以去。呜呼！天之夺我善人，胡不慭遗一老耶？

赞曰：祝君仁术，携手朱张，丰功鼎立，流誉孔长。

原载于《中国红十字会月刊》1936 年第 11 期

# 罗朗山先生传

张寿慈

大善士，讳兆栋，字朗山，为祝融后，因先世封于罗，遂以罗为姓氏。少时读书务本即能辨义理之分，发圣贤之秘，蔼然有儒者风。壮岁出游，继子贡之学术，亿则屡中，而至性仁孝，瞻族以述亲志，遗子以奉兄祀。设同体善堂于祥冈，立商帮协会于章水，一以救济灾难，恒寸［存］己饥己溺之怀；一以调剂市场，昭示至公平之道。临财勿苟，见义勇为，邦之士商农工咸以为法。是以选任中国红十字会南昌分会会长以后，一经劝导，万众风从，愿捐资入会为会员者，踵相接，大有一日千里之势。于是重建会址，广设医院。时值南北交绥，风鹤频惊，迭出救护医队，救护战地伤亡，加之平日施赈施医，活人无算。凡有地方善举，无不首为之倡，即南浔铁路之交通，亦经擘划改良，旅行称便。种种美德，指不胜屈。晚年悟道，宗法许旌阳真人，兼参禅。理其乐善好施之诚，与道俱进即真之日，遐迩唏嘘，爰为之立传以垂不朽。

赞曰：粹然君子，穆穆雍雍，具慈善性，有仁孝风。恤兵博爱，众善景从，绳之百世，报德无穷。

原载于《中国红十字会月刊》1936 年第 12 期

# 创办固始红十字分会理事长张君智溪纪念碑文

张君智溪讳玉，镇邑之世族也。幼聪颖，好施予，续学公文，试不利，乃以纳粟例官皖，继而识时不可为，请假归里课子侄。读辛亥国变，政体倏更，邑僻山陬阻见闻，有假淮上军扰邑城，比会大军至仓卒遁，邑人士咸以共和相庆，君独谓世变才亟恻然，抱人道忧思，有以挽救之。以向所经理之同善会款尽势蹙，孱弱难支，因作穷变通久之计，改组为红十字分会，以固其基础。往复筹商遐迩，咸表同意，亲谒沪上请愿总会，归里筹办。值烟禁严，首办戒烟医院，冒雪赴院聘医购药，以西法除瘾者数百人，期满赓续设立经常医院。癸丑秋，岁饥且疫，施诊施药防疗兼看，成效于以大著时，会员如额复至。复报由总会咨准陆军、内防部暨河南都督、民政长注册立案，而红十字分会之旗帜遂飘扬于蓼城矣。二次革命，寿春、正阳共祸尤炸，谋出发而器弗其竭会中力捐资购备，分道冒险救护，并于三河共设驻在所，筹善后甫竣。而是冬白匪东窜，连陷光湟商六等邻邑，横尸遍野，负伤载道，君益慨［嘅］徒手莫济，函电呼吁，得由总会协款助药兼电准河南都督、民政长，饬由邑自治项下协济二十缗，通令营县一体保护，而款以稍纾，事乃有济。是时大军云集，君于东关湖广会馆设临时医院，适升任督军前河南护军使赵驻固莅会慰劳，予示保护。而皖境之叶家集孙家岗孟家圩、商境之古鼎山邓家集尽为战地，伤亡满目，君克日偏集卫生、救护、掩埋各队，携药囊金分驰各处掩瘗医治。凡所疗伤无轻重，辄应手愈，亡者掩埋无遗。时升任湖北督军前北洋陆军第二师师长王驻商温语褒嘉派队卫送，至是固始红十字分会之声誉得与先进各分会颉颃，而君之亟图进步，方未有已也。丙辰夏，匪再陷光山，出剿军事驻潢负（伤），待疗孔亟，值雨甚河溺，君得耗督队凫水往伤尽愈。综计三次兵灾，君率医士职员亲临战地，或奔走于骄阳烈日之下，或驰驱于风餐雪虐之时，每一役则面目黧黑，手足瘅瘃，见者几弗识其人，而君顾怡然乐之，甯知其疾之已中于膏肓耶。君具选识，急公益，尝改良私塾以立教育普及之基，学校人才多于此储及，其长分会事也首以义务倡会员，供职者咸牺牲权利以尽完全慈善之天职，故款虽绌，事具举，更置基产添病室，逐渐扩充以规永久职，是固始分会成绩独优。丁巳二月，积劳遽殁，殁之日，仰里知与不知咸流涕曰：“何夺我善人之速耶！”开会追悼，各界赠诔词挽联者垂三百，出殡之日沿途设路祭者逾二百筵，爆竹之声宛如除岁，野奠之哀有逾姻旧。盖其平日对于慈善事业，既能竭摩放之诚，受赐者亦极讴思之感，直道在人犹可想见，同人等以君之劳绩足以风世励俗，遵章上请褒扬。蒙大总统题颁“热心公益”匾额以彰潜德，爰记其崖，略而泐于石辞曰：

宣圣悲悯，栖栖以终，兼爱者墨，欧亚从风。人知好善，谁不如我，分帜沪滨，众皆曰可。所难图始，赖兹热忱，兵疫迭告，公则弗甯。防护瘗疗，量宏胞与，款虽奇绌，事无不举。购产置基，规划永久，遽陨其躬，天道何有？善必昌后，报将在斯，厥功勿堕，视此铭辞。

中国红十字会固始分会会员张慧石抄寄

原载于《中国红十字会月刊》1936年第13期

# 朱清甫先生传

朱君兴化县刘庄人，性孝，经商后家道饶裕，以慈善事业仰答劬劳恩。民国五年创立怀仁堂，又改朱氏义塾为惠寒小学，兼助刘庄市二高学款，为兴化红十字会会长，凡路灯、粥厂、施衣及施诊药、因利局、恤嫠局，均奋臂一呼，首赀提倡。其尤著者，北五省水灾，特助巨款，至于直省水灾、浙江台属水灾、汉口合一会、南京国学专修馆、扬州同善社、长沙私立贫民工艺学校、盐城贫儿教养院，合各助款，施舍不倦。辛亥秋，坝水为灾，四境尽成泽国，施粥施钱，补义振两会之不逮。壬戌夏，霪雨为灾，五榖漂没，派人暗查，随时振给，全活甚众。本市桥梁倾圮，虽抱病时犹解囊争倡，其拳拳服善如此。民国十二年八月十八日，以疾卒，即夏历七月初七也。年六十二岁，子二人：曰恩，曰愈；孙三人：约［曰］承烈，约［曰］承犹，约［曰］承先。计全沪，同人联以挽之曰：无愧夫朱子家训所云，为人若此，庶几近马，祖德宗风追沛国之仙，游于织女渡河之夕，乐善不倦，乃天爵也，富贵寿考妣汾阳。

赞曰：迢迢华会，上继柏庐，博爱廑念，吾道不孤。

原载于《中国红十字会月刊》1936年第14期

# 眭润沧先生传

呜呼，天夺善人何太速乎！衡山分会创始于民国七年，创始之人陈先生毓峰，号笛篑，即前分会会长也，服慈善之务三载，民国十年六月二十二日逝世。继其事者，眭先生润沧，字南陔，萧规曹继，服务维勤。前岁桂兵入境，风鹤频惊，先生筹划越境与当事者多所接洽，会商县设军需招待所，妥为招待，又特别慰问阖邑，得以安全。旁观者啧啧称道红会效果，福利无穷，闻风响应，入会者孔多。陈君创办于前，眭君扩充于后，两贤成绩，自相辉映矣。乃逾年而南陔先生又逝，时民国十一年夏历壬戌之岁七月十七日也。呜呼！天夺善人何太速乎！噩耗至沪，同人悼以联曰：天乎何夺我善人，又弱一个，地下相逢前会长，共话千秋。

赞曰：天道茫茫，善人云亡，后先济美，相得益彰。

原载于《中国红十字会月刊》1936年第15期

# 红十字会创始者南丁格兰女士

目前我们处在战事进行之中，随处看见红十字旗飘扬空中。考红十字会的创始者，为英国南丁格兰女士。南女士发起此会，其动机不是为好名。她从小就具一副慈悲的心肠，有一次，有一只狗被一个顽童伤害很重，狗主看见它活着受苦不堪，预备把它弄死，可是幼小的南女士不忍见其无辜而被处死，为之扎包伤处，后来那狗竟然渐渐地痊愈起来。她平日在家帮助母亲处理家政，星期日到主日学去教书，暇时则往探望慰问病人。十八岁时，她去访问牢狱改良家弗兰女士（Elizabeth Fry）和救济盲人的慈善家哈华特博士（Dr. Howard），请教他们如何能够成功［为］一个良好的看护，（当时英国尚无训练看护的专门学校），他们介绍她到德国去学习，那里有一个专为贫民治病的医院，里面训练一般看护为病人服务。她听了他们的指点以后，便到德国去，进那个医院，学习看护。后来又到法国去，在巴黎地方一个医院里面继续习练。学成归国，就任看护长之职。

过了不久，俄土之战事发生。当时英国援助土耳其。英政府委派南丁格兰女士到前方去主持看护事宜。以一个弱女子而到战场上去服务，当然是一件难事，可是女士见义勇为，毅然受命。六天以后，便束装就道。到了前线以后，看见兵卒伤亡枕藉，血肉模糊，惨不忍睹。救护设备异常简陋，肥皂手巾都很缺少，甚至盛水的器具也很少有。伤兵没有床铺睡，放在地板上，老鼠在他们身上爬行，咬肉吸血，惨痛呼号，吾［无］人过问。伤兵们的食物都在大锅中烹煮，滋味恶劣，不合病人的口胃。伤兵衣服血污满布，无人洗涤。女士触目伤心，深为不满。可是最使其丧气的，就是她虽不辞艰辛，不远千里而往，而那里的一般军医师对她表示冷淡藐视的态度，以为一个女子有何本领。

她到达那里的时候，战事正酣。不满廿四小时，已经有几百个伤兵抬入，以致救护人员不敷分配，所以那般医生虽然不欢迎女士以及与她同来的一般女护士，这时却也乐得她们分担工作。女士督率一般看护日夜工作，一天只睡四小时。凡遇施行重要手术的时候，她亲自到场照顾，安慰受伤的人。内中有五个兵士伤势极重，一般医生都认为无望了，可是经南女士和一般看护悉心护视以后，竟一一获生。十天以后，她就布置了一个很整洁的厨房，烹煮适口和富于滋养料的食物给伤病们吃，后来她又租了一间屋子，洗涤伤兵衣服。她又把所见的种种光景写成文字，寄至英国，上自女皇维多利亚，下至皂隶走卒，读了都大受感动，纷纷捐输金钱物品给那些伤兵受用。时值隆冬，天气严寒，其中三位看护竟患病而死，而女士和许多看护也都患病。她卧病二星期，才告痊愈；人家因她新病初愈，劝她回国修养，可是她回答说，战事不了，决不回家。后来战事告终，方始归国，而气体已经大受影响，衰弱不堪了。维多利亚女皇嘉其功劳，赐以红十字架勋章，上刻《八福篇》中“怜恤人的有福”几个字。

南女士虽然因服务过劳而致终身病废，可是她始终不忘记她的使命，创办红十字会，开办看护养成所，并且从英国推行到全世界去。现在世界各国已经有红十字会成立，而看护事业也异常发达。南女士所以能够做成这种伟大的事业，是受基督的爱心的推动，而亦在于其不畏艰难，在困苦中努力奋斗，才有这样伟大的成就。

原载于《明灯道声非常时期合刊》1938 年 6 月

# 文　苑

## 兽的故事

（一）

邠州屠者安某家有牝羊并羔，一日欲刲母羊，缚架上，其羊忽向安跪泣，安惊异，遂置刀于地，唤人观看，及回失刀，寻之，乃羔衔置墙下而卧其上，安顿悟，解下母羊，同羔送寺放生。

（二）

宋真宗祀汾阴日见一羊，自掷道左，怪而问之，左右对白：“今日尚膳，杀其羔”，真宗惨然不乐，自是不许杀羊羔。

（三）

白龟年得异兽，能办禽言兽语，一日过潞州，太守延与坐谈，适吏卒牵羊三十余过庭下，中一羊鞭不肯行且悲鸣，守曰：“羊有说乎？”龟年曰：“羊言腹中有羔将产，俟产讫甘就死。”守乃留羊不杀，果生两羔。

读此可见物之临死哀鸣者，皆诉冤说痛，向人求救耳，乃人置若罔闻，宰杀如故。及至就死之时，不觉音愈厉而声愈猛者，其怨毒可也。人羊反覆，冤对相寻，今生之事汝为政，他生之事羊为政，将奈何。

（四）

韩忠献公判相州时，庖人驱羊欲杀之，内一羊奔公前跪鸣，公曰：“非乞命耶？”羊伏若谢状，公即亲书一牌，曰“长生羊”，系于颈，令不杀，后宴客不用羊。

（五）

云南安甯州赵姓一母牛，既缚，入室取桶，其犊在旁，将刀衔入石罅，屠觅刀不得，邻人告其故，屠不信，取刀置原处，隔窗视之，果复然，赵大悲悔，遂入华山为道士。

## （六）

净业禅师，俗姓朱名大兴，好宰羊，一日系一牛，将屠杀其子，牛见之，卸刀跪泣，大兴侧然释之，遂削发为僧，号净业，得证佛果，年九十余，端坐而逝。

## （七）

明江山县朱愷遇村屠尤光宇入庙，未问何来去："近买一瘦牛，虑亏本，特来求签"，问牛何在，云："在庙外。"朱出视之，牛双膝跪地，泪如雨下，朱恻然心动，问其值，云："七金"，如数付之，尤嫌色低，复索三钱，朱益之，即成，朱乃大书"神明放生"四字于版，悬牛项，遂解鼻绳，纵牛去。是岁游泮，赘于卿中王贤家，王固望族也。一日樽酒间与翁谈放牛事，忽苍头报门外有牛，项悬牛，麾之不去，朱出认之，果是已所放生者，令引住后圃空房。先是乡有积贼，浑号"人猕猴"者，素稔王家，因窥女妆丰，夜傍牛住空房，穴墙而进，径至朱房，囊卷衣饰，将出，牛突入，闯倒佽案，声甚厉。朱惊醒，大呼有贼，尽室亦惊呼，贼惧，趋牛腹下过，牛怒，举蹄绊囊时，呼声又急，贼弃囊而遁。王翁视囊物，无恙，甚德牛，绳鼻，住牛空房，由是翁家永戒不食牛肉。已而两夕，贼复至，破后圃扉，见牛若怒状，因前被牛败，随牵牛出，抛所悬版，售屠获四金。适朱代翁收债经屠门，瞥见所放牛，叩其出，屠以实告，牛向朱跪泣如前，朱又买之，另悬一版，大书"雷电放生"四字，复解绳纵牛去。越数载，馆古田富室钟宽家，近村有盗，钟甚恐，朱代书策，缮高垣以备，忽小童报来一牛，头悬版，人立馆外，朱瞿然曰："是吾放生牛也，素灵警，盗将至矣"，遂与钟述翁家御盗事。迨三日，盗果至，持刀放火，钟梯望之，火光中，睹牛怒吽，冲击如飞，抵辄披摩［靡］，盗窜，牛惫死，旁横二尸，烛之尤光宇人猕猴也，送县捕余党，盗悉平。钟德牛，瘗之，碣表"义牛墓"，由是钟家永戒不食牛。未几岁值大比，朱赴秋闱，卷落归安令某房，阅朱卷不惬意，置之，梦牛跪地，且哭且求，觉而覆阅，文殊不佳，曰"是必有阴德"，强荐之，竟中。揭晓，谒房师，师问何阴德，朱曰："无之"，再问，朱述近年放牛事，师叹异，因告前梦及聊捷南宫，房师亦有异兆，选授商邱令，有政声，严禁屠牛，备示所放义牛颠末，婉劝部民，民多化之，后擢显秩，乞归养。母享年九十一，朱年九十六，子二，均登仕，至今子姓蕃衍焉。

## （八）

天长县民戴某朝出，其妻牧牛于埜，犬随之，俄入草莽中不出。戴妻牵牛寻之，未百步，见虎据犬而食，虎见人至，弃犬而搏人。牛见主有难，忿然而前，虎乃释人而应牛，互相斗。不踰时，虎负牛胜，人豁免。牧监闻，朝廷赐一牛代耕，前牛待其自终。

## （九）

北平河间东四十里，有农夫于某，家小康。一夕，于外出，劫盗多人，从屋檐下，挥巨斧，破双扉。家中妇女胆弱，伏地战栗，听盗所为。忽所畜二牛，怒吼跃入，奋角与盗斗，梃刃交下，牛斗愈力，盗竟负伤狼狈逃去。盖癸亥河间大荒，畜牛者多鬻丁屠市，是二牛至屠门，哀鸣伏地不肯前，于见而心动，解衣质钱赎之，忍冻而归。牛之效死固宜，惟盗在内室，牛在外厩，牛何以知有盗，且牛非矫捷之物，外扉坚固，何以能一跃踰墙，此必有使之者矣，非鬼神之力而谁为之。

## （十）

张公元生尝见一西客，以驴马负运皮货，内一马脊背破烂，血肉淋漓，卧不起，客鞭之数百，马辗转于地，终不能起立，公恻然曰："是马想不能负运，何苦加鞭？"客曰："不如此，然则弃之乎？"公曰："何不卖去？"曰："元黄如是，其谁肯受？"公问索价几何，曰："昔以三十金买得，今惟求一半足矣。"公如数与之，客另雇马负货去。是时人皆笑公愚，且谓马必不起。公试牵之，马乃勉强支持起，遂牵至家，调养月余，脊愈后，肥健而驯，从不惊蹶，大称公意。一日骑至亲友家，赴宴归，公因过醉，行不数里，已在马背上睡熟矣，路经山麓，旁临深涧，崎岖难行，马至此不前，而公睡如故，马大嘶，公亦不醒。寻日西沉，马长嘶不辍，村人闻马声有异，觇之乃公也，急唤醒焉，公讶曰："马若冒险前行，祸必不侧，马诚不负余哉。"后马死，公泣而埋之。

伏枥谁怜缕喘存，俯鞍沉醉怯黄昏。青山埋骨频挥泪，何日驽骀再报恩。

## （十一）

明王祯为夔州通判，流贼劫巫山，督盗同知王某，怯不救，祯代勒工部民兵击贼，被杀。自死所至府，三百余里，所乘马奔归，血淋漓，毛尽赤，众知祯死，往觅尸，面如生。子广鬻马为归资，王同知得马不偿直稼既行，马夜半哀鸣，同知起视之，马骤前啮项，捣其胸。翼日，呕血死，人称为“义马。”

（十二）

张鹤洲尝乘一驴，甚爱之。康熙甲辰，鹤洲以科场事，下刑部，饘粥不继，乃以驴抵逋于人，一日过市，酸嘶悲鸣，堕其新主，而逸归张邸，新主稍进之，辄踔啮不已，鸣乎，此驴胜华歆，贾充，诸渊之徒多矣。

（十三）

昔有旗牌官，自言能知三世事，前世为驴，尝驮一客，负囊数百金，遇盗追之，自念客若被劫，益增吾罪，因奋力过河得脱，驴竟溺死。

（十四）

桓温入蜀，至三峡中，有得猿子者，其母缘岸哀号，行百余里不去，遂跳上船，抚其子，一号气绝，剖视其肠，皆寸断，温怒，黜其人。

（十五）

蜀车骑将军邓芝征涪陵，见玄猿，猿拔箭，卷木叶塞其创，复哺其雏，哀鸣而绝，芝叹曰：“我违物性，其将死矣”，俄而卒。

（十六）

东兴人莫大郎入山，得猿子，将归，猿母自后遂至家。莫缚猿子于庭中树上以示之，其母但搏颊向人哀乞，惟口不能言耳。此人终究击杀之，猿母悲唤自掷而死，破腹皆寸断。未半年，疫起，遂灭门焉。

（十七）

彭某善弩，入山见隔溪一老猴，方乳儿，发弩射之，中伤其臂，猴度不能支，遂抱其子，将乳饱食之，尤摘木叶数片，盛余乳置子旁，声呜呜然，若教子取食状，大号而气绝，诸子环视，亦呜呜号跳不已。

摘叶盛乳，痛心之极，因知人于临死前，顾幼儿弱女而垂泪者，亦同此悲痛也，人各有子，可不致思乎。

（十八）

许真君少时好畋猎。一日射中一鹿，鹿母为舐创痕，良久不活，鹿母亦死。真君剖其腹视之，肠寸寸断，盖为怜子死，悲伤过甚，至于肠断。真君大恨，悔过折弓矢，入山修道，后证仙品，拔宅飞升。

（十九）

陈惠度于剡山射一孕鹿，既伤，产下小鹿，以舌舐子身干而母乃死。惠度见之，惨然，遂弃弓矢，为僧建惠安寺嵊县东。鹿死处，生草曰“鹿胎草。”

舐儿痛恨彻心头，礼忏莲台海未休。芳草萋迷埋鹿处，斑斑犹有泪痕流。

（二十）

昔有一僧素无赖，闻黄精能驻年，欲试其验，置黄精于枯井，诱人入井，覆以磨盘。其人在井，遑迫无计，忽一狐临井，曰：“君无忧，当教汝术，我狐之通天者，穴其塚上，卧其下，目注穴中，久之则飞出，仙经所为神能飞形者是也，君其注视磨盘之孔乎。吾昔为猎夫所获，赖君赎命，故来报恩耳。”人用其计，旬余从井飞出，僧大喜，以为黄精之验，乃别众负黄精入井，约一月开视。至期视之，死矣。僧盖不知前人得出者，狐之力也，悲夫。

（二一）

凤杨贾某，贩猪为业，内有一猪，甚驯，似识人意者，甚爱之，作样猪。每猪结队行，此猪为前导，豢养十数年矣，一日至宿州徐溪口，憩逆旅，主人刹其金，杀之投尸眢井，人莫知也，鬻猪于屠，逸去，屠追之。值州牧出，猪伏舆前啼，若有所诉，官异之，命役随所往，奔至眢井侧而嗥，探之，得一尸，诘屠，曰：“不知”，问猪所自，曰：“买之某店者”，往唤，以久出告，猪突入其室，啮店主人不释，捕至，一讯而服，猪送庙，日给粟升许。牧陞任去，新任者不复给，僧忧食乏，呼猪募化，猪点首，若会意状，悬袋猪项，导入市，众皆乐施。次日猪即自往，已给者，不复讨，未给者守之不去，众曰：“此猪道人也。”自是风雨无间，有以猪道人呼者，即摇尾奔至，给瓜果不食，欲人并入袋中，负归，人益奇之。垂三十年，僧赖以活。乾隆戊子，猪老毙，僧以棺葬庙后，表曰“义猪坟。”徐太史曰，前后报土，曲折分明，众以道人目之也。以已人之，特笔记毙之年也，又匪直以寻常人等之。

披毛乃以道人呼，跳出刀山快意无。灵蠢原来同佛性，何曾依样画葫芦。

原载于《中国红十字会月刊》1936 年第 7 期

# 禽的故事

## (一)

衢州里胥督赋，一民家贫无供馔，拟烹伏卵母鸡，里胥恍惚间，见桑下有黄衣人，向之乞命，且曰，“自死不足惜，儿女未见天日。”里胥惊恻，视之，屋侧一鸡伏卵，其家来捉鸡，里胥止之。后复至其家，鸡领群雏踊跃里胥前，及去，行数百步，一虎至，忽一鸡飞扑虎眼，里胥得免。

## (二)

嘉善孔某，至一亲戚家，留午餐，将杀鸡供馔，孔力止之，继以誓，遂止。是夕，宿其家，正舂米，悬石杵于朽梁之上，孔卧其下，梦中忽有鸡来啄其头，驱去复来。如是者三，孔不胜其扰，遂起觅火逐之，甫离席而杵坠，正在其首卧处，孔遂悟鸡来报恩也，每举以劝人。

## (三)

湖州孙怀云偶为人作媒，人以一鸡馈焉，孙不忍杀，命妻留作更鸡，养之，鸡亦朝夕依依，似解人意。一日酷暑，孙方午寝，鸡猛啄其臂，鸣斗不止，急起逐之，忽檕上有一物，坠于榻，视之乃大虺也，否则必被毒啮矣。

## (四)

民国以来，哈尔滨埠，有一种钱业小贩，不设铺面，不择肆店，惟手提一皮包，内储资金，日游街市，口呼金票换换，随处交替。道外十六道街东南隅，住户某，招一换票者至家议交易，窥其钱囊丰盈，陡起不良，图财害命。越一日有警察经其门首，闻内呼“金票换换”，乍以为人声，细听之，乃一鸡鸣，颇惊异。他日遇此，复闻之，适某自内出，警曰“尔之鸡何以能作人言，的是罕见，可奇货居之”，某曰“余亦不知其因，或者此鸡独灵，能作鹦鹉学舌乎。”至晚，某以此鸡不祥，即杀烹之。翌晨，警复过此，不闻鸡声，惟见门右有血一点，即问某曰：“何不闻尔鸡鸣也。”某曰：“汝不见此血乎，吾已烹之矣。”警深惜之，不禁对血审视，自门而南，星星点点，血连不断，跟踪寻去，约二里许，有土堤高五六尺，堤前卑下，水草萋萋，独有一处，似经人挖掘，而复践踏者然。警以指挥刀掘之，土坡松，掘约三尺，露一尸，头部刀伤数处，遍体腥血糊模，立回署报其官长，到场检验，遂将某捕去究讯，一审即服，置之于法。噫！其殆死者有灵，附诸鸡而鸣冤乎。

（五）

明末，杭州赵某，性仁慈，岁尽，有以鹅馈者，家人欲杀，赵力止之。元夕复请，又止之。逡巡至端午，家人又请，赵怒，又得不杀。是月十七，赵病。至六月朔，甚笃，梦至阴府，正欲临讯，忽见鹅至吐人言，谓赵曰："汝去，我代汝矣。"赵魂返体而苏。鹅于是日，已自扑杀笼内矣。

（六）

万历二年，无锡县秦贞中年无子，时届蒲节，家人将宰鹅，贞见羽毛洁白，冠足如硃，偶动慈念，遂不宰，送至北禅寺放生。越三年，贞梦见鹅来谢曰："蒙君不杀，在寺闻讲诵金刚经，特来报恩。"贞醒，妻腹痛，遂生子，名梦奇，聪明清秀，年十二入泮。

（七）

江北人射一雄雁，烹之，其雌飞视不去，釜盖一开，遂投入釜中同死。元好问将二雁同瘗，作诗挽之，名"雁邱。"

（八）

哙参养母至孝，有鹤为弋人所射，参收养疗治，疮愈放之。后鹤雌雄双至，口卸一明珠，以谢。参换钱数万，因是致富，得备孝养。

（九）

渚宫故事，湘东王修竹林堂，太守郑裒送雌鹤于堂，留雄者在宅。霜天月夜，无日不鸣，闻者堕泪。忽有野鹤飞赴堂中，驱之不去，即裒之雄也。

（十）

明章纶景泰间为仪制郎，以谏易储下狱，久被囚，虱生于首，奇痒不可忍，思以栉治之。忽有群雀共衔一物，坠庭中，取视之，乃一新制牙边篦也，公感神贶，谨珍藏之，又一日大雨，移卧就干处，方离一床地，壁轰然倒，不然几毙于压。

（十一）

武进瞿公，素有厚德，曾见一鹊，带箭哀鸣，悯之，呼鹊曰："汝欲拔箭可急下。"鹊果飞至，公拔之，饲数日，纵去。后葬亲，得一佳地，而难点穴，有群鹊噪集其上，一鹊啄公衣，复还墓者三，公曰："若果佳穴，再鸣三声，鹊遂应声而鸣。"地师审之，与穴法合，遂葬焉。后士达、士选同举乡榜，子孙日盛。

（十二）

鲁山令元汝之公庭判事，胥吏毕集，忽鹊卸草衣堕庭前，元之立命役物色之，果有人脱草衣上树，覆巢取雏，元命笞之。

（十三）

晋京兆尹温璋置铃索厅前，使冤诉得以速达，一日独坐，屡闻铃声，迹之无人，如此者三，乃见一鸦飞集其上，璋曰："是必有人探其雏，故来诉耳。"命吏随鸦所在捕之，其鸦盘旋，引吏至城外树间，果有人探其雏，尚憩树下，吏随拘至。璋以事毕于常，重杖之。李斯义曰，鸦固善诉，尹亦神明，想其行县录囚，多所平反可知矣。公庭两造判分明，无怪慈鸦诉不平，几见循良京兆尹，风传铃阁遍仁声。

（十四）

关中商人，得能言鹦鹉于陇山，爱而厚食之，因事下狱，归时叹恨不已，鹦鹉曰："郎在囹圄未逾旬，懊恼如是，我闭笼累年，奈何"，商感而放之。后商同伴，有过陇西者，鹦鹉必于林间，问曰："郎无恙否，幸寄声。"

（十五）

宋严州女王亚三见猫捕燕母，取饭饲三小燕，迨长，飞去。是冬亚三死，明春有三燕来，飞绕不休，其母曰："燕寻亚三否，亚三已死，葬后园中。"三燕辄入园飞鸣，死于墓上。人有思念旧恩，情义深重，如三燕者乎？观之惨然知愧。

（十六）

徽州府治，古木之上有鹰巢，一卫军探取其子，太守王梦龙方据案视事，鹰忽飞下攫探巢者之巾以去。太守知其故，杖其卒而逐之。

（十七）

明永乐间，北京饥，下诏赈恤，有赵履乾者，家八口，饿几死，履乾患疽，不能往领赈，忽十余人提米至，云："公家发赈，闻君病，特代领送至。"又贻药一粒，云："吞之，疽可愈"。言讫，尽化鸟飞去，众骇异，履乾吞药而愈。盖数年前履乾籴米，道中见雀一笼，以三升米易放之，故报如此。

（十八）

孙良嗣遇禽鸟被获，辄买纵之，后死欲葬，贫莫能措，有鸟数百，衔泥叠叠，观者惊叹，以为慈感所致。

（十九）

宜兴陆善人，所居茂林修竹，百鸟咸集，陆禁人弹射，雨雪严寒，散谷林中，饲之。顺治三年，仇家陷以逆薰，庭讯时众词咸集，系者累累。忽百鸟盈廷，噪声震天。讯至陆，一鸟飞至案头，衔其首词一纸去，群鸟顿散。问官惊异，刑讯陆之仇人，知其诬，出之，构“义鸟亭”于毗陵城中，以识其异。

（二十）

汉杨宝九岁时，见华阳山下一黄雀为鸱鸮搏而堕地，复困于蚁，宝取置箱中，饲以黄花，羽成放去。后一夕见一黄衣童子，向宝拜谢曰：“我乃西王母使者，往蓬莱，遇此遭厄，感君救济，特具白玉环四枚相谢，命君子孙四世三公，洁白如此环。”后宝生震，震生秉，秉生赐，生彪，皆为名卿。

（二一）

镇江钱参将手下军士获一雁，笼之舟尾，空中有一雁随舟悲号，将登岸，笼中雁伸颈向外大呼，空中雁忽下，二雁以颈相交而死。

原载于《中国红十字会月刊》1936 第 8 期

# 鳞介故事

（一）

某富翁生一子痴骙，翁忧之，有道人谓曰“此由杀业太重，灵窍不开也。”菊遂戒杀，偶出，劝人放白花蛇一条，夜梦花衣人来谢曰“承恩相救，特来助公子读书成名。”后其子吐黑水数斗，颖悟异常，登甲榜。

（二）

孙真人山中，见村民击一青蛇，力救之，后再过其处，一少年驰骑邀之，至则一王居，有绛服者出谢曰：“向小儿化身游戏，几遇害，幸先生就免，故遣长儿邀来拜谢。”因延入深宫，有贵妃携青衣小儿出拜，即青蛇也，款留三宿，味皆珍馐，临行赠缥绡珠玉无算，真人不受，惟求龙宫三十仙方，归传于世。

（三）

隋侯往齐国，路见一蛇，困于沙碛，首上出血。侯悯之，以杖挑放水中，后回至其所，见蛇衔双珠，向侯吐之而去。侯取观之，其珠径寸，夜放光明，可照百里，故世号“隋侯珠。”

（四）

明叶宗人为钱塘知县，尝视事，有蛇升阶，若有所诉。宗人曰：“汝有冤乎，吾为汝理。”蛇即出，遣吏尾之，入饼肆炉下，发之得一尸，盖肆主杀而瘗之也，遂伏其罪。

（五）

明熊鼎为浙江按察使，甯海民陈德仲支解黎异，异妻屡诉不得直。鼎一日览牒有青蛙立案上，鼎曰：“蛙非黎异乎，可止勿动。”蛙果不动，乃逮德仲鞫实，正其罪。

（六）

苏州同知王某，在句容忽见群蛙跳踯其前，王告曰：“果有冤，指吾处所。”众蛙遂集一处，王命人掘之，得一死尸，口塞！鞭柄上，有脚夫名，至丹阳一询而获，乃一商买蛙放生，露白而被脚夫害也，立为抵命，吴人因呼“田鸡王”焉。

（七）

程氏夫妇性嗜鳖，一日偶得巨鳖，嘱婢修事，时暂出外。婢念手所杀鳖不知其几，今此巨鳖，心欲释之，吾甘受棰挞耳，遂放池中。主回索鳖，对以走失，遂遭痛打身。后感疫疾将死，家人舁至水阁，以俟尽命。夜忽有物从池中出，身负湿泥，涂于婢身，热得凉解，疾乃苏愈。主怪不死，诘之，具以实对。主不信，至夜潜窥，则向所失鳖也。阖门惊叹，永不食鳖。

（八）

毛宝微时，路遇一人携一龟，买而放之。后为将，战败赴水，觉水中有物承足，遂得不溺。及登岸视之，则所承足者，前所放龟也。

（九）

陆生，富于财，家有花园一所，崇台幽馆，靡不备具，临池有亭，曰“藏春。”池方圆数亩，遍植芰荷。一日天旱水涸，见一物在泥中，蠕蠕而动，视之乃大白鼋。生父喜曰：“此异味也，曷［何］烹以供客。”生曰：“此物久育池中，杀之不祥，请宥其命。”父首肯，生命童放入江中，鼋回头顾生，有感谢状，悠然而逝。生后疽发于背，昼夜呼痛，恹恹一息。至夜半，忽有一白衣绛裙美女，叩门而入，至床前，谓生曰：“君染此恙，妾心忧如焚”，用手摩其疮，不啻冰雪，顷刻痛止，又于袖中出黑药一粒，令用清水服之，生疮旋愈。因叩头谢曰："已朽之骨，荷蒙上真救活，扶航之遇云英刘阮之人天台，仆何敢萌此念，惟愿拜为门下，听教诲足矣。"女曰："不必谢，彼此皆扶持也，吾辈水仙，何能适世间，君不日得佳妇，即如妾在房帷。"留诗一章，飘然而去，其诗曰："妾姓袁兮字绿瑛，藏春亭畔旧知名。月中乞得元霜药，为报当年免受烹。"生方悟袁者，鼋也，乃昔日所救白鼋报恩。后娶妇，其面貌如女，喜著白衣，女所云"如侍房帷"之语，诚有自也。陆生救鼋，不过一念不忍，原无望报之心，乃值垂危之际，服元霜而立愈，则雀衔環、蛇报珠，信不诬也。世之烹宰物命者，观此当猛省。

**（十）**

清康熙七年，松江黄浦渔人获一大鼋，有徽商以银三两买放之，渔人窥见多银，夜即刦之，船家及小童俱被杀死，商乞命，盗缚其手足投浦中，即若有物负之，逆流而上，行二十里许。天明有船至，大呼救命，乃巡兵也，见大鼋负一人来，捞起问故，共疑盗即渔人。鼋即顺流下，众随之，至买鼋所，鼋即没入水中，而渔舟尚在分银，巡兵悉擒之，追出银四百两，俱不失，同谋渔人皆斩，无一得脱。

**（十一）**

康熙丁丑五月，饶州商人过鄱湖见渔人得一大鱼，重百余斤，商买而投之湖中。至七月此商人挟资归，夜过湖，遇盗入其舟，移至芦中行劫，将杀之。忽一大鱼跳入其舟，泼剌不已，盗方惊异，适捕盗船过，欲求火炊饭，见之，获盗三人，商得不死，鱼仍跃入水中。

**（十二）**

李景文常就渔人货其所获，仍放水中。景文素好服食火炼丹砂，碛热成疾，疽发于背，药莫能疗，昏寐中似有群鱼濡沫其毒，清凉快人，遂获瘥。

**（十三）**

学士周豫尝烹鳝，见有鞠身向上，头尾就汤而死者，剖之腹有子，乃知鞠身以护其子也。豫感叹，遂不杀生。

古诗云，君看砧上鱼，忍痛不能语，身虽遭寸斩，心犹念男女，此情此景，人特未之知耳，知之岂有不恻然心动者乎。

**（十四）**

高怀中，业鳝面，日杀鳝数千。一婢悯之，每夜分，窃缸中鳝从后窗投于河，如是积年。一日高店被焚，婢逃出为火所伤，困卧河滨，夜深睡去，比醒，而火疮尽愈，视之，疮处堆污泥，而地有鳝行迹，始知所放之鳝救之也。高感其义，遂罢业。

（十五）

宋番城有屈师者，买得鱼塘，至冬，筑小堰于外，将竭泽取鱼。见大鲤越出堰外，复跳入，如是再三。迹其所为，乃新育小鲤数百尾，聚一窟中，不能出，故往来且衔且徙，宁身陷死地而不恤也。屈慨然决堰出之，弃其业。

（十六）

江南诸生某，夜梦环介胄者，长跪请曰："诘朝有难，在公某友家，幸垂怜往救"。生惊寤，亟起造友家，见一奴，携竹篮入，问何物，曰："市得鱼，充早膳耳"，前视则活鲤也。向友白其故，放之江中。踰年渡扬子江，陡遇狂飙，飘船至山下，石伤船底，瞬息将沉，众呼号莫措，咸谓无生理矣。顷随风鼓浪而前，若有物负而行者，水盈舟，行益疾，竟达于岸，回望之，见一巨鲤摇尾而逝。

（十七）

胡僖当省试，谋徙僻地，得潘氏园，蚁聚于室，以数十万计，童子将焚之，僖曰："以我一夕图安，伤数十万命，不忍也。"亟还故居，迨入试，文思窘甚，忽蚁集笔端，陡觉绪思泉涌，一挥而就，遂得荐。

原载于《中国红十字会月刊》1936年第9期

# 赈灾故事

（一）

宋苏次参礼州赈济，患抄札不公，给印册一本，用纸半幅，令各自书某家口数若士（干），大人若干，小儿若干，合请米若干，实贴于各人门首壁上，如有虚伪，许人告首，甘伏断罪，以便委官查点。又患请米者冗，分定几人为一队，逐队俱用旗引，如卯时一刻，引第壹队领米，二时引第二队，以至辰巳时皆用此法，则自无冗杂，且老幼妇女悉得均粜矣。

（二）

又苏次在安乡县任时，正值大涝，始至令典押将县图逐乡抹出，全涝者用绿，半涝者用青，无水之乡用黄，不以示人。又令乡司抹来参合，方请乡耆逐乡为图，复以青绿黄色别其村分出图参验，故不检涝而可知分数。催科赈济，亦视此为先后，其法甚简要也。

（三）

赵阅道知越州岁大歉，公名州之富民，劝诱以赈济之义，即自解腰间金带置庭下，于是施者云集，全活十万人。

（四）

黄香为魏郡太守时，被水年饥，乃分俸禄及所得赏赐，班赡贫者，于是丰富之家出谷助货，荒民护全，子琼封侯。

（五）

河南按察使张孟球，居官廉洁，遇年荒自食菜粥，叹曰：“百姓饥馑，吾当与百姓共苦，安忍食厚味耶。”因出己俸并夫人衣饰，粜米赈饥，于是富户争相煮赈，全活无算，生五子，皆登科。

（六）

赵一为平原守，时多盗，乃与诸郡讨捕，斩其渠师，余悉释之。青州大蝗，侵平原，荒甚，乃出俸禄赈之，劝富民出谷济饥，所活万计。官太傅，封侯世爵。

（七）

张纶除江淮制置发运副使，见漕卒冻馁死者众，叹曰：“此有司之过，非所以体上仁也。”推俸钱币絮襦千数，衣其不能自存者。

（八）

韩魏公琦为益州路安抚，适岁大饥，民无救处，魏公于是劝捐，发粜开仓，种种拯济，饥民赖以活者，一百九十余万。及镇河北又大饥，公劝赈备给如前济，活者七百余万。公之惠政满天下，而握兵以服叛为心，子孙世代贵显。

（九）

昆山徐在川为刑部公申之子，长于文学，虔山严文靖公讷，延为西宾，先是倭冠（寇）猖獗，凡江浙濒海地皆被兵燹，民不聊生。至嘉靖三十四年乙卯，苏松四郡皆荒，流民载道，抚藩大臣，以时值用兵，莫敢上达。而严公适以宫詹在家，在川劝其为民请命，公犹豫未决，即代为草疏，滔滔数千言，情词恺挚，袖之以哀恳于严。严欲决于神，卜之瞽者，在川乃焚香告天，以求必济，而又秘赠卜者以金，占得升卦，天然协吉，以为此疏一达，不惟万民受福，抑且禄位高远。严公大喜，毅然达之，果蒙俞允，尽蠲江南全省赋，凡漕粮之已入廒者，皆令民如数领归，欢声溢于道路。未几，严即被召，后登相位，而在川公，及身为交河令，多政绩，长子应聘为太仆公。太仆公之曾孙，乾学、秉义、元文为同胞三鼎甲。司冠乾学公生五子，曰树穀，曰炯，曰树敏，曰树屏，曰骏，俱名进士。时称五子登科，最幼者词林，诸孙出仕者甚多，极科名之盛。

(十)

富弼知青州时，河朔大水，饥民流入境内，公劝民出粟十余万斛，随处贮之，以济饿者。又括公私闲舍十余万区，散处其人，使便薪水，饮食医药，纤悉皆备。山林河泊之利，有可取以为生者，听流民取之，主不得禁，全活者五十余万。帝闻之，遣使劳弼，拜为礼部侍郎，位至宰相，封郑国公，寿八十，谥文忠。

(十一)

黄震提举常平仓，初常平有慈幼局，为贫而弃子者设，久而名存实亡。震谓收哺于既弃之后，不若先其未弃，保全之，乃捐益旧法，凡当娩而贫者，许里胥请于官赡之，弃者许人收养，官出粟给所收家，清活者众。

(十二)

明于忠肃谦巡抚山西、河南，劝民曰："若有遗弃子女，里老可即报与州县。著官设法收养，候岁熟访其母而还之，如里内有贤良之民，能收养四五口者，官犒以羊酒，赏以匾额，十口以上者加彩段，免其终身差役，二十口以上者，冠带荣身。"一时富民乐捐而尚义者甚众。

(十三)

汉韩韶为嬴长，泰山贼相戒不入嬴境，余县多被冠，废耕桑，流水县界，求衣粮者甚众。韶开仓赈之，所瘭万余户。主者争谓不可，韶曰："长活沟壑之人，而以此伏罪，含笑入地矣"。太守和韶名德，竟无所坐，民人为立碑颂焉。

(十四)

后魏李元忠为光洲刺史，时洲境灾歉，人皆菜色。元忠表求赈货，至秋微收，被报听用万石。元忠以为万石给人，计一家不过升斗耳，徒有虚名，不救其敝，遂处十五万石赈之，事讫表陈，朝廷嘉之。

(十五)

茹纯仁知庆州，饿殍载道，官无穀以赈，公欲发常平封贮粟麦赈之，州郡官皆不欲，曰：“常平擅支，获罪之赦”，公曰：“环庆一路生灵付集，岂可坐视其死而不救。”众皆曰：“须奏请得旨可也”，公曰：“人七日不食即死，岂能待手，诸公但勿预，吾独坐罪耳。”或谤其所话不实，诏遣使按之。时秋大稔，民欢曰：“公实活我等，忍累公耶。”万民公之德，感公之惠，即昼夜输纳常平，迨按使至，已无所负矣。或问范忠宣擅支常平，为救荒也，众何故以为不可。潘麟长曰：“无地，保官情重，故坐视人之死而不救，非有所憎恶于环庆生灵也，忠宣独任其罪，而不欲众预，真刀金鼎镬是甘之念，卒之民不公累，而输纳无达，感报其速，举此一端，足以见公之生平功业，其为天下人皆敬之，盖可知矣。”

（十六）

王克敬除江浙行省都事，鄱阳大饥，总管王都中出廪粟赈之，行省欲罪其擅发，克敬曰：“鄱阳距此千里，比得命民且死，彼为仁，而吾属顾为不仁乎？”都市因得免。

（十七）

江于九太守，名恂，署亳州。地方陡适水灾，报宪不候批示，开库出钱买面，亲觅小舟，不畏风雨，赴乡散民面饼，所活民命无算。子德量中庚子捞眠，官侍御，司民牧者勉之。

（十八）

唐萧复为太子仆射，广德中，连岁不稔，榖价腾贵，家贫，将鬻照应别业行赈。时宰相王缙闻其中林泉之美，使弟弦致辞，若以别业见赠，当处足下于要地，复对曰：‘“仆以家贫鬻业，将拯救孀幼耳，倘以美职于身，令无告者冻馁，非鄙夫之心也。”

（十九）

明万历间，御史钟化民救荒，令各府州县查勘该动工作，如修学修城，浚河筑堤之类，计工招募，以与工作：每人日给米三斤，借急需之工，养枵腹之众，公私两利。

（贰拾）

金华张安仁积榖数千石，岁大饥，或劝之粜，可得重价，张曰：“吾岂图利者耶？”或劝之施，张曰：“吾岂图名者耶？”乃尽出所积，雇人修路一百八十里，筑堤防四十里。邑人争受役，得饭食工钱养其身，兼养其家，而路与堤又成百世公利。自古行善者，无此胜算也，公享寿九十有三，子孙科第不绝。此事，富家最宜学之。

（二十一）

邵灵甫积榖数千石，岁饥，或劝之粜，曰：“是弋利也?”劝之赈，曰：“是好名也?”乃为赡贫之计，而又思泽及将来，尽发所积厚值雇佣。除道四十里以便往来，浚河渠八十里余，以溉田亩。凡赴工者各听其就近自占，由是饥民既免奔波，而水陆又均受其利。邵寿九十余，子孙相继登第。

（二二）

穷民无事，衣食弗得，法网所在不计矣，故盗贼蜂起。富室先遭荼毒，而饿殍亦丧残生，为害可胜言哉？劝富民治塘修堰，饥者得食，富室无虞。保富安贫之道，莫过于此。

（二三）

桐城大学士张英、张廷玉，父子中堂，忠孝厚德。其先五世祖某公，仁慈好施，遇岁荒以未万石，半价尽粜于乡里，心获善曰：“荒年半价，乃丰年全价，无损于我，有益于人，实为心慰，仍捐万金设粥济贫，如是三次，没家无余畜，即将田屋、衣物卖银买米以救饥者。”后遇化斋异人指葬也，子孙贵显不绝。

（二四）

陈天福荼陵人，岁凶，出廪平粜。贫不能粜则与米，无米则与饭，无饭则与钱，乡里甚德之。一日有道人以钱买米，天福施之米，还其钱，道人题诗于壁上，“远近皆称陈长者，典钱粜米来施舍。他年贵子共兰孙，平步玉堂与金马。”陈后巨富，起财济仓，平粜济人，生三子皆登第。

（二五）

祝染延平人，性极慈祥，见人之急，无不竭力周济。遇岁荒，捐资设厂施粥，全活甚重。晚年生一子甚聪慧，试举日，邻人有梦报状元者，鸣锣鼓吹，手持大旗，上书“济急之报”。及榜发，果染之子也。

（二六）

宋陈尧佐知寿州，岁大饥，公自出米为糜，以食饿者。吏民以公故，皆争出来，活数万人，公曰：“我岂以是为私惠哉？盖以令率人，不苦身先而使其乐从也。”后以太子师致仕，寿八十二岁。

（二七）

苏城长洲学前马鹤林，辛未曾助粥米十六石，助后二日，往淮安，寓湖嘴子蒋家饭店。至夜半，腹疼下楼大解，忽听轰然一声，楼上墙倒，众人携烛往视马之卧床已压碎矣。马此后一心力善，享寿八十二岁，子孙满堂。

**（二八）**

宋刘彝所至多善政，其知虔州，会江西饥歉，民多弃于道上，彝揭榜通衢，召人收养，日给广惠仓米二斤，每月一次抱至署中看视，又推行于县镇，细民利二斤之给，皆为收养，故一境生子无夭折者。

原载于《中国红十字会月刊》1936年第10期

# 恭贺新年：中国红十字会之新希望

沈金涛

今为中华民国二十五年一月一日，履端于始，百度维新。我中国红十字会之希望于此新年者，厥有四端。

（一）关于国际者。今世界倘欲渐趋于大同之轨乎，其必导源红十字会无疑。今世界倘欲轻启于二次大战者，亦必赖红十字会之保障人道更无疑。列邦多设有是会，成立时代或先后不同，发展能力或深浅不一，而皆有慈善观念，以为骨干，且皆有奋勇精神以策进行。我国红会与红会最发达之美国较，则固瞠乎其后。美国红会会员达千万人以上，资产收入年逾一千六百万元之巨。我会员仅十二万余，基本更无足述。然自每年征求会员以还，来者踊跃，数额骤增，基金虽乏，救护维勤，不徒国内拯灾，且为邻邦恤患，且与欧美会员时时携手，益觉恳亲。当此风雨如晦之时，敢不急起直追。自我会创始至今届三十三年，加入万国联盟亦已二十五年，频年参预联合大会，远赴欧美以及日暹等国，集思广益，促进互助，睦谊益敦，进行必速。欧美人士尝谓预觇一国文明之进步，应以红会程度之增加为标准，有光国际，关系非轻。我中国红十字会之希望新年者，此其一。

（二）关于全国者。红十字会为英国女士所创兴，以瑞士为总会。我国广土众民岂长此甘居人后。先哲有言，人性本善，大禹救民以治水，过家门而不入；汤武救民以革命，贻口实而不辞；孔训仁恕以救民，墨崇兼爱以救民。自古圣人存心济世。虽未标红会之名义，早具有红会之功能。今世界惟红会为大一统机关，不分国界，遑言南北。愿中华全国人士宅心慈善，共扶斯会，不让古圣存心济世者专美于前。我中国红十字会之希望新年者，此其二。

（三）关于总会者。上海为我国金融集中之区，亦为中国红十字会发源之地，始于甲辰，为海上士绅醵金成立，历年对于救护兵燹、振济灾祲诸大端，莫不努力从事，无役不从。总会会所原系赁屋，僦居一隅，今则迁入新闸路，自置之产，差堪自慰。惟以数年来工作既繁，责无旁贷，苦心孤诣，几致捉襟见肘，值兹风云日紧，更宜踊跃从公，今后譬之个人，病瘳而精旺，譬之国祚，几绝而中兴。惟愿新年成绩，大胜往年。我中国红十字会之希望新年者，此其三。

（四）关于分会者。中国红十字会分会原有五百余处，今则东北诸省之分会，不通音问者累年，睽［暌］隔既久，不胜魂梦系之，更不禁感慨系之。年来我国天灾人祸，相继不绝。我分会之拯救疮痍，亦无时或已，尤以去岁大水为患，分会首当其冲者，不下百余处，犹能疗民疾苦，登诸衽席，其毅力热心，堪为楷模。此后深盼不辞劳瘁，日起有功，更望鱼雁沉沉者，得款曲之互通。我中国红十字会之希望新年者，此其四。

尤希望各界同胞，时予匡襄辅助，善则赞之，过则规之。俾实事求是，百凡改良，国民之幸福日增，国际之光荣不焕。斯我中国红十字会，尤当额手称庆，引为深喜者也。

原载于《中国红十字会月刊》1936年第7期

## 科学趣味红十字飞机的救灾

玉　波

美国近十年来常常发生天灾，因此救灾事业便异常的发达，尤其是航空救护队为最。那服务这种救灾事业的飞机，叫做红十字飞机，机上绘有红十字的标识。在发现某地有灾难的时候，红十字飞机和机上的救护员，马上便驾机出发，在那灾区的天空上去侦探、通讯和运送食物。

现在我们可以把红十字飞机的任务略加说明如下：（一）救护水灾；（二）救护地震；（三）救护风灾；（四）救护冰雪包围的灾难；（五）引导救生船的方向；此外，他的工作还很多，我们也只好省略不论。其次，让我们说明红十字飞机所能运输的东西吧，他能运送：（一）食物和饮水；（二）衣服；（三）用具，如帐幕、草席等；（四）医药。除此以外，它还能搭载为救护受伤灾民的医生、看护，和搬运夫，在发现灾区有受伤的灾民的时候，他们就很敏健，把他抬到飞机里面，运到城市的医院去治疗，至于飞机所运送的食物，是装置在一种特制的袋内，这袋叫［叫］做：“和平时的炸弹（peace time bombs）”。他们把这种储藏食物的炸弹，运到灾区去抛放。

他们和灾区人民通讯的方法，也是很巧妙的，红十字飞机的驾驶员利用机器的放气，作为询问灾民的号码，譬如：他们放五声气，便是说：“你们要什么东西？”放二声气，便是说“我们知道了你们的消息，等待我们再来吧。”至于灾区人民向飞机表示意思的方法，是利用布带的排列为字母的号码，不过这须有一个救护员，预先到灾区来做这种工作，或者由飞机掷下号码排列的方法，使灾民知道使用，得以和他们通话，而那号码是有一定的，如：A 字是表示死人；B 是表示受伤者；H 是表示无家可归的人；EK 是表示饮水；AY 是表示奶粉等。东西的分量则利用罗字母，排列在前面来表示。还有，那布带分黑白两色，黑色是排列在雪地上的，白色却是排列在空地上的；至于水中，则利用木板和木棍，把布带系住，以防漂散。飞机上的救护员见了这种号码，便依照灾民的要求，抛下各种食物和用具。

最后，还有红十字飞机的交通设备，他们上面多半装有无线电，以便和出发的地方传达消息。机上的救护员还使用着天空摄影机，以摄取灾区的情形，在救灾的功效上来说，这是迅速而宏大的。

原载于《中国红十字会月刊》1936 年第 9 期



## 卫生的重要

我们生在世界上，自幼至长，自长至老，中间经过若干年代，不知要享受多少幸福，建设多少事业，但是没有健康的身体和健康的精神，那［哪］里可以达到这种目的呢？

所以人生最要而宝贵的，第一就是吾人的生命，第二就是吾人健康，而生命和健康又是万万不能分离的。譬如有一个人，虽不死亡，但是他的身体很是孱弱，时常患病，不能替社会、国家服务。如此不但做成一个废人，即他一生也很少生活的乐趣，怎么样能够享受多少幸福，建设各种事业呢？

我们既然要保卫一己的生命，维持一己的健康，究竟怎么样做起，最要紧的道理，就是要研究各种卫生原理，实行各种卫生方法：

## 公民和卫生

我们在少年时代，虽是应当入校求学，受相当的教育；将来到了成年以后，在社会上服务，就成社会上一种公民，要担重大的责任了。公民对于社会，对于国家，均应尽相当的义务，扶助社会发达，增进国民幸福。他的责任至为重大，但是要负这种重大的责任，不能不先把自己的身体锻炼的很好，方才有建设的精神，在社会上建设一切的事业。所以公民第一的责任，是要讲求卫生，保卫自己的生命，维持一己的健康，将来方能替社会、国家负重大的责任。我们今日孜孜求学，修养道德，研究学问，练习服务，究为什么缘故呢？实际上，不过是将来的一个完全的人，替社会、国家服务。假使身体不能健康，虽有很好的道德、很好的学问，有什么用处呢？所以讲求卫生不特是公民所必要，实在是开始做人的第一步。我们倘使平日不能注意卫生，保持一己的健康，则将来或致中途夭卒，或成为废人，则非特不能享受特种幸福，并且有负于社会、国家咧。

## 空气和居处

吾人经数日不食，或数日不饮，尚足以维持其生命，若是空气一绝，则呼吸停止，能于数分钟间立即毙命，从此可知，空气之在体内是一刻不可分离的。

空气里边五分之一是氧气，凡物体燃烧，必赖空气中的氧气帮助，试覆玻璃罩于已燃的烛火，即徐徐的息［熄］灭，因为没有空气中氧气的原故。是可知空气里边的氧气，能助人呼吸，和氧气能助火燃烧的理正同。因吾人呼吸空气入肺的时候，空气中的氧气能清洁血液，排除污浊的气，使新鲜的血液运行全身，起一种缓和的燃烧作用，发生体温。

吾人吸入的空气，全赖空气里边重要的氧气，呼出的气体是一种污浊的气体，名曰炭［碳］酸气体，是血液里边排泄的毒质，不宜吸入。试聚集多数人于一室中，密闭其窗户，不久人若入内，即觉得空气浊臭难闻，而室内的人即觉头晕目眩。此等状，实在是肺内呼出有毒的炭［碳］酸气所致。城市人多杂居之处，不若乡里空气之新鲜清洁。故是乡居之人，其体质恒较城市人为健壮也。

原载于《中国红十字会月刊》1936 年第 10 期

## 卫生的幸福

刘子杰

卫生的目标，不在临床的治疗，而在疾病的预防，以求保障人类健康，延长人类寿命。因为病了以后，能否治愈，尚属疑问，就是治好，已于肉体上、精神上感受种种痛苦。至于金钱与时间的损失，更属较著，且有许多疾病得了以后，无论如何的治疗，怎样的保护，也是无法除根。有重症肺痨与各种恶性肿肠，虽用早期的治疗和手术（对恶性肿肠而言）可以治愈，但亦难免再发成转移，且是多半归于死亡。即有所谓营养疗法、长时间的休息，亦不过为病势暂时的潜伏，遇有机会，仍可再发，而且肺痨与恶性肿肠生了以后，又无如疟疾之有金鸡纳霜，梅毒之有六零六特效药，所以疾病最好是不得。但我国人却又不幸，因为医药的不发达，卫生之无设施，个人的医学常识又在零度之下，所以囚首垢面，他人称为东亚病夫，恰是真正相符，勉强设是不病，无奈病菌早已侵入在身，非病而何。所以人类根本的幸福，全赖现代科学的卫生发达，兹将卫生的幸福述之于后。

（一）延长寿命。在医药发达的国家，因为公共卫生、个人卫生、学习卫生、工厂卫生等设施完善，减少疾病，所以寿命增加。美国在一八七一年，各种卫生学业逐渐发达，预定计划，欲使美人寿命平均增加至五十岁以上，那时多以为美人自夸，其实以后果然达到目的。再考德英诸国，在十五六世纪的时候，医学尚未发达，卫生亦当然幼稚，所以平均人寿在二十一二岁左右，但在最近五六十年来，科学的医学日益发达，种种病原及疾病预防亦研究透澈［彻］，因之人寿增加至六十岁左右。反观印度与我国，因为医学不进步，卫生常识又幼稚，人类寿命平均在二十五岁至三十五岁左右。由此可知，医学的发达与人寿命之长短有密切的关系。

（二）较少死亡。人民为国家主体，亦是组成国家的基本单位，所以人民健康与否，与国家有密切的关系。人民愈健康，国家愈强盛，人民愈增加，国家愈发展。不幸我国医学不发达，国民不健壮，因之每年死亡率约在千分之三十上下，较之欧美各国约多一倍。以此比例计算，每年四万万人中要有一千二百万死亡数，就以减半计，总有六七百万枉死者，若是医学发达，最少亦可救得三四百万有用的同胞。推之他国死亡率所以减少者，一则由于医学进步，一则由于卫生设备完善故也。

（三）节省经济。一个婴儿在生产以前，其母体妊娠中所受的精神上与肉体上的消耗，其价无限。及至生产以后，依美国的一个学者考查，医术费至少需美金二百至四百元，又在生后，教养费每年亦需美金五百元左右，就以养育至十八岁计算，共需美金一万元左右。我们中国即无调查，又无统计，现在假定婴儿生产医术费为五十元至一百元，其生后，每年教养费平均为二百元，亦以十八年计算，共需三千六百元以上，倍养一个国民，需用如此的巨款，不幸任其夭折，岂非经济上一大损失么。若每年以千分之三十死亡率计算，其数当为四十三万万二千万元以上，就以此半数办卫生事业，在世界上任何国家，恐亦无出其右。

（四）强健种族。父母健康与否，与其后代有密切的关系，有识者早经公认，若其父母不健康，则其后代必为小病夫。即不直接遗传疾病，亦可间接遗传其易感疾病的素因。故医学发达的国家，卫生常识普及于社会，男女选择异性，不但注意其对方体质，且考查其家庭有无遗传疾病也。我国南方（广东）有各癞病者，每为一家族或一血统的遗传，故其子女多难婚嫁，可为明证。其实疾病的遗传，岂只癞病而已，其他各种直接或间接的遗传，亦属甚多。故医学进步、卫生普及、一切疾病的遗传、预防亦属重要，且可使其后代为强壮有用之国民也。

原载于《中国红十字会月刊》1936 年第 11 期

# 救春荒之建议

王保民

窃维古今救荒之政策，莫不以救死不救贫为前提，诚以贫则尚可徐图补救，而死则不可稍缓须臾也。吾国各省自去夏惨遭水灾以来，都市之萧条，不如农村之破产；百工之失业，不如乡人之流离。食无粮，服无衣，居无宅，行无费，然犹有秋禾之望焉。乃入秋以后，积水迟退，秋种失时，即有高地勉强播种，十有八九难望收成，此秋禾之无望也，然犹有冬渔之望焉。借款制网，合作谋生，竭泽而渔，分别微末，生活不足，又纳湖稞，得不偿失，希望亦绝，此冬渔之无望也，然犹有春麦之望焉。天道反常，春行冬令，北风怒发，雨雪霏霏，晴天既少，麦冻不生，此春麦之无望也。三望既失，尚待春耕，近顷荒象，较前尤甚。以言环境，则儿号寒，妻涕饥，父母冻饿，兄弟离散。以言农事，则种籽缺，耕牛乏，借贷无人，将伯谁助。户户一贫如洗，家家抒柚其空，困居终日，坐以待毙。充饥无一勺之粮，炊火无一根之草，饿时两眼翻花，冻时四肢如铁，哭泣则咽不成声，强起则腿软无力，呼天无路，入地无门。三日一餐，尚难求饱，倒毙无棺，俨同活埋。见者伤心，闻者流泪，即云修提［堤］筑路，以工代赈，然一人虽饱，一家犹饥。壮者得食，老弱无望，重以奸商囤米居奇，物价飞腾，日增一日，青黄不接，粮食恐慌。现正救死不救贫之际，惟有由各县政府与慈善团体民众合作，速办平粜或粥厂合作社，以半施半售为原则，庶几千万难胞，或能苟延残喘，否则不特同归于尽，实为民族之大不幸，愿爱国同胞暨慈善家急起援救之。

原载于《中国红十字会月刊》1936 年第 11 期

## 追忆鼐女士之勋绩有感

沈金涛

夫兵，凶器。战，危事也。两军接仗，枪炮交加之余，死者、伤者，充盈沟壑。当其时，苟无人焉为之救护调治，而任其疮痍遍体，呻吟呼号。天下惨酷之事，孰有过于是哉。红十字会之组织，即以此故。然红十字会之产生，乃最近数十年来之事，前之妙龄闺妇，孰肯冒险疆场，与军士为伍，而为之洗剔创艾，或为之调治汤药哉。世有去俗见，排众难，而毅然决然，牺牲一切，以为看护妇之女杰者，即鼐鼎盖儿是。此所以鼐鼎盖儿之名，久已口碑载道，视为女界之神圣，炳彪于历史也。女士为英国富家女，生性好行慈善。虽一禽一木之微，偶有伤损，亦不忍坐视而无睹。本此恻隐之心，所以能服务军营之中，捨［舍］身救人，始终如一也。于某年冬，女士参观伦敦医院，目击院中污秽不洁，妨碍卫生，慨然愿充该院看护妇，以为拯救病苦者，舍我其谁。其时父母禁止之，亲朋窃笑之，女士不为动，卒能弃其文采之衣，粱肉之食，纷华骄奢之居，而苦心孤诣，驰驱欧洲诸国间，以研究医院之事者，凡十有二年。至一八五四年，英法土俄之战起，当时野战医院管理之不善，设备之简陋，言之悽怆。战地伤兵教［数］千，虽救入医院，而连日调治乏人，依然泞泥满身，任其伏卧待毙。伤者、病者，聚置一处，昼夜暴露，与鼬鼠同居，苟欲充饥，舍粗制牛肉一盂外，别无长物。可知事无巨细，非人不治，与斯益信。英政府有鉴于此，始派鼐鼎盖儿入院，任看护之责，以妇女而看护军士于营中，氏其第一人也。随女士而投效来者，甚众，于是洒扫有人，秽气尽除。病者既得浴其身，而易以清洁之衣，并得适宜之食品，以养其口腹。有不能作家书者，看护且代为之，以慰其离衷。无何，垂死者得生，创伤者得愈，此为女士及从者之功德，无怪军人之崇拜为神仙，后且为之募巨款，以报其恩德。女士初不之受，辞不获已，遂尽用其金，以设立病院看护学校于伦敦，造福人群。从此战役虽告终，而鼐鼎盖儿功业之影响于人心，则无已时。盖女士慈悲之观念，实足以引起世人博爱之心。乃有显利涂南［亨利·杜南］者，继其遗志，造成一万世不磨之万国联盟红十字会，留芳千秋，浩气常存。吾人生此世事蜩螗，祸患莫测之世，观夫鼐女士之伟大功绩，有动于心乎。尤望女界同胞，急起直追，当仁不让，莫为鼐女士专美于前，国家幸甚，世界幸甚，否则徒以摩登是尚。隔江尤唱后庭花，则殆矣。因追忆鼐女士之勋绩，感而略述其生平，以为后世法，愿全国诸姑姊妹共勉之。

原载于《中国红十字会月刊》1936 年第 12 期

## 救护工作之探讨

沈金涛

天下事必有备而后可以无患，此不待智者而知也。本会处此抗捏不安、喘喘危惧之世，应如何着手准备，积极推进以为未雨绸缪之计，免贻临渴掘井之讥，庶几克尽职责，以符博爱恤兵之旨。今欲亟待进行者，厥有二端，一则为养成救护人才，以训练救伤扶困为原则且能兼顾造就医药人员为职志。一则为储备救护材料，关于器械者，如手术具电疗器、爱克司光机等；关于药品者，如绷带、棉花、纱布、药物原料等；关于用具者，如病床、担架、衣被等，莫不以尽量收集多多储藏，而备日后之源源供给，俾救护工作得以从容办理。凡我会员鉴于本会上述之伟大使命、重要事业，其有以赞厥成功乎。夫本会原以会员为主体，若能以全体十万余人之脑力、财力于一致，聚精会神，通力合作，必有良好之成绩，可获美满之结果，更望未入会者乘此时机袂［决］加入，以尽人类互助之义务，并为民族争生存。设或一旦事出仓卒，则可无后顾之虑，不亦快哉。查美国红十字会有一千余万会员，此多数之会员莫不为红会尽力协助，且有抛弃其原有职务，而专为红会效劳者，服役种类不胜枚举。姑就其在战时之荦荦大者而言，一如组织救伤运车队分赴战地，以救护战壕伤兵，送诸野战医院。每一救伤运车队以一百二十四人，组织之内有队长、队官、队员、机匠、厨役等诸职司。服务于此种救护运车队者，大都为大学生，彼等必遵官长之命，虽冒险于深夜黑暗之中，枪林弹雨之下，亦所不辞。二如组织野战医院队。此项野战医院每距战线甚近，各有床铺可容五百人，院中各有孰［熟］练之医士、看护及各类治病专家，日夜服务不息，以冀病者、伤者得以恢复其健康。三如组织战地服务队。军士伏居战壕既久，瓜代期至，始得回里休息。斯时也，军人精神疲倦，泥垢满身，且必待数日而始有车至，以载之离战线而去。红十字会有鉴于斯，特于战线附近各车站之侧设有一种兵房茶肆，且备有衣具、消毒所、浴堂、寝室及电影院等，任军士等取用消遣，不取酬金。四如组织家庭瞻视团。红十字会服务之目的，并不以战地为限，即于本国各地因战时所生之困难，亦多能尽力以解决之。盖军人之有家室者，平时对于货食之支付，税租之缴纳，儿女之教育，莫不恃其一身，以瞻［赡］养今一家之主，遽而远征，归期且莫能卜，安有妇哭儿啼者耶。国家虽酌与瞻［赡］家之费，犹不足解决一切困难，况无照顾抚慰之人，其悲苦更不待言。乃红十字会之所以组织此队者，即欲弥补其缺憾也。例如家务遇有困难时，该队则派有经验之服务员为之规划，为之应付；遇有疾病者，为之诊治，注意妇女之卫生，教育儿女之品学，使在外之军人得专心作战，绝无牵挂。且得于事平回家之日，见其家人、儿女莫不健康而欢跃也。五如组织教养残废队。尝见带伤回国之兵士或丧其明或伤其体或失其股肱，以致不能再从事于平日所操之职业者，当授以一新技能，瞽者授以编物制篮，失其右手者教以使用左手，法不能步行者，教以新职业，故该队为辅助政府援救此辈残疾军人之助手也。七如组织救济婴孩队。在被敌军蹂躏之地，红十字会对于灾民无论其老壮少幼，当为救拔出险，该队则专以救济婴孩为事。盖今日之婴孩果成病弱，则异日成人，亦必为病弱之国民。是国家所受战事之影响已矣，则将来之国本，则更不堪设想矣。故该队特派医师、护士驰赴战地，将所有婴孩移置于后方清洁之收容所，更以适体之衣，食以卫生之品，备浴室，设学校，办游戏场所，以陶溶［冶］其性情于循良。八如组织物品制造队。红十字会在国外服务，凡医院器具之供给，无一非由国内备之，故国内会员之服务，协力合作之效率，亦颇重要。外科医士所需之包伤物品等实无穷尽，该队妇女、儿童手造绷带布、拭污布、褥垫、卷轴等品，以供伤兵之用。至于医院所用各式衣服，如制服、病衣、浴衫、围裙等，则由会员各于家中制之。看护妇之教练亦为一大问题，盖优等之看护妇既已送往战地，则其所遗之缺，不可不有补充之。该队遂于各地设立看护传习所，不独养成以看护为职业，即普通妇女亦得学习看护之术，以备家庭之急需，并间接亦足以增加服务医院之人数也。上述为美国红十字会已［以］往之陈迹。今后之吾国将若何耶？吾国红十字会又将若何耶？吾知同会诸公必以努力进行为前提，共同讨论，以为将来用本民胞物与之，念救灾扶困，协力合作，事半功倍，人人贡其所长，集思广益，本会前途实有赖焉。比之机件，偶失一细微之器，则全部之机必将运转不顺，且恐因之而解体。凡为会员者，均负有本会整个发展之责。故欲中国红十字会全体行动之敏活，惟有仰仗全国会员之推进与健全人之好善，谁不如我，为国服务可以兴矣。

原载于《中国红十字会月刊》1936年第13期

## 愿教育家倡导红十字会

沈金涛

战争者，造物之憾也，仁义穷，斯战争起，故圣人慎之。孟子生当战国时，特明仁义之说，以止战争之害。恐人之狃于战争而不悟也，则曰善战者服上刑；乃恐人之遗弃仁义而莫之故也，则曰仁者无敌。盖仁者以仁存心，其于兵也，不得已而后用之。声罪致讨，薄罚缓攻，不以争城杀人，不以争地杀人，所过之处，秋毫无犯，而民归仁。此无他，能推不嗜杀人之心，俾义闻仁声昭布天下，初无俟讲韬略，利器械习击刺，而以力征经营耳。今红十字会之救灾恤邻，博施济众，遵条约，严纪律，倡行于世界者，与吾国圣贤之旨，大致吻合，可知恻隐之心，人皆有之，无分中外也。苟能从此无胥戕，无胥虐，悉出以恺悌慈祥，将见太和之气，洋溢宇宙间，仁义充战征息矣。其有裨于民族，岂浅鲜哉！夫吾国文教之隆，甲于大地，愿教育家、道学家及童子军，凡教授历史学、社会学、修身学者，皆宜採［采］用红会史为课本。至于幼稚院中，儿童不能直接领悟者，则由教员取其故事，向诸儿童述之，使吾国男女儿童对于红会之真缔［谛］，自幼印入脑海，增进体质之健康，心灵之快乐，及至少壮，贯澈［彻］服务精神，为国家谋福利，以保卫人群。负教育之重责者，务当以红十字会博爱恤兵之主旨，尽量阐发，铸造青年，乃真有补于社会也。故学校者，为社会服务之重要机关，亦为红十字会之辅助机关。盖如是，则全国青年皆将于教师训练指导之下，各尽其力，各尽其所能，为社会服务，与国家以无限之助力。今诸君正思待机而动，牺牲一切，以谋人道之保障而求民族之生存，岁月不居，此其时矣。

原载于《中国红十字会月刊》1936 年第 14 期

# 国人应共同促进救济事业

沈金涛

我国红十字会肇端于民国纪元前八年，迄今已三十三载，在此经过期中，几属救护战地兵民，振济灾区难胞，防止疫疠，诊治疾病，莫不苦心孤诣，惨淡经营。虽由诸先辈所缔造，未始非十余万会员，同心同德所致也。今兹世界不景气之环境，日益逼促，应响所及，我国岂能例外。生产之机关停滞，经济之来源愈穷，民众失业既多，生活消耗日繁。加之频年战祸兵匪迭见，各地灾荒随之增长，则全国何地无疮痍。以言振济，则全国何地无饿殍。本会所积之文电，所得之报告，无非饥无食，寒无衣，病无医药，伤无救护，死无掩埋，郊野之断续呻吟，灾地之辗转呼号，无不一一表现于字里行间。本会之责任，因之愈益加剧，来源既竭，虽欲实行援救，难免顾此失彼，捉襟见肘。卫生之医药难遍，瘗亡则棺柩无从，平时措置已艰困，若是一旦遇有天灾人祸之突然降临，本会又将如何应付耶？且以国际风云，日益喧腾。嗟乎！世界之多事，红十字会之不幸也，红十字会之多事，人类生命之不幸也。无论其国际形势之如何严重，我国所处之如何地位，姑且不谈，然则本会以博爱恤兵为宗旨者，岂忍坐视而不一尽职责乎？今幸救护委员会，已应时势而诞生，深望主其事者，一本无我无人之真缔［谛］，贯澈［彻］全国会员之初衷，毅力精进，以佛之慈悲、墨之兼爱、孔之仁义、耶教之救世主义为则，顺应潮流趋势，奠定唯一基业，不特本会之幸，抑亦民族之幸也。况乎各国民族之文野程度，胥视慈善事业发达与否为标的。近代外人对于中国之慈善行政，皆以本会之成绩为准衡，国体民生，关系至巨。固知一木难支，众擎易举，聚沙可以作塔，集腋可以成裘。本见义勇为之精神，践大同博爱之正义，得寸则寸，得尺则尺，以合群为基础，互助为主旨，亦何患乎？世界之不景气哉，我人当共同努力与环境奋斗，以期救济人群，为国家葆元气，为民族争生存，我国前途之一线光明，胥赖于是矣。

原载于《中国红十字会月刊》1936年第15期

## 勉国人为红会作先驱

沈金涛

夫用兵也，用其气而已，军中防病有术，疗养有法，则士卒有恃无恐，勇气百倍。苟反其道，军心一馁，则立蹶焉，此固兵家所大忌也。故红十字会，非特救灾恤邻，抑且固国本也，其事业之伟大，莫与伦比。平时对于火灾、水潦、地震、荒旱、疫疠等，无不从事拯济，竭力匡扶，寒者衣之，饥者食之，疾病者疗治之，愚鲁者教育之，明聩聪聋，扶危济困，起生死而肉白骨，出水火而登衽席，无非以博爱为宗旨，救世悯人，不分畛域，真乃可钦可佩可泣可歌也。当两军交绥之顷，存一视同仁之念，不避秽污，不辞危险，浣濯脓垢，扎束伤者，秤水量药，看护病兵，恤疮痍，重民命，意至善也。试思战地之情景，有不忍卒睹者，死伤遍野，血满川渠，悲惨呼号，闻之悽怆。乃救伤疗法，减军民之痛苦，埋尸卫生，免生存之疫疠。战争之地，易致猜疑，锋镝之下，难分玉石，其牺牲精神，有足多哉，以是感人心而弭战祸。宏胞与而酿太和，红十字会之引线，遂伏于此矣。仁风所播，遐迩倾心，慕其德而来归者踵相接。恻隐之心，人皆有之，岂不信哉。各国红会事业之发展，一日千里，无非抱人类同胞之义，体上天好生之德，忠诚报国之忱，危难怜悯之心。我堂堂华胄，亦有仁慈，亦有亲爱，亦有忠义，亦有恻隐，何其对于红会漠然置之，致使数十年来，犹未能与之并驾齐驱耶。还望善士慈媛，闻风兴起，踊跃争先，苦心孤诣，努力服务。凡为会员者，已饫闻本会急公好义，捨［舍］己救人之事迹，而知为本国且为世界效力，必将撙节一己之金钱衣食，以救冻馁欲毙之人群，必将工作制造，以供伤兵、灾民之需要，而备将来之应用并为现在之急需。在国际间增无上之光荣，在本国内造无量之幸福，是皆有赖于国人之共同进行焉。

原载于《中国红十字会月刊》1936年第16期

## 能不辜负世运盛会之救护组织

西海儒生

德人长于组织，遂于科学之钻研，最近第十一届世运大会之一切筹措，足资吾华之效法者不一端。例如军队编制之救护事功，更为提倡运动之邦所当注意。计今八月之大会，除若干处著名病院与其一切最新设备，借充大会期诊断治疗之用而外，其来自远近各地之医士六十人：特擅“运动医学”之当代大名家三人，牙医一人，来自红十字会之男女护士及转运役若干人，来自工役勤务队（救济失业而成立之勤工组织）之助手杂职又若干人，则三方面一齐出动，佐以市政府关乎转运事宜而指派之人员，齐向事先划分之区域，作有计划之分道进行。其间以包括世运会场之国技苑为一区，以各国选手食宿所在之灵山村为又一区，以在国技苑范围外之柏林全市为第三区。其在世运会场之中，则分置七救护站，而以最冲要之报捷门 Marathon Tor 前一站为特大，各站均设专用电话，可以直达本市各医院，而于转运事宜，则且对于铁道机关，有至捷之联络。其距柏林市甚远之各式水上竞赛，则凭水上运动团体之救护人员，出其平时经验，共彼红十字会护士诸人，相辅为用，而服务于水上专员之浮站。

总之，一种盛会，如举行于凡百设备完满之大城为益之宏正，不仅预其会者，得有享受之乐，而如运动医学之对各选手，分趁预赛前及预赛后慎施身体之检查，亦足于学术一途，加以相当之贡献者。我国此后盛会正多，如求届时能不辜负一瞥易逝之盛会，终有赖于学术专家平素之努力焉。

原载于《中国红十字会月刊》1936 年第 17 期

# 岁暮告同胞书

沈金涛

韶光不再，岁月惊心，中华民国二十五年行将悄然以去矣，在此将去未去之倾，深觉今日之时局，默察所处之环境，只有无限悲愤，无限沉痛，交织与吾人心头耳。中国红十字会在此一年中，应付时艰，筹备救护，莫不胼手砥［胝］足，惨淡经营，以尽固有之职责。乃天不厌祸，国内之疮痍满目，哀鸿遍地，有加无已。国际间之纠纷已达严重阶段，号称东方巴黎之上海，殆已全为恐怖所笼罩。引领北望，则绥东之警耗频传，冀察之形势日非，匝地阴霾，弥天妖雾，吾不忍宣，而我又不能不宣。吾会绵延迄今，已历三十三载，真是饱经忧患，尝尽苦难，尤以在此国难临头，存亡绝续之秋，将何以维护民族，振救灾黎。本会之工作，愈见尖锐化，实为全体会员之试金石。孟子曰，天之将降大任于是人也，必先苦其心志，劳其筋骨，饿其体肤，穷乏其身，不啻为本会勉也。我人只要有认识，有决心，有准备，决不难突破此重大危机，而担负天下之大任也，不佞在此岁暮之一瞬，以祝来年之挺进。本会对于过去内忧外患之措置，不但未挫折其丝毫锐气，亦未损减其分釐［厘］精力，此为本会之伟大表现，亦全国同胞协助之成功。此后更当集中才智，发挥力量，不宜以低徊嗟叹之情调，自形其消极，亦不应有急遽凌乱之步骤，以涉于张皇。要当秉其坚毅沉著［着］之精神，以负荷本会重大之使命也，从来因果循环，历历不爽，我人能勇于为善，必获善果。天下决无有佳境之来，而不出于吾人之努力，且所谓努力者，必人人以此自任，而不以期待之于他人者，此亦古人耕耘收获之理。愿吾同会诸公暨海内外同胞，为本会加意努力，共同推进，造福国家，造福社会，即所以造福于各个自身也，明矣。

原载于《中国红十字会月刊》1936 年第 18 期

# 中国红十字会对于新年的感想

沈金涛

光阴过得多迅速！泛泛眼，中华民国二十六年的新年又光临啦！然而，匪灾、旱灾、风灾、水灾的种种天灾人祸，也不断地纷纷光临。而且绥东的风雪，又多么紧张，大战的光临，就在眼前。我们在这新年，还是像历年一样的抹抹眼泪，拚住了一切悲哀而欢呼吗？

我们先把中国红十字会的历史揭开了瞧瞧，那里面，每一页的字里行间，都不是民族的血迹？都不是本会的汗斑？如果你的心不是麻痹的，你的神经还是活跃着的话，从月刊中纪载和充溢着惨痛的史记，细细来读一遍，你一定会悲愤而怒吼，你一定感觉到自己今天还能活着，是多么徼倖呢？可是并不这样的简单，比这更严重、残酷、悲哀、痛苦的天灾人祸，还没有光临哩！

如今在这二十六年开始的时候，要是我们的耳朵还没有聋？你听到惨酷吃人的吼声没有？你听到震撼心灵的炮声没有？你听到凄其欲绝的哀号没有？而且我们不是瞎子，人世间的饿殍载道，弱肉强食，你瞧见吗？可怕的威胁！无理的毁灭，你都瞧见没有？倘使你已听到，你已瞧到，那末你忍心去听么？耐心去瞧么？你是一位有血性的人，你的肩膊已经负起了"红十字"，毫不犹豫的勇往前进！努力前进！本会的同志呀！时代对于你的任务还没有终结，而你对于时代的使命，永久也不会终结的。

中国红十字会到今年已经有了三十四年的历史，检点一下过去，我们所遭遇的是什么？是好？还是坏？好坏我们是度过了，眼前的难关虽被万分艰困所包围——就是经济为最大原因——可是救护的设备和拯济的策略，是不容忘怀，不容冷落的。今天起，我们应当负起责任，去推进那新的光明的开展，不过我们不能闭起眼睛说话，为要维护民族的危机，保障人群的生命，只须大家倾其全力，尽其职责的干去，即使肝脑涂地，即使赴汤蹈火，亦所不惜。这是每一个人类所逃避不了的责任，尤其是全体的会员，大家要奋不顾身的应付时艰，否则非但本会在国际地位上低落下去，为民族之耻，并且受到天灾人祸的同胞，永无翻身之日了。所以在这暴风雨之夜，航行于急流中的孤舟，只有不断地向前挺进，不难获到一线曙光。若要把中国红十字会的事业来发扬光大，除非集合全国人民、全国会员的力量不可。我们现在要动员了！

结末还有几句可喜的话，在这新年中值得我们祝贺的，就是现在各省交通的建设、教育的推行、新生活的训导，到处充溢着奋发有为的朝气，加以全国统一，求之不得的。何幸在这二十六年，都完成了实际的局面，展开新史的一页，奔赴庄严灿烂的前途。本会的设计、经济、救护等各种专门委员会，也都次第成立，训练学员，造就人才以及储备材料，也有相当的成绩，我们得到不少的安慰，应当加倍的欢乐，恭迓这除旧布新的机运。

原载于《中国红十字会月刊》1937年第19期

# 到前方去

严独鹤

最近国内各界对于援绥运动，如捐款的募集、物品的输助，都异常热烈，这不但是尽着后方应尽的责任，也是表示着爱护人群的民气。因前方士气的振奋而激动了后方的民气，因后方民气的发扬而又格外足以鼓励前方士气，这简直可以说是民族复兴的起点。不过我们觉得民众倘要为国家尽责，不仅限于物质上的援助，最好各人考虑着在事实上、在环境上，假令可以办得到的，便不要安居在后方，慨然到前方去，切切实实贡献一点力量。

这里所谓“到前方去”，并不是上火线作战（教［叫］没有军事知识的普通民众上火线去作战，不但是唱高调，简直等于说玩话了）。是说到前方去服务，讲到服务的范围，也是很宽广的，但就眼前论，比较最切要的，莫如救护工作。赵承绶司令说：“万一将来伤兵过多，救护队医药用品及为国服务之医士等希望早日征集及组织成立”。而前天庞京周医师发表关于前方救护工作的讨论，也说医药人才颇感缺乏。因此我们推想到绥战如果扩大，或者是要为长期间的坚持，救护工作必然更繁重，而医药人才的需要也必然更迫切。那么凡是具有医学知识，或对于救护工作获得相当经验的，在这个时候，无分男女，都可自动的加入红十字会救护队，到前方去效力。

以上所说，又并非对一般执业的医生讲，执业的医生受着业务上的羁绊，如果要责令他们抛弃了原来的业务，一齐赶到前方去，这也是事实上所难能的（少数热忱激发自愿牺牲一切的，当然除外）。但救护工作只要有几个著名的医学界领导，其余参加服务的，凡是习过医或经过相当训练的，都可以胜任，至少也可以充临时救护的助手，像这样的人才，求诸全国各地总还不少。以前苏省当局曾拟令初出医校的毕业生分往内地各乡村服务，籍资习练。同样是服务，在这军事紧急的时候，何不到前方去，从事于救护工作，一方面是为国家服劳，一方面自身又得到实习的机会，岂不很好呢。（完）

原载于《中国红十字会月刊》1937 年第 19 期

## 红会应倡导卫生医药奠定强国基础

沈金涛

民族之强弱，基于国民之健康。据卫生家之调查东西各国之寿命统计，以法国为最长，平均在五十二岁余。而我国男女年龄之平均，只在三十岁左右。以是三十岁以上之青年，遽即颓唐；四十岁以上之壮年，体即衰弱；，五十岁以上者，即觉老态龙钟。去年出席世运会之选手，为全国英俊之杰出人才，技术并不落后，惟以体质之柔弱，竟至一败涂地。如吾国年来外患之严重，凡有血气者，孰不感覆巢之可危。而欲奋其一息之尚存以求解放者，必需以坚决之精神，健全之体魄，能耐一切生活上之困苦，能抵抗一切风霜雨雪、饥寒疾疫之侵袭，能负荷一切艰难困苦繁重之工作，养成铜筋铁骨，百折百［不］挠之体格，乃可前仆后继，再接再厉［励］，达到最后之成功。古今来成大业，负艰巨之人，弥不以健全之身体为基础。我人如欲救国，必先救民，救民者，无非人人锻炼其坚强之身体，以为任重致远之基。推考国民致弱之因，实为卫生常识缺乏，医药设备不週［周］之两大原因。本会对于医药卫生原为基本事业之一，故本会组织规程有设立卫生医药委员会之规定，若欲使国人之健康，民族之强盛，非红十字会倡导不为功。倡导之初步，应即集合全国专家，依据规程成立卫生医药委员会，分设各分会，推行于各乡镇。病者为之疗治夙疾，为之解释病源；未病者，为之施行预防，纠正已往之恶习，指导日常之生活，提倡体育，奖励运动。凡属对于生理上之原理，卫生上之实施，莫不尽量发挥，加意栽植，则十年后之中国不特世运选手，在世界舞台上可获得锦标之希望，且国势必能强盛，无复有侵略、威胁、毁灭等之压追矣。即人民虽届期颐之年，犹复精神矍铄，以较今日之欧美，当能青出于蓝，而胜于蓝。愿本会领导群伦者，负此重大之使命也可。

原载于《中国红十字会月刊》1937 年第 20 期

## 从教育的效率上谈到参用红十字会教材的刍言

刘思敬

我国自民十七改革以来，国人对于教育事业积极扩充，不遗余力，是以新教育演进的效率大有一日千里之势。挽近复加海内外诸名流专家悉心考察，日益改进。根据着儿童个性和学习发展的过程，进而从事于民族教育、健康教育、社会教育等之设施，以期陶铸健全的民质，纯良的民心，中坚的民性。盖不如是，则不足以应付时代的潮流，而与世界各民族共同发展于环球之上也！

惟是据现代教育的原理，有优良的教法，必须有优良的教材，有优良的教材，尤不若有实地练习的资料和环境。俾青年学者游泳其间，足以养成其天然的良性，灌输其服务社会的知能，锻炼其忍苦耐劳之体质，此红十字会材料之可加入学校课程者也。

红十字会之组织，世界上唯一之慈善机关也！抱和平博爱之宗旨，为救济危难之事业，作人道主义之保障，扬世界公同之美德，具服务社会之精神，富增进健康之设施，凭科学之定性，无宗教之色彩，本一视同仁之存心，联国际互助之友谊，盖含有我国昔时所谓“智”“仁”“勇”三者之教育性在焉！

倘我国教育家採［采］而利用之，靡特在训育上适合近代社会之需求，即以之分配单元，编订大纲而加入社会、卫生、公民、常识和国防训练等科，固纯属活的教材，极便于设计联络教学，以引起儿童学习的动机，而收做教兼施之实效。何况学校健康教育之练习，童子军急救诸教范等，在在与红十字会之救护训练相吻合，不惟无扞格难入之问题，且多充分活动的趣味！

尤有进者：我国自逊清末叶以还，人心变坏，道德沦丧，已达极点。政府虽不乏种种方策时加挽救，无奈国人罹下流社会之习气太深，以致文字运动遽难奏效。而一般青年同胞因日染濡于不景环境中间，除少数受训练者，能养成其强毅不变之品性外，尚有多数可造之青年，以缺乏良好园地的修养，故一经出校，遽变其本来的面目，呜呼！现象若此，我华人心之前途，不岂可惧哉？

虽然我国教育者，如能参用红十字会理事材料，联络于各科教材之中，使儿童于平日之行为上获到良好作业之默化。自幼养成了趋急救危之天性，与牺牲个己、赞助社会之志趣，咸愿以——献身邦国，摒除私利，造福人群——为职志。其辅助教育之收效，不且活动而深切哉？

所愿现代之教育当局者，对此有利无弊之材料，选用而联络之，吾敢信其在教育效率上不无小补也！复我国魂，强我民族，同心君子，其实行之！

原载于《中国红十字会月刊》1937年第21期

# 中国红十字会应速完成救护事业之伟大使命

王振川

救护职责，端在保障人群，对于战时军民生活之休戚，关系密切，救护设施之良窳，直接影响于人类之安危，简［间］接甚至涉及于国家民族之生存。故红十字会救护事业，实已形成救亡图存基本要素之一，其使命之伟大，概可想见。

救护任务既极繁重，而其运用之范围又属广泛。消极而言，则为裹创疗伤，以施急救之术。积极而言，则为讲求卫生，以免疫疠之侵。其次若诊治疾痛，使之恢复健康；娱乐慰劳，使之焕发精神，在在足以表现红十字会博爱观念、恤兵宗旨。故救护工作为红十字会之唯一事业，亦为军民于战争时期之唯一救星。以是民众之信仰既坚，相率效尤兴办者，亦风起云涌。虽随时代之演进，群策群力，共谋保存人类之愿望，固一极美满之现象也。惟是救护程序推进之优劣，全在一般人员经验技术为标准，其实施措置之合理与否仅属局部之得失。而任务执行之适当与否则为国家之损益关系綦巨。我人岂敢忽视，而不缜密考量，审慎从事哉。

中国民族，现已处于极端危急之关头，严重困难之境地，今后民族之存亡兴衰，皆将在此最短时间决定其命运。试观目前情况，则绥东之战祸未已，陕西之纷扰迭起，全国几成混乱崩溃之局势。我人在此非常时期，应如何负起非常责任，坚决准备，努力苦干，尽国民之天职，发扬人类互助之精神，以整个力量发挥于救护事业。现虽处存亡断续之时机，临于强弱兴衰之枢纽，运用得当，则中国可以不亡，民族可以复兴，运用失当，则国家民族，均将陷于万劫不复之深渊，无以自拔矣。

西谚有云，健全之精神，寓于健全之体魄。洵非虚语，夫体魄为发展事业之基础，欲努力于救护，先须锻炼体魄。虽遇暴风疾雨、溽暑严寒之袭击，皆能奋勇以赴，履险若夷，恪尽厥职，以求实现救人救澈［彻］之目的。其次对于医药之阐明，技术之娴熟，科学之知能，军事之认识，应受特殊之训练，长期之研讨，始足应付目前之非常时代。

上述种种，均为推进救护之条件，设使本身具备丰富之修养，工作复握优越之条件，庶不愧红十字会一员健全之救护人才。红十字会能否完成其所负重要救护任务，胥视其所受之训练，是否已达到其工作进行所须运用之标准，此为今后救护问题成败之关键。

吾人欲求救护人员之能胜任愉快，当先求人员品质之改进，而品质改进之途径则有赖完善训练之实施。斯则有望于主持诸公，以最大之努力与迅捷之推行，以期完成中国红十字会伟大之使命也，可。（完）

原载于《中国红十字会月刊》1937 年第 21 期

# 博爱恤兵是实行大同主义

乔　炳

万国缔盟红十字会以博爱恤兵为宗旨，我国亦继续加入，定名为中国红十字会，迄今三十有四年。先进沈敦和君等创造经营，其博爱恤兵之成绩，中外同钦，群以为效法欧美也。余谓不然，是即实行我大同主义也。盖本会之博爱，即大同之所谓使老有所终，壮有所用，幼有所长，鳏寡孤独废疾者，皆有所养也。本会之从事卫生勤务，即大同之所谓力不必为己也。本会之解囊输捐，即大同之所谓货不必藏于己也。欲选贤与能讲信修睦，尽人不独亲其亲，不独子其子，必先求得以天下为公，否则大道之行，有志未逮。虽圣如孔子，亦徒抱老安少怀之志，喟然长叹已耳。或谓红会博爱，注重恤兵，实与大同有别，而不知仁者无不爱也，要当务其所急。当今之时，机械流毒，月异日新，既无弭兵之方，又乏缩军之策，则人事之最痛苦，而最宜恭敬、最宜矜恤者莫如兵，寄身炮火，为国捐躯，其存其没，家莫闻知。本会具有中立之精诚，取得国际中立之地位，而为之救护焉，掩埋焉，医治焉，未战之先为之准备焉。既战之后为之抚恤焉，又以其余力救灾防疫，博施而济众焉。儒氏之胞兴，墨氏之摩顶，佛氏之喂鹰，耶氏之捨［舍］身，不是过也。苟推行此旨，而至乎其极，则谋闭不兴，乱贼不作，外户不闭，食足而信孚，无兵而守固，雍雍皞皞，上□与天地同流，大道之行，如是而已。夫大同何以选贤与能讲信修睦，以负行道之责，以主使安老用壮养幼等权，何以力不必为己，货不必藏于己。夫所谓不必者，必先有为己之能力，乃至于不必为己；必先令货不弃于地，能生殖收贮以养己，乃至不必藏于己，以养夫鳏寡孤独废疾无告之穷民。彼以大多数同胞之生命财产为试验品者，一意孤行，穷兵黩武，所被爱者有限，所宜恤者实无穷也，嗟乎惨哉。彼岂希望成一己之名，不能流芳于百世，亦甘遗臭于万年者欤。一熟察夫大同之真相，则知我国幸已天下为公，而本会博爱恤兵之行动，即大同之初步也。中山之全书，首引“孔子大道之行，天下为公”百余言，尊为弁言，奉为冠冕。正以孔子大同之志期诸同人，所以概称为同志也，素有大同之志者，当先行大同之行，欲行大同之行者，盖先尽本会之义务。本会建阳分会设立于民国九年，前贤经始，成绩尚佳，炳承之会职，无善足陈。窃以三十年来谢绝宦途，谨奔走于地方教育、政治事宜，牺牲一是，固亦歆羡大同之徒耳。尚愿本会同人，于博爱之人，更以爱亲为重焉，于恤兵之外，尤以恤民为心焉。敬祝中国红十字会，于最短时间，化为世界大同，则幸甚矣。（完）

原载于《中国红十字会月刊》1937年第22期

# 节衣缩食以应非常时期之需要

沈金涛

红十字会者，抱平等自由之精神，践互助博爱之正义，无种族阶级之分，无国际界限之别，本悲天悯人之怀，作济世救人之举，出入相友，守望相助，疾病相扶持也。无论古今中外，大宗教家、大哲学家、大政治家、大革命家之主旨，未有能越红十字会宗旨以外者。以是本会贯澈［彻］维护人群之原则，而为人性好善所驱使，救死扶伤，拯灾恤难，成绩昭彰，有目共鉴。人无计夫亲疏，睹惨状而生怜，出水火而登袛［袵］席，起生死而肉白骨，彪炳史乘，不觉已三十有四年矣。际此国难方殷、存亡绝续之顷，本会为保障人道，以尽职责起见，业经下令动员，加紧训练人才，准备救护实施，灌输医药常识，并储备多量之材料，以供非常时期之需要。但愿全国上下万众一心，不问恩怨敌友。在悲悯同情之中，宜有悔悟之感觉，一致挽救国难，然必人人皆有悔悟当先，而后可以联合到一条线上，和衷共济，救灾拯难。若再各自为政不能实事求是，则非但总动员之无效，适足养成大骚乱。所以日后之大难，其将为吾民族复兴之转机，抑更为演成大乱无已，国亡灭种之起点。虽未可逆料，但实击乎救护设施之良窳，及各界人士能否深切协助以为断。盖本会已具有尽善之计划，惟感经济之竭蹶，虽剜心头之肉，仅医眼前之疮。惟有望于海内外同胞，以节衣缩食之所得，行推己及人之鸿施。杨枝一滴，洒即甘霖，山涧众流，汇成大泽。完成本会伟大之使命，即所以挽救吾国之民脉也。世间赚钱固难，节用亦易，且行俭为人之美德，亦人所可能者，非不得不用之钱弗使，非不得不要之物弗购，每日只须节省铜元一枚，以全国四万万同胞计之，每月可余四万万枚，合计国币一百三十余万元，以多多益善为目的，持之以恒，则有恃无恐，无往而不利矣。今年社会间，每遇婚丧喜庆，往往穷奢极侈，漫无限制，甚有举借巨款，不惜牺牲财产之大部，博一日之虚荣，不智孰甚。曷［何］若移作国防，岂不美哉。现在生活程度愈高，社会之危险愈大，欲将生活压低，当先从衣食住行做起。衣服以整洁为先，不必学习时髦；食物以滋养料丰富为宜，何必龙肝凤胆；住屋只须空气流通，何用洋楼高崇霄汉；行路以安步当车最合卫生，何必车马。余若卷烟一物，多含尼古丁毒素，人反嗜之若命，无论贩夫走卒，莫不人手一支，何不以无谓之损失，捐助公益。望邦人君子，体天地生存之德，宏圣贤抱与之怀，疏财仗义，济急扶危。将来不独本会在联盟会席上获得非常之荣誉，即吾国家在国际间，亦当尊为无上之光荣，岂不乐乎，曷［何］亟起而图之。（完）

原载于《中国红十字会月刊》1937 年第 23 期

## 红十字会贯澈［彻］人道主义之诠释

沈金涛

红十字会者，贯澈［彻］人道主义之国际团体也。人道主义维

[为] 何？吾欲伸其说焉。夫人道主义，虽不自今日始，然上古之人，知识未鉴，浑浑噩噩，听命于天，是谓天道产生时代。中古之人，开化未久，文野驳杂，劝惩以神，是谓神道设教时代。近世之人，程度渐增，文明日启，推己及人，是谓人道发明时代。吾人递衍递嬗，垂数十年，其经历阶级，科学进步，愈化演亦愈光明矣。所谓人道名词，我国产生最早，义经四子等书，见诸记载。虽其主义不同，而隐与之吻合者亦多，所发明如子舆氏之论人者仁也，训人为仁，谓人道即仁道，实含有近世人道主义。《昌黎原道》篇，发挥尽致，昭然如日月经天，江河纬地，然排斥异己，黜落百家，其所见者小而人道卒未发明。然如上所说，皆人道之由来，非人道之主义。欲说明人道主义，约可分为三项：一为平等主义。自阶级制度产生后，而天下胥不得其平，大役小，强凌弱，富骄贫，贵挟贱，而一国之君主，直谓为神圣不可犯。吾国专制二千余年，滥作威福，推原其故，皆不平等之阶级限之也。而欧美贵族以及大富硕商，遇事把持，欺凌愚弱，甚至左右君主，使之未展一筹，其不平等也，实甚。近世虽提倡平等，而终未见诸实践。虽然阶级之不平，其患犹浅。人心之不平，其患犹深。盖人心不平，其残贼人道，恐将靡所底止矣。故抱人道主义，先言平等，人平我平，社会平，国家平，世界平，则人道之始基固矣。二为博爱主义，人之所以异于禽兽者，以能爱群故也。孔氏言博施，佛氏言慈悲，耶氏言兼爱，乃知提倡爱群以发挥人道者，早见诸二千年以前。迩来各国多主共和，竞言同胞，玩其意，即博爱之代名词也。夫由个人爱身家，而成家族，由爱家族，而成社会，由爱社会，而成国家，由爱国家，而成世界。可知天下之大，无一事不恃爱而维持之，即无一人不用爱连络之，爱我，爱人，爱社会，爱国家，爱世界，则人道之实质充矣。三为大同主义。平等无阶段，博爱无界限，此之谓大同。夫国利民福，人同此心，心同此理，推其理以问心，推其心以待人，即人道之见端，而大同之近象也。苟能人同，我同，社会同，国家同，世界同，而人道之极则立矣。由是以说，始于平等，成于博爱，归于大同。人道主义阐发靡遗矣。凡天赋人道之特权，实行必力，以个人人道之发生而及于家族，以家族而及于社会，以社会而及于国家，以国家而及世界，而平等也，而博爱也，而大同也，谓非人道幸福欤。然而能行者，果何人耶，其惟我红十字会乎。（完）

原载于《中国红十字会月刊》1937 年第 24 期

# 女医师与小儿疾病

苏曾祥

## 为女医学生择习科目者进一解

从生理上讲，从习惯上讲，男女之间秉性和天赋，各有不同，长于此，拙于彼。一个温和而慈爱之女子，自应利用她的长处，去择一种性之所近的职业，庶几事半而功倍。医学对于人命有关，已非稍有慈爱为怀者习之不可，尤以医学中之小儿科，旧称哑科，却最好由女子习之。因为童年无智，痛痒不分，既不能述病情经过，又不会说现在状态，除啼哭以外，别无言语，等于一个哑子，所以称之为哑科。由这哑科二字，我们就可以想到它的困难，做医生的，好像在猜谜那样，要寻出他的病源。譬如小儿患肺炎，可以由腹痛初起，我们不能因为他是腹痛而只从腹部着想，所以诊察方面，要十分细心，必详必尽。当非有慈母之爱，而对于儿童有极大兴趣者，恐不能有此忍耐性。名教授 prof Degkwitz 氏说“小儿科医师，不仅能看病而已，还要能变戏法，会讲故事，以娱儿童，使容易接近，而达到诊治目的”。又已故著名小儿科教授 Prof Pirquet 说：“每个小儿科医生，必定要会包尿布，入厨房烧小儿吃的东西”。我亦亲自看见许多小儿科教授，身边带了一盒糖，屈膝在小床面前，有说有笑，自己好像一个老小孩子。这种医师而兼慈母的温存，女医师做起来，比较习其他科目更为相宜，就因为女子有天赋之母爱，爱我爱以及人之爱，幼我幼以及人之幼，念其子而及人之子。见一个母亲，带了她的儿子，到女医师的诊所里来，她能以己度人，洞烛入微，忧人之忧，乐人之乐，对于病家也容易引起同情。女子大多谦恭和气，对于病家要求，容易探［采］纳。他人以儿童啼哭为可厌者，我应听之如音乐，不畏麻烦，事无巨细，都亲自动手，无过分庄严面孔，减少儿童恐惧，视同家人。再儿童平时饮食和病后调理，较成人更为重要，女子长于烹饪，可以想到许多合宜的烹调食物，同时教授母亲如何去做。母子有密切连带关系，Prof Degkwitz 氏说：“要检查一个小孩，同时须要检查他的母亲，要医治一个小孩，同时也要医治他的母亲。”他说这句话，因为眼见许多母亲为了他的儿子生病而神经不安，母亲的一切可以应［影］响到她的儿女。女人与女人，有许多方便的地方，女医师对母亲询问检查的时候，更加容易。又家庭经济方面，女子负担较轻，对于贫苦儿童施诊亦易实行，而对于经济不甚宽裕者，可以酌量取费，这都是我从个人经验中得到的感想。

我在欧洲时见各医院中，确见医生在小儿科病院工作者最多，次之产妇科、内科、眼科等。国内女医师不多，习小儿科者更少，社会人士对于此层亦可注意。深望学医而欲求专门之女医师，多多学习小儿科，利用天赋的智能，努力不断的研究，小之可以应一家，大之可以应社会，这是笔者一些小小的贡献。末了，我要补充一句：以上所说，皆就一般的性情立论，并非说男医师就没有耐性，而绝对不宜学小儿科。例如我上述的二位名教授及已［以］往诸大家即皆男性，而现在我国小儿科同道中诸位男同志，恐怕慈祥温和，细心慰贴［帖］，比之笔者要胜过十倍呢。（完）

原载于《中国红十字会月刊》1937 年第 24 期

# 灾区卫生工作概要

解吉未

（一）灾区的灾民生活情形一般

甲、灾民居屋不能遮蔽风雨。农民的居屋本在圩心中，村落如星罗棋布。洪水来时，圩堤冲破一片汪洋，灾户用稻草树枝，在圩堤上搭小蓬居住。

乙、灾民食不能温饱。农民蓄粮，因多被水冲去，每日以麦、麸、家禽、鱼类充饥，甚至有食树皮者。

丙、灾民以帮工和捕鱼维持日常生活。灾民平无储蓄，日无进款，家庭生活颇不易维持，壮丁往他乡帮工，少年人以捕鱼为日常收入。

（二）灾民健康情形一般

甲、学龄前儿童患有蛔虫者最多。

乙、学龄儿童患秃疮者最多。

丙、青年成人患沙眼者最多，缕麻质斯者次之，赤痢疟疾者又次之。

丁、老年人患沙眼、肺痨者最多。

戊、女性多患贫血症。

（三）灾民思想与施行诊疗及预防工作之不易

甲、灾民未受教育，不知卫生之重要。

乙、迷信观念太深，不信仰新医，预防工作无法施行。

丙、灾民生活困难，无暇顾及卫生。

（四）公共卫生护士在灾区之工作

甲、公共卫生护士依社会情形而进展工作。

乙、公共卫生护士联络地方当局人员，推进卫生教育，使工作略能进行而收成效，其工作方式如下：

（一）联络地方当局人员：

A. 公安局分驻所巡官；B. 区长或联保主任；C. 保长

施予卫生教育，使其明瞭［了］预防工作之重要，新医较旧医之优点。

（二）召集人员施予卫生教育：

A. 由保长招集甲长；B. 由甲长招集户长，施予卫生教育。

（三）人烟稠密之地，为施行诊疗及预防注射中心区域。

丙、公共卫生护士协助诊疗及预防工作，使灾民享受医药保障。

丁、公共卫生护士指导个人卫生及传染病处置，防止疫疾流行。

总之，在灾民无智之下，施行诊疗及预防注射本极困难之工作，公共卫生工作进展以来，使施行诊疗及预防注射工作，以便利甚多及其能使一般人明白预防及早期治疗之重要也。（完）

原载于《中国红十字会月刊》1936 年第 13 期

## 防空救护所之设备及其业务

史国藩

防空救护所为固定性及移动性防空卫生勤务之唯一补助机关，其性质完全为新兴事业，既非部队绷带所，又非各大城市之急救所或救护所，其主要之任务如左：

一、为伤者及中毒病人施行医疗，空袭后迅速转送医院。

二、伤者及中毒病人，如无送医院治疗之必要者，仍在防空救护所继续治疗。

三、治疗被侵肺性毒气中毒之病人。

吾人深知硝酸瓦斯、蓝十字毒气、绿十字毒气、黄十字毒气，均易引起极剧之肺部中毒。

绿十字毒气中毒病人之命运，是决于中毒后之数小时内及其后三四日之经过，任何身体的劳动及寒冷均可引起肺浮肿，甚致病状逐渐增剧而死。在德人蒲雪 Buscher 所著之《毒瓦斯和我们》一书中，述及有五个工人在瓦斯试验场试验瓦斯榴弹之爆炸，因风向之忽行变换，均陷于光气氛围中，初则仅有一个工人呈重症中毒状态，其余四人均毫无困苦之感，因之四人协同救护其中毒同伴。搬送至附近救护机关，虽行各种急救法，终属无效而死，二小时后，其搬送之二人始觉胸内苦闷难受，旋亦死亡。考此二人之所以致死，完全因在搬运同伴时身体过劳所致。

孟戚 Muntsch 氏在其《瓦斯中毒病人之病理及疗法》一文中，述及一九二八年在汉堡发生之著名光气不幸事件中，有一青年驾其游艇迅速驶过光气氛围，急速离舟上岸，初仅稍有咳嗽刺戟，即往医师处求诊，医师诊查结果，亦毫无异状。仅令其之新鲜空气处稍事修养，但经四小时后已死亡矣。

是以吾人当诊断一中毒病人，有肺部中毒可疑时，须使其避去任何身体的劳动，并须长时加以诊视，如发现肺浮肿症状，立即设法治疗，任何搬动亦非所宜。是以现德国每一防空救护所，设一绿十字室 Gruenkreuzraum，依照绿十字中毒病人之死亡统计，大都在中毒后第五日死亡者较多，是以在中毒后四日内须常在诊视中方可。

吾人尚且注意者对于伤者及中毒病人之第一步急救治疗，是否需要特种设备？外伤病人及蓝十字或催泪性毒气中毒病人之衣服，放置在同一室内，可无妨碍。但对绿十字毒素中毒病人，则须有特种设备之室，对于黄十字毒素中毒病人之处置，皮肤粘着黄十字毒素（芥气）者，可用盐素剂、过锰化钾等治疗，其他用温水及碱性肥皂充分洗涤皮肤，亦可得同样之效果。总之凡曾接触芥气者，在中毒后至迟二十五分钟须行洒水浴，以防毒素侵入皮肤，此种洗涤方法，最好设一特种设备之卫生消毒所，附属于防空救护所内，此种消毒所须三个房间，即脱衣室一间，洗澡室一间及着衣室一间，是以一个救护所至少有左列各室：

一、重伤室一间　二、轻伤室一间　三、绿十字室一间

四、脱衣室一间　五、洗澡室一间　六、着衣室一间

七、治疗室一间　八、厕所一间　九、小厨房一间

十、事务室一间　十一、尸室一间

其他每一救护所，须有一安全之地窖或地下室，选在大住宅或大旅馆内（如无地窖或地下室，可选平地上之下层房间）改造为防毒室，以

保护伤病。

防毒室最好完全设在地下，建筑须非常坚固，可以防止一切炸弹，并须有严密之防毒设备。

在救护所之出入口，须各设一气闸，是以每一救护所之房间数，已为十三个，必要时对于一切芥气中毒病人，尚须特设一至浴室之入口，因之每一救护所，共须三个气闸，即共须十四个房间矣。

芥气中毒病人对其中毒处，由卫生队给以黄色小牌，以示与普通伤者区别，当其送至救护所时，即可令其由特别入口进入，即行洒水浴以消毒。

战事剧烈时，须在地窖或地下室内工作，但地窖内之房间，往往不敷应用，则只能将事务室及厨房设在上层，尸室设在空地，将地窖分为左列各室：

一、轻伤室　二、重伤室　三、绿十字室　四、脱衣室

五、浴室　六、着衣室　七、两间至少设气闸两个

其他手术室亦颇必要，亦宜设在地下，因在空袭时，重伤病人直接送往医院颇多阻碍，不如先在救护所施行急救治疗。

救护所之设备方面尚须顾及者，为给水、照明及保温问题。因在空袭时，中央水电机关往往停止供给，是以救护所内，须预有相当之蓄水，或凿一深井，因对于消毒及消防上亦颇有利也。

救护所之各个房间内，须有临时照明设备。现有一种电气照明体，可以燃烧六十小时。或装一小型临时发电机，此种发电机，不仅对于照明有利，即对于通气、保温及浴室内之温水供给，均可得以解决。否则，每一室内须装置一室内通气机。其他关于污水及粪便之排除，须特设一贮蓄池，并须设在深处，用唧筒排除之。中毒病人之衣服，须放置在密闭之金属箱内消毒之。

浴室内须装有洒水浴，平时亦可应用，此种防空救护所如设在学校内，则学生平时可利用洒水浴，以增进其健康也。如救护所设在地窖内，为经齐［济］起见，可用木制浴盆或马口铁盆以代之。

现我国每年例有防空演习之举。此种防空救护所，似可于每一警区内，由京市卫生事务所筹设一具有防空、防毒设备之救护所，平时为市民治疗所，战时改为防空救护所，一举两得，深盼当局注意及之。（完）

原载于《中国红十字会月刊》1936 年第 13 期

# 防空宣传摘要

## 空袭时期应该怎样

灯火管制实施期间，市民应该遵守的事情，希望大家一致去实行。

（一）全体市民，要时时刻刻留意空袭的警报，一听到警报发出的音响，除了电灯由电灯厂总管制外，其他屋内外各种杂灯一律自动熄灭。

（二）灯火熄灭的时候，大家要保持静肃，马路行人、车、马应即刻停止活动，躲避在道路两旁，或迅速跑进就近指定的避难所内。

（三）灯火熄灭后，市民要注意自家门户，预防盗贼和发生火灾，家长更应禁止孩童外出，以防危险。

（四）灯火管制实施期间，市民如有在举行婚丧宴会，或其他游艺娱乐等事，要立刻停止，绝对不许由由点火燃灯，等到解除警报的声号响了，再行复染原状。

## 为什么要防空

我们国家在政府伟大的努力下，已一步步地走上复兴的途径了，但在这艰苦建设的道路上，说不定便要遭遇敌人的飞机。敌人飞机上的炸弹随时都会来的，他们要把我们繁荣的都市，一切人才物质集中地变成一片荒凉的瓦砾。我们要使得市民们得着安存，我们就得注意天空的防备，我们赶快合作起来，共同研究怎样武装保护我们灿烂都市的法术，准备防空的用具，我们要知道：

1. 防空是救己救人的工作；
2. 人人应负防空的责任，人人就应有防空的常识；
3. 家家户户应服从灯火管制，家家户户应设备消防器具；
4. 人人有被空袭的危险，家家应备急救的药品；
5. 防空赛过保险，防空就是防死；
6. 防空需要国民与政府合作，才能有效果；
7. 防空要全国国民一致团结，才能有力量；
8. 一人的行动若不合防空要求，即能使一城市的人民全体遭殃。

## 交通管制市民须知

一、交通管制，可分为陆地交通管制和水面交通管制的两种。

二、交通管制，是被空袭时保持街市安静秩序和交通便利的一种方法。

三、交通管制，不但能免除秩序的紊乱，且能减少敌机的目标。

四、行人车马或船只，应听交通管制队的指挥——缓行、加速或停止。

五、行人车马或船只，应听交通管制队的指挥——避入避难处所或通行道路。

六、野外行人车马或船只，遇到敌机来袭时，应即自动停止行驶及趋入妥为荫蔽地点。

七、行人车马，应听交通管制队的指挥，不得接近被敌人投弹的地叚［段］。

八、车辆船只不但须服从交通管制，而且应遵守灯火管制的规定。

## 市民救护须知

（1）救护分救急与治疗两项。

（2）人人应具备救急的常识——消毒、止血、包扎、人工呼吸等。

（3）家家应准备救急的材料——消防器具、灭菌纱布、绷带、三角巾、绊膏布、稀碘酊、薄荷油、硼酸油膏等。

（4）救急者不可用手指、衣服及一切没有消毒的东西接触伤口。

（5）对中毒者应先轻轻放置空气新鲜的地方，再行消毒。

（6）对轻创伤的救急，需先消毒后止血。

（7）对重创伤的救急，需先止血后消毒。

（8）如果上肢出血，须将受伤者的手向上举起，再用绷带或三角巾扎紧（衣袖亦可）送院治疗。

（9）如果下肢出血，须将伤者安卧地上，足向上举，依上法将大腿紧扎后，送院疗治。

（10）普通创伤的消毒法：是用消毒的纱布蘸碘酊涂在伤口以及伤口的周围，或填以海碘纺纱，以免微菌侵入。

（11）未破皮的水火烫伤，可即用消毒纱布盖上，再用绷带缠好。

（12）破皮的水火烫伤，可敷以硼酸油膏。

（13）轻度电伤，可照水火烫伤的救急法处置之。

（14）重度电伤，须即使伤者脱离电流的范围，即速送院治疗。

（15）救急人员，宜特别镇静，不要慌张。

## 防空警报的种类和行动

（一）空袭警报——是在敌机被入我防空监视线时期所发出的警报，其目的在使一般防空机关和住民迅速的知道敌机来袭，而适时开始次列的行动：

1. 防空监视机关严密警戒，补助监视机关同时开始活动。

2. 战斗飞行队即时出动，地上防空部队的高射炮等迅速从事战斗的准备。

3. 实施预定区域的警戒管制，并行所要的防护事务。

4. 警报和灯火管制机关开始活动。

5. 避难，交通整理开始，和关于此等防护机关的事前准备。

6. 消防，防毒诸机关从事警戒配备。

（二）紧急警报——系在敌机侵入我防空监视线后若干时间，判得其进路及空袭企图，而决定在昼间防护实施区域，或夜间灯火管制实施区域时所发的警报，此种警报目的，在实行次列各行动：

1. 地上防空部队的战斗开始，（即听音机、照空灯的开始活动，和高射炮、小炮高射机关枪的射击开始）。

2. 消防、防毒、避难、交通整理、救护机关的活动开始。

3. 市民从事各个的防护开始（防毒气面具的使用）。

4. 非常灯火管制的实施。

（三）解除警报——系在敌机退去我防空监视线后所发出的警报，其重要性慨［概］与空袭危险近迫时相同，此种警报的目的，在实行次列行动：

1. 防空战斗部队的战斗中止。

2. 防护机关入于平常状态，继续实施活动，至任务终了为止。

3. 补助防空监视机关活动停止。

（附）演习警报的规定：

（一）空袭警报

（1）汽笛——一短一长（连续）三分钟

（2）警钟——四响（连续）三分钟

（二）紧急警报

（1）汽笛——长音（连续）三分钟

（2）警钟——极速之连续声音三分钟

（三）解除警报

（1）汽笛——二长二短（连续）三分钟

（2）（警钟）——二响（连续）三分钟

（完）

录自《警察杂志》

原载于《中国红十字会月刊》1936年第14期

# 都市民众对于防空应有之知识

张道藩

自从上次欧洲大战的时候空军参加战事以后，战争的方式已由平面而变为立体，由前线而扩大到后方。因为空军是山岳不能阻，河流不能隔的，它可以成群编队，翱翔天空装着重量炸弹，深入敌国的后方，它能够在最短时间以内，将敌国的政治、经济、军事、工业的重心，以及铁道、桥梁、要塞等重要交通利器和防御工程，加以猛烈的轰炸，使之破坏无遗。并且可用毒气弹、细菌弹，残杀敌国的人马。倘若帝国没有相当的防空设备，则在最短时间内全国的精华，都可以变成焦土，整个的民族都要沦于灭亡。其为祸之烈，诚非吾人所想象！现代各国军事学家，都认为今后战争之最后解决，全赖空军。因此各国都在竭其全力扩充空军。

大凡两国开战，敌机所要毁的多半是些军事、政治、经济中心的大都市。因此大都市的民众对于防空知识，尤为要紧。现在我所要说的，就是都市民众对防空应有的知识。

（1）关于消防方面的知识。敌机来袭大都市的时候，多半先用燃烧弹轰炸各种大建筑，如工厂、学校、兵营、官署，或人烟最密之民房等，以图破坏。遇了这种事的时候，唯一的要事，就是救火。所以在战事将临以前，除了已有的公共救火设备而外，民众能够准备救火唧水筒、救火药沫等物，固然很好。即或不能，也应该多多预备储水池、水缸、水桶和砂土等物。因为敌机投掷燃烧弹时，着火之处必多，若全赖消防队之救护，事实上不可能。市民必须有自动救护的能力，互相帮助，使火灾不致扩大，损失可以减少。至于储水一节，我们不特要储蓄防火灾用的水，而且还要储蓄吃的水，因为战争一起，自来水厂往往常为敌机之主要轰炸目标。万一水厂炸毁，水源断绝，不特救火无水，民众还有渴死的危险，所以事前须有多量水的预备。沙土是消灭烈火最好的东西，也要多多的储备，以备应用。此外当敌机空袭的时候，市民对于一切足以引火之物，尤须特别注意。以免民众自行失慎，发生火灾，影响治安，这种事如果在夜间发生，反供给敌人一种认识都市所在的最好目标。

（2）毒气弹之识别及一般防毒方法。前面曾说过敌机常常装载毒气弹投掷于大都市，杀害后方无辜的民众。我们为免受重大的残害，对于敌人投掷毒气弹的情形，不能没有相当的辨识。现在把毒气弹最容易判别的几点说明如左：

一、毒气弹爆炸的时候没有很大的声音，破坏的作用亦小。

二、落弹附近以及顺风吹到的地点，都有特殊的臭气。

三、眼鼻咽喉会受毒气刺激有特别的感觉。

四、有时发生多量的烟雾。

五、如有细雨一样的液体飞散落弹地段的四周。

现在各国防空机关对于敌人施放毒气弹的时候，另有一种信号警报民众，以便民众知道防护。无论我们听到毒气弹的警报，或者自己判别出来的时候必须快快的戴上防毒的面具，穿上防毒的衣服，或者逃避到防毒室里。因此防毒面具和防毒衣服能够预先置备，练熟使用方法更好，防毒室的建筑设备比较复杂困难。除公家或有经济力量的私人容易办到而外，一般民众是不能够做到的。所以普通民众，还是以置备防毒器具为宜。万一连防毒器具也没有力量置备，遇着毒气时，可用湿手巾一方掩着口，或者用曹达水覆着面。或者以小便润湿泥土用布包好覆于面上，或者躲藏在干草或土堆中间，或者把头埋于青草、木炭、锯屑里面，不惟要非常的安静，而且还要慢慢的，轻轻的呼吸。这样也可以避面［免］一时毒气的危险。此外倘若一无准备不能不逃避的时候，务使背着风向，或往风向之侧面逃走，以免迎着风向容易中毒，逃走时务须沉着，不可慌乱，因为慌乱容易气促，气促则呼吸，又容易受毒。万一不幸中了毒，赶快送到就近的医院去救治。若果没有医院，须将中毒的人移送到没有毒气地带，施以人工呼吸，亦能挽救于垂危，凡受毒气区域的食物，非经消毒以后不可入口。受毒气地区的消毒方法，可用漂白粉或强性曹达水以及炭酸曹达的溶液等，用喷水壶撒布于地面。对于受过毒的衣服等物，可以用煤油或挥发油洗涤，或利用日光蒸哂［晒］，或用开水煮泡，或用流水冲洗，都可以消毒。若用漂白粉，切不可与金属的物品相接触。受过毒的布片等物，不可以焚烧，免得毒气分散。

（3）灯火管制。现时之防空组织颇为全备。所以敌机的空袭，多半在夜间，因为在夜间飞机容易隐匿于黑暗之天空，侵入敌国，不易发现。即或发现了，其被防空武器攻击的危险，无论如何，也较白天为少。大凡空袭的飞机，多半乘敌国灯火管制尚未充分组织完备，民众防空技术训练尚未成熟的时机举行。因为这样可以利用地上各种灯火为目标，容易发现都市所在而实施轰炸。照这样说起来，灯火管制的实施，实在非常重要。灯火管制的方法有二：一为统一管制，一为各个管制。所谓统一管制者，就是由发电厂切断电流，使一都市之内全行灭灯是也。此法最敏捷且容易实施。所谓各个管制者，就是将应行处理灯火之时机，预示一般市民，由各团体或各人分别灭灯，或掩蔽灯光是也。这种方法颇难完善。所谓掩蔽灯光，只指室内灯火而言，其法就是用黑布掩蔽窗户。以黑布作套，盖蔽灯火，使光线完全不透出窗外。至于屋外之灯，须概行熄灭。所以我们得到敌机空袭的警报的时候，便要准备实施掩蔽或熄灭灯火的工作。

（4）听起警报。警报分三种，第一为空袭警报。当防空司令部得到第一线防空监视哨发现敌机空袭的报告以后，即用制定之发声汽笛或钟声等，发出敌机空袭的警报，使全市民众知道敌机将要袭击我们的都市，而对于防火防毒有所准备。市民听到空袭警报以后，就要立刻准备一切防护动作。第二为紧急警报，紧急警报，是报告敌机快到我们的都市了，此时所有地面上的灯火，如街市、屋内以及人力车、汽车、马车上的灯火，立刻概行熄灭，使整个都市完全在沉寂黑暗的景象中。所有街上的行人，若果没有已经设备的安全地点，赶快躲避到屋内，免受爆炸或毒气的危险。第三为解除警报，解除警报是报告敌人的飞机已退出我们防空监视的区域，此时便可恢复原来状态。上面所说的三种警报，或不同的声音，或由声音发出长短不同的信号发出，到事先会有公告。我们这三种警报的声音，务必事先要知道才好。

（5）守秩序。当我们听到敌机空袭警报的时候，最要紧的是要能守秩序，切不可惊慌扰乱。我们应该听交通管制队的指挥，逃避到安全地段。据欧战时空袭死伤人员的统计，因为不守秩序乱行逃避，自相妨碍致死者为最多。所以关于这一点，我们也要切实明白的。（完）

原载于《中国红十字会月刊》1936 年第 15 期

# 诸城分会救护训练班初步救护讲义

## 第一章 止血法

在战争的时候，流血算是极多见、极普通的事情，其所以能够致成流血的原因很多，有被刺刀刺伤的流血，有被枪弹射伤的流血，有被炮弹炸伤的流血，有被炸弹、手溜［榴］弹炸伤的流血，还有被房屋倒塌压伤的流血，及有因被房屋起火烧伤的流血等，因为流血的原因及事实是这样的多，所以担任战地救护的人们，第一件就必须知道怎样的去阻止出血，于是止血法就成为救护者必有的知识了。

（一）出血的种类：

甲、毛细管出血——血液之在人体里面，系营全体之营养循环，所以人体无论那［哪］一部份，都有血管的散布，而循环之作用，不过血液的大本营就是心脏，血液营循环的时候，亦以心脏为起点，而后支支节节，散布全身，这支支节节的血管，散布到身体末梢的时候，这血管也就极为细小，状为细毛，医名之为毛细管，这毛细管如被损伤，则立即出血，但此种出血极为细小，微微滴出，如不包扎，通常亦能自止。

乙、静脉出血——这种出血，血液为暗赤色，流出时颇为缓慢，作点滴或线状之流出，压迫伤处之上部时，流出之势增进，压迫伤处之下部，则流出之势渐止者，谓之静脉出血。

丙、动脉出血——动脉出血，与其他之出血大不相同，其来也势甚凶危，血液鲜红色，有时成线状的喷射，喷射的时候，或一缓一急之状，与人体脉搏一样，压迫伤处之上部时，则射势减退，此为动脉出血。

（二）止血的原因：

血液之来源，既然来自心脏，则止血的原理，当然以断绝血液之来源为第一意义，所以遇到动脉出血的时候，则应该搜索动脉血管之来路，而加以压迫使其血液不能通过，则下部的出血，必自然停止。

（三）止血的方法：

甲、毛细管止血法——毛细管出血情形已如上述，阻止出血的方法，通常因其溢流的缓慢及分量较少，故于不加阻止，久之，血液亦能自凝伤口，以阻血液的出路。若流出较急时，则宜先以冷开水洗涤伤口，然后以消毒绷带加以绷扎，于是毛细管的血液即能自止。

乙、静脉止血法——静脉系由全身回归心脏之血脉，此种出血较少危险，但亦不可忽视，以免出血过多至臻危境。阻止之法，宜速解除其衣带，高举伤之部分，不使衣带等物阻止血液之回归心脏，一面用消毒过的压紧布，紧紧地缚在伤口上。如不及拿取压紧布时，可先用手指按住伤口，然后请同伴拿来压紧布替换，压紧布须缚的紧些，以防血液之溢出（压紧布可用平时使用之洁白粗布加以消毒，然后撕成带状即成）。

丙、动脉止血法——总以压迫血管使其来路断绝为第一意义，通常遇到动脉出血时，可用一种特制之止血带，以紧缚伤口之上部（此止血带以橡皮质，一端有钩，一端有似链状之构造者）。

总之，要明瞭［了］止血之法，必须预先知道人体血脉散布的状况，若于急用时，犹以权变为宜，如无止血带，亦可以手巾、衣襟、裤带等代之，甚至以拇示［指］压迫血管，亦可作临时救急之用。

（四）局部止血法：

甲、头部——头部之动脉出血，须以手指压于咽喉之侧面，耳与颐部之中央，以指将动脉向脊椎按住，不可放松，以待移送后方医院，以待治疗，慎勿压迫气管，以免碍及呼吸。

乙、颞颥部——颞颥部俗称太阳穴，此部出血，应以拇指压迫耳前之颞颥动脉，并用消毒纱布掩住伤口，外使压迫绷带。

丙、面部——此部出血，宜即以拇指紧压下颌骨角，血可立止，若伤在颊部或唇部，则可将拇指插伤者口内，与其余诸指紧捏伤者之颊，如是则能压迫伤口下方之动脉干，出血因亦有止。

丁、鼻部——鼻部出血，又名衄血。急救法，令患者仰卧，将头部或上半身垫高，以拇指及食指压迫鼻孔，额上及鼻根部贴以冰囊，或冷水浸湿毛巾，有时可以食盐加入冷水里面，令患者的鼻腔徐徐吸入，若此二法皆难奏效时，可用消毒绵［棉］捲［卷］作纸烟状，塞入鼻腔上端，经数小时之久，出血当可渐止。

戊、腋窝部——腋窝出血时，可用手指或钥匙之柄，由锁骨之上后方，向第一肋骨压迫之。

己、臂部——臂部出血时，可以手巾包木棒、报纸等硬而且圆之物，或于木棒外裹以棉花，插入腋下。或用手巾打一大结，夹入腋下亦可，一方面另用绷带紧缚上臂于体侧，或有以手沿上臂内面之沟，与肱之中央部，以指头向肱骨内压迫之，又有于上臂部肱骨处置木棒一根，而以布巾绞迫之，亦可止血。

庚、掌部或手部——此二部出血时，可速将手高举过头，令于掌部紧握，用棉纱包裹之石块，则血可立止。

辛、股部——股部出血时，宜即于上端以两拇指加紧压迫，或于此部近鼠豨线处，用布及木棒绞紧，即可立时止血。

壬、下腿部——此部出血时，可用缚紧膝之上部或股之下端，且将足部高举，或于关节凹处置以硬物，将膝关节屈曲，并使股向腹部弯曲，紧压迫伤处，外用绷带固定之。

癸、身体内部——身体内部出血时，普通为吾人所不经意，但内部出血剧甚时，伤者面部通常发青白色。此时，救护者应即加以深切之注意，速送医师处妥为处置，以免生命危险。

余尚有耳出血，齿出血，肺出血，肠出血，脑出血等制止之法，或以冰镇之，或以药止之，或使以注射，但救护人员携带药材难得充足，使用绷带仍归无效，可送至医院诊断施治，方为妥善（止血药剂及注射止血液详《药物学摘要》内）。

止血之法，上述略已明晰，然于所敷药品及所用之绷带器具，尤以消毒为最注重。若受出血者，须先将血止住，再用消毒镊子除去异物，再拭净泥垢及不洁物，然后消毒而绷带之，但创伤为泥土所污，恐有毒菌随血液循环入内，每易引起破伤风，故当此时，以早期预防注射破伤风血清，方为妥善（注射法详《药物择要》）。

此外，尚有永久止血法，因时间迟缓，手术繁索［琐］，宜于医院不适于初步救护，姑不赘述。

## 第二章　消毒法

消毒亦为战时救护最要紧事件之一，因为作战时受伤之原因既多，故如救护者，在消毒的方面不加注意，即容易使得伤者的伤口不易痊愈，甚或发生意外之危险。盖天地间有一种最微细的微生物，为吾人肉眼所看不见的，这种微生物名为细菌，又名微生物，散布在天地之间，随处皆有，不独泥土上、用具上都有这种微生物，即我们的衣服上、皮肤上也都有它的存在，这微生物含有毒性，它能乘着我们皮肤表面有了伤痕的时候，而侵入伤口的里面，小的可以使伤口化脓，重的可使伤者丧失生命，所以在战地施行救护的人，对于所用的救护工具以及包裹伤口的东西，都应该充分消毒，然后方可免许多的危险。

作战的时候，战地救护的消毒问题，既然如是之重要，不过在战争的时候，诸事均极仓促，常常没有充分的时间去施行消毒之准备，因而施行救护者便应当用一种简便的方法去消毒，这种简便的方法可以略举为三：1. 为煮沸消毒；2. 日光消毒；3. 药物消毒。若用时，可酌当时情形择三法中之一，较为便利者用之。

（一）煮沸消毒法——以欲消毒之物件，置于锅釜内，加水煮沸三十分钟后，即可达到完全消毒之目的。煮沸消毒者，为金属机器、玻璃、木器、绷带材料等。

（二）日光消毒法——经过八小时以上日光直射方可，一般经过二日方能消毒，本法适用于不能行煮沸消毒及药物消毒之物件，如书籍、谷物及其他使用器具。

（三）药物消毒法：

甲、酒精消毒，以普通酒精加入五分之一至五分之二水分而用以消毒。

本法适于手、器械、器具、布以及其他。

乙、稀释碘酒，以酒精将碘酒五倍乃至十倍稀释。

本法适于切创、挫创及皮肤之消毒，但陈旧之碘酒对于皮肤刺激性甚大，故须贮于冷暗厂所。百倍之石碱水，亦有同样之消毒作用。

丙、千倍昇汞水用于病室床、手、皮肤之消毒，但金属每受其腐蚀，故不宜用，亦不可用于食品及玩具之消毒。

丁、二十倍石炭酸水因其能引起石炭酸坏死，故不宜于手及皮肤创伤之消毒，但对于排泄物之消毒，则颇相宜。

戊、十倍石灰乳，将生石灰末内加入少许水分，使其瀑裂，又成为粉末，取此粉一分，加水九分，混成乳样液，用于吐泻物、排泄物之消毒。

己、福尔买林，为无色之油状液体，当加热之使蒸散，以消毒室中之空气及屋顶墙壁等，或以三十倍量之水稀释之，而用其液。

## 第三章　人工呼吸法

凡触电者、溺水者以及晕厥者，一时断绝呼吸，险于危笃状态，但心部尚跳，可急用人工呼吸法，使其胸廓交互缩张，空气得以进入肺部，而逐渐恢复其自然之呼吸，即厥后历一二小时者，亦可渐次复甦矣。

兹择其简略二法试述于下：

（一）须解除伤者之衣带，裸其上身，使仰卧于褥上，低其头部，高其胸腹，伸直两腿，使之并行，以布片撮舌尖，引舌出于口外，以防共缩入闭塞气道，更以布带束舌于后颈上。救护者跪于伤者之胸前，以两手用强力缓缓牵引其臂于上方，使至头之两侧，此时胸廓开张，空气自然流入气道，于是再将臂向胸侧下送，且强压之，使胸廓及肺起收缩，以驱出肺中之空气，如此一伸一缩，频频反覆，其速率与吾人呼吸速率相等，如则能引出自然的呼吸，而伤者则渐渐复甦矣。

（二）亦如前法脱去衣服，使之仰卧，捲［卷］患者之衣服为枕，置于背下，高其胃部，两臂使垂于身之两侧，牵出其舌固定之。救护者跪于患者之胯部以两手之拇球当心窝季肋部向后方徐徐压之。此时救护者，伏身体不受压迫，被救者肋骨因自为身前屈，用此自然力量以助压力，是即呼息法。呼息完毕之后，此时应即放手，使身体不受压迫，被救者肋骨因自为弹力，开张胸廓，因之空气遂入肺中，是即呼吸法，如此频频反覆之，则呼吸自能恢复。（待续）

原载于《中国红十字会月刊》1936 年第 17 期

# 诸城分会救护训练班初步救护讲义（续）

## 第四章　各种急症之救急法

一、火伤——原因由于火焰、沸腾之液体、热蒸汽、灼热之金属、易爆发之药品等而发生。

程度——火伤之程度，可分为以下三种：

（甲）第一度——皮肤潮红肿胀且有痛感。

（乙）第二度——发生水泡。

（丙）第三度——陷于墨褐色坏死状态，以至结成痂皮。

疗法：

（甲）第一度火伤，先涂以亚麻仁油、胡麻油、橄榄油、凡士林、硼酸软膏等，其上再覆以油纸，包以棉花，镇以冰囊。油类中最佳者，为亚麻仁油与石灰水等，分混合涂布，或以亚铅华与橄榄油等分混合涂布。

（乙）第二度火伤，发生水泡，尚未破开，如水泡甚大，可以烧红针冷却后刺破之，排出内部液体，其上覆以消毒棉纱，疼痛著明时，可涂以前列之油类、硼酸软膏等，其上再镇以冰囊，如为手指火伤，须以绷带分别结扎，以免发生瘢着。

（丙）第三度火伤，覆以灭菌棉花，施以绷带，一般火伤，超过手掌大者或以［已］形成痂皮，皆速延医师处理为宜。口渴者，与以淡茶、咖啡等。

身体正在燃烧时的处置：

（甲）衣服正在燃烧时，千万不可惊慌乱跑，须即刻躺在地上，反覆打滚，以冀火焰熄灭。

（乙）救济此种衣服正在燃烧之患者，须注意自己衣服，勿使为其延烧，故事先须将全身衣服浸湿，头部包以湿布，两手套上浸湿之手套，然后将患者倒于地面，往返回转，或以水泼之，或以浸湿之厚衣、被褥盖之。

（丙）如因开水或蒸汽而发生火伤者，须急以冷水冲洗之，如因酸盐基发生腐蚀者，亦取同样处置。

（丁）因挥发性药品，如酒精、石油而燃烧者，可速以厚衣被压覆之，千万勿在泼水，否则每可使其延烧面增大。

二、冻伤及冻死——原因：由于长时间之寒冷而发生，尤以虚弱者过劳、饥饿时以及甘饮之后，最易发生。

症候，局部症候可分左列三种：

（甲）皮肤苍白，颜面手足潮红，微带蓝色，是名第一度冻伤。

（乙）寒冷尤烈时，则发生水泡，是名第二度冻伤。

（丙）如组织变为黑褐色，而渐萎缩者，是名为第三度冻伤。

一般病状——如高度寒冷，时间甚长时，则意识混浊，人事不省，呼吸浅表而微弱，脉搏细小，体温下降，手足脆弱。

疗法：

（甲）因冻而陷于假死状态，其手足脆弱，颇易折断，故搬运时须特别小心使其安静。

（乙）勿即移入温暖室内，否则颇易使患者立即死亡。

（丙）务须渐渐加温，以除去血液之郁滞，最先将患者迁入严密闭扃之冷室内，将衣服脱出（为避免手足折断起见，可以剪刀将衣服剪去），此时以雪或冷湿布摩擦周身皮肤，使其微发潮红。

（丁）再将患者置于摄氏二十度冷水中沐浴，渐使温度增高，达至摄氏三十度左右。

（戊）经过以上处置后，如四肢可以弯曲时，即移于卧床上，行人工呼吸。

（己）如已醒觉，且能行咽下运动时，可与以冷茶、稀薄之凉咖啡、葡萄酒等。

（庚）其后再移入温室内，加以被褥，与以温饮料。

（辛）一般仍以速延医处置为宜。

（壬）极轻度之手足冻伤，可以酒十倍稀薄之碘酒涂布之，如涂以樟脑丁几或十倍之。

酒精亦有效，此外涂以冻伤液亦甚有效（碘酒二·〇蓖麻子油三·〇纯酒精甘油各五·〇水棉胶三·〇）。

（癸）亦有涂布北露滋水者，其制法为苛性加里一瓦，甘油酒精各四十瓦，水一百二十九瓦，混合而成，如加入一二滴蔷薇油尤佳。

三、触电——原因或为电所击，或接触强烈电流之导线，切断之电报、电话线等，因之人事不省，窒息且引起脑震荡之症象，是时必伴发第三度火伤，须知如下法之救治，方得安全。

处置：

（甲）先须使患者与电流绝缘，此时救助者，须足着干燥之橡皮靴，两手裹以橡皮手套，如无橡皮靴者，可立于木板或椅凳、梯子之上，以免本人为电所击。

（乙）施行人工呼吸法，至少须二小时以上方可。

（丙）以刷毛等摩擦皮肤，再贴以芥子泥或涂布芥子油。

（丁）牙关紧闭时，可以器械使其开张。

（戊）如已呼吸，则可移于卧床上。

（己）如能行咽下运动时，可与以茶、咖啡、果汁等。

（庚）因电击而发生火伤，与一般火伤之处置相同，疼痛强烈时可镇以冰囊。

四、中暑——原因：于炎热之场所过度操作，大量出汗，而液体之摄取少，即易发生本病，尤易发生于潮湿场所以及虚弱者，或不卫生之后，睡眠不足下痢之后。

甲、重症时——颜色青色，口唇灰白，眼光迟钝，脉小，肌肉痉挛，以致人事不省。

乙、轻症时——身体无大变动，仅颜面发赤，眼光锐利，口渴，头痛，呼吸长大，或因眩晕而卧倒。

疗法：

（甲）使其仰卧于阴凉处。

（乙）将狭窄衣服脱去。

（丙）颜面潮红时，将头面微高举，颜面发青时，则使头部低下。

（丁）头部、胸部渍以凉水，且以浸湿之冷布摩擦皮肤。

（戊）意识明瞭［了］时，与以多量茶水、葡萄酒等。

（己）意识如不清醒时，可以冷水灌肠，或排肠部、心脏部贴以芥子泥，使其吸嗅阿莫尼亚等。

（庚）呼吸停止时，则行人工呼吸法。

（辛）醒觉时，复行睡眠者乃未脱危险之证，须继续看护。

五、溺死之救治法：

甲、将溺死者救出水面后，使其头部低下，一手支持额部，他手将其舌拉出，同时使人捶其背部，以冀其口腔及空管内水液之流出，或以救助者之膝部夹住溺者腰部，使其头部下垂，将水分吐出，同拭净溺死者口、鼻、耳内之泥沙。

乙、使其仰卧于闭室内，摩擦皮肤，尤以手足为要，为保持体温起见，包裹以棉衣使其温暖，但冬季溺死者每发生冻死，故不可立即移入温室内。

丙、意识明瞭［了］时，可与以茶、咖啡等饮料。

丁、溺者呼吸停止时，须立行人工呼吸法直至医师来到为止。

六、窒息之疗法——原因：因异物之侵入而发生窒息者，乃由于误将食物、豆、扣石等咽入气管，因之将气道闭塞而引起窒息，此时疗法可分为以下数端。

疗法：

（甲）以手指或毛笔搔抓口盖，或咽头使其发生呕吐。

（乙）上身微低屈，胸腹部抵于固定物件上，以手拳叩打背部。

（丙）如土砂等充满口腔时，可以手巾拭净之。

（丁）意识溷浊之患者或酒醉之人，往往当其呕吐时，误将吐出物咽下气管发生窒息，此时速使患者横卧，将其下颚向前牵引。

（戊）必要时，可行人工呼吸法。

（己）此时应速延医师，或即刻送至医院，最易发生者，为因吸入一气化碳、二氧化碳、水煤气等而惹起之窒息。一气化碳多发生于屋内煤火未能充分燃烧时，此种气体弥漫于室中，即可使室内居人发生窒息。二氧化碳多发生于深井、暗渠以及酸酵窖等处，空气长久不流通时。水煤气中毒多由煤气灯之气管忘记闭锁，以致气管破裂，因之气体泄出，此等时际之救助法约如下述。

一、须速将窒息者从窒息地方移至空气流通地方，但此时救护者，须注意本人亦可发生窒息，故于走进该房屋及地窖之先，须试验该房屋及地窖空气是否可以通入，此时仅以灯烛试验，是否为其扑灭，即可得知，但当因水煤气而窒息时，万不可持入内，因其易爆炸也，故此时以持手电灯入内为宜。

二、若空气尚不流通时，可先将门窗打开或以伞开阖以冀空气之流通，救助者行深吸息，以湿布掩口鼻急速进入屋内，将窒息者移出，或将房间打开亦可。

三、将窒息者救出中毒地方后，将其衣服脱去，头部高举，以冷水泼注并用浸于冷水之湿布摩擦皮肤，使其嗅入诃［阿］莫尼亚，心脏部及排肠肌部贴以芥子泥，意识清醒时，再投以茶、咖啡、饮料等。

四、呼吸完全停止时，须行人工呼吸法，或酸素气体交互吸入。（完）

（其余看护学等再当续刊）

原载于《中国红十字会月刊》1936年第18期

# 诸城分会救护训练班担架学

## 第一章　担架之制法及用法

在战争的时候，战线上的军士合［和］人民出入枪林弹雨之中，难免受诸般的创伤。在此时担任救护工作的人员，须当奔向战线的前方去，到处搜索受伤的兵士及人民。眼睛要快，耳朵要灵，若是听着呻吟声或是呼号声发自某一方面，极力搜索。搜索到了之后，就用极敏捷的动作输送到后方。到了后方之后，同时应即选好了适当安全的地点，把受伤的人好好的安排，然后检查他的伤痕或是伤的形状及其危险程度，以便当机立断。如果看见伤者的伤创不是十分危险，或是可以临时急救的话，在这时候，就应当立时施行急救，不可延误；如果伤创严重，情势危急，非急救者所能够解决得了的，也不可宕延时刻，应用极迅速的方法，输送到后方医院，让医师去根本治疗。所以战地的救护工作第一步，就是怎样的去搬运输送伤者，以后才能谈到怎样去急救伤者合［和］怎样去用药物或手术治疗伤者。

救护工作人员欲将受伤的兵士及人民输送到后方医院，须于最短的时间，用敏捷的方法，总以迅速为宜，这种输送的用具及方法，普通以担架床为最宜，其制法、用法详述于下：

（1）担架床之制法——以竹制或木制之长杠二枝，长约六尺至七尺，再以帆布一块，宽一尺五寸至二尺，两边缝作筒状，将长杠伸入，杠之两端伸出，约各余一尺，再以粗布二条，长约三尺，系于长杠之两端，救护时即如下法用之。

（2）担架床之用法——以救护队员四人为一组，由一人担任指导，二人担任抬床，一人担任医药，如遇伤者，须四人并力抬起，安放于担架床内，抬时使伤者足在前，头在后，抬者将抬床肩带攀于肩上，两手握定杠之两端，其余二人随行于床之两旁，向前舁运。

## 第二章　担架之口令

救护队抬床搬运伤兵的动作须依此操练，可以此整齐敏捷、秩然有序。

（1）抬床队集合：

口令：“抬床队……集合”。

动作——抬床队每队四人，一人为队长，三人为队员。队长发集合令后，第一、第三两队员，备好抬床及附件，第二队员携药包，即行集合。抬床放队伍后面，药包挂身上。

（2）口令：“向右看……齐”“向前……看”“报……数”。

动作——向右看齐，两手叉腰，向排头看齐；向前看时，还原，报数，从排头起顺次报去。

（3）抬床队员各就各位：

口令：“抬床队员各就各位”。

动作——队长发令后，第一、第二、第三诸队员，即跑步至受伤人左侧排齐跪下。跪时，曲左足跪地，右腿平屈于前，排列次序，第一队员在伤人头侧，第二队员在第一队员之左，第三队员在第二队员之左，队长则同样跪于伤人右侧，和第一队员相对。

（4）举起伤人：

口令：“举起伤人……预备”“举起”。

动作——队长发“举起预备”令后，队长及第一、第二、第三诸队员，各伸出右左手臂，分托于伤人身上，预备上举，各人托住的部位如下：

队长左手及第一队队员右手——托住伤人后脑下。

队长右手及第一队队员左手——托住伤人背下。

第二队队员右手托住伤人背下。

第二队队员左手——托住伤人背下。

第三队队员右手——托住伤人臀下。

第三队队员左手——托住伤人小腿下。

院长发“举起”令后，全体将伤人缓缓举起，移置伤人于第一、第二、第三诸队员右腿上，同时队长即起立，携抬床放置第一、第二、第三诸队员前，以备放下伤人。

(5) 放下伤人：

口令：“放下……”。

动作——队长将抬床放好后，就即下跪如前，即以自己左右手，和第一队员右左手相接，托住于伤人后脑下及背下，第二、第三队员也照前样托好，队长下“放下”之令，大家即将伤人举起，乃缓缓放下，便伤人卧于抬床之上。

(6) 举起抬床：

口令：“举起抬床……预备”“举起”。

动作——闻队长发“举起抬床预备”之令，第一队员即起立，至抬床的后端跪地（即在伤人头后的一端）将抬床肩带攀于肩上，同时第三队员则至抬床的前端跪地（即在伤人足前的一端），将抬床肩带攀于肩上，同时队长和第二队员则相对，各以两手扶托抬床，队长发“举起”令后，第一、第三队员缓缓起立，同时队长和第二队员则扶托抬床起立，使抬床离地举起，抬床举起后，队长及第二队员各转身向前，队长以左手握住抬床右挡，第二队员以右手握住抬床左挡，第一、第三队员，则各以两手分握抬床左右两挡，第一队员要握住在扣着抬床吊带处的前方，使吊带不会滑出，第三队员要握住扣着抬床吊带处的后方，使吊带不会滑出，各将抬床吊带攀住两肩，全体作立正姿势，目视前方，静待下令进行。

(7) 抬床的进行：

口令：“抬床前进开步……走”。

动作——队长下令后，全体队员即起步前进，第三队员和第二队员各以左足起步，队长和第一队员则各以右足起步，这样的步法可使抬床前进平稳，少有振动的。

注意：

一、抬床行进时，要注意这个前和右合、后和左合的步法，且要注意少震动，动作要平稳轻缓。

二、凡抬床要上山或上仰时，须把伤人头部位于前方；凡抬床要下山或下降时，须把伤人头部位于后方。

（8）抬床放下移去伤人：

口令："立定""抬床放下""抬床队员各就……各位""移去伤人……预备""起"。

动作——抬床行进至最后目的地点，队长即下"定位"之令，全体队员，即行立定。次队长下"抬床放下"之令，第一、第二队员即缓缓下蹲跪地，同时队长及第二队员仍转身相对，仍各用两于［手］扶托抬床，帮同第一、第三队员，将抬床安放地上。

次队长下"抬床队员各就各位"之令，第一、第二、第三诸队员，即在抬床左侧跪下，队长即在抬床右侧跪下，和第一队员相对。又次，队长下"移去伤人预备"之令，全体各将左右手臂伸入身下，如前节举起伤人的做法，托住伤人。闻队长下"起"的动令，乃缓缓托起伤人，移至病榻之上，伤人移置毕，第一、第三队员乃将抬床整理好，即行集合，俟队长下令解散后，而后散去。

## 第三章　临时速成担架法

救护若在作战的时候，担架床往往不敷应用，有时亦有因为携带不便的缘故，不得不用临时速成的担架，譬如家用的椅子，两旁系一长棍，亦可以用以舁运轻伤的人。但在作战的时候，因为急于救护，有的不容易找到椅子或担架，故亦有临时到人家的房屋里或是到竹林、森林里，挑选砍伐木杠或竹杠两枝，中间系以粗绳，使成担架的样子。

若是一时只有竹杠，而没有绳子绷扎的时候，救护的人，便该事急智生，把自己身上的衣服脱下，穿在竹杠里面，脱下的时候，有一个简便的方法，即先把衣服的上面，近颈处的钮子解开二只，然后向同伴拿住你的衣服的下襟，对着你的头上翻过，翻时两手要拿住竹杠的末端，即能立刻将这衣服穿在两根竹棍的上面，这个法子敏捷简便，为实施救护者必有的常识。但这种用衣服做成的担架，若是大氅只须一件，即可成功；如无大氅，而用短衣的时候，就非两件不可。用大衣或用短衣穿在竹杠上，做成担架的时候，衣服的钮子必扣好，衣服最下边没有钮子的地方，并且可用别针扣好，这样受伤者被舁的时候，就不至于坠落下来。

还有救护者，临时因不容易得到木棍或竹杠的时候，为着要急救伤者的缘故，可以拿着家用扶梯，作为临时的担架，这扶梯可以系在两部脚踏车的中间，使成一只四轮的担架，救护者只须一个人即可以在后面走。但在没有脚踏车的时候，那就只好用两人抬着扶梯搬运了。

军毯有时亦可以用作搬运伤者的工具，法以军毯铺在地上，令伤者仰睡在军毯的中央，另以木棍或竹杠一枝，将车［军］毯的两端，对结在竹杠的上面，此时伤者好像睡在甚狭之布袋内。但为防免垂落和伤者舒适起见，应于军毯的中央部分，另有布条或粗绳两条，向着竹杠的上面结扎。

总之，在战地施行救护的时候，除了一切动作必须十分敏捷而外，同时还要具一种随机应变的脑筋，对于搬运伤者不可过于拘执，或必须依赖担架以为搬运的工具，应当因时济急，就地制宜，只要能够把伤者搬运到安全的地点，即用何种方法均无不可，此点应为施行战地救护者予以深切的注意。

## 第四章　人力舁负法

实施战地救护的人用特选的担架搬运病伤的兵士，这固然是一种很好的办法，可是有时冲上火线，甚么东西都找不到的时候，那时只有施行用一个人或二三个人，舁扶伤者的方法，这种以人舁人的方法，虽很为容易，但是如果舁得不得其法，便可使伤者受苦，舁者费力，因之遂使急救的动作较为缓慢。舁扶伤者的时候，若是有二个人的话，在看见伤者之后，应即迅速将二个人的手交互牵握，作成椅板的样子，把伤者扶坐在交互手背上面，同时令伤者的两手，抱住舁扶者的脖颈上面，安排妥当后，然后舁扶者的脚步同时举起，用迅速的步伐，向着后方安全的地点搬运，这样伤者不至于感觉痛苦，舁者也觉毫不费力。

还有一种东西可以供临时救护的工具，这东西或为粗绳或为篾制的圆圈，其大小直径只须六七寸至八九寸即可，舁扶者可利用这种东西，一手执一缘，照样的将伤者的臀部放在这圆圈的上方，向后舁走。

但有时这种东西没有法子寻到的时候，用一种家用平凳也可以做着临时的舁运工具，法以平凳的反面向上翻转，受伤的人即坐在平凳的反面上，然后救护者各人用手一只，拿住平凳两脚中间的横木，同时令伤者的两手穿在两个救护者的手臂里面，这种方法也算非常简便。

再有一种舁运方法，无须倚赖工具的使用，法以救护者两人，一人立在伤者的两腿中间，用两手挟住伤者的左右腿，夹在腋下，另外一人则在伤者的头部立着，以两只手穿进伤者两边的腋窝，穿好之后，向上提起，这时伤者的头适在后面舁扶者的胸部，安排妥当后，两人同时立起，舁脚者在前走，舁臂者在后走，这种舁运方法，在战地施行救护时，也是常常使用的。

此外在一个人舁扶的时候，这个方法又大大的不同了，普通一个人舁扶的时候，多作襁褓式的背负，但此法受伤者颇感痛苦，舁扶者前身且须向前弯下，亦觉费力异常，所以救护者则须观察受伤者受伤之程度，以定如何的舁抱。若伤者的伤部系在下腿或是在脚跟，因而不能行走时，即行襁褓式的背负，伤者则不至于感受何等痛苦。否则如伤部在两臂或在他部分，则必须改变舁扶的方法，分前舁法及后舁法。前舁法即将伤者舁在胸前，后舁法系将伤者负在背后。前舁法施行之时，先令伤者两手盘住舁者颈上，然后舁负者伸手在伤者的背部及臀部抱起，这种舁负法，为舁负重伤者的最好方法，伤者毫不感觉痛苦，惟抱者甚觉费力而已。

背负法及后舁法，即先将伤者扶至墙壁或树干附近，使其立起，然后舁负者以背对住伤者的胸部背起，同时舁负者以手穿进伤者的两腿中间，抱紧伤者的一脚，使其不至于下坠，这法舁负者不觉如何费力，惟伤者的头部，稍觉眩晕而已。

至对于身体被炸弹炸伤或是被火焚烧的伤者，若用一个人单独舁负，则伤者必极感疼痛，故此时救护者应多招同伴，合力舁运，则伤者的疼痛程度必能减少许多，再救护者倘遇着轻伤的兵士仍可以举步行走的时候，衹［只］可用舁扶法即可。(完)

(余有绷带学待续)

原载于《中国红十字会月刊》1937 年第 21 期

# 诸城分会救护训练班绷带学讲义

## 总论

战地救护之工作最紧要者，首为裹包伤创，裹包伤创之工具，便为绷带是尚，但于帮［绑］扎绷带，平日未经练习，而于用时何能敏捷适当，抑或过紧，或弛缓滑脱，不但使受创者痊愈迟缓，倘致流血增多或郁血浮肿及毒菌侵入，生命亦能因之有危，故于救护工作对绷带学有莫大关系，焉可稍视忽略也哉。

## 第一章　绷带之缘起

防腐及制腐绷带乃自西历一千八百六十五年（即民国前四十六年），英医士斯里泰氏首先使用，其次至一八六七年公诸于世，是为使用防腐绷带之缘起。溯斯里泰氏以前，并非无使用绷带之人，然制腐的手术及绷带法之完成得防遏各种之传染病发生，实斯里泰氏之功也。自其法公诸于世之后，研究斯道者接踵而起。德国之研究者尤多，至一千八百七十五年，方福尔氏将其经验报告于世，该法风行德国，由是渐渐传播诸邦，遂有今日之盛。

## 第二章　绷带之种类及形状

种类——略分四种，（一）带形绷带；（二）三角绷带；（三）丁字绷带；（四）四尾绷带。

材料——以纱布、棉布、法兰绒为之。

形状——（一）带形绷带，大小长短不一，须视应用的部位而定。

用于指上者，宽约一英寸的四分之三，长约一码。

用于头上及臂上者，宽约二英寸半，长四码至六码。

用于足上、腿上者，宽约三英寸，长六码至八码。

（二）三角绷带，以三十四英寸至三十八英寸之漂白棉布对角裁成二幅。

（三）丁字绷带，又名矢状缝合带，系用带形绷带甲乙二轴，将甲之一端，缝于乙之中间。

（四）四尾绷带，以宽约五寸至八寸，长约二尺至三尺之漂白棉布，重折一下，将两端撕开为二，惟剩中部约四寸长之一叚［段］不撕开。

此外，尚有不动固定绷带、义布斯绷带、糊绷带、水玻璃绷带、胶绷带、倔答百儿加绷带、水门汀绷带等，以上多系硬化绷带，适用于医院，不适宜于战地救护。但此各种绷带，虽不适用于战地救护，然其名词，亦有须知之必要，其功用用法，较甚复杂，容后研究。

## 第三章　绷带之功用

用绷带之目的略分三种，（一）包扎伤口；（二）压迫止血；（三）悬挂伤臂。

（一）包扎伤口绷带，又名保护绷带，帮助敷药，以免脱落，兼能吸收其分泌物，且防各种毒菌之侵入。

（二）压迫止血绷带，又名压迫绷带（用法及功用详《初步救护止血条》内）。

（三）悬挂伤臂绷带，又名支持绷带，若臂部、手部受伤，宜乎休息，不宜运动。若运动过烈，则血液下行充实，以致浮肿，而创反加剧，故必用支持绷带以悬之，使臂部得以安息，而伤部亦可早痊矣。若骨节受创，亦可免脱落之弊。

## 第四章　全体各部绷扎法

（一）头部——头部受伤时，绷扎方法可用三角巾扎成帽状，或以丁字带绷扎之，或以带形绷带绷紧及结节以覆之，更可用布巾以束之。如下颚受伤或脱落，可以带形带及巾结扎头后部，使其固定，俾早痊愈。

（二）鼻部——鼻部受伤时，可用带状绷带两端撕开，变作四尾绷带，盖于鼻部，缚于头后。

（三）眼部——眼部受伤时，包扎最为困难，应照偏眼及双眼结扎法以包裹之，方为安全。

（四）颈部——颈部受伤时，应照绷扎法实行之。

（五）臂部——臂部受伤时，应用带形绷带折转绷扎法及蛇行扎法，或用麦穗折转扎法绷扎之，最后须分裂后端结束之。

（六）手部——手部受伤时，须用较窄之带状绷带及布巾包扎之。

（七）胸部——胸部受伤时，其绷扎法共有二种，一用带状绷带，乳部则须用三角巾及宽布绷带绷扎之。

（八）腹部——腹部受伤时，应用带状绷带，由下向上绷成扇状，或以三角巾绷扎之。

（九）臀部——臀部受伤须用带状绷带，如麦穗状绷扎，或以布巾结节而扎之。

（十）腿部——腿部受伤时，上腿绷扎较易，下腿则可照绷扎前臂法行之，或以螺状及龟甲状绷法而绷扎之。

（十一）足部——足部受伤时，可用带状绷带绷扎之，或用三角巾及宽带包扎之。

（十二）支持绷带使用法——如臂部受伤，须以支持绷带以悬之，但于急需无三角巾时，可以将其衣襟反缀衣上以代之。

## 第五章　折骨使用副木之包扎法

（一）绷扎副木绷带用于骨折及脱臼时，目的在搬运时，损伤部勿用震动，此时将受伤部衣服脱去或剪去，施以副木，但副木之下，须置以棉花团等，副木之支持绷带结扎时，不可压迫负伤部，其普通制法多以木材，但于必要时，即竹篾、厚纸、金属、玻璃、义布斯及皮革等皆可为之。

（二）纯骨折的救急法，目的在使折断的骨骼不致穿破皮肉，所以纯骨折救急的第一要义，便该使得折断的骨骼部充分固定，不使稍有动弹，以免骨折部分损及肌肉、血管等。固定法通常用一种木板名为副木，这板在救急的时候，放在骨骼的折断部分，缚在肢上，以使折断的骨骼固定，放在肢部的时候，用几条绷带或三角巾，将木板紧紧的捆缚在受伤的肢干上，这样可使折断的骨骼渐渐愈合。

（三）凡骨折穿破皮而露出者，是名为杂骨折，其绷扎法亦与绷扎纯骨折法相同，但处置之法则异。若遇有杂骨折者，切不可将折断骨头露出部分即刻推入伤口内，以免微生物侵入酝酿化脓，须先消毒，再使手术将断骨接合，而后如上法绷扎之。

（四）骨折之绷带之法，和绷扎之情形不同。止血绷扎要绷扎得紧，直至伤部下端的动脉不再现脉搏为止。骨折的绷扎是要绷扎得结实，务使伤部下端的动脉仍有脉搏为止，否则转成挛缩及麻痹之危险。

（五）折骨的时候，肢体形状必定稍有变更，或是肿起，或是弯曲，或是缩短，但救急者对于这各种的变形，千万不要去移动他或拉直他，只将伤部捆在木板上即可。因为救急者如将变形的部位随便移动，则难免断骨的尖端不将附近的皮肉、血管或神经割断，反而发生重大之危险，是为用副木绷扎的时间尤为最可注意的一点。

## 第六章　交换绷带法

绷带交换，当往日防腐的创伤疗法未整备之时代，频回行之，时至今日创伤未治愈之前，宜放置之，不可妄行交换。概言之，绷带之交换，一本《诸疾病之种类》，手术或创伤之性质，随机应变，绝无一定，倘有下述之变状时，必须速行交换。

（一）体温昇腾至三十八点五度以上时——厉行防腐的手术之患者，体温大抵不至昇腾。手术之后，如有三十八点五度以上之体温，则必须交换绷带，因呈此等热候之患者，大抵有创液之郁滞，缝合丝之绞断等障碍也。

（二）绷带污染之时——绷带因创液或血液之过度渗透而污染，虽有交换全部之必要，普通仅除去其接于外气之部分，用昇汞水清洗之，覆新鲜之防腐棉于其上，装卷轴带便可。若剑伤分泌物渗透于外表之卷轴带，其最外部业已干结，患者无热之状，无须交换绷带，放置之，而俟相当之时机。但绷带之外部，为尿屎等污染之际，必须交换之而后可。

（三）剑伤部起疼痛之时——手术之后，患部略有轻微之疼痛，虽无须交换绷带，先有剧痛，非交换之不可。

（四）绷带过紧缚或弛缓滑脱之时——绷缚过紧，创伤之下部，起郁血及浮肿，此时非改装绷带之一部或全部不可，弛缓滑脱之时亦然。

除上述外，除去缝合丝及排脓管之际，必须交换绷带，无待言矣。

交换绷带时，先准备所须之各种器械及绷带材料，术者之手指及器械类均严行消毒，与手术时同。交换绷带务贵神速，卷轴带解除之后，一经杀菌，虽复可使用，有时用强力之绷带，剪切离之，卷轴带及外表之绷带品，既除去之后，尚以3%之石炭酸水或0.1%昇汞水，消毒手指一次，徐徐除去接着创面之绷带品。此时绷带品苟固着于创面，则以浸渍食盐水或制腐液之脱脂棉花，点接湿润，或徐徐滴下该液，以便绷带之湿润，而易于除去。绷带既全部除去，以指头轻压患部，精检创液之郁滞与否，苟创面不呈异常之点，无须洗拭或洗涤，即加以新绷带。当此之际，除去缝合丝之一部或全部，短切排脓管，或全除去之。排脓管内有脓汁充满，宜徐徐洗去之，决不可行强力之灌注。若排脓管为凝血所闭塞，用消息子疏通之，或徐徐牵去排脓管，压榨于制腐液中而清洗之，腹行送入。又如缝合丝过于紧张，以致绞断皮肉，即切离之。倘有创液郁滞、化脓、创面发赤、肿胀等现象，用刀切开之，或复插入排脓管。此外如创面分泌过多，每日交换绷带，创面渐渐治愈，表面已有肉芽面，则无须交换绷带，贴硼酸、硝酸银、撒里失尔酸等之软膏于创面，覆以棉花，加以绷带便可，至于细小之创面，除去缝合丝之后，贴以判创膏而封锁之可也。（完）

原载于《中国红十字会月刊》1937年第22期

# 红十字会起源考

整　日

红十字会起源于一千八百五十九之大战争，是时拿破仑以百战百胜之余威，自矜自诩，声言助意大利独立，自阿尔卑斯山乃至亚里亚海，为独立区域。马全达之役，有奥兵一万，法兵五千，人名亨利达郎者，巡视战地，梭尔佛里罗战役之惨杀情景，交战十六时，死伤达三万之多，因此知徒以医药，必不足以供奉世界上最大部队之死伤，于是不得不从事于矫正旧习，颜曰梭尔佛里罗纪念记，并禀呈上拿破仑第三，命其觐见，当与陆军部督马克麻焕讨论一切，瑞士联邦政府召集列强会议，亨利达郎面陈意见，一千八百六十四年日内瓦会议，定《日内瓦条约》，依此条约战时设立病院，聘用医务人员，并预备各种药品器械等事，此红十字会之起源也。

原载于《中国商报画刊》1937 年第 23 卷第 16 期

# 诸城分会救护训练班药物学

## 第一章　退热剂

凡药物，能使上升之体温减退或缓解者，总称之为退热剂。生理作用——增加体温之放散，缓解由热而来之他种症状，减退组织细胞之酸化机，以却体温之发生，扑灭发热由来之有机体内酸酵素。

（一）阿司比林

形性——本品为白色针状结晶之粉末，嗅之无味，服之微带酸涩，多为散剂而用之，为水剂者甚少，本品为酸性，不可与碱类配合。

主治——凡急性、慢性、淋毒性之关节风湿痛，用此药，即能退炎、止痛、消肿。此外，于筋肉风湿痛亦效，凡各种神经痛、头痛、子宫癌、乳癌、脊髓痨之疼痛，用之大效。凡一切渗出性之肋膜炎、腹膜炎、腹水等症，用之可促渗出物之吸收。凡各种之热性病及肺痨热，用之皆获奇效；凡属眼科之风湿性虹彩炎，用之大效。

用量——一四零点五，至一点零，一日三回可化于一杯开水内服之。

处方——阿司比林三点六，分为六包，一日三回，食前服，若不效，可以六点零，分为六包，二日分服，（一切热性病、感冒、气管支加答儿、肋膜炎、偏头痛）。

又阿司比林一点五，毛地黄叶末零点一五，右分为三包，每服一包，每日三次（心脏瓣膜疾患）。

（二）盐酸规尼涅

形性——本品为光泽白色束针状之粉末，其味极苦，为散剂而用之。

主治——为疟疾之特效药，因此品能速灭疟疾病原虫，但恶性疟疾则无甚效。内服少量，能治消化不良及各种之衰弱症，服用大量，则体温散而呈解热之作用。凡各种贫血症、萎黄病、白血病、恶液质等之血液病，与铁剂或砒石剂等配用之有效。

用量——间歇热服零五，乃至一点五，强壮用零点零三，乃至零二。

处方——盐规三点零，右分六包，一日三回，包以粉纸，于发作二三时前服之（间歇热）。

又盐规一点零，硫酸零点五，糖浆三零点零，馏水一七零点零，右一日服四回一食匙，（慢性贫血）或每晨起服一食匙，于有瘴气区域，为预防疟疾及流行性感冒之用。

（三）撒里夫尔酸曹达

形性——本品为白色无臭鳞屑状之粉末，味带甘辛，为散剂，或水剂而用之。

主治——用于诸热性病及各种风湿痛，有特效。

凡尿酸性关节炎、淋病性关节炎、神经痛、偏头痛，均有效。凡副睾丸炎、横痃、肋膜炎、虹彩炎、糖尿病等治之神效。

用量——一日数回，每回零点五，乃至二点零。

处方——撒曹一点零，臭剥一点零，右为一包，与以八包，朝夕各为一包，（偏头痛）。

又撒曹一五点零，臭曹一五点零，重曹一五点零，右为三十包，一日三回，每回一包，（糖尿病）。

（四）安知比林

形性——本品为无色稜柱状结晶，或为白色结晶性之粉末，味微酸，无臭气，或为散剂，或为水剂，或为皮下注射之用。

主治——用于窒扶斯、回归热、间歇热、脾经痛等，解热甚效，凡百咳、流行性感冒，用之尤为特效，用于风湿疼痛、头痛，诸症亦效。

用量——一回零点五，至一点零，乃至二点零，一日数回。

处方——安知比林一点零，毛地黄浸零点五，糖浆一零零点零，右一日分三四次服，(肺炎)。

(五) 撒鲁儿

形性——本品为白色结晶之粉末，有木材之芳香，水不能溶解，但一分，能溶解于酒精十分之内。

主治——为防腐剂，治霍乱、肠加答儿，赤痢等，肠疾患最妙，其次用于膀胱炎、肾盂炎、淋病，亦有效，亦可用于撒布剂及洗涤口腔剂，为解热剂、镇痛剂，用于发热之病及精经痛、头痛。

用量——一次零点五，至一点零，日三四次。

处方——撒鲁儿一零点零，次硝苍一零点零，重曹一零点零，右为三十包，一日三次，每次一包，(急性肠加答儿，赤痢)。

又撒鲁儿六点零，酒精九零点零，馏水一零点零，右为涂布患部之用，(喉痧)，或以一茶匙，加于水内，为漱剂，(各种口腔疾患，齿龈疾患)。

## 第二章　祛痰剂

凡药物，能使气管之泌物稀薄，诱起咳嗽痰得易于咯出者，谓之祛痰剂。生理作用——因咳嗽刺激之胸痛，可使缓解，催进呼吸筋之动作力，令咯痰甚易，若使气管之泌增加，或减少，令痰易咯出。

(一) 吐根丁儿

形性——本品乃採［采］集该植物，(吐根) 肥厚之根而干燥者，外面为暗灰褐色，有膨起之轮节，皮部之横断，面呈类白色，被有褐色之抱层，以之细切一分，冷浸于稀酒精十分中，五日而制之为澄明带黄褐色之液体。

主治——凡各种气管支病、肺病，痰不易吐出者，皆可用之，凡各种呼吸器病，喉头窒息及一切应吐之症，用之可以取吐，又可用为祛痰、发汗及止泻之剂。

用量——祛痰零点五，至一点五，日三四次，取吐二点零，至四点零。

处方——吐根丁五点零，阿片丁一点零，糖浆三零点零，馏水一二零点零，右每二小时服一食匙，（赤痢），或分为二次，一日三次，（咳嗽）。

又吐根丁四点零，安茴精五点零，沃剥一点零，杏仁水八点零，馏水二零零点零，右一日三次，二日分服，（慢性支气管炎，久咳痰多，小儿老人痰难咯出者，甚妙），若发热，可加撒曹四点零。

（二）杏仁水

形性——本品为澄如之液，有似杏仁之香气。

主治——凡一切之咳嗽病，用之为止咳之佐药；凡心脏诸病、肺结核、疝痛、舞蹈病、比斯的里，用之皆效。

用量——每回零点五，乃至二零点零，一日数回。

处方——杏仁水一零点零，番木别丁十滴，右调和朝夕各十滴，（慢性胃痛）。

（三）拕吻氏散

形性——本品为灰白色之粉末，以阿片一分，吐根一分，乳糖八分而成。

主治——凡各种咳嗽皆可用之，急性支气管炎，欲发汗时，亦可用之。

用量——一回二，至零点五，乃至一点零。

处方——拕吻氏散五点零，硫规一点零，毛地黄叶末零二，甘草膏适宜，右分为凡五十粒，每服四五粒，一日三次，（肺痨发热者）。

## 第三章　缓下剂

凡药物，刺激肠壁增进运动，逐去肠内之内容物者，总称之为缓下剂。生理作用——内服小量，惟使腹蠕动而下利，内服大量，非特刺激肠壁而起炎症，甚至使近旁之内脏充血。久用之则减轻体重，减少脂肪。

（一）比麻子油

形性——本品为带黄色之油，稍有气味。

主治——凡便秘、肠加答儿，初起赤痢，用此药缓下之，用于食烂果腐肉及不洁之物，服此最妙。

用量——大人一五点零，至三零点零，小儿四点零，至八点零，浮于咖啡，或肉汁，或麦酒，或浓茶内频服，则可免不快之味。

处方——比麻子油三零点零，右顿服，至通泻后再服收敛剂，（赤痢）。

（二）甘汞

形性——本品为黄白色，极细之粉末，其质重，在显微镜下视之，则现结晶性，为散剂，或丸剂，而用之。

主治——赤痢、肠窒扶斯之初起及肠胃粘膜炎，有大效。遗传梅毒，用之驱梅。眼科用之撒布，治角膜炎。小儿夏日下痢用之，最能有效。

用量——大人一日数回，每回零点零二，至零点零六，下剂每回零二，至零点二，利尿一点零，至二点零，但下剂以上之用量，分作数次，于一小时内服一次，最妙。

处方——甘汞零点五，乳糖零点五，右分四包，先服一包，以比麻子油二零点零，作一次用，其后三时服一包，（赤痢）。

又甘汞二点五，阿片末零点五，甘草末、甘草膏适宜，右为五十丸，石松子末为衣，朝夕各服一丸（梅毒）。

（三）泻利盐

形性——本品为无色稜柱状结晶，味甚苦，为水剂而用之。

主治——用于常习便秘、脚气、肠炎、水肿有特效，用于破伤风为注射剂，从不能治愈其病，立可使病人生命延长，病势减轻，而得待至行血清疗法，以挽回其生命，盖前此患破伤者，因该菌毒已入脑，始显症状，故血清疗法，多觉已迟，而无及也，用于睾丸炎、神经痛、丹毒、面皰［疱］、痤疮、急性风湿痛及各种炎症，以其饱和溶液（即水内溶解某药，已至极度，不能再溶者也），用纱布浸透，敷裹患部大效。

用量——一零点零，乃至三零点零，作合剂顿服。

处方——泻利盐二零点零，苦丁三点零，馏水三零零点零，右一日一回，二日分服（黄疸）。

又硫苦一点六，杀菌馏水六点零，右行腰椎穿刺术，注射于脊椎蜘蛛膜下，体重一百磅者，注射此液五点零，每加重二十磅，加一点零。倘有吾国秤，则恰约每体重一斤，注射液一量滴，十五六量滴，等于一点零，（破伤风）。

## 第四章　利尿剂

凡药物，能增加尿量，使血内之杂质排出于体外者，系称之为利尿剂。生理作用——增加尿之水分及盐类，而呈排泄之作用，或刺激肾上皮，兼以扩张肾动脉而利尿。

（一）乌罗笃罗并

形性——本品为白色结晶之粉末，无臭气，味甘而后稍苦，常为散剂，或和于曹达水内用之。

主治——凡膀胱炎、肾盂炎、尿酸结石等，用之极效。本品有杀菌作用，故用于肠窒扶斯、脊髓膜炎等症亦效。又小儿遗尿之因细菌者，用之亦效。

用量——一日三回，至四回，每回零点五，乃至一点零，溶于水一杯内服之。

处方——乌罗笃罗并零点五，右为一包，与六包，一日三回，每回一包，（肾盂炎）。（待续）

原载于《中国红十字会月刊》1937 年第 24 期

# 红十字和红十字会

十字在西文里为 Cross 是表示四通八达的意思，也就普遍广大的意思，红色是表示热烈而博爱的意思，在我们中国适为“十”字，因此用“十字”两字表之。十字而用红色，就表示用热烈的博爱的情感施于普遍广大的领域，是一种仁慈救济的意义。所以凡属于救济性质的团体或是个人常用红十字做他们的标记，用得最多的就是医院、医生、慈善团体、救护队以及军队中的卫生兵、卫生舰、军医等等都用这个符号，这个符号的意义已经普遍于全世界，为全世界人士所认识了。

原来这个符号的起因是起于法国，距离现在有一百二十五年，适当拿破仑称雄欧洲的时候，但是当时并没有使用这个符号，因为拿翁雄视欧洲，连年战争，战士负伤盈于累万，当时法国军队中有一个军人名叫勃朗多密尼葛珍尼劳来（Baron Dourinipue Jean Larrey）他看到战士这样的为国捐躯，受伤枕籍，心中非常悲悯，因此要想法设立医院去救护他们，遂成立了一个战地病院，这个病院是有些流动性的，随着军队的进退，专门是以救济战时前线受伤或阵亡的战士的；对阵亡的就做掩埋工作，遇到受伤的把他救护出来，送到后方救护病院去医治。当时的组织和方法，并不十分完备的，但是工作非常实际而具有宏大的功用。这件事被拿破仑知道了，非常的赞美这种工作，因此下令把它扩充，各个军队里都要普遍的设置伤兵病院，到后来各国在本国军队中也有这战时伤兵病院的设立，因此在欧洲大盛一时。

到了一八八六年，各国集会于瑞士日内瓦，讨论战时救济工作，并确立一种标记做这种工作的符号。当时因在瑞士开会，瑞士的国旗红地白十字，他们国旗的意义也是包括和平博爱光明热烈的意义，因此就用瑞士国的国旗的形式而加以颜色上的改变，把他变成白地红十字，一方面是纪念他们集会的地点，同时也就代表博爱热烈的意义在内，红十字会的组织这时就产生了。这种组织专以救济为职志，不分国籍，完全为人类谋幸福、博施济众、见义勇为的性质，到了成立以后，向各国征求加入做会员国，全世界各国都络绎不绝的加入。

我们中国加入万国红十字会，是在一九〇四年。总会设在日内瓦，红十字会在世界各大城市都有分会的设立，专门协助战时救护事业的发展。各国红十字会都和万国红十字会密切的联络，我们中国红十字会的总会设在上海，遇有国内或国外有了战事发生，红十字会就出发做战地和救济的工作。依照万国红十字会的规则，这种工作都是超然的，不论任何交战国不能损害或阻止他们的工作，因为他是神圣的工作，是为人道主义而努力，所以应该为全世界人士所爱护。我们中国红十字会的会训是“博爱恤兵”四大字，是符合和遵照着这万国红十字会的要义而进行救护事业的，我国各地成立了无数中国红十字会的分会，在非战争时代对于地方的救济事业也参加不少，成绩卓著。

在欧战时代，万国红十字会的救济工作极为努力，深得各国的赞助，所以万国红十字会可说是全世界救济组织的中心，去年远东战事发生后，红十字会就本着“博爱恤兵”的教训，来发挥他的艰苦工作，直到现在还在奋绩进行中，而国际间的协助也是正在发扬中。

可是近年来，国际风云骤形险恶，人道主义日益沦落，往往对于超然的为全世界人类谋幸福救护工作人员，为着自身的利益，不顾世界公道加以摧残，虽然明知是救济工作的机关和人员以及伤兵所在地，为了战争上自身的利益，不惜加以破坏，因此救护人员和救护医院所在地时遭炸毁和射击，未愈伤兵惨遭杀戮，国际威信凌替，人道沦亡一至于此，这不特辜负了数十年前各国缔造红十字会的苦心，实对于人道主义前途增加无限的忧虑，如此行为，实在为人类史上增一污点，红色十字也因此被黑暗的烟幕一时笼罩而黯淡了。

原载于《中国红十字会月刊》1939 年第 46 期

# 十五辆红十字车奔走六寨来 风雨饱尝　汗泪交流

宗　鑫

这次我们十几个同志被调出来服务——驻站。我这初出茅庐的，也第一次被调到这广西省极北端的一个小镇——六寨上来工作。旅程共消磨了一个星期的光阴，除在怀远镇停留一天外其余六天都是在路上。大概情形是这样：一月二十四日下午三点钟在祁阳的椒山坪空场上，停放着十五辆大红十字的车辆载满了医药材料。

我们这部簇簇新的车子直到夜上九点钟才赶到黄沙河，这个小镇上却只有广西省检查所，门里还放着淡灰色的灯光，其余的都深入梦乡了，冷静得只听到那夜风摇动着树叶细雨打响了瓦顶，交奏着那凄凉的调子，在这原野之中，倒有点“毛骨悚然”的景象，但是有了我们这八位“鬼见怕”的顽皮家伙，也不觉得的什么了。当夜我们就在一间充满了汽油味儿的油库里睡了一夜。

第二天一早就爬起来，却又为了车子翻身的缘故直到十点钟才开，预备到桂林，可是到了离黄沙河只二十六公里的全县，后面的“老爷车”竟又发起老爷车脾气，把只水箱撞坏了。全县是进广西的第一个县份，倒也非常热闹，不过食物是比祁阳要贵些；据说一路过去还要贵起来。在全县我们是睡在一个圣公会里，因为我们的老前辈——中国童子军创办者，严家麟先生的太太在那里，经过她的招待，所以我们睡的很舒服。在夜里我们听见这位仁慈而和蔼的老母亲，他在为我们的民族，为我们的国家祷告着，这虽说是一种信仰，但是很可以表现出这位老人家对于国家的信念和热诚，已使我们敬佩不已；并且在第二天我们去告辞她老人家的时候，她用那热烈而慈爱的话来勉励了一番，她的慈爱的面庞，和带着母爱的训辞，至今还印在我的脑海中，还旋在我的耳膜里。在这深刻的意味中，我们又前进，因为所有的老爷车都在全县吃过“补力多”并且让他们摇摇晃晃的先走一步，比先前自由得多了。

早晨我肚子里只装了五枚元宵，在那里叫起来！一直赶到五点钟才到了桂林离城有十二公里的加油站上，身上流了一大阵汗，当晚就住在一家土地庙似的公所里。第四天是在荔浦宿夜的。荔浦，这不但是一个非常美丽的地方，而且又是县政办得很好的地方，她有整洁而清净的街道，虽然是石子铺的；有美丽而优雅的公园，虽然很简单，更有完美的体育场。

转瞬间又到了“一二八”！这第七周年的“一二八”，今年的“一二八”，我们可以说是三个地方过的；早晨起身是在荔浦下午吃饭是在相距九十八公里的柳州，晚上过夜是在相距一百九十七公里的大塘。说来惭愧，我们也没有什么表示，只有坚决我们的意志——抗战到底，服务到底。

真不巧，我们这次走这点路，却换乘了四部车，都是从好的到坏的，只有最后一辆车是装汽油到六寨的才例外！在当中二辆都是老爷车并且还只有半节篷，坐在行李上，只好听其风吹雨打的淋的像落汤鸡一样，不过我们也不怎么觉得不适宜，就是在大塘换的一辆上面堆满烂铁老爷车，我们坐在这上面也是很适宜的，谈谈笑笑的到了怀远。这真有点奇怪，我们在任何困苦的处境中，总忘不了规律中“快乐”的一条，这就是我们童子军训练的特点。

当天赶到怀远是预备等候又荡在后面的几辆坏车，再开贵阳，可是到了一月三十一日——本团四烈士殉难纪念日——孟先生带了汽油来！须当天赶到六寨，我也奉命同来，同行的还有九位同志！

本来我们预备在这第七周年的四烈士纪念日，在怀远的一座很美丽的公园里或者是在怀远镇商会的礼堂里举行一个很简单而隆壮的纪念仪式，来表示我们的一点心意！可是又给打消了；亦只得像“一二八”那天一样的默念着烈士的伟绩，低低地唱着哀悼他们的纪念歌：“我将碧血与白骨，愿随精忠兮奋斗”

我就在嘴里唱着这悲歌、眼里含着热泪的时候，来到了这六寨镇！

原载于《团讯-长沙》1939年第30期

# 世界第一个看护妇

在五月十二日这一天，各报上刊载着这样的一则新闻：“今日为世界医院节，同时又为护士鼻祖南丁格尔女士的诞辰纪念。本市各公私立医院，都分别举行庆祝礼，以资纪念”。

提起这位南丁格尔女士，她是世界上第一个看护妇，世界妇女界的伟人。今天，就让我来向读者们做一个简单的介绍。

南丁格尔是英国人，生于公历一八二〇年五月十二日。她虽然是一位贵族人家出身的小姐，但她却绝无一般贵族小姐的恶习，她从小就很仁慈，对人类富有同情心。

公历一八五四年秋天，英国、法国、土耳其三国跟俄国在克里米亚作战。前线受伤的战士很多，那时候的战地医院设备都非常简陋，伤兵们得不到良好的调养和医治，因而死亡的很多。南丁格尔就存心要到前方去做看护工作。她的父母对南丁格尔的主意十分反对，他们认为看护是桩卑贱的职业，妇女们更是不适宜干的。但南丁格尔的志愿，是要把她的一生献身于救护事业，而且看护受伤的战士们更是神圣的工作。她便不顾家庭的反对，毅然离开了家，到前方去服务。

南丁格尔率领了三十八个女护士，在战地的临时医院里辛勤工作。在那些临时医院里，躺满着成千伤兵，屋小人挤，空气阻塞，既污秽又多鼠，不要说药物不够分配，就是连软料也接济不上。一般男医生和男看护，对她们又很妒忌，常想出种种方法使她难堪。但南丁格尔凭着她那仁慈的，不怕苦的精神，终于克服了种种困难，同时，又把伤兵医院里所有的恶习改革，弄的整齐清洁，井井有条，使那些举目无亲的伤兵们，能够安心静养。经她努力服务之后，伤兵们的死亡率，竟由百分之四十二，减少到百分之二！

南丁格尔除了热心看护外，并捐出了不少的钱，在战地兴办洗衣作、饮食部、书报室、邮便处等，处处为伤病们的福利打算。她工作繁忙的时候，每天仅能获得三四小时的睡眠。在深夜里，她还擎着油灯，到病房里去查看和照料。那些伤病们当她擎灯走过时，都默默的表示无限感激，他们简直把她当做是“白衣天使”了。有一次，南丁格尔患了重病，一般兵士们听到了这消息，竟禁不住哭了起来，由此也足见南丁格尔感人的深了。

由于南丁格尔的伟大成就，以前一般妒忌她、轻视她的人，个个都变成敬仰她的人了。克里米战事结束后，她还留在那里工作，一直继续到最后的一队英军离开克里米的时候，她才回祖国伦敦。英国的陆军大臣为了完成南丁格尔生平的志愿，特地发起募捐二十万金镑给她，她就拿了这笔钱，创办一个护士训练学校，造就无数的护士人才。

南丁格尔在一九一〇年逝世，她一共活了九十岁。在她一身中，她差不多化［花］去了半个世纪的时光，从事改善医院以及护士的事业。她这种仁慈的，为大众热心服务的精神，是多么值得我们敬佩啊！

现在一般医院，为纪念南丁格尔的伟业起见，便把她的诞生日作为

"世界医院节"。关于南丁格尔的生平事迹，美国电影公司曾拍摄一张影片，名叫"白衣观音"，由凯福莱西丝女士主演。住在上海的朋友们，有些也许曾经看到过吧。

原载于《中国红十字会月刊》1939年第48期

## 红十字会的来源

红十字会是战时救护生病和伤亡兵士的会，用红十字做徽章。它的创始人是法国著名军医劳来（Baron Domimque Jean Jarrey），劳来屡随拿破仑出征，目击伤兵惨痛，于一七九二年创用一种大车，车内设置舒适的床位，并有各种疗伤治病的材料，用以治疗重病或受伤的兵士，叫做（amb lance volante），意即"移动医院"，是为战地病院之始。拿破仑对于劳来此举，很是赞许，把他升擢军医长，并且说："如果军中建立感谢碑，应该给劳来建立一个。"拿破仑又在他的遗嘱中写着，"我遗给军医长劳来十万法郎，他是一个最有德望的人"

自劳来始创战地病院之后，此事渐盛。一八六四年，欧洲各国在瑞士国的日内瓦地方集议，公认用红十字做徽章，这是根据瑞士国旗计划的，因为瑞士的国旗是红底白十字，把它颠倒过来，就成了白地红十字。各国又议决凡是交战国，对于红十字会都要共保护，不得伤害。中国于前清光绪三十年加入万国红十字会，历来服务成绩，很是良好。

原载于《时兆月报》1939年第34卷第6期

## 红十字会

茅震初

原著者 Frederic Barbey

译者按：目前的世界正充满着烟雾弥漫的火药气、血腥臭，人与人之间，到处扮演着争夺杀戮的惨剧，把人生的幸福摧残无余，大有非把人类屠杀净尽，天地同时毁灭之慨！可是我们相信，人类这种自相残杀的惨剧，总有觉悟而终止的日子。因为我们看到，在杀人气氛笼罩之下，也有许多人为人类的幸福而牺牲一己去努力奋斗。红十字会的工作，便是一个显著的例子。可见我们凡百事业，总要有决心去做，虽然四周全是恶势力，也没有不可击破环境而创造起新的局面。相信世界不久将重现光明，我们大家要为人类的幸福而努力。

红十字会是在一八六三年诞生的。但是有红十字会以前的几百年中，甚至在上古时代，战场上受伤的士兵也会得到救护。中世纪时在日本和瑞士，十八世纪时在奥、法、英各国间，都会签订过人道协定。但在那时，都只可算是一个临时协定的性质。对于伤兵的救护全是毫无准备的，而且所需的款项是临时筹集的。日内瓦亨利杜南（Henry Dunant）首先想到创立红十字会，成为一种有准备的、永久性的组织。红十字会初出现的时候，正是民不聊生、流离失所、荡漾着悲天悯人思潮的时代。施托夫人（Mrs. Beecher Stowe）在一八五二年出版了《黑奴吁天录》，休哥（Victor Hugo）在一八五二年出版了《孤星泪》，都可表示其时代性。在克里米（Crimean War）战役时，南丁格尔（Florence Nightingale）率领一群志愿看护，冒着生命的危险，救活数百受了伤和染着重病的兵士。接着，在一八五九年六月二十四日朝晨，当法军和奥军正在朗八地（Lombardy）平原作战时，亨利杜南一半为了事业，一半为了游乐，经过这里，正当苏弗利诺（Solferino）战役进行中，他抵达嘉斯底里昂（Castiglione）。杜南目睹四千余伤兵涌入嘉斯底里昂村落来，其中法兰西、阿拉伯、日耳曼、斯拉夫各种国籍都有，有许多人正患着破伤风，大家都饥渴欲死，满身都是泥浆和蚤虱，除了教堂和村长办公室外，没有别的地方可去了，也没有什么人去照顾他们。

杜南得着村中少数不相识者和妇女们的帮助，他分配了一点牛肉茶、纱布和烟草给伤兵们。随后，他看见一辆奥国病车和一队救护员经过街上，就邀了来合作而利用之。物品用完的时候，他又到四乡各处去找新的接济。六月二十七日晚上，正当疲乏到极点的时候，他见着麦克麦亨（Mac Mahon）将军，获得他的允许，释放了一群军医俘虏，这件事的成功，简直是出于意料之外。七月一日拿破仑第三下旨释放奥国医生去医治这嘉斯底里昂村的伤兵。此事的取决，根据于一种伟大的主义，而这种主义在不多几年之后，就成为红十字会的基础。杜南在战场上尽了他的超人能力，为伤兵服务之后，便回到日内瓦故乡去创导一种富有勇气而孜孜不倦的运动，便是想实现他的计划，在各国创立永久性的委员会，进行救护战场伤兵的工作。要达到这种目的，必须在欧洲发起一种强有力的运动，够得上影响各国的国王和政府才行。

幸而，在创导人杜南的左右，聚有一小群专心致志的合作者。然而，说来可怜，他们只有五个人。这五个人自己成立了一个红十字会国际委员会——所谓国际系指它的活动性而言，并不指别的意义，因为红十字会至今还纯粹是瑞士人办的——于是乎，他们各人分工合作地负责干去，有的到别国去游说各国政府提倡这个运动，有的筹划一种协约和专家会议。一八六三年二月十四日他们第一次开会，同年十月二十六日他们竟然召集到三十六位代表，代表着十六个国家，到日内瓦来开会。会中费了三天功夫拟就了红十字会大纲，其要点大致为：各国成立一个委员会，须呈请各该国政府批准，其工作为筹措医药人员与物资，替军队服务。医务人员需佩戴白底红十字会符号，籍资区别，并受它的保障。国际委员会仍为各国分会之通讯总机关。

自一八六四年至一九一四年，红十字会有令人兴奋的进步。一九一四年的大战显现了红十字会的无穷价值。一九一八年因和平条约而产生的新国家，大多没有分会。今日世界上七十八个现存国家中只有六国未曾签字参加日内瓦总会。到一九三六年，总计各国分会的会员共有三千余万人。但是红十字会的工作，已一年比一年繁重起来。战争一爆发，国际委员会就向各交战国贡献它的工作，并为战争牺牲者（包括受伤的、害病的和俘虏）的利益而奋斗。

由于它的大公无私和它的中立性，无不人人感激。因此，工作极为成功。它纯一的性质，在许多场合，都证明其极为有利。以前会有许多次数有人提议使红十字会国际化，幸而它没有国际化，否则它的奋斗是决计不会成功的。

自一九一二年以来，红十字会就取得战事俘虏的保护权，并获得交战国的允许，派遣代表至俘虏营去访问俘虏，听取它们的申诉。一九一八年红十字会在俄国帮助儿童、政治囚犯和瘟疫的受害者。一九一九年在匈牙利，由于红十字会代表的努力，使得无情的革命党人尊重政治囚犯以及外国人和一般平民。最后在西班牙内战中，红十字会代表于战争一开始就活跃其间，拯救过无数人的生命。

国际委员会成立不久之后，就注意到战事期间伤兵和俘虏的家属，供给关于失踪者的消息，分发药物、衣服和粮食给他们。

尤其在上次大战中，红十字会表现过一种超人的、伟大的力量。美国达维生（Davison）君，鉴于它的良好成绩，想起一种扩大计划，美英法意日等各国红十字会合组成一个红十字会联合会。这个联合会在平时努力活动，医治由于不测事端而受害的人以及训练看护等工作。

这里更要特别提起上次大战中红十字会对于俘虏和失踪者所贡献极有价值的服务。俘虏的照顾和失踪者的找寻（失踪者的数目会达极大数字）完全是冒险碰运气的事情。一九一四年八月，国际委员会主席葛斯他甫阿宝（Gustave Ador）就看到此事的危险，特为召集少数专心的合作者，组织一个“战事俘虏国际办事处”。这个办事处很快地就长成一个极大的组织，包括一千二百人，分驻很多国家。“国际办事处”收到各国政府送来的俘虏名单，这是一种极有价值的资料，可以因此查出失踪者的踪迹。它还转运二百万个包裹、数百万元金钱和无数的信件给俘虏。

由于国际委员会主席的信誉和各国政府对于国际委员会中立性质的信任，它很快的就获得特许去访问俘虏营的特权。四年战事期间，在欧洲、北非和土耳其，一共举行了五百四十二次访问。结果，使俘虏的待遇改善了许多。

由于日内瓦的提议，并得到圣视会（Holy See）和西班牙国王的赞助，有四十五万俘虏（有生病的，亦有年老的）经遣回本国，或收容到中立国的医院里去。

这样工作的范围虽极扩大而繁重，但是国际委员会同时并没有忘掉它其余的工作，尤其是唤起各国尊重国际条约。它最重指责对俘虏施行报复，对救护船只施放鱼雷以及使用毒气等等。

这“战事俘虏国际办事处”的机关，直到一九二三年才结束，即在战后，它也尽了极有价值的服务。在它结束以后，国际委员会不得不接办关于俘虏和失踪者的工作至很长的时间

我们可以见得，杜南和他的朋友们原定的计划，自一八六四年迄今，业已显著地扩充，其活动范围现在已十分广大。全世界都认识红十字会的用处以及其中正的态度，无论在平时还是战时都一样的有贡献。随时都有人问红十字会求助；红十字会确能引起人家的信心。但是要实行它巨大的工作，“国际红十字会”和各国分会都亟需款项，此一事实，甚至在受惠最多的人们，也未能见到。因此去年六月在伦敦举行的国际会议中，红十字会不得不将它的活动和未来的需要，作一个引人注意的描述，来开始向筹集款项这方面，尽其极大的努力。

原载于《青年文会》1939 年第 1 卷第 13 期

# 红十字城

沈　渝

距离马奇诺防线仅有几里的战区当中有一座小城——法国的法尔斯堡。这是世界上最彻底的不设防城市。在那里没有一杆机关枪或来福枪或手枪没有一所防空壕或一只沙袋，在夜间灯光照耀到天空比平时还亮。终日有坦克车和弹药车、兵、马和卡车在附近走过，都被徒手的哨兵劝告了绕道而行。一个战斗员要进这城的唯一方法，就是躺在担架床上。

法尔斯堡是红十字的都会，这是法国希盖勒将军（General Schikele）所建议的一种慈善实验，目的在留一片干净土容纳困苦的伤兵，免得他们倒在战地呻吟时再遭到炮火的轰击。这是在一九三二年万国红十字会开会时，希盖勒将军提议，“在未来的战争中，没有军事价值的城镇，应该摒在战争范围之外，交给红十字会管理，并由双方交战国保证这城市的安全”。德法英等国当时都赞同这办法。但是这条约本拟在一九三九年正式批准的，一直没有签字。可是，法国已照这拟定的办法实行了。

在这城里，各医院的屋顶上都绘着明显的标记，一个巨大的红十字，边沿是白的，遮蔽了城中心的大部。这城的性质和地点也早经普遍地公告过了。这种实验的成绩如何，要看德国对于此种议定是否严格地遵守了。到现在为止，一切还安妥。

原载于《永安月刊》1940 年第 16 期

# 红十字会为战时俘虏争得些什么权利？做了些什么工作？

红十字会　T. W.

A. P. Luscombe Whyte 原著，译自 Strand Magazine 四月刊

许多人只模糊地把红十字会当成一个慈善机关，专司看护受伤的人，办理医院，供给救护车和工作人员。其实这些只是它许多人道工作

中的一小部分而已，因为除了在战场上做慈善工作之外，它还有一个庞大的组织，从事救济参战国家无数的妇孺，使俘虏能和他们的家人通讯。对于红十字会为这世界维持人道的工作，我们一定要感谢两个人：南丁格尔（Florence Nightingale）和瑞士银行家亨利杜奈脱（Henri Dunant）。

十九世纪的中叶，曾发生过两次战争，那时的武器已超现代化，已使战争非常可［恐］怖，而医药和看护服务之简陋更使战争加倍的残酷，这两次战争便是克里米战争和意奥战争。银行家杜奈脱在日内瓦听到英国护士在俄国的伟大工作，深为感动，便去研究祖国附近的战事，他到意大利，看到沙勿利拿（Solferino）一役中许多可怕的事情。

他回到日内瓦写了一本（书）叙述他的经验并向世界呼吁，书名《沙勿利拿的回忆》（Un Souveuirde Solferino），此后他遂周游各国，把书到处赠送，去求见将军们、首相们和大医师等，穿入宫廷和大臣们的办公处；起初感到困难，后来反被人欢迎了。有许多伟大的改革和国际运动，每每遭人冷视，有时甚至要与敌忾挣扎，但杜奈脱却并不会这样，他的工作显然是大众所需要的。

杜奈脱的书于一八六二年出版，次年在日内瓦某国际会议上，他成立了红十字国际委员会（Comite International DeLa Corix Rouge）。一八六四年，有二十四国政府代表在日内瓦开了一个大会，杜氏居然能看到许多护士、医生、救护车的车夫，一起加入这新组织，有许多志愿者在普丹战争（Dano-Prussia War）中，双方阵线的后面劳作着。

这运动有如光辉，普照全世。诚然，国际委员会中一向虽都是瑞士人，但各国也相继发起了类似的组织，只受日内瓦的顾问并不受它统治，目前成立红十字会的已有六十四国。英国的红十字会于一八七零年成立，恰好及时帮助普法战争中双方的士兵，交战国业已遵守他们代表在日内瓦所共订的条约。

战场救护车和包扎站都不能加以俘虏，一部法规编好了，为双方所赞助，它规定待遇伤兵和俘虏的方法，同时红十字会的工作者也受到特殊的便利和特权。此后国际红十字会和各国的红十字会每年扩充，结果这个组织终于为世界每一个文明国家所承认，有些国家的文明程度甚至于都要以有无组织来论断。

红十字会是从不放松其工作的，和平时，每个国家的红十字会都在进行和平工作——训练护士、设立医院、教民众避免疾病的方法，即使在和平时代，“国际委员会”也一直在日内瓦预备战争来临。目前的战事他们是预料着的，刚一爆发时，委员会便打电报给每一个政府，不论是交战国或中立国，提醒他们在红十字会法下应尽的责任，其中主要的便是设立战时俘虏局，在日内瓦则更有战时俘虏登记中央管理处。

这名称却太平凡，但是它的工作却是非常的伟大，德国进攻波兰时有五十多万俘虏——有的被枪毙，有的被拘留，有的被释放，在每一个俘虏总有一个悲痛的家庭，每一个家庭差不多都不知道他的下落，不明他的生死。

询问的信开始涌到日内瓦的管理处来——那些信曾经过许多机关的转递，同时籍“国际法规”的遵守，也有消息从德国机关涌来，已死的、受伤的和被拘禁的人的名单都送到日内瓦而被编号保留起来。根据了这许多文件，几百个志愿书记、调查者和打字员便能回答大部分这些可怜的询问信札了。当战事进展后，更有上万的新姓名加入这名单，这都是从各国的国家战时俘虏局送来的，从德国、法国、英国、俄国、芬兰……还有从其他未参战国的国家送来的。

上次大战时，日内瓦的管理处办事委员共有二千人，每天都要由三十个交战国收到二千至一万五千书询问的信。到了一九一八年底，那些名单已积有五百万张卡片，每张上记着一个俘虏的姓名的详细签订情形。英法德的军事当局也同样地审慎，在每一个俘虏营中，新到的俘虏都备有一张印刷品，上面记着他的姓名、他的健康状况、他父母或妻子的姓名、住址以及一些简单的通信。

这些卡片统由国家战时俘虏局寄至日内瓦，于是电报便源源不绝的由日内瓦发出来，每一个电报带来一个好消息——一封俘虏自己所写的短信，有时这些电报在官方战事局的死亡通知书发出之后方才送到。

日内瓦全部的工作并不只是翻翻名单而已，比方在德俄交侵下，一个波兰家庭的分散，父亲避难到米美尔，母亲漂泊到德国，三个小孩子竟流离到俄国、罗马尼亚和匈牙利，但红十字会却使他们大家重返国家。

这怎样做到的呢？有一个红十字会职员解释给我听。他说：“红十字会各地都有代理人，他们对于悲惨的事件已经习见，他们调查每一个难民群集的地方，接见每一个漂泊者，对于小孩子这常常很感困难，因为他们讲不出自己的姓名或本乡的地名，但代理人总尽力去搜集材料，关于他们的外貌、他们的特点、他们父亲的工作……一切有价的线索都给注意到”。

“这些详细情形都送到日内瓦的总所去，等到有一张报告到日内瓦是关于一个父亲寻找他的孩子的，还附着关于孩子们的描述，于是便要把这许多的线索接合在一起，这原不是一件容易的事情，但这已经做成功了。”

现在每一个国家都在组织国家红十字会，预备战时服务，当希特勒进攻波兰的时候，英国在这方面业已准备好了，基金是公开捐募的，在五个月中已募到了一百万镑，除现金外，还有珠宝、饰物、衣服和各种珍品——包括了一串隐名捐助的钻石项圈，价值三万镑！

有许多人不解，以为这应当是军队的职务，军队有他们的医疗设备、医院、医生和救护车，为什么还要依赖红十字会呢？一个红十字会职员解释说：“事实是这样的，我们的医疗服务只是在辅助政府而已，平时我们的常备军队是很小的，在医疗方面它不能维持一个庞大的组织来配合战时大加扩充后的军队，公众也负担不起这费用，但在战时他们却愿自由捐助，所以我们的职务只是紧急时与军队合作而已。”

在一九三九年之末，英国军在药品和医院给养一方面已费去了七万镑，尚有三万镑业已由红十字会基金中提出应用。在上次大战中自一九一四到一八年之间在给养上共用去五百万镑，在救护车上共用去二百万镑。

红十字会在国际方面也在发展，战争刚一爆发，日内瓦的国际委员会就差遣对于战时工作各方面都有经验的代表，到四个交战国去，籍红十字会的国际法规，这些代表都得各国政府的帮助，他们几乎有外交上的权利，他们能和日内瓦通讯，并不受检查。

日内瓦有一个庞大的俘虏邮局，俘虏和家庭的通讯一定要经过它的，这样被拘禁在英国的德国潜水艇水手便可以写信给他家中的妻子，这些信由伦敦俘虏局寄给日内瓦分类处，再由那里寄到德国。

寄给俘虏的包裹也由这些俘虏局发出，在圣乾姆斯宫一间房间里，那些东西高高地堆着，从装听的鲑鱼、肥皂起直到绒线袄，每二星期有递寄三次，一个十一磅重的包裹从伦敦寄给每一个在德国的俘虏——包括大量的食物、糖果、茶、咖啡、肥皂、药品等等，在冷天，每人每星期可收到两个那样的包裹，同时圣乾姆斯宫收到上千从德国寄来的邮片说他们的邮包已收到了。

这些包裹籍国际法规，都由英、瑞、德当局免收邮费关税，而且传递迅速，在英国俘虏局成立最初一个月中，共送出了一千三百个包裹，都是用红十字会基金购备的，在上次大战中用在这上面的经费共近五百万镑。

俘虏在被俘期间仍能得到他们陆军的（海军的或空军的）饷金，而且是由俘虏的敌国政府所付的。在一年之后，一个俘虏能要求一个普通医生和两个中立国医生检查身体，如果他被证明已不适于重返火线，那么他便能被释放回国。

俘虏若对现状仍感不满，可以求见管理人，他的现状若仍不被改良，他可以和日内瓦通讯。这些都是德国俘虏的权利，也是联军俘虏的权利，他们之所以被尊敬，只是因为红十字会为他们争得了那些权利，因为红十字国际法规受各国尊敬。

这些情形能创造可观的善意，即使在两个交战国之间，红十字会代表一部分的工作就是在可能范围内去促进那种善意——虽则他们已誓言对各方待遇俘虏情形必须直言无隐，无论是好是坏。

这样红十字会也可以被称为敌人间的友情使者，现在经过日内瓦的邮局，在英国的人，无论他是英国人或是“敌国之友”，都可以和德国的亲戚通讯，信中虽只许写短短的二十个字，但在被战争隔离了的人看来，这二十个字包含着多少意义啊！这种友谊精神也就是红十字会的特权，一九一八年德国当局居然邀请过一位英国红十字委员去参加他们的会议，讨论四万俄国俘虏的可怕的现状。那些人缺乏粮食，平均每星期要死去二百人，经过讨论之后，一批英国人真的越过敌人的国界去看护俄国人，英国的给养由德国火车装运，死亡率几乎立刻降到了每星期二十人。

红十字会有句很勇敢而充满了希望的格言，就是“在战争中保留人道”希望他们能永远设法保持人道。

原载于《西风副刊》1940 年第 24 期

# 红十字会沿革史略

一个士兵在战时遭到敌方的俘虏后，就成了一个目标，有百个人在日内瓦那所建筑中为他工作。他已经不复再是个军士，也不复再是个公民。他不能执枪再上战场，也不会像死老虎一样受人逼打。他成了个超然的人，成了特殊种族的一份。换言之，他既已沦为战时的俘虏，因此变成了超然机关中的一员，这机关就是国际性的红十字会。在这次大战未曾爆发的十五天前，国际红十字会已经仔细考虑过各项计划，设法在目前这次战时重新继续其在一九一四——一九一八年间的红十字工作。

他们产生了一个战时俘虏问题的中央委员会，在这次大战爆发后，派出了四个瑞士籍的官员，负责安排照料这次大战中四交战国的俘虏。其名称是马赛儿尤诺博士（Dr. Marcel Junod），驻德；依道哇弗烈克（M. Edouard Frick），驻法国；鲁道弗海克歇斯（m. Rudolphe Haccins），驻英国；及罗勃不伦纳尔（M. Robert Brunel），驻波，最后者因波兰已全部沦亡，故只能在罗马尼亚工作：九月四日，该中央委员会在日内瓦成立，派定耶克斯辖纳维爱（M. Jacequs Cheneviere）为会长。干部人员共四百人，皆为瑞士籍。其中有经验丰富的登记员，解职在间的外交官、法官及妇女界领袖等。此外尚有童子军一队，负责照料的工作。

每天约有六千封信寄递该会。初步先由职员将其中的公信捡出，例如寄自各部、各红十字分会及各机关的信札以及俘虏的名单与报告等。然后，一大堆信件由童子军有系统地加以处理——开封、集笺、收邮票、加印日期及号码戳子等。信件拆开后，便传到稽核处，再由稽查处分类后用箱子分发各部。在稽查员看来，这些信件只是一式的公文，必须加以印戳、编号、归档，但在发信人及收信人的心里，却视其有若怀宝，因为这是寄托他的挚热的心情的。

以下便是个例子。在兰克斯的弗利胡特，有两个小孩，出世后不曾见过生父。因为他们是诞生在一艘名叫喀尔杜的捕鱼船上的，但是这船在战时却被德人击沉了。同时，在史达拉格德方的俘虏营内，却有两个父亲，不曾见到过他们的亲子。其一名为乔治勃罗克斯，原居弗利胡特的勃兰克斯登街，其二为查理士爱列斯，住址相同，战前同在喀尔杜渔船上充渔夫。那小孩小查利士，是依其父亲而提名的，诞生的那天，正巧其父亲列斯被德人俘去。四星期后，其同伴勃罗克斯也被德人俘虏了去。迄今三星期前，爱勃尔人之妻仍得将两孩的照片，寄其生父。最近红十字会的职员会得当局的允许而在史达拉格接见该两俘虏，得悉其亲生之照片寄到后，两人都兴奋异常，实为抓进俘虏营后第一次感受的欢乐。

目前弗利胡特的居民，对此次红十字会工作非常感觉兴趣。因为在两星期中，当地的捕鱼船竟有十一艘遭到敌方的攻击，因此在史达格拉已见许多渔夫受到俘虏。这些渔夫都自弗利胡特的埠头驶出，因此该埠当局目前正在推行“每周一便士”运动，集款后拟以之请红十字会转手帮助弗利胡特被俘的渔人。

俘虏中央委员会寄出来的平信，共分两类：其一已由国际公会的战时俘虏处付清邮费，其二必须由委员会加贴邮票，那是专寄内地的平民及难民的。这两种方式，划分非常清明，因为红十字会当局尽力要保持其传统的同一地位，这一点在七十年前当国际公会方才设立时在日内瓦决议通过。俘虏问题中央委员会的办事人员大部都除去国籍的关系，以适应环境的需要。他们的生活，虽为瑞士，但同情心却国际一律而毫无偏私。他们绝对遵从红十字会会长的训词："本会会员务须确知其在红十字下工作的责任，必须避免偏于任何交战国的表示，（例如御带该国之徽章等等）。"各国的战时俘虏由该会办事人员分别加以直接处理。"德国部"专门接收德人的询问，如在西线被俘的德军、禁闭于英的囚犯、被扣于埃及、香港、澳洲的平民以及滞留于纽芬兰、南非洲与法兰克岛的海员等。

"英国部"目前专为英国空军服务。例如被迫降落于德境的飞行员，或因伤而留于医院里的，或被俘而禁于俘虏营的。其余尚有被扣于德国的英籍平民，也由红十字会加以援助。"法国部"也大部为法国流落于德境的飞行员服务，或伤或死，都由德国政府将其姓名寄至日内瓦，以供调查。"波兰部"专为波籍难民、俘虏及在德被扣的平民服务，截至目前为止，该中央委员会曾收到十万名波兰人的名字，或被俘于德，或被扣于中立国家。

总而言之，这种服务范围极广，对军民都一视同仁，尽力援助。各国的电讯检查处，都反对由红十字会将军民的信函从某交战国递至其他交战国，因此由该会代递的信函中，只准报告身体的健康状况，不能谈及战事。红十字会由于其绝对的国际性格，因此凡所有红十字印戳的信件或包裹，都不经海关或邮局的检查。保持俘虏和其亲戚发生接触的这种工作，日夜不断在日内瓦庞大的办公处里进行，深得瑞士政府的赞助。俘虏或被扣平民的名单，每天都有寄来。除了上述的波籍军民外，尚有四万余名的名单，已经寄到。这些邮件都循例加以统一的处理，然后再送至稽查处供其检查。

该会目前又启用一种新式的方法，不用打字机而应用照相制度。由此俘虏及被扣军民的照相，便能互相交换而保持其亲属不断的接触。这种办法，往往是非常切实的。

两三星期以前，英国军部宣布，西线上虽有英军十六人遭到埋伏而被俘。一小时后，"哈哈爵士"（系德方广播宣传员之一，英语非常流利，对象德众，皆为英人）便在白里门电台的广播机旁，介绍此项俘虏，向其国人谈话。其中之一即为贝德福一地之哈罗华尔福伍长，其父母居于该地克拉分路九十八号，是镇中有名的人物。这一次广播使贝德福一地的居民，感到非常惊奇。

次晨，当地所有的工人都谈论着哈罗的这次广播，同时计划怎样加以酬奖。就在随后的二十四小时内，贝德福当地已有二十一家公司的工人，决定加入“每周一便士”运动，为在德的俘虏筹集经费。此举系由贝德福市市长领导，目的在使该地所有工人都列名于此项计划，使哈罗在德每周可以得到两包食物和衣服。

日内瓦的这个机关，与伦敦圣詹姆士宫是有直接联系的，因为后者就是红十字会在英办理俘虏事物总部。当地有许多工人都装配着食物与实用品，以便红十字会转送在德的英籍俘虏。

返视远处史达拉格俘虏营中的英军，触犯营律后所受主要的刑罚，如是幽禁。这种办法似是而非。一个战时俘虏所遇的是这种生活，做错了事时竟还要关在监狱的监狱里去，实在太不公允了。

原载于《国际》1940 年第 3 期

## 红十字会的战时工作

A. P. Luscombe Whyte 著，垚垚译

红十字会的工作是常年不得松懈的。平时，红十字会的全国协会忙着训练看护，设立医院以及教育民众怎样防免疾病等等的工作，即使在没有战争的时候，日内瓦也有红十字会国际协会的设立，以备一旦战争发生时可以从容的来服务。战事爆发时，红十字会的工作是发电报到各国政府，（不论交战国和中立国）提醒他们对于“红十字法”所当尽的义务。但最重要的还是在于督促各国俘虏收容局的设立，此外在日内瓦再设立一个专供战时俘虏登记之用的中央社。

当德国侵入波兰时，被俘虏的连被枪毙的、被拘禁的以及被释放的一起在内，竟有五十余万之多，于是日内瓦的中央社，每天总要接到许多由各地寄来探问俘虏的信件。为了表示对于国际公法的尊重，当时德国便将俘虏们的情形常常报告到日内瓦的中央社，然后由千百位尽义务的工作人员在日内瓦会议厅大厦内，回复这些探问的可怜的信件。

上次世界大战时，单只日内瓦中央社的职员，已有二千名之多，每天从三数十个参战国中，总要寄来一万多封询问俘虏的信件。到一九一

八年欧战结束的时候，中央社的登记处竟积有五百万张卡片，每张卡片上填着每个俘虏的姓名及特征。

英法德三国的军事当局对于俘虏的登记等事，均极慎重，如俘虏收容局中每逢有新俘虏进去时，便要将这位新俘虏的姓名、体格、家族姓名及住址等项逐一地填入登记单内，便由全国协会将这个登记单送到日内瓦中央社，然后再由中央社照着登记单逐一地发电报到各地，希望能因此而使流散的人们仍可重聚一堂。

当德俄侵入波兰的时候，有一个家竟不幸地被流落星散，父亲避难在麦味儿，母亲漂泊在德国，三个孩子分别地逃散在俄、罗、匈三国，但卒赖红十字会的援助，仍得重聚天伦之乐！

据一位红十字会的职员对我说：红十字会的分会及其工作人员遍及全球，他们不辞艰难的到各处收容局中，和那些漂泊者当面细谈，如遇到年幼的孩子们便难于着手，因为他们不晓得自己姓名及他的家乡，但这般工作人员只可将孩子们的面貌、特征等等逐一记下，如已经能说话的孩子，则可以询问他的家庭情况及其父亲的职业等等；然后将所有的线索送到日内瓦去，待日后有人来信认领孩子时，如其所述与所记下的线索相符，则即可让其领回。这种工作，尤其是采取线索，不是容易的事，但红十字会最终做到了这一点。等到希特勒军队进入波兰的时候，红十字会中各种机器的设备已较完臻，所以此次战事爆发后第一个月的工作，要比较上次大战时最后六个月中的工作，大为进步。

关于经费方面，在最初五个月中，已捐到五百余万元的公积金。除现金外，那般市长们——伦敦市长及其他市长还捐了不少的珍珠、首饰、布匹及其他贵重物品；其中有一位隐名的慈善家，竟慷慨的捐助一只价值十五万金之巨的金钢钻项圈。

那时会中需要最殷的莫若受伤者的食物，其次如药品及伤兵车等的添置与医院中之服务人员等，均为当时的严重问题。后来日内瓦国际委员会派遣富有战事经验的工作人员，赴英法德等交战国服务，在国际公法的庇护下，他们得以享有外交、交通及通讯等的特权。

有一位阅历很深的瑞士工程师哈雪斯氏，精通英、法、德三国方言，上次大战停止后，他在俄国将四万陷于混乱状态中的德国俘虏整理的井井有条。而交还德国以后，他又跑到德国、匈牙利、远东、爱尔兰及摩洛哥等处，同样的办着疏散俘虏的工作。此外，英国政府根据了他的意见，在圣贾姆斯宫中设立一个俘虏收容局，这个局除了收容俘虏之外，还将俘虏们的消息，送到日内瓦而转递到德国，并且俘虏们来往的家信也可由这局中代为收发，并允许俘虏的家族可以将食物、咖啡、茶及药品等物件，由包裹邮政中寄来，所以圣贾姆斯宫的贮藏室中，如罐头鱼、绒线、肥皂等等，莫不兼而有之。

哈氏还告诉我几件新奇的事，就是俘虏于被俘后，仍可领到其余被俘时同样的薪给，一年后，经一位普通的及二位中立国的医师证明他已不能再赴火线时，他便可安然返国。此外，如对于待遇感到不满意时，可以请求晋谒统治者；如有故意虐待的情形，则可以报告日内瓦。

对于这种优待俘虏的事宜，哈氏曾称颂英军及英国官员，为举世无双的唯一良好者。同时，哈氏的努力亦同样地被人们称颂着，所以在欧美各处都留着哈氏的玉影。

红十字会实在可称为敌人间的“私通机关”，在现在，就是英德间，不论何种人士，都可由日内瓦邮局中互通鱼雁，每封信以二十个字为限，对于离别已久的人们，就是仅仅二十个字的一封信，亦不无小补也。

该会有一个勇敢而很有希望的口号，就是“拥护战时的人道主义”，但愿它能永久地被拥护着。

原载于《中报议丛》1940 年第 4 期

## 鲜明的红十字

钦　文

已经整整的两天没有吃饭，一点也不感到饥饿，反而觉得饱胀，胸中沉闷。不消说，陈明新是病了，因为在溪水里洗得个澡，受了风寒又顿食。有时发冷，有时发热，好像是患了疟疾。不过照医生说，重点的病在开始的时候，总是这个样子的。如果错服了药，病势就会加重。既然发燥，已不是平常的感冒了，要防伤寒症，所以还没有吃奎宁丸。铛铛的钟声响了，一阵喧哗以后，同学都到教室里去听讲了，宿舍里清净起来，只有几只麻雀在屋檐上跳跃，唧唧的叫做了催眠歌。早就觉得肩背好像被什么紧紧束住的隐痛，这是疲倦了的缘故，需要休息，不久他就呼呼的睡去。于懵懂中，他感到口渴，可是没有开水喝。惨无人道的暴敌要来摧残我们的文化机关，为着避免无谓的牺牲，学校匆匆地搬到乡间了，设备尚未完善，没有开水本是常事。

这时感到口渴，一半其实是残觉。明白困苦的来由，只有痛恨野蛮的日本军阀。往常感到物质生活的不满足时，他总是想起正在前线抗战的将士来。在雨雪风寒之中，他们忍着饥渴在同强敌肉搏！这样想着，也就心平气和。

陈明新忽然见到一位受了伤的战士，穿着灰布的棉大衣，胸襟上面缀着个方方的十字，色彩鲜明，红血非常醒目。一摇一摆的迎面过来，用着一只空袖子。再看这位战士的后面，还跟着个年轻的女郎，她的胸前也缀着个红十字，映在雪白白的外套上，显得更是鲜明悦目。开合着嘴巴，这位受了伤的战士，好像是在这样说，“日本鬼子打断了我的左臂，可没有打断我的右臂。只能破坏我的肉体，可不能破坏我们的精神。只有一双手臂了，我不能再握枪杆，但我仍然可以握笔杆。靠着我的独臂，我要运用我的笔杆，写尽东方强盗的罪恶，籍以激励同胞，共同起来打倒我们民族的仇人!。”

“为国牺牲手臂，陈明新看看那只空袖子想，这是光荣的标记”

“可敬可佩的勇士”

他想这样欢呼。可是喉咙梗［哽］住着痰，发不出声音来。正在挣扎，因为用力，略一合眼，再睁看时，战士已经不见，只剩了那个穿白外套的女郎。摆宕着鲜明的红十字，她在迅速的向他移摆来。近了，不久就在他的床前停留住。看样子，听声音，都好像是原来熟识的。陈明新感到乏力，苦于认不清站在他面前的女郎究竟是谁；只觉得，照她窈窕的姿态，好像是寅班里的张同学。她的小小嘴巴，却像午班里的林同学。两个浅浅的酒窝，又像丑班里的李同学。多方面的觉得熟识，总之她是自己的同学，却辨别不清楚，不知道究竟是谁。

女郎坐下来了，就在陈明新的床沿上，靠得很近，衣边几乎碰到了他的脸颊。而且她就伸手去摸他的头。这使得他着急，且不说已经两大不洗脸，油汗积的很多；枕头也已肮脏，俯下头去，难免使她闻到一阵恶劣的气味。在头上，她按了他的左额角，又按了他的右额角，她的手掌触着皮肤，温柔的感觉一直渗透到他的心里。

“不要紧的；”她说“调养一下就可以好的。”

清脆的声音穿入耳朵，也就直达他的心房；深深的他感到了安慰。

“喝点开水罢!”女郎又说了，“发燥的人是要多喝开水的。”

一个闪亮的金属品就显现在眼前，原来她是一手提着热水壶来的。翻转盖子就是茶杯，里面是镶嵌着瓷器的。他想坐了起来接收开水，可是没有实行仰动身子，已由他的顺熟的举动把那饮料灌到他的口中去了。

润湿了口腔，喉咙松动了，陈明新知道可以说话。“你是哪一位呀?”他就想这样发问，但他当即便转念头，并没有实行开口。他觉得不好意思；因为他当做确是自己的同学看待。既然是朝晚相见的熟人，自然不该这样发问。无论是寅班里的张同学也好，辰班里的王同学也好，午班里的林同学也好，或者是有着富于情趣的两个酒窝的丑班里的李同学也好；反正，不但美丽可爱，也都是可敬可佩的女同学，实在也没有深究是谁的必要。

“哦！怎么要你来这样给我。”

可是陈明新终于表示感谢的开口，热烈的说了上面这一句。女郎先以微笑作为回答，随即说，“这是应该的啰!。”

陈明新觉得委实需要这种人来看护。可是在她，怎么会是应该的呢?

“她怎么会得居然肯这样来看护我呢?”

这样想着，他就睁眼注视她。不等他开口，她就自动解释了：“陈同学！这是［实］在是应该的，在男同学有病的时候，我们女同学来看护，现在我们有着（看护）这一课，是预备去救护因为杀敌而受伤的忠勇将士的。可是为着学业的关系，现在我们不能就上前线去，就近可以做到的，总得实行去做。救护的事情，理论并不怎样复杂，所贵的是经验，手术顺熟了，可以减少病人的苦痛，使得病人容易恢复健康。

现在我们的看护课，理论已经讲的差不多，所缺少的是经验，正需要实习的机会。所以，陈同学！你有病，我来看护你，这在你固然可以舒服点，我呢，也就有了实习的机会!”

“如果有了男同学在病中而不去帮助的，”女郎提高声音说，“连开水都不去送一杯，那么，所谓看护，只是空谈，看护这一课是虚设的了。固然，在前方流血的将士，可敬可佩，时要爱护的，在后方的学生，优秀的青年，都是未来的民族战士，难道可以不重视他们吗?况在一个学校里读书，大家利害相共，休戚相关；犹如兄弟姐妹，一家的人。难道哥哥弟弟有了毛病，做姐姐妹妹的可以视若无睹，听若无闻的吗?”

陈明新觉得自己是在向着缀着鲜明的红十字的女郎接连点头。

“所谓看护，”她接着说，固然需要物质上的帮助和事物上的照料，更其需要精神上的安慰。同是一杯开水，由厨房里的工友从便带来，和由我这样特地送来，是不同的吧?

他又觉得自己向她接连的点头。“陈同学!”女郎继续她的话，“你不要以为生了病，身体不太干净，我们女同学来了，不好意思。要知道学看护，本以受伤的人为对象，那总是血肉模糊，臭气四溢的。

我们不但要近拢去，还得去洗涤，去包扎。要是怕脏，那就根本不用讲医道，无所谓看护。其实，只是有了同情，就无所谓肮脏。怕风怕水，就是肮脏，原是缺少同情的缘故呀！在同学之间，确是应该有同情的。”

“如果以为，男女之间，应该有所避忌，那也是不彻底的见解。已经说过，看护这一课是以受了伤的战士为对象的。难道在前方作战的将士，不是和我们异性的男子吗?”“明白了这种情形，许多女同学，已经组织起来了看护队，轮流照料有病的男同学，女同学是本在互相照料的。如果明天还是不能起床，又有女同学会来照料你，拿得开水来给你喝；安慰你，使得你舒服些，早几天恢复健康。”

“可是陈同学!”女郎笑了一笑另行开端的说，“请你不要误会，不要以为我们女同学，只是知道在看护上面做些功夫就算的。我们很明白，杀敌救国，我们女子和男子有着同样的责任。我们也应该亲自武装起来赶上前线去直接同敌人拼命，我们也可以握着枪杆去向敌人瞄准。我们的体格并不一定逊于男子，至少，我们是，可以锻炼起来，和男子并驾齐驱的，不过，在抗战中，凡事要力求经济，守住各人的岗位，为的是保持固有的力量，不至于空耗。所以姑且顺着惯性似的着眼于看护工作。从近便的切实做起，就由看护有病的男同学入手。想来你是赞成的罢!”

陈明新觉得自己又在不停的点头了，睁眼注视着那鲜明的红十字。

原载于《福建青年》1940 年第 1 卷第 3 期

## 新年的希望

沈金涛

在日历上撕过了十二月三十一日的最后一页时，过几小时，就是一九四零年的开头了。这一个过渡，在人们的心理上会自然被引起一种异样的感觉。当我们说到“新年”这二个字时，在我们眼前真像有一派“新”的气象，在等待着我们去接近他。要说“新年”真是值得庆祝的话，那么就对未来一年光明的希望上。我曾细想，人们为什么对于一年一度的交换抱有如此热烈的希望，那一定是在过去的一年，生活实在不太好，到一年终了就巴不得过去一年的厄运，也跟着年度的过去一同过去罢，在未来的一年中，总得好好把生活走向幸运中去的。穷汉过了多年的困苦生活，无计可施，只剩到年底希望着明年赶快交好运道了。则人之寄托无穷希望于未来的新年，正是因为在“旧年”中太不如意之故，这理由是不错的。

照此而论，我们现在所以对新年的欢迎特别热烈，正是因为过去一年太不舒服的原因，要详细说起来，不舒服的事情就太多了。大概言之，人对人的残杀，响应到个人。生活是一年一年更加困难了。种种的场面，算是扮演过了已过去的一年。在这四周阴森的气氛中，受尽痛苦的我们，对于未来的一年，那人人抱有莫大的希望呢？希望是并不错的，只是最大的问题，却不能只是空希望，像穷汉的希望明年可以交好运，假使我们只以这种无聊的自慰为满足，那结果一定与穷汉一样，春去夏来冬又到，永远只是在悲怀哀悼中度过其一个一个的新年。我们的希望，却必得以实际的行动去实现，要把希望架在实现的基础之上。必得如此，我们的希望才是有益的，可以引导我们出痛苦之深渊，而踏入光明自由之坦途。

计算着过去的一年，世界是在痛苦挣扎、血肉与炮弹横飞之中过去的，红十字会也在困苦艰险中过去了。但是战祸一日不了，红十字会的仔肩一日不惜。红十字会的本身，已是百孔千疮，罗掘俱穷，红十字会的人员也是胼手砥［胝］足，筋疲力尽，惟有希望世界上早日实现真正的和平，俾可稍息仔肩。这是我们在今年元旦深切希望的。

原载于《中国红十字会月刊》1940 年第 55 期

## 爱德华罗宾逊展览所藏艺苑得款捐助红十字会

爱德华罗宾逊，他在好莱坞是以收藏珍品名画著名的。他家里的艺苑珍藏，在好莱坞可以算得第一位了。可是他的藏品，平时除他的至亲好友以外，旁人是难得一见的。最近美国罗斯福总统发起美国人民捐款援助英法联军，美国民间响应的很多。而影都好莱坞，对于这件事情影响的更起劲。而爱德华罗宾逊，对此事也不敢后人，他立即发起响应这一个援助联军行动。他把自己所收藏的名画珍品，开了一个展览会。把所得的门券代价，全部捐助给国际红十字会，因为爱德华罗宾逊的艺苑珍藏在好莱坞闻名的人很多，所以一经开放，大家便认为是一饱眼福的无上好机会，而相继去参观了。因之在售券的成绩上也非常可观。爱德华罗宾逊的最近的一张新片“万里传书”（The Man From Flee Street）已经拍摄完成，那是描写世界最著名的路透通讯社的经过情形的，在性质上又是一张很好的传记影片。

原载于《好莱坞》1940 年第 97 期

# 杂　组

## 第二次征求会员各省市县委员（会）题名录（续）

**遂宁县**

委员长兼总队长：罗玺

当然委员：分会会长委员　蒲伯寅　吴超然　阮健鸿　陈伯良

**汉口市**

队长：刘绍卿　杨辉庭　邓以诚　江述之　曹延祥　祝雍斋　李叔熙　周敏　祝鸿钧　宋如海　余常慎　刘汝霖　俞琼　周光汤　李玉英　陆德泽　阮绥　徐维荣　范香圃　计国桢　欧阳德胜

原载于《中国红十字会月刊》1936年第7期

## 第二次征求会员各省市县委员会题名录（续）

**青岛市**

委员长兼总队长：储铁生

委员兼总队长：王仲先　宋雨亭

委员兼队长：姚仲拔　丁敬臣　战警堂　于维廷　柳文廷　王得庭　程伯良　张子安

队长：袁明卿　陈品三　孙竹坡　傅敬之　王玉箴　王芗斋　高庆堂　张立堂　周培之　王召麟　田星五　刘宾庭　仇光斋

**郧县**

委员长：关麟书

委员：傅文焕　欧阳谷　孙鼎　周黼章　余正权　燕文新　吴仁楷　江云亭　张志固　党甲泰　方东升

**莒县**

委员长：卢少全（兼总队长）

委员：董逸艇　王玉生　张玉轩　宋次山　袁仲一　马星三　柏森　薛寿卿

队长：陈墨林　刘浩　王冠三　魏剑泉　李炳南　张平甫　陈桴航　庄佐宸　马夷东　吕汉镕

原载于《中国红十字会月刊》1936年第8期

# 第二次征求会员各省市县委员会题名录（续）

**诸城**

委员长：李成绶

委员兼队长：于良佐　王肖舫　胡中民　程公博　任熙斗　鲁炳文　臧开运　席仁基　王默斋　吴我愚

**汝南**

委员长：察维骥，兼总队长

副委员长：温其亮，兼副总队长

委员：宁星台　谢明五　董耀武　张从辛　王烈君　傅伯明　闵啸云　邬仰素　刘仲履　安文坡　陶怀琨　闵仲衡　方静菴　马诚礼　余克俭　赵一勤　汗佩珩　史全五　高景星

原载于《中国红十字会月刊》1936年第9期

# 第二次征求会员各省市县委员会题名录（续）

**玉环县**

委员长：卢云琛

委员：董运铎　陈孟扬　董运钤　颜绍鲁　耿寅谷　董怀清　潘作波　陈宗直　沈嘉法　韦雍良

队长：叶惠人　林文翰　王旭初　翁志玉

原载于《中国红十字会月刊》1936年第10期

# 成都红十字会联合成都各界为松理茂汶等县难民劝募寒衣歌词

刘豫叟

不必拘拘在此一千五百元内计较，因刻开局势紧张，逃出难民将来不知远何程度。如准该县长所请，其他难民援以为例，将其何词以对，可将此数仍未保留，日后时局敉平，再行酌议可矣。

**成都红十字会联合成都各界为松理茂汶等县难民劝捐寒衣歌词**

**双江刘豫叟撰**

宿崖洞，宿崖洞，崖中愁多云更惨，崖边树黑云更重，不知此身更何如，腥风血雨吹残梦。

被身芭蕉叶尚润，难民骨瘦皮尽枯；吹来寒风如刀割，身上哪有完肌肤？冻死沟壑亦命也，安能乞食向长途？旧衣旧裳分到手，霜天忽现暖云铺。

遮叶用被体，遮将十之二，不过顾此廉耻耳，安能避得北风寒？多少豪华夸锦绣，布衣到此觉真难，忽然喜地而欢天，难民为之解愁颜，□中载得衣裳归，欣欣仁意暖如棉。

树皮小，尚可食，树皮小，不可衣，因饥更寒寒更饥，天阴鬼哭风凄凄，留将残命无多时，善人飞到急救之。

父母遭杀戮，惟有儿女存，茫茫何处去，满地血风腥，人谁无儿女？忍见此伶仃！留此天愁地惨之一身，天愁地惨人亦哭，善人为之泪沾裳。

老母死，赡孤女，孤女之命薄如纸，孤女啼饥乱草间，孤女号寒严霜□，道旁见者扶之起，既与之钱又与米，多方募捐善钱多，春天飞到云天里。

到处皆难民，满地愁风雨，旧灶尚有柴，破盆早无米

非天不爱人，造劫至于此，呼天无声地无语，可怜欲死又不死，人造劫兮人救人，亟待善人扶之起，亟待善人扶之起！

富家翁，富家翁，一家儿女笑融融，地上铺毡钱样厚，烛中又添活

火红，霜风有力吹难倒，熟烫深处闭帘槌；可怜多少难民苦风欺雪厉穷途中，□他霜白皮肤紫，饥肠转处空复空，多施金钱患难中，如此富翁真富翁，更将仁意□笑容（完）

原载于《赈务旬刊》1936 年第 15–16 期合刊

## 组织：分会一览表

**江苏省共七十四处：**

上海市分会　吴江分会　徐州分会　扬州分会
阜宁分会　东台分会　淮泗分会　灌云分会
如皋分会　仪征分会　嘉定分会　昆山分会
宜兴分会　常熟分会　汆水庙分会　罗店分会
泗泾分会　闵行分会　宝应分会　白鹤江分会
金山分会　朱家角分会　七宝分会　吴江城区分会
吴淞分会　睢宁分会　沭阳分会　泰县分会
赣榆分会　建阳分会　常州分会　兴化分会
镇江分会　溧阳分会　丹阳分会　大场分会
洞庭东山分会　洞庭西山分会　宝山分会　南翔分会
南汇分会　莘庄分会　涟水分会　青旸分会
高邮分会　涟水城分会　阜宁城分会　宿迁分会
盐城分会　江阴分会　刘庄分会　下关分会
青浦分会　娄塘分会　高资分会　奉贤分会
黄渡分会　淮安分会　众兴分会　河下镇分会
清江浦分会　海门分会　白蒲镇分会　海安镇分会
崇明分会　盆林分会　真如分会　浦口分会
石港分会　泾口镇分会　松江分会　江浦分会
吕城分会　南京分会

**浙江省共三十处：**

德清分会　绍县分会　四安分会　杭县分会
兰溪分会　平湖分会　新市分会　余杭分会
丽水分会　金华分会　海门镇分会　富阳分会

安吉分会　孝丰分会　嘉兴分会　临平分会
西塘分会　濮院分会　龙泉分会　衢县分会
余姚分会　松阳分会　西兴分会　上虞分会
吴兴分会　硖石分会　天台分会　南浔分会
瑞安分会　宁波分会

**安徽省分会共三十一处：**

临淮分会　庐州分会　滁县分会　盱眙分会
宿县分会　太和分会　亳县分会　宣城分会
明光分会　管店分会　南陵分会　繁昌分会
正阳关分会　芜湖分会　六安分会　寿县分会
蚌埠分会　颍州分会　全椒分会　乌衣分会
望江分会　宿松分会　巫壁分会　马头镇分会
广德分会　当涂分会　屯溪分会　和县分会
荻港分会　三河镇分会　涡阳分会

**福建省共六处：**

福州分会　连城分会　莆田分会　仙游分会
浦城分会　南平分会

**江西省共九处：**

南昌分会　九江分会　万安分会　吉安分会
赣州分会　鄱阳分会　玉山分会　景德镇分会
宜黄分会

**湖南省共八处：**

长沙分会　永州分会　醴陵分会　彬县分会
洪江分会　耒阳分会　平江分会　安仁分会

**湖北省共二十处：**

武昌分会　汉口分会　沙市分会　襄阳分会
宜昌分会　鄂城分会　光化分会　老河口分会
潜江分会　郧县分会　通城分会　樊城分会
蕲水分会　枣阳分会　均县分会　武穴分会
宜都分会　大冶分会　蕲春分会　钟祥分会

**广东省共十二处：**

广州市分会　顺德分会　鹤山分会　普宁分会
汕头分会　阳江分会　高要分会　新会分会
揭阳分会　江门分会　佛山分会　澄海分会

**广西省共七处：**

梧州分会　桂林分会　桂平分会　贵县分会
南宁分会　柳州分会　阳朔分会

**河南省共八十一处：**

固始分会　安阳分会　沁阳分会　郏县分会
禹县分会　西平分会　南桥分会　南宛分会
商丘分会　赊旗分会　遂平分会　襄城分会
叶县分会　南召分会　浚县分会　新乡分会
尉氏分会　鄢陵分会　密县分会　济源分会
鲷城集分会　虞城分会　荥阳分会　鹿邑分会
邓县分会　唐河分会　舞阳分会　临汝分会
北宛分会　宝丰分会　洛宁分会　武安分会
郑州分会　渑池分会　洧川分会　汜水分会
方城分会　陕县分会　淇县分会　温县分会
楚旺分会　泌阳分会　信阳分会　洛阳分会
广武分会　新野分会　永城分会　扶沟分会
滑县分会　太康分会　孟县分会　考城分会
登封分会　杞县分会　汲县分会　通许分会
明港分会　延津分会　泰龢分会　光山分会
嵩县分会　拓城分会　古松分会　涉县分会
项城分会　临漳分会　修武分会　潢川分会
道口分会　驻马店分会　新蔡分会　息县分会
商城分会　吴台庙分会　淮阳分会　武陟分会
正阳分会　郾城分会　沈丘分会　临颍分会
汝南分会

**四川省共三十三处：**

成都分会　乐山分会　威远分会　富顺分会
夔县分会　万县分会　梁山分会　渠县分会
江津分会　垫江分会　邻水分会　江北分会
安岳分会　荣县分会　宜宾分会　重庆分会
灌县分会　邛崃分会　隆昌分会　泸县分会
宁远分会　新都分会　郫县分会　中江分会
广安分会　绵竹分会　遂宁分会　华阳分会
大竹分会　忠县分会　合江分会　资中分会

南川分会

**山西省共三处：**

平遥分会　黎城分会　应县分会

**山东省共四十五处：**

即墨分会　曹县分会　章丘分会　单县分会

临沂分会　昌邑分会　冠县分会　禹城分会

平度城区分会　黄县分会　夏津分会　恩县分会

东阿分会　平阴分会　张秋镇分会　桓台分会

诸城分会　文登分会　惠民分会　济南分会

寿光分会　高苑分会　牟平分会　利津分会

下堡寺分会　德县分会　益都分会　青岛分会

清平分会　济阳分会　临朐分会　同心寨分会

白马庄分会　田马镇分会　招远分会　莒县分会

平原分会　潍县分会　郯城分会　金乡分会

广饶分会　临清分会　平度分会　长清分会

菏泽分会

**陕西省共二处：**

西安分会　郿［眉］县分会

**河北省共四十三处：**

北平分会　北平女界分会　遵化分会　濮阳分会

清丰分会　小站分会　无极分会　正定分会

成安分会　邯郸分会　保定分会　永年分会

定兴分会　山海关分会　大壮镇分会　天津分会

平山分会　庆云分会　沧县分会　苏曹镇分会

蠡县分会　邢台分会　宁晋分会　乐亭分会

高阳分会　赵县分会　丰台分会　巨鹿分会

饶阳分会　潘店分会　武清分会　新乐分会

任丘分会　连庄镇分会　献县分会　壩头镇分会

泺县分会　新城分会　交河分会　安平分会

芦台分会　高邑分会　迁安分会

**绥远省共一处：**

绥远分会

**察哈尔省共二处：**

宣化分会　龙关分会

**云南省共二处：**

昆明分会　大理分会

**贵州省共两处：**

贵阳分会　赤水分会

**热河省共八处：**

朝阳分会　经棚分会　承德分会　围场分会

建平分会　阜新分会　赤峰分会　凌源分会

**辽宁省共十五处：**

黑山分会　龙王庙分会　安东分会　锦西分会

绥中分会　锦县分会　兴城分会　义县分会

台安分会　铁岭分会　复县分会　陶赖昭分会

开原分会　辽宁分会　北镇分会

**吉林省共十八处：**

一面坡分会　宁安分会　桦甸分会　扶余分会

敦化分会　双城分会　依兰分会　哈尔滨分会

阿城分会　舒兰分会　五常分会　同五宾分会

珲春分会　三岔河分会　延吉分会　桦川分会

德惠分会　富锦分会

**黑龙江省共十一处：**

龙江分会　依安分会　青岗分会　肇州分会

呼兰分会　兰西分会　讷河分会　海伦分会

绥化分会　木兰分会　肇东分会

共四百六十四处

原载于《中国红十字会月刊》1937年第19期

# 中国红十字会第三次征求会员各地分会委员会名册

**郑州分会**

委员长：阮藩侪

委员：李子中　姚明甫　张波岑　牛梧青　袁莪樵　张寿垣　王季

昭　宋让泉　赵益轩　赵劭武

队长：刘知恺　傅良弼　朱克封　邱祖藩　王福田　金颂匋　潘仰山　刘伟卿　王右迁　王荣安　周啸潮

**松江分会**

委员：朱久望　盛竞生　周学文　扬秉文　瞿继康　宋明炘　陈贵三　程伟如　蔡仲瑜　张敬垣

**金乡分会**

委员长：郑发荆

委员：刘昭赓　周文奎　张义修　李忻晟　杨炳坤　周俊三　杨源　胡训何　李庆澜　李湝渠

名誉队长：陶清远　李葵清　韩希璋　刘振铎　刘校长

队长：李桂需　姚一士　戴宗溪　李忻由　赵成己　杨文楼　李耀堂　李清霭　胡树檀　苏伯禄　邵联星　周兆歧　展怀民　杨惠民　李晋廷　李阜南　朱心廉　张体秀　周德印　杨如昆

**桓台分会**

委员长兼总队长：王茂冈

委员兼分队长：陈援

委员兼分队长：吕允宽

委员：王乐亭　牛家元　吕允信　王树增　耿秉德　田淑文　吕临之

队长：刘梅村

**吴兴分会**

委员长：黄人望

委员：陆培之　王立三　秦筱涛　张海东　谭建丞　刘松龄　胡传霖　俞荣祖

**赣榆分会**

委员长：温晋城

委员：徐治鑫　张长善　徐唐文　王从勤　徐治绅　徐振钵　宋赣生　吕祥永　仲伟祺　张雨村

队长：温晋城　徐治鑫　张长善　徐唐文　王从勤　徐治绅　徐振钵　宋赣生　吕祥永　仲伟祺　张雨村　陈立三　仲延嗣　朱若贤　刘贡三　臧楚峰　王惠亭　秦拱辰　张映华

**寿光分会**

委员长：宋宪章

委员：孙奉先　张立成　李干卿　张瑞五　张鸿庆　张子中

队长：郎凤光　杨万铎　牟寿昌　李仲文

**桓台分会**

桓台县县长兼委员长：吴警寿

**宣化分会**

委员长：刘诚厚

委员：周美菴　张志广　姚启明　李培青　王燕文　傅子衡　王弼臣　陈寿年　郑康乐

**长清分会**

委员长：李起元

委员：董蔚堂　董伯润　王辑五　张泽民　房世杰　房世良　谭广训　李润生

**威海卫分会**

委员长：孙玺凤

委员：迟中龢　董芳华　杨振麟　唐子谟　车吉德　李人千　魏秉钧　戴永斌　丛秀堂

队长：沈来森　徐鸿泽　缪天相　方国祥　周其森　晋君　吴忠达　顾本成　马清平

**泌阳分会**

委员兼会长：蔡雨田

委员：李定甫　王芸棠　樊焕台　张季直　刘子重　庞学海　张锡祉　张映岚　胡名卿　吕景韩

**杞县分会**

委员长：闫受典

委员：田友望　孔庆升　徐之鼎　陈鸿儒　杨宗彭　刘耕初　段海田　牛长兴　杨励夫

兼总队长：田友望

分队长：黄铁臣　高岑楼　牛子阜　黄遐方　黄显臣　于典五　葛福荣　王兆有

**绥远分会**

委员长：袁庆曾

委员：李正乐　何清杰　郄相国　张良弼　赵允义　杨令德　潘秀仁　金载民　阎肃　李万林

队长：袁庆曾　傅作义　冯曦　李居义　阎伟　张秀升　靳瑞萱

石华岩石　张钦　潘德恭察布　薄鑫　曾厚载　郝熙元　于纯斋　赵仲容　陈应道　王礼馨　畅维兴　周钧　孟文仲　马汝骐　樊库　马定国　孙克信　邢宝鸿　郭良田　陈令德　赵帛铭　陈国祯　陈志仁　郭景林　潘秀仁　温廷相　吕尚志　经天禄　霍世休　苗英　杜子通　张国宝　刘汉　郭际枚　白祥　于俊　周世定　于存灏　孙呈祥　白映星　林超然　张登魁　王锡周　杨令德　李蔚溥　霍世贤　王天籁　贾润之　丁一峰　赵颇　贺秉温　董世昌　张仰贤　王玉铭　宋智　范泽甫　王熹　张秀　王本元　王乐天　亢星垣　康永祥　赵鑑泉　甄成仕　李正乐　郄相国　何清杰　张良弼

**宁波分会**

委员长：陈宝麟

委员：王皞南　赵次胜　吴则民　俞济民　边文锦　胡子真　袁端甫　刘镇泰　杨传炳　张益臣

总队长：赵次胜　王皞南　刘灏

副总队长：俞济民　吴则民　张鲁

队长：林诗南　金煌　赵仰山　张耀乘　吴涵秋　叶谦谅　周宗良　万宁　陆瑞康　胡子真　沈友梅　袁端甫　宝静法师

副队长：雷掀轰　胡庆荣　赵斌　颜本京　徐节卿　蔡酉生　陈鼎煊　胡鹏　钟一桂　董庭瑶　沈其远　杨菊庭　顾安甫　杨瑞棣　姚振标　周志仙　边文锦　朱瑜章　夏宇民　丁立成　姜伯喈　郑宗贤　刘镇泰　杨传炳　密迦法师　指南法师

队员：丁恺丰　夏宗汉　魏世杰　张汉勋　褚起贵　贾颖魁　张明山　朱启金　麻起　吕士魁　黄惠民　徐正大　张彩生　郑仁业　朱鸿源　陈光增　蔡天铎　孙信赠　傅方弼　缪德渭　夏功楷　周歧隐　钟一棠　严海葆　金雨亭　王华英　冯威博　王诗城　寿子鲲　蒋政　朱天临　陆永福　郭渔笙　阮葭仙　金克强　周祥麟　蔡良初　斯信　沈昌渠　后士俊　冯廷扬　陈训祺　陈鹏华　李贤钊　张蕙荪　李子坚　严逸卿　倪德昭　吴莲汀　胡咏笙　俞伴梅　陈慧庆　应锡藩　汪焕伯　王甯涛　斯旺　蔡雲湄　俞乃普　杨容林　曹任才　汪粹甫　袁启渭　张益臣　自空法师　澹雲法师　源宠法师　智圆法师　大悲法师

（慈溪）队长：叶达三　戴时熙

（镇海）队长：寿健行　张感尘

（奉化）队长：唐乃翰　林德玺

（象山）队长：郑文彬　胡鼎仁

（定海）队长：夏贤康　沈溥

（南田）队长：叶菁　林翼镐

**盐城建阳分会**

委员长：章骏

委员：唐光先　凌钟德　李道铭　王元功　凌钟智　梁志贤　姚肇昌　廖鹏程　薛嫌　乔炳　郝儒琳　祁步奚　王政成　吕律均　李凤岗　祁贯之　徐钝初　马为理

**宁晋分会**

委员长：李端绅

委员：孙鸣凤　张世衍　高作相　孙廷俊　杨凯　高振铎　孙双彦　苏珍　张廷桂　孙朝宾　孙午辰

队长：李兰祥　边增海　孙新宅

**泾口镇分会**

委员长：张杰三

委员：陆振雲　张鸿志　陈召龄　胡铨　朱吉豫　张省三　胡焕　张登鳌　赵毂生　田寿荣　张鸿基　张燮廷　吴锡恩

队长：夏瑶青　王少山　赵锦荣　颜承祥　朱其祥　倪日高　杨伯堂　张戒三　欧慎珩　朱承恩　郝少洲

**安阳分会**

委员长：程起陆

委员：张仙台　王孝德　刘信　康献荣　杨万里　卢国政　周佩琨　张献荣　王品廉　许如恒

**商邱分会**

总队长：朱玖莹

分队长：刘信丰　苏蕴斋　曹锡麟　吴保训　陈应忠　马永祯　井正庭　陈大纶　孙恭寅　张广伦　宋万邦

**考城分会**

委员长：刘开泗

委员：丁祥生　王岳山　许承寓　刘拱之　魏庆容　杨际昌　范铭泉　徐铁珊　范玉珩　王恕德

队长：张人杰　孙家麒　何国正

**绍县分会**

委员长：贺扬灵

委员：倪仲敬　姚星槎　谢岳心　孟哲生　孙尧堦　方文荫　刘寅

生　骆梅卿

队长：陶仲安　冯虚舟　王和甫　陈笛荪　刘振一　许幼丞　戴文季　许兰洲　张昌言　高坤芳　许声扬　吴福保　冯德奎　朱国珍　陶承暄　陈耀哉　陈伯健　陈榆臣　陈秉钧　张晔轩　何国祥　邱易明　谢荣甫　蒋商臣　姚立梅　倪家尧　沈雨均

**建阳分会**

委员长：章骏

委员：乔炳　郝儒琳　祁步奚　王政成　吕律均　徐钝初　李凤岗　祁贯之

**南昌分会**

委员长：王次甫

委员：胡思义　张泰会　徐肇麟　王明选　余纪明　周恒　徐雨亭　杨应恺　胡敦义　卢芳

队长：王次甫　胡思义　张泰会　余纪明　卢芳　徐肇麟　刘锡龈　徐雨亭　周恒　王明选　杨应恺　胡敦义　胡文藻　卢崇　梁召南　邹日烇　梁兑石　周仁龄　聂恺阳　蔡谨　曹朗初　张述　邓文誉　黄钧浦　吴肇晨　岳景清　朱明荪　方玉泉　詹美修　熊朗轩　张寿慈

**宣化分会**

队长：王蔚文　张啸昆　张位天　赵盛甫　李景庄　冯敬五　谢发科　张尽诚　戴玉森

**正阳关分会**

委员兼队长：郭殿邦　蒋良才　王鹤亭　王召棠　孙履祥　时仲畲　牛幼丞　吕眠佛　张石泉　时企周

**德清分会**

委员长：彭绍香

委员：张友才　许公武　蔡渭生　徐崐　蔡景谟　许西林　王文卿　朱孔昭　黄松龢　褚俊

队长：杨槐生　嵇少梅　祝鸿第　吴士询　冯守梅　项肯堂　钟宝璜　王曾源　周登甫　胡文浩　潘蕴珊　唐洪泉　陈树藩　潘庠升　黄郁灿　张颂春　章瑞曾　潘松山　罗昆　朱孔阳

原载于《中国红十字会月刊》1937年第22期

# 中华民国红十字会总会所属分会一览表

（中华民国廿六年十一月三十日编）

（各省区均以换发图记先后为序）

（一）江苏省（共二十九处）

上海市　宝山县　松江县　崇明县　淮阴县　江都县　兴化县　仪征县　赣榆县　淮安县　盐城县　溧阳县　海门县　灌云县　青浦县　吴县　句容县　高邮县　沭阳县　涟水县　昆山县　常熟县　金山县　丹阳县　江阴县　奉贤县　如皋县　南京市　阜宁县　图记尚未换发

（二）浙江省（共十二处）

金华县　绍兴县　德清县　富阳县　孝丰县　吴兴县　余姚县　鄞县　临海县　兰溪县　嘉善县　杭县

（三）安徽省（共十四处）

当涂县　灵璧县　滁县　至德县　广德县　涡阳县　亳县　宿松县　蚌埠县　太和县　宣城县　合肥县　寿县　怀宁县

（四）江西省（共六处）

浮梁县　吉安县　南昌市　九江县　玉山县　赣县

（五）湖北省（共十二处）

大冶县　广济县　宜昌县　钟祥县　汉口市　宜都县　通城县　江陵县　郧县　襄阳县　鄂城县　武昌市

（六）湖南省（共七处）

安仁县　会同县　长沙市　醴陵县　零陵县　平江县　岳阳县

（七）四川省（共二十一处）

万县　灌县　邛崃县　广安县　江北县　忠县　邻水县　大竹县　垫江县　遂宁县　荣县　南川县　乐山县　华阳县　成都市　合江县　渠县　西昌县　安岳县　泸县　隆昌县

（八）河北省（共二十六处）

沧县　武清县　清苑县　宛平县　邢台县　无极县　蠡县　清河县　献县　赵县　任邱县　成安县　正定县　天津县　饶阳县　庆云县　清丰县　宁晋县　平山县　高邑县　南和县　定兴县　巨鹿县　濮阳县　北平市　天津市　以上两市图记尚未换发

（九）山东省（共三十二处）

禹城县　章邱县　即墨县　郯城县　诸城县　菏泽县　高苑县　桓台县　夏津县　青岛市　寿光县　临朐县　平原县　冠县　东阿县　益都县　曹县　莒县　恩县　昌邑县　利津县　金乡县　临清县　长清县　招远县　临沂县　惠民县　文登县　广饶县　济阳县　清平县　平度县

（十）河南省（共五十六处）

洛阳县　虞城县　禹县　渑池县　温县　商邱县　郏县　郑县　夏邑县　舞阳县　考城县　郾城县　柘城县　洧川县　安阳县　临汝县　临颍县　信阳县　杞县　鹿邑县　潢川县　泌阳县　沈邱县　叶县　睢县　临漳县　光山县　滑县　通许县　济源县　尉氏县　内黄县　唐河县　商城县　淇县　淮阳县　汝南县　新蔡县　新野县　嵩县　邓县　永城县　汲县　洛宁县　襄城县　南召县　密县　正阳县　罗山县　固始县　延津县　镇平县　沁阳县　息县　方城县　明港镇　特准暂缓合并

（十一）山西省（共二处）

平遥县　应县

（十二）陕西省（计一处）

西京市

（十三）察哈尔省（计一处）

宣化县

（十四）绥远省（计一处）

归绥县

（十五）福建省（共四处）

浦城县　闽侯县　仙游县　连城县

（十六）广东省（共十一处）

新会县　揭阳县　开平县　顺德县　汕头市　普宁县　阳江县　南海县　澄海县　饶平县　广州市　图记尚未换发

（十七）广西省（共七处）

贵县　邕宁县　桂林县　柳江县　阳朔县　桂平县　苍梧县　图记尚未换发

（十八）贵州省（计一处）

贵阳市

（十九）云南省（共二处）

大理县　昆明市

共计二百四十五处：内已换发图记者二百三十九处，特准暂缓合并者一处，尚未换发图记者五处。

原载于《中国红十字会月刊》1937年第30期

# 中国红十字会月刊纪念

**任丘分会会长任岚溪敬题**

月刊发轫，惠风流传。博施济众，广拔尘寰。
灾黎得命，战士欢颜。恭祝红会，亿万斯年。

原载 《中国红十字会月刊》1936年第7期

# 中国红十字会总会月刊万岁

**灌云分会救护大队分队长王增荣拜题**

博施济众，尧舜犹病。
惟我红会，救灾扶倾。
除一切苦，普天同庆。

原载 《中国红十字会月刊》1936年第7期

# 中国红十字会总会月刊

**灌云分会驻兴化普善医院院长王春阳题赠**

大德曰生

原载 《中国红十字会月刊》1936年第7期

# 中国红十字会总会月刊纪念

**汉口分会正会员王保民敬赠**

博爱恤兵之宗旨，从此可发扬光大矣！

原载　《中国红十字会月刊》1936 年第 7 期

# 中国红十字会月刊纪念

**温县分会副会长吴搏九敬祝**

于铄红会，万国缔盟，参加工作，多属耆英，博施济众，尧舜犹病，痌瘝在抱，秉彝之性，民众认议，似嫌薄弱，努力宣传，益臻和谐，群山响应，救灾防患，军民依凭，指导分会，咸奉圭臬，跻民人寿，端赖喉舌，吾会荣誉，布满五洲，贵刊万岁，莫与之俦。

原载《中国红十字会月刊》1936 年第 9 期

# 中国红十字会月刊题词

**任丘分会救济医院医务主任范文升敬题**

月读济世刊，万目时艰，战役伤亡难堪，敌友不分齐救护，危而能安；

德泽遍尘寰，志切□□，粗涉数语补鸿编，祝红会功高北斗，寿比南山！

原载《中国红十字会月刊》1936 年第 9 期

# 中国红十字总会月刊万岁

**四川遂宁邓中权敬祝**

与天地，合其德

原载《中国红十字会月刊》1936 年第 9 期

# 金钱与康健

世人多一味羡慕金钱，视生命等鸿毛，置健康于不闻，如以卫生之道响之，辄摈却而不受，固执成见，良堪痛惜，设若一旦卧病，立即羡慕健康，虽耗极多之金钱以求医，亦所不惜矣。假若无病之时预防疾病，常阅卫生书报，时向家人讲解，吾知诸君家庭之幸福有不期然而然之惯现也。

原载《中国红十字会月刊》1936 年第 9 期

# 红十字总会月刊祝词

**山海关红十字分会会长焦定远题**

鼐鼎女士，救护缘起，瑞士杜兰，红会伊始。博爱原则，恤兵宗旨。迨我中华，于东战时，沈吕诸公，袭兹善举。三十余年，风行电驶，拯灾救难，不分彼此。月刊发行，规模大矣。遥祝前途，一日千里。

原载《中国红十字会月刊》1936 年第 8 期

# 中国红十字总会月刊祝词

**山海关分会秘书长法学士李五题**

红会宗旨，博爱恤兵，馑溺为怀，善与人间。
宣曝原则，鸿刊发行，前途远大，万里鹏程。

原载《中国红十字会月刊》1936年第8期

# 红十字总会月刊题词

**红十字会山海关分会文牍王瑞鹏题**

宗旨博爱，原则恤兵。红十字会，步骤先声。
滥觞会务，沈任诸公。三十余年，大同光明。

原载《中国红十字会月刊》1936年第8期

# 中国红十字会月刊纪念

**新分会会长吴强华敬祝**

示我南针

原载《中国红十字会月刊》1936年第8期

# 中国红十字总会月刊纪念

旨哉红会，此举堂堂，普通中外，藉藉名扬。月刊颁赐，美此琳琅，殷殷捧读，摘句寻章。条分缕析，字字精祥，急公好义，乐善无央。慈喜宗旨，意美法良，茫茫浩劫，降从彼苍。蔓延下土，不减红羊，干戈水旱，灾报仓皇。痌瘝在抱，恺涕慈祥，殚精竭虑，力挽沧桑。设施筹划，拯救多方，创成义举，用作慈航，同心协力，纲举目张，每闻警报，竭蹶不遑。匍匐救之，奚忍彷徨，赈饿拯溺，义粟仁浆。俾登衽席，悉充灾殃，更备医药，护救伤亡。生则医癞，死为营丧，恩同再造，广披万邦。圣贤事业，佛子心肠，无量功德，言之孔长。为善获报，不爽豪芒，定要天眷，降福无疆。爰莫能助，钦佩难忘，何以颂之，既寿而康！

献县分会会长杨条生恭颂

原载《中国红十字会月刊》1936 年第 10 期

## 中国红十字会总会月刊永久纪念

月刊宏富，广益集思，饮水思源，红会之施。痌瘝在抱，恻隐仁慈，墨谓兼爱，大公无私。昭明日月，与世咸宜。愿我斯会，万世不夷。

石港分会同人恭祝

原载于《中国红十字会月刊》1936 年第 11 期

## 中国红十字会月刊万岁

胜残去杀，大德曰生，救灾防患，努力经营，
博施济众，莫之与京，前途远大，万里鹏程，

温县分会全体敬祝

原载于《中国红十字会月刊》1936 年第 11 期

## 中国红十字会总会月刊祝词

幸哉月刊，仁言任声，慈心善举，远近咸钦，

风世励俗，卓尔不群，发皇光大，进祝前程。

泸县分会会长郭文舫、何廷光、温曲先恭祝。

原载于《中国红十字会月刊》1936 年第 11 期

## 中国红十字会月刊纪念

扬人之善

泸县分会常务理事刘葆纯、蔡朗仙、胡云章敬题

原载于《中国红十字会月刊》1936 年第 11 期

## 中国红十字总会月刊志盛

孔曰汎爱，孟曰仁爱，墨曰兼爱，本书博爱。
经言足兵，史言赈兵，不分界域，不计东西。
民胞物于，立国之中，中天下立，天下为公。
公行大道，是谓大同。

建阳分会会长乔炳敬题

原载于《中国红十字会月刊》1936 年第 12 期

## 中国红十字总会月刊题词

见义勇为

中国红十字会清平分会敬题

原载于《中国红十字会月刊》1936 年第 12 期

## 中国红十字总会月刊志盛

鼐鼎女士，救护缘起。瑞士杜兰，红会伊始。
我国创立，三十余年。病者得安，伤者痊愈。
刊词传布，大地风行。同心协力，众志成城。
指导分会，咸奉圭臬。济民仁寿，端赖喉舌。

广安分会理事会恭祝

原载于《中国红十字会月刊》1936年第13期

## 中国红十字总会月刊致辞

红会宗旨，博爱恤兵。仁风所播，世界同情。
灾黎得命，战士福音。月刊特载，电驰风行。

广安分会监事会祝

原载于《中国红十字会月刊》1936年第13期

## 中国红十字会月刊纪念

环球红会递相傅，流入中华数十年。
惟望民族灯舜日，但祈草野乐尧天。
活人济世喜争光，排难解纷快直前。
这是彼苍大德事，全盘担任存仔肩。

正阳分会会长王捷齐敬祝

原载于《中国红十字会月刊》1936年第13期

## 中国红十字会月刊

大哉十字会，旗白字标红。英人首创办，瑞士亦继从。
联盟有万国，施及我国中。惟愿诸同志，祝我一帆风。
猛勇期前进，切勿弃前功。坚持能到底，进步祝无躬。

泾口镇分会会长朱吉豫祝词

原载于《中国红十字会月刊》1936 年第 13 期

## 中国红十字会月刊纪念

美哉斯会，十字标红。印旗飘处，化雨仁风。
不分中外，共济和衷。凡属同志，务贯始终。
当仁不让，见义是从。为民谋福，为国求荣。
矢勤矢勇，立德立功。

泾口镇分会名誉会长张杰三敬祝

原载于《中国红十字会月刊》1936 年第 13 期

## 中国红十字会月刊祝词

红会发源，英人主张。瑞士继之，遂及友邦。万国缔盟，约缔中央。由省而县，普遍吾乡。义举攸赖，共解任囊。征求进步，事业扩张。基础雄厚，山高水长。

泾口镇分会常务监事张燮廷敬祝

原载于《中国红十字会月刊》1936 年第 13 期

## 中国红十字会月刊纪念

大哉红会，慈善所宗。以谋博爱，以恤兵农。
凡百来宾，为吾先锋。拯民水火，济弱拯穷。
痌瘝在抱，善于人同，流离失所，救护收容。
当仁不让，立德立功。愿我同志，有始有终。

泾口镇分会书记员吴兆蟾敬祝

原载于《中国红十字会月刊》1936年第13期

## 中国红十字会月刊纪念

伟哉红会，意美法良。已饿已溺，救济勿遑。胞于为怀，菩萨心肠。谋民幸福，助国后方。总会分会，万寿无疆。

泾口镇分会常务监事张鸿基敬祝

原载于《中国红十字会月刊》1936年第13期

## 中国红十字会月刊祝词

天地之大德曰生，圣人之大德曰仁。贵刊之宗旨曰爱，将于大地圣人万古而长存。

禹县分会会长冯兆、理事长张宗成、常识长陈润生敬祝

原载于《中国红十字会月刊》1936年第14期

## 中国红十字会月刊纪念

懿惟红会，成绩卓荦。博爱恤兵，不分界域。

凡属危难，均补不足。六合同春，庶参化育。
法国偿先，寰球信服。接踵而行，延及我国。
申设总会，省县分属。由东及西，溯南抵北。
办事分罗，几遍全局。军民一心，全体聊继。
遐迩相亲，上下雍和。保吾邦家，共享幸福。

建阳分会古二桥办事处秘书姜汉章敬祝

原载于《中国红十字会月刊》1936 年第 14 期

## 中国红十字会月刊纪念

红十字会，万国同寅。乐善好施，与德为邻。博爱济众，亲亲人民。疾亡得所，不让当仁。贵会之设，乃圣乃神。

江门分会会长李定伟、李杨春同祝

原载于《中国红十字会月刊》1936 年第 14 期

## 中国红十字会月刊纪念

惟善为宝

建阳分会古二桥办事处秘书姜耀先敬题

原载于《中国红十字会月刊》1936 年第 14 期

## 中国红十字总会月刊志盛

慈云广荫

九江商会常务熊渭题

原载于《中国红十字会月刊》1936 年第 14 期

## 中国红十字总会月刊志盛

大德曰生

九江光华中学校长陆德敬题

原载于《中国红十字会月刊》1936 年第 14 期

## 中国红十字会月刊志盛

救饥拯溺，医院疗伤。慈云广荫，地久天长

九江市轮船业同业公会主席詹若棠题

原载于《中国红十字会月刊》1936 年第 14 期

## 中国红十字会总会月刊志盛

仁爱和平

九江分会敬题

原载于《中国红十字会月刊》1936 年第 14 期

## 中国红十字总会月刊志盛

仁宇春长

江苏旅浔同乡会敬题

原载于《中国红十字会月刊》1936 年第 14 期

## 中国红十字会总会月刊纪念

博施济众

九江县国药业同业公会敬祝

原载于《中国红十字会月刊》1936年第14期

## 中国红十字总会月刊纪念

赈饿救难，善与人同。月刊记载，宣扬仁风。

江宁旅浔同乡会敬题

原载于《中国红十字会月刊》1936年第14期

## 中国红十字会总会月刊祝词

博施济众

九江律师公会会长沈佳瑶敬题

原载于《中国红十字会月刊》1936年第14期

## 中国红十字会总会月刊志盛

众善合集，德泽孔长。爱民保赤，救死扶伤。
日新月盛，历岁愈昌。征文考献，永著缥缃。

婺源旅浔同乡会长程晓暹敬题

原载于《中国红十字会月刊》1936年第14期

## 中国红十字会章邱分会会歌

中国红十字会月刊：

九江红十字分会设立医院已二十五年，于兹日求改进，活人无算。平时除施诊给药外，临时遇有天灾人祸莫不组队出发救护，每届春季布种牛痘，夏令则注射防疫针。现在天气炎热，该院为谋民众安全而防疫起见，已于上月开始免费注射，故到院实施者颇形踊跃云。章丘分会新制会歌，山东章丘红十字分会在郎山庙会设立施诊以来社会称便。该会会长史鸿业为宣传会务起见制就歌词一阙，特录如左：

（C 调）中国红十字会章丘分会会歌：

红会设立何所为？
组织救护队，战地发慈悲，
疗伤病，埋死尸，不分谁和谁，
安上收容所，难民有所归，
良民脱危险，善名永昭垂，
见义勇为，舍生救人，疆场走一回。

原载《中国红十字会月刊》1936 年第 14 期

## 中国红十字会总会月刊祝词

墨突不黔，孔席不瑗，悲天悯人，慈祥所本，
播之声诗，行之始远，亿万斯年，光辉煊赫。

九江县立清真小学校敬祝

原载《中国红十字会月刊》1936 年第 15 期

## 中国红十字会总会月刊万岁

幸哉红会，万国缔盟，博爱恤兵，各国进行，博施济众，造福人

群，痌瘝在抱，慈善惟勤。

生则医癞，死为丧营，热心毅力，远近咸钦，满布五洲，斯会荣名，无量功德，万民同庆。

建阳分会古二桥办事处刘水茂拜祝

原载《中国红十字会月刊》1936 年第 15 期

## 中国红十字会总会月刊祝词

天公地道，济世长春

建阳分会正会员杨世成敬祝

原载《中国红十字会月刊》1936 年第 15 期

## 中国红十字会总会月刊纪念

大道昌明

建阳分会古二桥办事处会计姜长锦敬祝

原载《中国红十字会月刊》1936 年第 15 期

## 中国红十字会总会月刊纪念

战地福音

建阳分会顾村办事处顾立功敬题

原载《中国红十字会月刊》1936 年第 15 期

## 中国红十字会月刊纪念

红十字会，会务发扬。扬人之善，善政万邦。

邦国博爱，爱民多方，方为恤兵，兵为仓皇。
皇皇大德，德照孔长。长祝红会，红会无疆。

建阳分会会员姜学珠敬祝

原载于《中国红十字会月刊》1936 年第 16 期

## 中国红十字会月刊志盛

伟哉红会，博爱为宗。以建慈善，以进大同。
万国缔盟，为吾前锋。痌瘝在抱，当仁是从。
慈云满汉，必信必忠。不分界域，贯彻始终。

建阳分会会员姜云伯敬祝

原载于《中国红十字会月刊》1936 年第 16 期

## 中国红十字会总会月刊祝词

济世为怀

九江中医公会常委陈雨辰敬题

原载于《中国红十字会月刊》1936 年第 16 期

## 中国红十字会总会月刊志盛

惟善为宝

九江分会国医主任徐少廷敬题

原载于《中国红十字会月刊》1936 年第 16 期

## 中国红十字会总会月刊志盛

猗舆红会，创自英人。瑞典继起，博爱仁慈。万国联盟，扩大为宗，

霞蒸雾霈，云合景从。我国加入，三十余年。辛亥革命，始告完全。

令兹月刊，月初一编。风行海内，满纸琳琅。内容丰富，纸贵洛阳。

黟县旅浔同乡会敬题

原载于《中国红十字会月刊》1936年第16期

## 中国红十字会总会月刊志盛

先圣有言，惟善为宝。博爱为怀，恻隐在抱。
日累月积，菩萨心肠。珠玑满幅，光辉发扬。

九江分会会员盛景唐敬题

原载于《中国红十字会月刊》1936年第16期

## 中国红十字总会救护号纪念

伊古圣贤，善于仁同。申树一帜，十字标红。
五洲共仰，博爱为宗。患难相助，中外相同。
天地正气，参化育功。一心保赤，牺牲无穷。
万国联盟，贯彻始终。爱民懿德，见义是从。
荣誉腾达，欧西亚东。大刊记载，不胜钦崇。

建阳分会会员姜聘三敬祝

原载于《中国红十字会月刊》1936年第16期

## 中国红十字会总会月刊纪念

普救众生

建阳分会会员陈嘉麟敬祝

原载于《中国红十字会月刊》1936 年第 16 期

## 中国红十字会月刊纪念

善哉红会，中外称扬。经天纬地，博爱主张。
刊布寰球，人所共仰。胞于为怀，德音孔长。
福国利民，济世宝藏。功超百代，万载流芳。

建阳分会梁殿相敬祝

原载于《中国红十字会月刊》1936 年第 16 期

## 中国红十字会月刊纪念

迷津宝藏，爱民南针

建阳分会姜宗　敬祝

原载于《中国红十字会月刊》1936 年第 16 期

## 中国红十字会月刊纪念

救世爱民

建阳分会陈锦瑜拜题

原载于《中国红十字会月刊》1936 年第 16 期

# 中国红十字会月刊志盛

慈善精神

建阳分会姜学琴敬题

原载于《中国红十字会月刊》1936年第16期

# 中国红十字会月刊纪念

美哉月刊，慈善继呈。木铎一振，仁声义闻。
触目惊心，指南金线。瑞士首倡，中国接跟。
刊词宣传，红会告成。痌瘝在抱，起死回生。

建阳分会古二桥办事处敬祝

原载于《中国红十字会月刊》1936年第16期

# 中国红十字会月刊纪念

乐善好施

泾口镇分会姜聚卿敬祝

原载于《中国红十字会月刊》1936年第16期

# 中国红十字会月刊祝词

功垂不朽

建阳分会梁巨魁、梁长衢敬题

原载于《中国红十字会月刊》1936年第16期

## 中国红十字会月刊志盛

集思广益

建阳分会邵筱亭敬祝

原载于《中国红十字会月刊》1936年第16期

## 中国红十字总会月刊纪念

乐善好施

泾口镇分会姜聚卿敬祝

原载于《中国红十字会月刊》1936年第17期

## 中国红十字会月刊纪念

万家生佛

建阳分会胡铨拜祝

原载于《中国红十字会月刊》1936年第17期

## 中国红十字总会月刊纪念

道冠古今

建阳分会梁兴星瑞拜祝

原载于《中国红十字会月刊》1936年第17期

## 中国红十字会月刊志盛

会务发扬，全球辉煌

建阳分会姜辉韦拜祝

原载于《中国红十字会月刊》1936 年第 17 期

## 中国红十字会月刊纪念

普济为怀

建阳分会纪元芬敬祝

原载于《中国红十字会月刊》1936 年第 17 期

## 中国红十字会月刊祝词

普济功垂

九江分会附设医药讲习学校毕业同学会敬题

原载于《中国红十字会月刊》1936 年第 17 期

## 题　词

中国红十字会总会：恭祝新年进步
中国红十字会第三次征求会员委员会：恭贺新禧，并祝健康

原载于《中国红十字会月刊》1937 年第 19 期